DEBORAH TANNEN
Laß uns richtig streiten

Buch

Streiten verkommt bei uns mehr und mehr zum unproduktiven verbalen Schlagabtausch. Im Mittelpunkt steht kaum mehr die Auseinandersetzung mit Andersdenkenden, sondern vielmehr die rhetorisch brillante Selbstdarstellung. Das Resultat: Eine kriegerische Atmosphäre, die oft mehr Probleme schafft als löst. Deborah Tannen zeigt, wie tief das Frontdenken in unseren Köpfen verankert ist, wenn es darum geht, etwas zu verändern oder zu verbessern. Die renommierte Soziolinguistin beschreibt alternative Umgangsformen und Meinungsverschiedenheiten in anderen Kulturen und ermutigt mit handfesten Tips dazu, selbst neue Modelle zu entwickeln, die zu einem besseren gegenseitigen Verständnis und letztlich zur Lösung des Problems führen.

Autorin

Deborah Tannens Bücher stehen seit Jahren auf den internationalen Bestsellerlisten. Ihr zentrales Thema ist die Sprache und ihre Rolle in zwischenmenschlichen Beziehungen. Sie ist Linguistik-Professorin an der amerikanischen Georgetown Universität in Washington D.C.

Im Goldmann Verlag ist von Deborah Tannen außerdem erschienen:

Du kannst mich einfach nicht verstehen (16108)
Das hab' ich nicht gesagt! (16121)
Job-Talk (12408)
Andere Worte, andere Welten (15040)

Deborah Tannen

Laß uns richtig streiten

Vom kreativen Umgang mit zusätzlichen Widersprüchen

Aus dem Amerikanischen
von Maren Klostermann

GOLDMANN

Die amerikanische Originalausgabe erschien unter dem Titel
»The Argument Culture: Moving from Debate to Dialogue«
bei Random House, New York.

Alle bedruckten Materialien dieses Taschenbuches
sind chlorfrei und umweltschonend.

Der Goldmann Verlag
ist ein Unternehmen der Verlagsgruppe Bertelsmann

Vollständige Taschenbuchausgabe Januar 2001
Wilhelm Goldmann Verlag, München,
in der Verlagsgruppe Bertelsmann GmbH
© 1998 by Deborah Tannen
© 1999 der deutschsprachigen Ausgabe
Wilhelm Goldmann Verlag GmbH, München,
in der Verlagsgruppe Bertelsmann GmbH
Umschlaggestaltung: Design Team München
Umschlagillustration: Silvia Christoph
Druck: Elsnerdruck, Berlin
Verlagsnummer: 15106
KF · Herstellung: Sebastian Strohmaier
Made in Germany
ISBN 3-442-15106-6
www.goldmann-verlag.de

1 3 5 7 9 10 8 6 4 2

*Für Miriam Tannen und Naomi Tannen,
meine Schwestern in jedem Sinn des Wortes.*

Inhalt

1. Das Leben ist Kampf 9
2. Beide Seiten kommen im Kampf groß raus:
   Die Streitkultur und die Presse 41
3. Vom Schoßhund zum Kampfhund:
   Die Aggressionskultur und die Presse 78
4. »Hol die Pest Eurer Häuser beide!«
   Opposition im politischen Leben 133
5. »Ein Prozeß ist wie Krieg« 180
6. Jungs sind nun mal so: Geschlecht und Opposition 228
7. Was sind die Alternativen?
   Auf andere Kulturen hören 283
8. Alles geht schnell: Technologische Entwicklung
   und gesteigerte Aggressivität 322
9. Die Ursprünge der Debatte in Erziehung
   und Bildung und die Hoffnung auf den Dialog 348

Dank 396
Anmerkungen 399
Literaturverzeichnis 432

1.

Das Leben ist Kampf

Dies ist kein neues Buch über Höflichkeit. »Höflichkeit« suggeriert eine oberflächliche, rosaschwammige Nettigkeit, die menschliche Beziehungen überzieht wie ein dünner Film Marmelade den Toast. Dieses Buch handelt von einer alles durchdringenden kriegerischen Atmosphäre, die uns an den öffentlichen Dialog und nahezu alles, was uns wichtig ist, herangehen läßt, als wäre es ein Kampf. Diese Haltung, die für die westliche Kultur im allgemeinen und für die USA im besonderen gilt, hat eine lange Geschichte und ein tiefes, dickes und weitverzweigtes Wurzelwerk. Sie hat uns in vielerlei Hinsicht gute Dienste erwiesen, aber in den letzten Jahren hat sie derart überhand genommen, daß sie uns an der Lösung unserer Probleme hindert. Wir leben in einer Streitkultur, in einer Atmosphäre unerbittlichen Zanks, die unser Denken vergiftet.

Diese Streitkultur treibt uns dazu, mit einer feindseligen Haltung an die Welt – und die in ihr lebenden Menschen – heranzugehen. Sie beruht auf der Annahme, daß Opposition das beste Mittel sei, wenn man zu vernünftigen Ergebnissen kommen will: Die beste Methode zur Erörterung einer Idee besteht darin, eine Debatte zu inszenieren; die beste Methode zur Präsentation von Nachrichten besteht darin, Wortführer zu finden, die möglichst extreme, gegensätzliche Ansichten vertreten, und sie dann als »beide Seiten« vorzustellen; die beste Methode zur Beilegung von Streitigkeiten ist ein Gerichtsprozeß, bei dem zwei Parteien um ihr Recht kämpfen; die beste Methode zur Einleitung eines Essays ist ein Angriff auf einen anderen Autor; und wer sein Denkvermögen demonstrieren möchte, übt am besten Kritik.

Unsere öffentlichen Interaktionen ähneln mehr und mehr den Streitereien zwischen Ehepartnern. Konflikte sind im öffentlichen Leben genauso unvermeidlich wie mit den Menschen, die wir lieben. Zu den großen Stärken unserer Gesellschaft gehört, daß wir diese Konflikte offen austragen können. Aber genauso wie Ehepartner Methoden finden müssen, um ihre differierenden Einstellungen darzulegen, ohne einander ernsthaft zu verletzen, müssen wir auch als Gesellschaft Mittel und Wege finden, um konstruktiv mit Streitigkeiten und Meinungsunterschieden umzugehen. Der öffentliche Diskurs erfordert, daß wir uns mit Argumenten auseinandersetzen und nicht, daß wir Argumente zur Auseinandersetzung – zum Streit – benutzen.

Ob Drogenbekämpfung, ob Kampf gegen den Krebs, Geschlechterkampf oder politische Revierkämpfe – Kriegsmetaphern prägen die Sprache der Streitkultur und beeinflussen unser Denken. Fast alles wird als Schlacht oder Wettkampf dargestellt, bei dem es in erster Linie ums Gewinnen oder Verlieren geht. All das hat seine Berechtigung und seinen Zweck, aber es ist nicht die einzige – und häufig nicht die beste – Methode, um an die Welt heranzugehen und sie zu verstehen. Konflikt und Opposition sind genauso wichtig wie Kooperation und Konsens, aber die Waage ist aus dem Gleichgewicht geraten, weil wir zu viel Gewicht auf Konflikt und Opposition legen. Ich möchte in diesem Buch aufzeigen, wie tief verwurzelt die Streitkultur ist, welche Formen sie annimmt und wie sie unseren Alltag durchdringt – gelegentlich zu unserem Vorteil, sehr häufig aber auch zu unserem Nachteil, weil sie mehr Probleme schafft als löst und eher Schaden verursacht als abwendet. Als Soziolinguistin und Sozialwissenschaftlerin bin ich ausgebildet, Sprache und ihre Rolle in zwischenmenschlichen Beziehungen zu untersuchen und zu erklären, und das ist auch hier mein Hauptanliegen. Aber ich werde auch auf einige Alternativen verweisen, die uns für unser öffentliches Reden und Handeln zur Verfügung stehen.

Der Geschlechterkampf

Mein Interesse am Thema Opposition im öffentlichen Diskurs verstärkte sich in den Jahren, die auf die Veröffentlichung von *Du kannst mich einfach nicht verstehen* folgten, meinem Buch über Kommunikation zwischen Männern und Frauen. Im ersten Jahr trat ich in zahlreichen Fernseh- und Radioshows auf und wurde für viele Artikel in Zeitungen und Zeitschriften interviewt. Der Großteil der Berichterstattung war überaus fair, und ich bin – und bleibe – vielen Journalisten zu großem Dank verpflichtet, weil sie meine Ideen interessant genug fanden, um Zuschauer, Zuhörer und Leser damit bekanntzumachen. Aber gelegentlich – und öfter, als ich es erwartet hatte – traf ich auf Produzenten, die darauf bestanden, eine Talkshow als Streitgespräch aufzuziehen (entweder zwischen dem Gastgeber und mir oder zwischen anderen Gästen und mir), oder auf Printjournalisten, die zahllose Anrufe bei meinen Kollegen tätigten, um ihnen eine Kritik über meine Arbeit zu entlocken. Das machte mich nachdenklich. Ich fragte mich, welche Art von Informationen durch Sendungen und Artikel vermittelt werden, die diesen kontroversen Ansatz wählen, verglichen mit jenen, die auf andere Weise an Themen herangehen.

Gleichzeitig begann sich meine Erfahrung in der akademischen Welt, die ich seit langem als meine geistige Heimat empfunden hatte, zu verändern. Andere Wissenschaftler reagierten ebenso wie die meisten Journalisten größtenteils positiv und respektvoll auf meine Arbeit, auch wenn sie in bestimmten Punkten anderer Meinung waren oder alternative Sichtweisen vorschlugen. Aber etwa ein Jahr, nachdem *Du kannst mich einfach nicht verstehen* zum Bestseller geworden war (die Mühlen der akademischen Welt mahlen langsamer als die der Medien), stieß ich immer öfter auf Beiträge, die meine Arbeit attackierten und völlig falsch darstellten. Ich arbeitete damals seit mehr als 15 Jahren als Wissenschaftlerin und hatte den Austausch mit Kollegen immer als eine der größten Bereicherungen des akademischen Lebens betrachtet. Ich fragte mich, warum jemand Interesse daran hatte, mir Äußerungen zu unterstellen, die ich nie gemacht hatte, oder mir Unterlassungen vorzuwerfen, die ich nicht begangen hatte.

Die Antwort kristallisierte sich heraus, als ich diese Frage einer Autorin stellte, von der ich den Eindruck hatte, daß sie meine Arbeit falsch dargestellt hatte: »Warum müssen Sie anderen unrecht tun, um selber recht zu haben?« Ihre Antwort lautete: »Es belebt die Auseinandersetzung!« Aha, dachte ich, das erklärt es. Wenn man eine Auseinandersetzung mit jemandem führt, will man der anderen Person nicht zuhören oder sie verstehen. Man setzt vielmehr jede erdenkliche Taktik ein – wozu auch gehört, daß man dem Gegner das Wort im Mund herumdreht –, um als Sieger aus der Auseinandersetzung hervorzugehen!

Mehr noch als die große Aufmerksamkeit, die *Du kannst mich einfach nicht verstehen* erregte, löste vor allem auch das Thema »Männer und Frauen« eine Tendenz zur Polarisierung aus. Diese Neigung zur Inszenierung eines Streits, ob im Fernsehen oder in den Printmedien, beruht auf der Überzeugung, daß das Prinzip des Gegensatzes, der Widerspruch von These und Antithese, zur Wahrheit führt. Manchmal stimmt das. Manchmal aber auch nicht, und das ist der Haken. Mehr als einmal wurde ich zu Beginn einer Talkshow oder eines Interviews gefragt: »Was ist das strittigste Thema in Ihrem Buch?« Das Prinzip des Gegensatzes führt nicht zur Wahrheit, wenn das strittigste nicht auch das wichtigste Thema ist.

Die Überzeugung, daß das Prinzip des Gegensatzes zur Wahrheit führt, kann nicht nur Angehörige der Presse, sondern praktisch jeden, der ein Publikum anziehen möchte, dazu verleiten, eine Diskussion als Kampf zwischen unversöhnlichen Gegensätzen aufzuziehen. Sogar das Smithsonian Institute sponserte anläßlich seines 150jährigen Bestehens eine Reihe von Diskussionen, die als Debatten deklariert wurden: Man lud mich zu einer dieser Veranstaltungen ein, die den Titel »Der Geschlechterkampf« trug. Der Veranstalter kam meinem Einwand zuvor und sagte: »Ich weiß, Sie sind über diesen Titel nicht besonders glücklich, aber wir wollen das Interesse der Leute wecken.« Das ist eine von vielen Annahmen, die ich in diesem Buch in Frage stelle: Stimmt es wirklich, daß man Gesprächen einen kämpferischen Rahmen geben muß, um das Interesse der Menschen zu wecken? Und sogar wenn es einem gelingt, auf diese Weise die Aufmerksamkeit zu erregen, riskiert man nicht auf lange Sicht ein nachlassendes Interesse, weil das Publikum den ewigen Lärm leid ist und sich nach mehr Substanz sehnt?

Zum Denken herausfordern oder einfach nur provozieren?

Im Frühjahr 1995 inszenierte das Horizons Theatre in Arlington, Virginia, zwei Einakter, die ich über Familienbeziehungen geschrieben hatte. Der Regisseur wollte zur Aussöhnung zwischen Schwarzen und Juden beitragen und kombinierte meine beiden Stücke mit zwei weiteren Einaktern, die von der afroamerikanischen Autorin Caleen Sinnette Jennings stammten und ebenso wie meine von drei Schwestern handelten. In unseren Stücken spürten wir der ethnischen Identität unserer (jüdischen bzw. afroamerikanischen) Familien nach und erforschten die Beziehungen zwischen dieser Identität und dem amerikanischen Kontext, in dem wir aufgewachsen waren. Um Interesse an den Stücken zu wecken und die Parallelen zwischen ihrer und meiner Arbeit zu erkunden, hatte das Theater ein öffentliches Gespräch zwischen mir und Jennings angesetzt, das vor Beginn der Aufführungen stattfinden sollte.

Als die Produktion anlief, nahm ich an den Sprechproben der Schauspieler teil, die in meinen Stücken mitwirken sollten. Nach Ende des Vorsprechens, kurz bevor alle davonstürzten, verteilte die Volontärin aus der Public-Relations-Abteilung des Theaters einige Ausgaben der Reklamezettel, die sie für den öffentlichen Dialog entworfen hatte. Ich war entsetzt. Der Zettel verkündete, daß Caleen und ich darüber diskutieren würden, »wie sich historische Traumata auf das heutige Verhältnis und auf den Konflikt zwischen Juden und Schwarzen auswirken«. Der Zettel versuchte, genau das Thema an der Gurgel zu packen, das wir indirekt aufgreifen wollten. Ja, wir beschäftigten uns mit Konflikten zwischen Schwarzen und Juden, aber keine von uns war eine Expertin für diesen Konflikt, und wir hatten keineswegs die Absicht, uns darüber auszubreiten. Wir wollten einen Beitrag zur Beilegung des Konflikts leisten, indem wir uns auf Gemeinsamkeiten konzentrierten. Unsere Stücke wiesen zahlreiche Parallelen auf. Wir wollten über unsere Arbeit sprechen und die Gemeinsamkeiten dabei für sich selbst sprechen lassen.

Glücklicherweise gelang es uns, die Verteilung der Werbezettel noch rechtzeitig zu verhindern, und neue zu entwerfen, die etwas versprachen, was wir halten konnten: »Eine Diskussion über Erbe, Identität und komplexe Familienbeziehungen in der afroamerikanischen und jüdischamerikanischen Kultur, wie sie in den Stücken der Autorinnen dargestellt wird.« Jennings fiel auf, daß der ursprüngliche Handzettel einen »provozierenden« Abend ankündigte. Sie nahm eine kleine Änderung vor und schrieb, daß die Diskussion »zum Nachdenken herausfordern« wollte. Was für ein himmelweiter Unterschied! Ist es nicht viel besser, Menschen zum Nachdenken herauszufordern, als einfach nur (meist Wut und Zorn) zu »provozieren«?

Es ist leicht verständlich, weshalb Konflikte so häufig hervorgehoben werden. Die Verfasser von Schlagzeilen oder Werbeanzeigen wollen Aufmerksamkeit erregen und ein Publikum ansprechen. Da sie normalerweise unter Zeitdruck stehen und nicht die Ruhe haben, sich ganz neue Formulierungen auszudenken, greifen sie meistens auf bewährte, gängige Ausdrucksmuster zurück. Die Ankündigung einer Kontroverse scheint ein leichtes und natürliches Mittel zu sein, wenn man Interesse wecken möchte. Leider hat das häufig ernste Konsequenzen, die nicht bedacht werden: Es mag leicht und »provozierend« sein, Interesse zu wecken, indem man Animositäten aufrührt, aber es kann alte Wunden aufreißen und neue schlagen, die nur schwer wieder heilen. Das ist eine der vielen Gefahren, die mit der Streitkultur verbunden sind.

Um des Streitens willen

In der Streitkultur sind Kritik, Angriff oder Opposition die vor-
herrschenden, wenn nicht die einzigen Verhaltensweisen, mit
denen man auf Menschen oder Meinungen reagiert. Ich bezeichne dieses Phänomen als »Kritikkultur«, wobei ich Kritik
nicht im Sinne einer sorgfältigen Analyse oder Interpretation
meine, sondern im Sinne von Vorwurf und Tadel.

Es ist der *automatische* Charakter der Reaktionen im Rahmen
dieser Kritikkultur, auf den ich die Aufmerksamkeit lenken und
den ich in Frage stellen möchte. Es gibt Situationen, in denen leidenschaftlicher Widerstand oder starke verbale Attacken notwendig und angemessen sind. Niemand weiß dies besser als
Menschen, die unter einem totalitären Regime gelebt haben, das
jede Form von Opposition unterdrückt hat. Der aus Jugoslawien
stammende Dichter Charles Simic ist einer von ihnen. »Es gibt
Momente im Leben«, schreibt er, »die nach aufrichtigen Beschimpfungen verlangen, in denen es aus einem tiefen Gerech-
tigkeitsgefühl heraus zur absoluten Notwendigkeit wird, daß
man zu den stärksten Ausdrücken greift, um öffentlich anzu-
prangern, zu höhnen, zu schmähen und zu geißeln.« Ich befür-
worte und teile diese Ansicht. Es gibt Situationen, in denen es
notwendig und richtig ist zu kämpfen – sein Land oder sich selbst
zu verteidigen, für Gerechtigkeit und gegen Unrecht zu streiten
oder Widerstand gegen aggressive oder gefährliche Gedanken
und Taten zu leisten.

Was ich in Frage stelle, ist die Allgegenwärtigkeit, die Automatik dieser antagonistischen Haltung, mit der nahezu jede
Frage, jedes Problem oder jede Person des öffentlichen Lebens
»in Angriff genommen« wird. Zu den Gefahren einer gewohnheitsmäßigen Angriffsrhetorik gehört eine Art verbale Inflation – eine Sprache, die pausenlos blinden Alarm schlägt: Die
legitime, notwendige Anprangerung von Mißständen ist in der
allgemeinen Kakophonie eines antagonistischen Kampfgeschreis
kaum noch zu hören oder geht sogar gänzlich unter. Was ich in
Frage stelle, ist, daß man grundsätzlich *jedes* Ziel durch Oppo-

sition zu erreichen sucht, sogar Ziele, die gar keinen Kampf erfordern, sondern genauso gut (oder besser) durch andere Mittel
zu erreichen wären – zum Beispiel indem man Gedanken erkundet, erweitert, erörtert, untersucht oder austauscht, wie es der
Begriff »Dialog« nahelegt. Ich ziehe die Annahme in Zweifel, daß
alles eine Frage polarer Gegensätze ist, daß »es immer zwei Seiten gibt« – eine Wendung, die für uns zum Inbegriff eines aufge-
schlossenen und fortschrittlichen Denkens geworden ist.

Kurz, ich stelle eine Form von Opposition in Frage, die ich als
»Agonismus« bezeichne. Ich verwende diesen Begriff, der auf
das griechische Wort für »Wettkampf«, *Agon*, zurückgeht, um
die automatische Einnahme einer kriegerischen Haltung zu beschreiben – ich meine damit nicht Opposition in dem Sinne, daß
man sich gegen einen Angreifer verteidigt, oder die unvermeidliche Opposition, die eine natürliche Reaktion auf widersprüchliche Ideen oder Taten darstellt. Unter einem agonistischen Verhalten verstehe ich eine Art programmierter Streitsucht – die
gewohnheitsmäßige, unreflektierte Einnahme einer kämpferischen Haltung zur Erreichung von Zielen, die diese Haltung
nicht notwendigerweise voraussetzen.

Wie nützlich ist ein Streit?

Als mir auffiel, daß der öffentliche Diskurs so häufig die Form
eines hitzigen Streits – eines Kampfes – annimmt, fragte ich mich,
wie nützlich Streitgespräche sind, wenn wir private Differenzen
klären wollen. Nach allem, was ich über Streitgespräche im Privatleben wußte, mußte ich zu dem Schluß kommen, daß sie – in
vielen Fällen – nicht besonders hilfreich sind.

In engen persönlichen Beziehungen ist es möglich, konstruktive Streitformen zu entwickeln, die zu einem besseren Verständnis und zur Lösung von Problemen führen. Aber die meisten Streitgespräche tragen wenig zur Verarbeitung oder Lösung
von Konflikten bei, weil die Beteiligten von Minute zu Minute
wütender und irrationaler werden. Wer streitet, hat normalerweise kein großes Interesse daran, zu verstehen, was die andere

Person sagt oder welche Erfahrungen sie zu ihren Äußerungen veranlassen. Man ist eher damit beschäftigt, seine eigene Reaktion vorzubereiten: Man sucht nach Angriffsflächen, nach Schwächen in der Logik des anderen und nach Argumenten, die man verdrehen kann, damit der andere schlecht und man selbst gut dasteht. Manchmal weiß man irgendwo im Hinterkopf, daß man sich so verhält – daß in den Äußerungen des anderen ein Körnchen Wahrheit steckt und daß man selbst die Tatsachen ein bißchen unfair verdreht. Gelegentlich tut man es, weil man wütend ist, aber mitunter erliegt man auch einfach der Versuchung, irgendeine beiläufige Äußerung aufs Korn zu nehmen, weil sie ein leichtes Ziel bietet.

Hier ein Beispiel dafür, wie das bei einem Streitgespräch zwischen einem Paar passierte, das seit über 50 Jahren verheiratet war. Der Mann wollte in eine private Krankenversicherung eintreten, um Geld zu sparen. Die Frau war dagegen, weil das bedeuten würde, daß sie nicht länger zu dem Arzt gehen könnte, den sie seit langem kannte und dem sie vertraute. »Ich mag Dr. B.«, erklärte sie zur Begründung ihres Standpunktes. »Er kennt mich, er nimmt Anteil an mir. Er nennt mich beim Vornamen.« Der Mann parierte den zuletzt genannten Punkt: »Das gefällt mir nicht. Er ist viel jünger als wir. Er dürfte uns nicht mit Vornamen anreden.« Aber die Anredeform, die Dr. B. benutzte, war im Grunde irrelevant. Die Frau versuchte zu vermitteln, daß sie sich bei Dr. B. gut aufgehoben fühlte, daß sie eine Beziehung zu ihm aufgebaut hatte. Der Umstand, daß er sie mit Vornamen anredete, war nur eines von vielen Details, die sie ins Feld führte, um ihre Zufriedenheit mit dem Arzt zu verdeutlichen. Das Herumhacken auf diesem Detail änderte nichts an ihrer Meinung – und ging völlig an ihrem Anliegen vorbei. Es war einfach ein Mittel, das der Mann einsetzte, um den Streit zu gewinnen.

Wenn wir mit Menschen streiten, die uns nahestehen, hacken wir alle gelegentlich auf irrelevanten Einzelheiten herum und verdrehen die Worte des anderen, damit wir seine Position besser angreifen können. Aber wir sind selten auf solche Streitgespräche angewiesen, um Informationen zu erhalten. Dieselbe Taktik, die bei privaten Auseinandersetzungen eingesetzt wird, bestimmt auch den öffentlichen Diskurs, wenn er nach diesem Vorbild ausgetragen wird. Das kann gefährliche Folgen haben, wenn der Zuhörer diesen Austausch verfolgt, weil er sich davon notwendige Informationen oder praktische Ergebnisse verspricht.

Bei einem Kampf gibt es Gewinner und Verlierer. Wer streitet, um zu gewinnen, gerät leicht in Versuchung, Fakten zu leugnen, die den Standpunkt des Gegners stützen, und selbst nur solche ausgewählten Tatsachen anzuführen, die den eigenen Standpunkt untermauern. In Extremfällen ermutigt es zur Verdrehung von Tatsachen oder sogar zum Lügen. Dieses Risiko nehmen wir in Kauf, weil wir überzeugt sind, daß wir merken, wenn jemand lügt. Das Problem ist, daß wir es nicht merken.

Paul Ekman, ein Psychologe an der University of California, San Francisco, hat das Lügen wissenschaftlich erforscht. Er führte Experimente durch, bei denen auf Video aufgezeichnet wurde, wie Menschen über ihre Emotionen, Handlungen oder Überzeugungen sprachen – einige wahrheitsgemäß, andere nicht. Diese Videoaufnahmen zeigte Ekman dann Tausenden von Probanden und bat sie, die Lügner zu ermitteln und auch anzugeben, wie sicher sie sich in ihrem Urteil seien. Seine Ergebnisse sind erschreckend. Die meisten Probanden konnten nicht erkennen, ob jemand lügt, und die Personen mit der schlechtesten Trefferquote hatten genausoviel Vertrauen in ihr Urteilsvermögen wie die wenigen Ausnahmen, die tatsächlich in der Lage waren, einen Schwindler auszumachen. Fasziniert von den Implikationen dieser Studien für die unterschiedlichsten Lebensbereiche, wiederholte Dr. Ekman sein Experiment mit Personengruppen, die beruflich mit dem Ausschnüffeln von Lügen zu tun haben: Richter, Anwälte, Polizisten, Psychotherapeuten sowie Mitarbeiter von CIA, FBI und ATF (Behörde für Alkohol, Tabak und Schußwaffen). Sie schnitten nicht besser ab als alle anderen. Die einzige Gruppe, die signifikant bessere Ergebnisse erzielte, waren Angehörige des amerikanischen Secret Service. So beruhigend dieser Befund im Hinblick auf den Secret Service sein mag, so beunruhigend ist er im Hinblick auf alle anderen Bereiche des öffentlichen Lebens.

Alles hat zwei Seiten

Unsere Entschlossenheit, die Wahrheit aufzudecken, indem wir einen Kampf zwischen zwei Seiten inszenieren, nährt die Überzeugung, daß jedes wichtige Thema zwei Seiten hat – nicht mehr und nicht weniger. Wenn man beiden Seiten ein Forum gewährt, auf dem sie gegeneinander antreten können, kommen alle relevanten Informationen ans Licht und beide Seiten zu ihrem Recht. Aber wenn ein Thema nicht zwei gegensätzliche Seiten hat, wie eine Medaille, sondern viele verschiedene Seiten, wie ein Kristall, führt das Prinzip des Gegensatzes nicht zu einer höheren Erkenntnis. Die Wahrheit liegt häufig in der komplexen Mitte und nicht in den grob vereinfachten Extremen.

Wir benutzen gern das Wort »Debatte«, um Probleme auf den Punkt zu bringen: die Abtreibungsdebatte, die Debatte über die Gesundheitsreform und so fort. In der Allgegenwärtigkeit dieses Begriffs spiegelt sich unsere Neigung wider, Probleme auf eine Weise zu konzeptualisieren, die fast zwangsläufig auf eine polarisierte öffentliche Diskussion hinausläuft und auf die Inszenierung eines Kampfes zwischen gegnerischen Parteien, die einander feindselig und unnachgiebig gegenüberstehen. Dieser Ansatz birgt zahlreiche Probleme. Wenn man voraussetzt, daß es eine »andere Seite« geben *muß*, kann es leicht passieren, daß man schließlich die Grenzbereiche der Wissenschaft oder die Randbezirke des Irrsinns durchkämmt, um sie zu finden. So werden dann unter Umständen erwiesene Tatsachen, zum Beispiel über die Entstehung der Erde oder über die Entwicklung ihrer Bewohner, mit Behauptungen auf eine Stufe gestellt, die bekanntermaßen keine faktische Grundlage haben, wie zum Beispiel mit dem Kreatianismus.

Die Überzeugung, daß »jedes Ding zwei Seiten« hat, kann Autoren und Produzenten dazu veranlassen, irgendeine »Gegenseite« auszugraben. Auf diese Weise erhalten dann Wirrköpfe, die total absurde Behauptungen aufstellen, eine Plattform im öffentlichen Diskurs. Das ist einer der Gründe für das bizarre Phänomen der Holocaust-Leugnung. Wie Deborah Lipstadt, Pro-

fessorin an der Emory University, belegt, ist es den Leugnern gelungen, ihre Lügen im Fernsehen und in Universitätszeitungen
zu verbreiten, weil sie sich erfolgreich als »die andere Seite« in
einer »Debatte« verkauft haben.

Wenn das Fernsehen oder die Presse über bestimmte Personen berichten, verleiht das ihren Ansichten in gewisser Weise Le-
gitimität, so daß grundlose Behauptungen plötzlich in den Bereich des Möglichen rücken. Lipstadt zeigt auf, wie die Leugner
des Holocaust unumstößliche historische Fakten bestreiten und
wie dann der bloße Akt des Bestreitens dazu führt, daß vernünftige Leute erwiesene Fakten in Frage stellen. So äußerte zum
Beispiel der Schauspieler Robert Mitchum in einem Interview
des *Esquire* Zweifel am Holocaust. Auf die Frage nach der Ab-
schlachtung von sechs Millionen Juden antwortete er: »Ich weiß
es nicht. Es gibt Leute, die das anzweifeln.« Die ständige Bezug-
nahme auf »die andere Seite« resultiert in der weit verbreiteten
Überzeugung, daß alles zwei Seiten habe – mit dem Ergebnis,
daß die Menschen zu zweifeln beginnen, ob es überhaupt so
etwas wie eindeutige Fakten gibt.

Der Aufwand an Zeit und geistiger Energie

In einer akribischen Analyse entlarvt Lipstadt in ihrem Buch die
Methoden, die die Leugner benutzen, um die überwältigenden
historischen Beweise für den Holocaust zu verfälschen. Daß eine
Wissenschaftlerin überhaupt Jahre ihres beruflichen Lebens auf
den Nachweis verwenden mußte, daß bestimmte Kräfte eine historische Tatsache zu leugnen suchen, die so umfassend dokumentiert und belegt ist wie kaum eine andere (mit überlebenden
Opfern und Zeugen), ist ein Beispiel dafür, wie die Streitkultur
unser Wissen noch auf andere Weise eher begrenzt als erweitert.
Sie führt dazu, daß Menschen ihr Talent und ihre Kraft damit verschwenden, exotische Behauptungen zu widerlegen, die überhaupt nie eine Plattform hätten erhalten dürfen. Das gleiche gilt,
wenn Einzelpersonen Jahre ihres Lebens damit verbringen müssen, sich gegen ungerechtfertigte Angriffe zu verteidigen, anstatt

ihre Arbeit fortzusetzen. Unter dem Verlust dieser Kreativität leidet die gesamte Gesellschaft. Das gilt zum Beispiel für den Fall des Wissenschaftlers Robert Gallo.

Dr. Gallo ist der amerikanische Virologe, der zusammen mit anderen das Aids-Virus entdeckte. Er entwickelte auch die Methode zur Untersuchung von T-Zellen, die diese Entdeckung möglich machte. Gallos Arbeit war zudem von wesentlicher Bedeutung für die Entwicklung des Testverfahrens, mit dem man das Virus im Blut nachweisen konnte, was das erste und lange Zeit das einzig bekannte Mittel zur Eindämmung der tödlichen Aidswelle war. Aber im Jahr 1989 wurde Gallo zum Gegenstand einer vierjährigen Untersuchung, nachdem der Vorwurf laut geworden war, er habe das Aids-Virus von Luc Montagnier gestohlen, der den Erreger unabhängig von Gallo am Pasteur Institut in Paris entdeckt hatte. Die National Institutes of Health, das Büro des Kongreßabgeordneten von Michigan, John Dingell, und die National Academy of Sciences leiteten parallele Ermittlungsverfahren ein, die auch dann noch energisch vorangetrieben wurden, als Gallo und Montagnier ihren Streit längst gütlich beigelegt hatten. 1993 kamen die Untersuchungen zu dem Ergebnis, daß Gallo nichts Unrechtes getan hatte. Dennoch läßt sich schwerlich von einem Happy-End reden. Ganz abgesehen von dem persönlichen Leid Gallos, der verunglimpft wurde, als er es verdient hätte, als Held gefeiert zu werden; ganz abgesehen davon, daß es für ihn, wie er selbst sagte, »die schmerzlichsten und schrecklichsten Jahre« seines Lebens waren – das unerträgliche, das unverantwortliche Ergebnis dieser fruchtlosen Untersuchungen ist, daß Gallo vier Jahre darauf verwenden mußte, gegen die Anschuldigungen anstatt gegen Aids zu kämpfen.

Laut dem Journalisten Nicholas Wade wurden die Ermittlungen durch einen Artikel ausgelöst, der ganz im Geist der derzeit populären Dämonographie verfaßt war: nicht darauf ausgerichtet, die dargestellte Person zu loben, sondern sie zu demontieren – ihre Schwächen, ihre dunklen Seiten zu enthüllen. Die Andeutung, daß Gallo das Virus gestohlen habe, erfüllte eine Anforderung des Diskurses: Um den Ansprüchen der Dämonographie gerecht zu werden, muß der Autor negative Seiten an seinem Objekt finden und sie den Lesern darbieten, die es genießen, wenn sich Helden in Schurken verwandeln. Der Verdacht löste Ermittlungen aus, und die Ermittlungen wurden zum Moloch, der ein Eigenleben entwickelte. Genährt wurde er von der Kritikkultur, von der Begeisterung für Angriffe auf Personen des öffentlichen Lebens.

Metaphern: Wir sind, was wir sagen

Die eifrigen Ermittlungen gegen Gallo hingen vielleicht auch damit zusammen, daß das Szenario eines Wissenschaftlers, der alles tut, um einen Rivalen aus dem Feld zu schlagen, unserem Bedürfnis nach einer guten Geschichte entgegenkommt. Es ist die Art von Geschichte, die wir bereitwillig glauben. Kultur ist in gewisser Weise eine Erzählumwelt: Wir wachsen mit bestimmten Geschichten auf, die man uns immer wieder erzählt, bis es uns ganz selbstverständlich erscheint, daß sie plausible Erklärungen für das menschliche Verhalten liefern. Wenn man menschliche Interaktionen als Kämpfe darstellt, entsteht ein metaphorischer Rahmen, der entscheidend beeinflußt, wie wir die Welt und die in ihr lebenden Menschen betrachten.

Alle Sprachen verwenden Metaphern zum Ausdruck von Ideen. Einige bildliche Begriffe und Ausdrücke werden für bestimmte Anlässe neu geprägt, aber die meisten gehören zu einem festen sprachlichen Repertoire und sind sogenannte »tote« Metaphern. Wir verwenden sie, ohne darüber nachzudenken, weil sie uns einfach als natürliche Methode zum Ausdruck unserer Gedanken erscheinen. Wir sind uns nicht bewußt, daß wir in Bildern reden. Wenn jemand zu uns sagt: »Sei vorsichtig: Du bist keine Katze; du hast keine neun Leben«, vergleicht er uns expressis verbis mit einer Katze. Aber was ist, wenn jemand sagt: »Schleich nicht um den heißen Brei herum. Komm endlich auf den Punkt«? Die Aufforderung enthält in diesem Fall keinen direkten Vergleich mit einer Katze, aber der Vergleich ist trotzdem durch das Wort »schleichen« impliziert. Ich bezweifle, daß Menschen bei dem Ausdruck »um den heißen Brei schleichen« bewußt an Brei oder an Katzen denken. Meistens benutzen wir Ausdrücke, ohne über ihre metaphorische Bedeutung nachzudenken. Aber das heißt nicht, daß diese Bedeutungen uns nicht beeinflussen.

Auf einem Meeting wurde eine allgemeine Diskussion so lebhaft, daß ein Teilnehmer, der einen Kommentar abgeben wollte, seine Äußerung mit den Worten einleitete: »So, ich will mich jetzt auch mal am Schlagabtausch beteiligen.« Eine andere Teilnehmerin rief: »Tausch doch lieber ein paar Gedanken aus!« Alles lachte. Aber durch die andere Formulierung lenkte die Sprecherin die Aufmerksamkeit auf etwas, das andernfalls vermutlich unbemerkt geblieben wäre: Das Wort »Schlagabtausch« kennzeichnete die lebhafte Diskussion als einen metaphorischen Kampf.

Amerikaner reden über fast alles, als wäre es ein Krieg. Ein Buch über die Geschichte der Linguistik heißt *Der Linguistikkrieg*. Ein Zeitschriftenartikel über Zweifel an der Objektivität der Wissenschaft ist überschrieben mit: »Der Wissenschaftskrieg«; einer über Brustkrebs mit »Der Mammographiekrieg«, über den Wettbewerb zwischen Partyservice-Unternehmen mit »Der Partyservice-Krieg« – und so geht es weiter, in einer potentiell unendlichen Liste. Die Politik gehört zweifellos zu den beliebtesten Anwärtern für solche Vergleiche. Eines von unzähligen möglichen Beispielen ist der Aufmacher eines Artikels, in dem berichtet wurde, daß der Nationalkonvent der Demokraten Bill Clinton erneut als Präsidentschaftskandidaten aufgestellt hatte: »Die Demokraten schicken Clinton zum zweiten Mal in die Schlacht«. Aber auch in der Medizin sprechen wir mit Vorliebe vom Bekämpfen und Besiegen von Krankheiten.

Schlagzeilen werden bewußt so konzipiert, daß sie Aufmerksamkeit erregen, aber wir alle benutzen militärische oder Angriffsbilder in unserer Alltagssprache, ohne darüber nachzudenken: »Das war ein Schuß ins Blaue«, »Ich werd denen keine Angriffsflächen bieten«, »Der Antrag ist gleich abgeschmettert worden«, »Das ging nach hinten los«, »Er hat sich tapfer geschlagen«. Warum ist es überhaupt wichtig, ob unser öffentlicher Diskurs von militärischen Metaphern erfüllt ist? Sind das nicht einfach nur Worte? Warum beschäftigen wir uns nicht lieber mit den wirklich wichtigen Dingen – zum Beispiel mit Taten?

Weil Worte wichtig sind. Wir glauben, daß wir Sprache benutzen, aber in Wirklichkeit benutzt die Sprache uns. Wie der Linguist Dwight Bowler es (unter Verwendung einer militärischen Metapher) ausdrückt: Sprache ist wie eine geladene Flinte. Sie kann absichtlich abgefeuert werden, aber sie kann zweifellos genauso verletzend oder tödlich wirken, wenn sie versehentlich losgeht. Die Sprache, mit der wir etwas beschreiben, beeinflußt unser Denken – und sogar unsere Wahrnehmung.

Wie stark Worte die Wahrnehmung beeinflussen, ist von Wissenschaftlern in Versuchen mit Kontrollgruppen nachgewiesen worden. Die Psychologen Elizabeth Loftus und John Palmer haben zum Beispiel festgestellt, daß die Begriffe, mit denen man Leute auffordert, sich an etwas zu erinnern, den Inhalt der Erinnerungen beeinflussen. Die Wissenschaftler führten ihren Probanden einen Film vor, in dem gezeigt wurde, wie zwei Autos zusammenstießen, und fragten dann, wie schnell die Autos gefahren seien. Eine Woche später fragten sie, ob es auch zersplittertes Glas bei dem Unfall gegeben habe. Einige Probanden wurden gefragt: »Wie schnell sind die Autos ungefähr gefahren, als sie zusammenstießen?« Andere wurden gefragt: »Wie schnell sind die Autos gefahren, als sie ›zusammenkrachten‹?« Die Testteilnehmer, denen die Frage mit dem Verb »zusammenkrachen« vorgelegt wurde, schätzten die Geschwindigkeit höher ein. Sie »erinnerten sich« auch häufiger an Glassplitter. (Es gab keine.)

So funktioniert Sprache. Sie beeinflußt unmerklich, wie wir über Menschen, Taten und unsere Umwelt denken. Militärische Metaphern konditionieren uns auf Denk- und Wahrnehmungsmuster, die in erster Linie auf Kampf, Konflikt und Krieg ausgerichtet sind. Diese Perspektive begrenzt dann wiederum unsere Phantasie, wenn wir darüber nachdenken, wie wir bestimmte Situationen verändern oder verbessern könnten.

Sogar in der Wissenschaft beeinflussen gebräuchliche und scheinbar selbstverständliche Metaphern, wie Forscher über naturwissenschaftliche Phänomene denken. Evelyn Fox Keller beschreibt einen Fall, in dem die Selbstverständlichkeit einer Metapher die Wissenschaftler dazu verleitete, etwas zu sehen, was gar nicht da war. Die Mathematikerin und Biologin stellt in groben Zügen das faszinierende Zellverhalten des Schleimpilzes dar. Dieser einzigartige Schleimpilz kann zwei völlig unterschiedliche Formen annehmen: Er kann in Form von einzelligen Organismen bestehen oder in Form einer vielkernigen Masse, zu der sich die einzelnen Zellen zusammenschließen. Die Wissenschaftler standen vor der Frage: »Was verursacht diese Aggregation?« Mit anderen Worten: Was bringt die einzelnen Zellen dazu, sich mit den anderen zu verbinden? Die Wissenschaftler konzentrierten ihre Forschungen auf die Frage, welche Einheit den Befehl zur Verschmelzung gab. Zuerst bezeichneten sie diese Chefeinheit als »Gründerzelle«, später dann als »Schrittmacherzelle«, obwohl niemand je einen Beweis für die Existenz einer solchen Zelle gefunden hatte. Die Forscher gingen trotzdem von der Annahme aus, daß eine solche Zelle existierte, und ignorierten Hinweise, die dagegensprachen, wie zum Beispiel die Tatsache, daß sich neue Zentren bildeten, wenn man das Zentrum des Zellverbands entfernte.

Die Schleimpilzforscher untersuchten weder die Wechselbeziehung zwischen den Zellen und ihrer Umwelt noch die Wechselbeziehung zwischen den Funktionssystemen innerhalb der einzelnen Zellen, weil sie sich ganz auf die Suche nach der Schrittmacherzelle konzentrierten, die, wie sich letztendlich herausstellte, nicht existierte. Vielmehr entwickelt jede Zelle den Drang, sich mit anderen zu verbinden und zu einem Konglomerat zu verschmelzen, wenn die äußeren Bedingungen zu einem Nährstoffmangel führen. Die Zellen reagieren auf ihre Umwelt, nicht auf die Befehle eines Vorgesetzten. Keller will mit dieser kleinen Geschichte verdeutlichen, daß wir dazu neigen, die Natur durch die Brille unseres hierarchischen Beziehungsverständnisses zu betrachten. Mit ihren Worten: »Wir laufen Gefahr, nur die Beispiele auf die Natur zu übertragen, die wir gern hören.« Anders ausgedrückt, das Denkbild einer hierarchischen Herrschaft führte dazu, daß die Wissenschaftler etwas »sahen«, was gar nicht da war – eine Schrittmacherzelle.

Zu den Geschichten, die viele Amerikaner am liebsten hören,

zählen Kriegsgeschichten. Nach dem Historiker Michael Sherry entwickelte sich der amerikanische Kriegsfilm während des Zweiten Weltkriegs und ist seither zu unserem ständigen Begleiter geworden. Sherry zeigt, daß auch Filme, die nicht explizit vom Krieg handelten, im Grunde ebenfalls Kriegsfilme waren, wie zum Beispiel die Western, in denen der Kampf zwischen »den Guten« und »den Bösen« durch Waffen entschieden wurde. Der Film *Zwölf Uhr mittags*, der zum Vorbild für viele spätere Western wurde, war eine Allegorie auf den Zweiten Weltkrieg: Das glückliche Ende hängt davon ab, daß der Pazifist zur Waffe greift. Diese Story erkennt man auch in modernen Abenteuerfilmen wieder. Man denke nur an *Krieg der Sterne* mit seinem aufwühlenden Finale: Nachdem Han Solo verkündet hatte, daß ihm die Lust zum Kämpfen vergangen sei, kehrt er in letzter Sekunde zurück, vernichtet den Feind und trägt den Sieg davon. Haargenau dasselbe Thema findet sich auch in einem zeitgenössischen Low-Budget-Film, *Sling Blade*: Ein friedliebender, geistig behinderter Mann wird am Schluß zum Helden, weil er den Fiesling ermordet, der seine Freunde quält.

Nehmt die Fäuste hoch

Wenn der Krieg die Bilder liefert, über die wir die Welt und einander wahrnehmen, betrachten wir schließlich andere – und uns selbst – als Krieger in einer Schlacht. Fast jede menschliche Begegnung läßt sich als Kampf zwischen zwei Opponenten rahmen. Diese Betrachtungsweise lenkt die Aufmerksamkeit auf bestimmte Aspekte des Geschehens, während andere ausgeblendet werden.

Wenn man Interaktionen als Kämpfe inszeniert, werden nicht nur die Teilnehmer, sondern auch die Zuschauer beeinflußt. Bei einer öffentlichen Aufführung können sowohl das Publikum als auch die Darsteller transformiert werden. Diese Wirkung fiel einem Rezensenten der *New York Times* auf, der ein Ereignis der Musikszene kommentierte:

SHOWDOWN IM LINCOLN CENTER: Der ideologische Krieg, der den Jazz seit einigen Jahren beherrscht, führte in diesem August zu einer offenen Feldschlacht zwischen dem Autor John Lincoln Collier und dem Jazztrompeter Mr. Marsalis, die sich zu einer Debatte im Lincoln Center trafen. Mr. Marsalis nahm Mr. Collier Stück für Stück auseinander. Was die Debatte unerfreulich machte, war die Blutrünstigkeit der Menge, die nach Erniedrigung, nicht nach Erleuchtung lechzte.

Die Beschreibung strotzt vor militärischen Metaphern: Die Meinungsunterschiede zwischen Collier und Marsalis sind ein »ideologischer Krieg« und »die Debatte« eine »offene Feldschlacht«, in der Collier (nicht seine Argumente) von Marsalis »auseinandergenommen« werden. Der Kommentator bedauert allerdings, daß sich das Publikum von der Stimmung, die diese Art des Streitgesprächs auslöste, anstecken ließ, und »blutrünstig« nach Colliers Niederlage »lechzte«.

Das ist eine der größten Gefahren, wenn man einen intellektuellen Austausch als Kampf betrachtet. Es schürt eine feindselige Atmosphäre, die sich wie ein Fieber ausbreitet. In einer Gesellschaft, in der manche Menschen ihrem Zorn mit Waffen Luft machen, kann es buchstäblich tödlich enden, wenn wir Andersdenkende dämonisieren.

Aber neigt das Publikum tatsächlich von sich aus zur »Blutrünstigkeit« oder wird es eher durch die Art der Darbietung dazu getrieben? Bei einem anderen kulturellen Ereignis, das ebenfalls als kontroverse Debatte inszeniert wurde, trafen sich ein Bühnenautor und ein Theaterregisseur. In diesem Fall wurde das Ereignis nicht über die Metapher des Krieges, sondern über die des Boxens betrachtet – eine Sportart, die wie eine Debatte der Inbegriff einer kämpferischen Auseinandersetzung ist, bei der zwei Gegner gegeneinander antreten und alles aufbieten, um zu gewinnen. Eine Schlagzeile, die das Ereignis aufgriff, gab den Rahmen vor: »UND IN DIESER ECKE…«, der vom Untertitel verstärkt wurde: »Ein schwarzer Dramatiker und ein weißer Kritiker steigen in den Ring«. Dann beschreibt der Artikel die Kraftprobe zwischen August Wilson, dem erfolgreichsten schwarzen Bühnenautor Amerikas, und Robert Brustein, langjähriger Theaterkritiker bei *The New Republic* und künstlerischer Leiter des American Repertory Theatre in Cambridge, Massachusetts. Diese beiden Schwergewichte lieferten sich seit Juni letzten Jahres einen erbitterten Kampf in den Medien. Sie betraten die Bühne von unterschiedlichen Seiten, schüttelten einander die Hand und eröffneten die erste Runde in ihrem Box- oder zumindest Sparringskampf.

Wie der Artikel erläutert, hatte Wilson einen Vortrag gehalten, in dem er gegen die Unsitte gewettert hatte, daß schwarze Schauspieler »weiße« Rollen in farbenblinden Besetzungen spielten; Brustein hatte dieser Ansicht in einer Kolumne widersprochen, was zu einem regen Hin und Her geführt hatte.

Laut Artikel lag »die Dramatik der Konfrontation zwischen Wilson und Brustein in ihrer beiderseitigen Unnachgiebigkeit«. Niemand wird bezweifeln, daß Zuschauer nach Dramatik verlangen. Aber ist Unnachgiebigkeit die reizvollste Quelle für eine spannende Darbietung? Ich hörte zufällig, wie diese Debatte im Radio übertragen wurde. Der Satz, der den größten Beifall vom Publikum erntete, war die abschließende Frage, die die Moderatorin Anna Deavere Smith den beiden Männern stellte: »Was haben Sie beide in dieser Debatte vom anderen gelernt?« Der lautstarke Applaus war ein deutliches Zeichen dafür, daß das Publikum nicht nach Unnachgiebigkeit dürstete. Es sehnte sich nach einer anderen Form von Dramatik: nach dem spannenden Schauspiel einer Veränderung – jener Veränderung, die sich vollzieht, wenn Menschen mit unterschiedlichen Meinungen einander wirklich zuhören. Die Zuschauer verlangten keineswegs nach der flüchtigen Dramatik, die sich aus dem Zusammenprall zweier starrer, unnachgiebiger Opponenten ergibt.

Wenn wir die Inszenierung von mehr Wandlungsdramen und weniger Unnachgiebigkeitsdramen fördern möchten, müssen wir die allgegenwärtige Kriegs- und Ringkampfmethaphorik, die uns als selbstverständliche Denk- und Ausdrucksweise erscheint, durch neue Bilder ersetzen und ergänzen.

Mitgefangen, mitgehangen

Unsere Vorliebe für Kampfszenarien verleitet uns dazu, viele komplexe menschliche Interaktionen als Schlacht zwischen zwei Seiten darzustellen. Das beeinflußt wiederum, wie wir Ereignisse deuten und wie wir die Teilnehmer bewerten. Leider wirbeln Schlamm- und andere Schlachten so viel Dreck auf, daß am Ende alle schmutzbekleckert dastehen. Und die angegriffene Person wird häufig für genauso schuldig gehalten wie der Angreifer.

Wie ungerecht das ist, wird klar, wenn man an die eigene Kindheit denkt. Viele von uns hegen noch immer einen gewissen Groll, wenn sie sich an die Situation (oder mehrere Situationen) erinnern, in der Geschwister oder Spielgefährten einen Streit anzettelten, man selbst aber genauso dafür bestraft wurde wie der wahre Schuldige. Handlungen sind immer im Fluß – jede Handlung stellt eine Reaktion auf eine vorherige Aktion dar. Wie man den Fluß deutet, hängt davon ab, welche Handlung man hervorhebt, so wie sich auch die Bedeutung eines Satzes verändert, wenn man unterschiedliche Wörter betont.

Ähnlich wie Eltern, die nicht wissen, wie sie den wahren Schuldigen bei einem kindlichen Streit ermitteln sollen, reagieren auch die Beobachter eines öffentlichen Disputs häufig so, als ob beide Beteiligten gleichermaßen schuldig wären. Als man der Weltmeisterin im Eiskunstlauf Nancy Kerrigan im Jahr 1994, kurz vor den Olympischen Winterspielen in Norwegen, mit einer Eisenstange gegen das Knie schlug, und der damalige Ehemann einer anderen Eiskunstläuferin, Tonya Harding, seine Frau mit der Planung des Anschlags in Verbindung brachte, wurde das Ereignis so dargestellt, als handele es sich um einen Zwist zwischen zwei Sportlerinnen, was deren unterschiedliche Rollen bei diesem Ereignis verschleierte. Da sich beide Eiskunstläuferinnen auf die Olympiade vorbereiteten, wurde ihre potentielle Begegnung als »lang erwartetes Duell« bezeichnet. Zwei Jahre später wurde der Anschlag nicht mehr als »Angriff auf Nancy Kerrigan« beschrieben, sondern als die »Rivalität zwischen Tonya Harding und Nancy Kerrigan«.

Nach einem ähnlichen Muster werden auch die Senatsanhörungen, die sich mit der Ernennung von Clarence Thomas zum Richter am Supreme Court beschäftigten und zu denen Anita Hill als Zeugin geladen wurde, regelmäßig als die »Hill-Thomas-Anhörungen« bezeichnet. Dadurch werden die beiden quasi auf eine Stufe gestellt, obwohl sie sehr unterschiedliche Rollen in dieser Sache gespielt haben. Auch wenn die Zeugenaussage von Anita Hill zur Wiederaufnahme der Untersuchungen führte, ging es bei den Anhörungen doch nach wie vor um die Bestätigung von Clarence Thomas: Ihr Zweck war die Bewertung von Thomas' Kandidatur. Daß man diese Anhörung als zweiseitigen Disput zwischen Hill und Thomas bezeichnete, erlaubte den Senatoren, ihre Untersuchung auf ein Kreuzverhör von Hill zu konzentrieren, anstatt nach anderen Beweisen zu suchen. So hätten sie zum Beispiel auch Sachverständige zum Thema »sexuelle Belästigung« konsultieren und auf diese Weise überprüfen können, ob Hills Aussage schlüssig war.

Ein hieb- und stichfestes Denken

Wenn wir an das Leben herangehen wie Krieger an eine Schlacht, erscheint uns schließlich auch das Streben nach Erkenntnis als eine Frage von Angriff, Gegenangriff und Verteidigung. Aus dieser Perspektive ist kritisches Denken gleichbedeutend mit Kritik. In vielen Ausbildungssituationen werden Schüler dazu ermutigt, sich mit dem Lebenswerk eines Menschen zu beschäftigen, um es dann zu zerfetzen. Die Fähigkeit zur Kritik ist zweifellos ein – wesentlicher – Bestandteil eines kritischen Denkens, aber genauso wichtig ist es, daß man Ideen aus unterschiedlichen Bereichen verbindet und den Kontext von neuen Denkansätzen untersucht. Das Prinzip des Gegensatzes führt nicht zu einer höheren Erkenntnis, wenn wir immer nur fragen: »Was ist falsch daran?« und nie: »Was davon können wir nutzen, um zu einer neuen Theorie, um zu neuen Einsichten zu gelangen?«

Eine unablässige Kritik hat in vielerlei Hinsicht eine destruktive Wirkung. In unzähligen kleinen Dramen wiederholt sich tagtäglich die Geschichte von Robert Gallo (wenn auch in bescheidenerem Rahmen): Unsere kreativsten Köpfe verschwenden Zeit und Kraft, um auf Kritiker zu reagieren, die häufig kein echtes Interesse an Verbesserungen haben, sondern lediglich nach Angriffsflächen suchen. Die ganze Gesellschaft verliert, wenn kreative Menschen durch unfaire Kritik entmutigt werden und ihre Arbeit aufgeben. (Das ist um so wahrscheinlicher, weil außergewöhnlich kreative Menschen häufig auch außergewöhnlich sensibel sind, wie Kay Redfield Jamison in ihrem Buch *Touched With Fire* aufzeigt; eben diese Sensibilität ist häufig der Motor ihrer Kreativität.)

Bei ungerechtfertigter Kritik, so ist oft zu hören, steht es jedem frei, sie zu widerlegen und sich dagegen zu verteidigen. Aber auch das ist problematisch. In die Defensive zu gehen, kostet nicht nur Zeit und Kraft, die lieber in kreative Arbeiten fließen sollte – wer Schritte zur eigenen Verteidigung unternimmt, wirkt auch, nun ja, eben defensiv. Als zum Beispiel ein Autor einen Brief an einen Redakteur schrieb, um gegen eine seiner Meinung nach unfaire Rezension zu protestieren, benutzte der Rezensent (der normalerweise immer das letzte Wort hat) die bloße Tatsache, daß der Autor sich verteidigte, für einen erneuten Angriff. Die Antwort des Rezensenten begann mit den Worten: »Meine Zeit ist zu kostbar, um sie auf Autoren zu verschwenden, die nichts Besseres mit ihrem Talent anzufangen wissen, als wütende Briefe an Rezensenten zu verfassen.«

Die Streitkultur begrenzt die Informationen, die wir erhalten, anstatt uns neue Sichtweisen zu eröffnen. Wenn eine bestimmte Art von Interaktion die Norm ist, fühlen sich diejenigen zur Teilnahme motiviert, denen diese Norm entgegenkommt, während sich andere, denen diese Norm Unbehagen bereitet, zurückziehen und anderen Dingen zuwenden. Der öffentliche Diskurs sollte ein breites Spektrum von Interaktionsformen umfassen, damit Menschen mit unterschiedlichem Temperament sich beteiligen und ihre Perspektiven und Einsichten ebenfalls einbringen können. Wenn Debatte, Opposition und Streit die alles beherrschenden Formen sind, beteiligen sich in erster Linie Personen, die Spaß an verbalen Sparringskämpfen haben (indem sie zu

Talkshows laden, Briefe an Redakteure schreiben, Aufsätze für Zeitschriften verfassen oder Journalisten werden), während jene, die sich nicht für einen oppositionellen Diskurs erwärmen können oder wollen, auf Abstand gehen.

Diesen Trennungsvorgang kann man deutlich bei beruflichen Ausbildungsprogrammen erkennen, zum Beispiel an Schauspielschulen, juristischen Fakultäten oder in Magisterstudiengängen. Eine Frau, die im Schauspielkurs ihrer Universität äußerst vielversprechende Ansätze gezeigt hatte, wurde ermutigt, nach New York zu gehen und Schauspielunterricht zu nehmen. Voller Enthusiasmus machte sie sich auf den Weg und wurde von einer renommierten Schauspielschule aufgenommen. Zu den Unterrichtsmethoden der Schule gehörte, daß die Lehrer die Schüler anbrüllten, provozierten und beleidigten, um sie auf diese Weise zu Höchstleistungen anzuspornen. Das funktionierte bei vielen Schülern sehr gut, aber nicht bei dieser Frau. Bei Angriffen wuchs sie keineswegs über sich selbst hinaus, sondern reagierte verkrampft und verunsichert. Nach einem Jahr brach sie die Schule ab. Vielleicht hatte sie tatsächlich nicht das Zeug zur Schauspielerin – niemand wird es je erfahren, weil der antagonistische Unterrichtsstil ihr nicht die Möglichkeit gab, ihr Talent zu zeigen.

Die Spaltung des Komplexen: Biologie oder Umwelt?

Kaum eine Frage kommt von sich aus als klarer, eindeutiger Gegensatz zwischen zwei Seiten daher. Das Thema »Männer und Frauen« ist auch hier ein gutes Beispiel. Eine gängige Polarisierung besteht darin, daß man bei der Erklärung von geschlechtsspezifischen Unterschieden einen Gegensatz zwischen »Kultur« oder »Umwelt« auf der einen, und »Natur« oder »Biologie« auf der anderen Seite konstruiert.

Kurz nach der Veröffentlichung von *Du kannst mich einfach nicht verstehen* fragte mich eine Journalistin, was die häufigste Frage sei, die man mir im Hinblick auf den Kommunikationsstil zwischen Männern und Frauen gestellt habe. Ich sagte: »Ob die Unterschiede, die ich beschrieben habe, kulturell oder biologisch bedingt sind.« Die Journalistin lachte. Verdutzt fragte ich, wieso sie das erheiternd fand. Sie erklärte, sie sei fest davon überzeugt, daß alle signifikanten Unterschiede kulturellen und nicht biologischen Ursprungs seien; deshalb erscheine die Frage ihr absurd. Insofern hätte ich eigentlich nicht überrascht sein dürfen, als ich in ihrem Artikel las, daß die beiden Fragen, die man mir am häufigsten stellte, folgendermaßen lauteten: »Warum nörgeln Frauen?« und »Warum fragen Männer nie nach dem richtigen Weg?« Ihre ideologische Gewißheit, daß die Frage, die man mir am häufigsten stellte, absurd sei, brachte diese Journalistin dazu, meine Antwort zu ignorieren und einen Aspekt meiner Erfahrungen falsch wiederzugeben.

Einige Menschen sind überzeugt, daß alle wichtigen Unterschiede zwischen Männern und Frauen ausschließlich oder zum überwiegenden Teil auf kulturelle Einflüsse zurückzuführen sind – auf die Art und Weise, wie wir Mädchen und Jungen behandeln und auf die männliche Vorherrschaft in der Gesellschaft. Andere sind überzeugt, daß alle signifikanten Unterschiede ausschließlich oder zum überwiegenden Teil auf biologischen Einflüssen beruhen – auf den objektiven Gegebenheiten des männlichen und weiblichen Körpers, auf Hormonen und Fortpflanzungsorganen. Es werden viele Probleme dadurch verursacht, daß man die Frage als Dichotomie faßt: Sind geschlechtsspezifische Verhaltensmuster biologisch *oder* kulturell bedingt? Diese Polarisierung ermutigt die Vertreter der einen Seite, die Vertreter der anderen zu dämonisieren, was wiederum dazu beiträgt, daß Studien und Ergebnisse aus dem jeweils anderen Lager falsch dargestellt werden. Schließlich, und das ist das Schlimmste, hält es uns davon ab, das Zusammenspiel von biologischen und kulturellen Faktoren zu erforschen – Faktoren, die wir nur gemeinsam erkunden und verstehen können. Wenn wir die Frage in ein »Entweder/Oder«-Format pressen, verstärken wir die irrige Annahme, daß man biologische und kulturelle Faktoren trennen könnte, und verhindern Untersuchungen, die zu einem besseren Verständnis der Wechselbeziehungen beitragen könnten. Eine polarisierende Fragestellung kann eine Antwort unmöglich machen, bevor die Untersuchung überhaupt begonnen hat.

Wer ist oben? Wer ist unten?

Eng verbunden mit der Polarisierung ist ein weiterer Aspekt der Streitkultur, nämlich unsere besessene Beschäftigung mit hierarchischen Einstufungen und Bewertungen. Zeitschriften veröffentlichen »Bestenlisten«, in denen die 10, 50 oder 100 Spitzenreiter aus allen erdenklichen Bereichen vorgestellt werden, ob Restaurants, Investmentfonds, Krankenhäuser oder sogar Richter. Nachrichtenmagazine informieren uns darüber, wer in der öffentlichen Meinung die Nase vorn hat und wer hinterherhinkt, wie *Newsweek* in seiner »Conventional Wisdom Watch« oder *Time* in seiner Liste der »Winners and Losers«. In Notenspiegeln und Ranglisten spielt man Restaurants, Produkte, Schulen oder Menschen anhand eines einzigen Kriteriums gegeneinander aus und ignoriert die vielfältigen Unterschiede, die zwischen den Vergleichsobjekten bestehen. Ein kleines thailändisches Restaurant in einem bestimmten Stadtteil ist unter Umständen überhaupt nicht mit einem teuren französischen Restaurant in einem anderen Stadtteil zu vergleichen, so wie man vielleicht auch Richter mit einem breiten Spektrum von Fähigkeiten und Überzeugungen nicht an einem einzigen Maßstab messen kann. Auch der Zeitpunkt des Vergleichs kann die Ergebnisse beeinflussen: Die Ohio State University protestierte bei *Time*, nachdem das Nachrichtenmagazin ihre Rugbymannschaft als Schlußlicht einer Vergleichsliste aufgeführt hatte, weil nur 29 Prozent der Teammitglieder einen akademischen Grad erwarben. Im Jahr zuvor hätte das Team mit 72 Prozent auf einem der ersten sechs Plätze rangiert.

Nach einer politischen Debatte analysieren die Kommentatoren nicht die Aussagen der Kandidaten, sondern fragen: Wer hat gewonnen? Wenn der Präsident eine wichtige Rede hält, zum Beispiel seinen Bericht zur Lage der Nation, werden Sachverständige aufgefordert, dem Vortrag eine Note zu geben. Zensurenvergaben begründen ebenso wie Rangordnungen einen Wettbewerb. Das größte Problem bei der Frage, welche Note die Rede des Präsidenten verdient, oder wer bei einer Wahlkampfdebatte gewonnen oder verloren hat, ist das, was nicht gefragt und daher nicht beantwortet wird: Was wurde gesagt und welche Bedeutung hat das, was gesagt wurde, für unser Land?

Eine Ethik der Aggression

In einer Streitkultur werden aggressive Verhaltensweisen um ihrer selbst willen geschätzt. Als ich einmal zu Gast in einer Talkshow war, rief eine Zuschauerin an und erzählte: »Wenn ich irgendwo auf einen Mann stoße, der sich eine Zigarette ansteckt, obwohl wir uns in einer Nichtraucherzone befinden, sage ich nicht: ›Sie dürfen hier nicht rauchen. Machen Sie sofort die Zigarette aus.‹ Ich sage vielmehr: ›Tut mir wirklich schrecklich leid, aber ich habe Asthma und krieg Atemprobleme durch den Rauch. Würde es Ihnen etwas ausmachen, nicht zu rauchen?‹ Daraufhin reagiert der Mann überaus höflich und entgegenkommend. Er macht seine Zigarette sofort aus, und ich flöte: ›Oh, vielen, vielen Dank!‹, so als hätte er gerade etwas ganz Wundervolles für mich getan. Wieso mache ich das?«

Die Frau hat vermutlich erwartet, daß ich sage, sie müsse lernen, sich besser zu behaupten und Rauchern aggressiver entgegenzutreten. Statt dessen versicherte ich ihr, daß ihr Stil in dieser Situation völlig in Ordnung sei. Sie gibt dem Mann die Möglichkeit, ihrem Wunsch zu entsprechen und dabei sein Gesicht zu wahren, so daß er sich ritterlich anstatt getadelt fühlen kann. Dieser Ansatz ist angenehm für den Mann, aber auch für die Frau, weil er es wahrscheinlicher macht, daß sie ihr angestrebtes Ziel erreicht. Wenn sie versuchen würde, sein Verhalten zu ändern, indem sie ihn an die Regeln erinnert, könnte es leicht passieren, daß er rebelliert: »Sind Sie hier der Sheriff, oder was? Kümmern Sie sich um Ihren eigenen Kram!« In der Tat: Wer gibt uns das Recht, andere zur Ordnung zu rufen, wenn sie unserer Meinung nach gegen Regeln verstoßen?

Ein weiterer Anrufer stimmte nicht mit meiner Auffassung überein. Er erklärte, der Stil der Frau sei »selbsterniedrigend« und es gebe keinen Grund, sich so zu verhalten. Aber ich beharrte auf meinem Standpunkt: Ein zurückhaltender Stil ist nicht grundsätzlich negativ. Menschliche Beziehungen hängen davon ab, daß wir uns auf bestimmte sprachliche Konventionen einigen. Ich glaube, der Fehler, den dieser zweite Anrufer beging – und den viele von uns machen –, lag darin, daß er eine *rituelle* Zurückhaltung mit einer echten verwechselte. In allen menschlichen Beziehungen müssen wir Methoden finden, um das zu bekommen, was wir wollen, ohne dominierend zu wirken. Ein Verhalten, bei dem man seinem Gegenüber die Möglichkeit gibt, zu tun, was man verlangt, ohne daß er sich gedemütigt fühlt, wird dieser Anforderung gerecht.

Wenn man sich selbst als das Opfer sieht, das von einem ungehobelten Klotz schikaniert wird, ist es schwerer, den Wert dieser Methode zu erkennen. Aber angenommen, Sie wären der nikotinsüchtige Mensch, der sich (wissentlich oder unwissentlich) in einer Nichtraucherzone eine Zigarette anzündet. Möchten Sie von fremden Leuten angeschnauzt und im barschen Kommandoton zur Ordnung gerufen werden oder würden Sie lieber die Möglichkeit erhalten, Ihr Gesicht zu wahren, weil man Sie freundlich um eine Gefälligkeit bittet? Oder stellen Sie sich vor, Sie hätten unbeabsichtigt eine Regel verletzt (was nicht heißen soll, daß Regeln immer versehentlich gebrochen werden; es heißt nur, daß es manchmal so ist). Möchten Sie von irgendeinem Fremden zur Ordnung gerufen und wüst beschimpft werden, oder würden Sie es vorziehen, daß man Sie höflich bittet, sich an die Vorschriften zu halten?

Wie dieses Beispiel zeigt, kann man Konflikte manchmal ohne Konfrontation lösen, aber die öffentliche Meinung tendiert derzeit zur Abwertung friedfertiger Methoden, sogar wenn sie gut funktionieren, und bevorzugt aggressivere Strategien, auch wenn sie zu schlechteren Ergebnissen führen. Wir schätzen die Konfrontation offenbar um ihrer selbst willen und nicht, weil sie eine effektive Methode zur Lösung von Streitigkeiten ist.

Diese Ethik begegnet uns in vielen Bereichen. So schrieb zum

Beispiel ein Rezensent in seiner Besprechung eines umstrittenen Buches: »Immer provozierend, manchmal zur Weißglut reizend, erinnert uns diese Sammlung daran, daß Kunst nicht loben und hätscheln, sondern provozieren und angreifen soll.« In dieser falschen Dichotomie spiegelt sich die Überzeugung wider, daß, wer nicht provoziert und angreift, automatisch lobt und hätschelt – als ob es nicht unzählige andere Wege des Fragens und Lernens gäbe. Was ist mit dem Erforschen, Darstellen, Ergründen, Analysieren, Verstehen, Bewegen, Verknüpfen, Integrieren, Erhellen... oder irgendeinem der unzähligen anderen Begriffe, die beschreiben, was Kunst tun kann?

Das umfassendere Bild

Der oppositionelle Geist, der unser öffentliches Leben zunehmend beherrscht, ist eng verbunden mit einem Phänomen, das in den letzten Jahren häufig beklagt wurde: dem Verlust des Gemeinschaftsgefühls. Der renommierte Journalist und Autor Orville Schell weist in diesem Zusammenhang darauf hin, daß zu seiner Zeit die journalistische Arbeit in aller Regel auf einem Gefühl der Verbundenheit mit den Menschen beruhte, über die man berichtete – und daß diese Nähe in der heutigen Berichterstattung kaum noch zu spüren sei. Heute herrscht in der Tat eher ein Geist der Dämonisierung vor, der genau den gegenteiligen Effekt hat: Die heutige Berichterstattung löst alles andere als ein Gefühl von Verbundenheit aus, sondern ermutigt vielmehr zur Kritik, zu einem Gefühl von Überlegenheit und somit zur Distanz. Die kumulative Wirkung ist, daß die Bürger sich immer abgeschnittener von den Personen des öffentlichen Lebens fühlen, über die sie lesen.

Die Streitkultur hängt noch auf andere Weise mit der allgemeinen Auflösung und dem Zusammenbruch der Gemeinschaft zusammen: Die Normen und Zwänge der Gemeinschaft wirken dem offenen Ausdruck von Feindseligkeit und Aggression entgegen. Viele Kulturen haben Rituale entwickelt, mit denen aggressive Impulse, insbesondere bei männlichen Jugendlichen, aufgefangen und kanalisiert werden. Genau das hatten sowohl Colin Powell als auch Bob Dole im Sinn, als sie 1996 auf dem Parteitag der Republikaner erzählten, daß sie in kleinen Gemeinschaften aufgewachsen seien, wo jeder den anderen kannte. Für sie bedeutete das, daß viele Menschen auf sie aufpaßten, aber auch, daß sie nichts Verbotenes tun konnten, ohne daß ihre Eltern Wind davon bekamen. Viele Amerikaner sind in ethnischen Gemeinschaften aufgewachsen, die nach einem ähnlichen Muster funktionierten. Wenn ein junger Mann einen Diebstahl beging, mutwillig Sachen zerstörte oder eine Regel oder ein Gesetz brach, informierte man seine Verwandten, die ihn bestraften oder ihm eindringlich klarmachten, daß sein Verhalten eine Schande für die Familie sei. Diese Bremsen sind in der heutigen amerikanischen Gesellschaft häufig nicht mehr vorhanden.

Gemeinschaft ist eine Mischung von Bindung und Autorität, und wir verlieren beides. Wie Robert Bly in seinem Buch mit dem gleichnamigen Titel aufzeigt, leben wir heute in einer »*Geschwistergesellschaft*«: Die Bürger verhalten sich wie kabbelnde Geschwister, aber es gibt keine Respektspersonen mehr, die so viel Autorität und Ansehen genießen, daß sie die aggressiven Regungen auffangen und kanalisieren könnten. Es ist, als käme jeden Tag ein neuer Vertretungslehrer in die Klasse, der keine Kontrolle über die Schüler hat und die Ordnung nicht aufrechterhalten kann.

Die Streitkultur erzeugt und verstärkt diese Entfremdung und Isolation, die die Menschen voneinander und von jenen trennt, die sie führen oder führen könnten.

Gibt es einen anderen Weg?

Der Philosoph John Dewey sagte an seinem 90sten Geburtstag: »Demokratie beginnt im Gespräch.« Ich fürchte, sie endet in der polarisierten Debatte.

Im Gespräch knüpfen wir die zwischenmenschlichen Kontakte, die den einzelnen in persönliche Beziehungen einbinden; im öffentlichen Diskurs knüpfen wir ähnliche Kontakte im größeren Rahmen, die den einzelnen in die Gemeinschaft einbinden. Im Gespräch tauschen wir die vielen Arten von Informationen aus, die wir brauchen, um unsere Aufgaben als Mitglieder der Gemeinschaft zu erfüllen. Im öffentlichen Diskurs tauschen wir die Informationen aus, die wir als Bürger einer Demokratie brauchen, damit wir entscheiden können, wem wir unsere Stimme geben. Wenn der öffentliche Diskurs in erster Linie der Unterhaltung dient – und wenn Unterhaltung in erster Linie aus der Darbietung von Kämpfen besteht –, dann erhalten die Bürger nicht die Informationen, die sie brauchen, um ihr Wahlrecht sinnvoll nutzen zu können.

Selbstverständlich haben Intellektuelle die Aufgabe, nach möglichen Schwächen in den Ausführungen anderer zu forschen, und Journalisten haben die Aufgabe, über ernsthafte Widerstände und Gegenmeinungen zu berichten. Aber wenn Opposition zur alles beherrschenden Erkundungsmethode wird – zu einer Formel, die zwingend *vorschreibt*, daß man eine andere Seite finden oder Kritik äußern muß; wenn die Lust am Widerspruch Extrempositionen begünstigt oder die Komplexität verdeckt; wenn unsere eifrige Suche nach Schwächen uns blind für Stärken macht; wenn die Atmosphäre der Feindseligkeit den Respekt vor anderen untergräbt und unsere Beziehungen vergiftet – dann richtet die Streitkultur mehr Schaden als Nutzen an.

Ich will mit diesem Buch nicht zum Sturmangriff auf die Streitkultur blasen. Das würde genau jener Angriffshaltung entsprechen, die ich in Frage stelle. Dieses Buch ist der Versuch, die Streitkultur, also die Vorliebe für Angriff, Opposition und Debatte im öffentlichen Diskurs, zu untersuchen. Ich frage: Wo liegen die Grenzen, wo die Stärken der Streitkultur? Inwiefern hat sie uns gute Dienste erwiesen? Wie hängt sie mit dem Geschlecht und der Gesamtkultur zusammen? Welche anderen Optionen haben wir?

Ich glaube nicht, daß wir das Streitmodell des öffentlichen Diskurses gänzlich aufgeben sollten, aber wir sollten uns fragen, ob es das *einzige* Modell oder immer die *beste* Methode ist, um mit dem Leben umzugehen. Ein erster Schritt zur Erweiterung unseres Repertoires und eine bahnbrechende Neuerung wäre zum Beispiel, daß wir mit Metaphern experimentieren, die nicht aus dem Sport oder dem Krieg stammen, und daß wir andere Formate als die Debatte ausprobieren, wenn es um den Austausch von Ideen geht. Man könnte zum Beispiel mit einer so simplen Veränderung wie einem Wechsel zur Pluralform beginnen: Anstatt zu fragen: »Wie lautet die Gegenmeinung?«, könnte man fragen: »Welche anderen Meinungen gibt es?« Anstatt darauf zu bestehen, »beide Seiten« zu hören, könnten wir darauf dringen, »alle Seiten« kennenzulernen.

Wir könnten auch unser Verständnis von »Debatten« dahingehend erweitern, daß sie den Dialog mehr mit einschließen. Das bedeutet nicht, daß es nichts Negatives, keine Kritik oder Opposition geben kann. Es bedeutet einfach, daß wir kreativer mit diesen unvermeidlichen und nützlichen Widersprüchen umgehen könnten. Im Dialog wird jede Äußerung, die eine Person macht, durch die Äußerung einer anderen Person erweitert, bis alle Beteiligten durch die Aufeinanderfolge von Äußerungen und Erweiterungen zu einem umfassenderen Verständnis gelangen. Der Dialog schließt Verneinungen nicht aus. Sogar eine Formulierung wie »Ich stimme zu« ergibt nur einen Sinn, wenn auch die Möglichkeit besteht, daß man nicht zustimmt. Auch im Dialog gibt es also Opposition, aber keine frontalen Zusammenstöße. Sich die Köpfe einzurennen, macht sie nicht offener für neue Gedanken.

Es gibt Situationen, in denen wir widersprechen, kritisieren, in Opposition gehen und angreifen müssen – in denen wir Debatten halten und Probleme kontrovers diskutieren müssen. Auch Kooperation bedeutet letztlich nicht die Abwesenheit von Konflikten – sie ist ein Mittel zu ihrer Handhabung. Es geht mir nicht um einen beschönigenden, falschen Konsens oder gar um die gefährliche Ausblendung echter Opposition. Ich stelle die Automatik in Frage, mit der wir zu adversativen Mustern greifen – die Annahme, daß Streit immer und grundsätzlich die beste Methode für den Umgang mit Fragen und Problemen sei. Ich wünsche mir, daß wir unser Repertoire erweitern und neue Wege finden, um miteinander zu sprechen und Fragen, die uns alle betreffen, gemeinsam zu lösen.

2.

Beide Seiten kommen im Kampf groß raus: Die Streitkultur und die Presse

»ERGREIFEN SIE PARTEI!« brüllt die Werbeanzeige in Blockschrift. In kleinerer Schrift fährt sie fort:

Nehmen Sie teil an der Schlacht der Meinungsführer, die in den beiden dynamischsten Sendungen unserer Zeit über brandaktuelle Themen streiten und sich gegenseitig unter Beschuß nehmen.

Unter den Logos der beiden Shows – *Hardball* und *Equal Time* – finden sich Fotos der beiden Moderatoren. Die ganze Aufmachung legt nahe, daß sie Krieg miteinander führen. Jede Show nimmt eine Hälfte der Seite ein, und über jedem Logo prangt ein Foto von einer Armee, die, jeweils blaue und rote Fahnen schwingend, in die Schlacht zieht.

Eine Werbeanzeige für die beliebte politische Talkshow *Crossfire* folgt einem ähnlichen Muster: Sie zeigt vier Personen mit verschränkten Armen und grimmigen Mienen. Über jedem Kopf verkündet eine breite Schlagzeile in Blockschrift: »DIE LINKE«, »UND DIE RECHTE«, »UND NOCHMALS DIE LINKE«, »UND NOCHMALS DIE RECHTE«. Der Aufmacher spielt sowohl auf Boxhiebe als auch auf politische Orientierungen an: Die politische »Linke«, vertreten durch Geraldine Ferraro und Bill Press, starrt wütend auf die politische »Rechte«, vertreten durch John Sununu und Robert Novak. Die beiden »Linken« (natürlich auf der linken Hälfte der Seite) sind von den Rechten durch einen Spalt im Boden getrennt. Der Spalt gibt den Blick auf eine Backsteinmauer frei, auf der geschrieben steht: »Die Linke schießt wieder aus vollen Rohren. Die Rechte hat zu ihrer alten Feuerkraft zurückgefunden.«

Diese Anzeigen ebenso wie die Talkshows, für die sie werben, geben Amerikanern zu verstehen, daß jede Thematik zwei – und nur zwei – völlig gegensätzliche und widersprüchliche Seiten hat und nicht viele verschiedene Seiten, die komplexe, miteinander verwobene Einflüsse und Interessen widerspiegeln. Die beiden Anzeigen enden mit den Worten: »Schauen Sie sich an, was passiert!« und »Schauen Sie zu, wie die Fetzen fliegen«, was eine weitere Botschaft vermittelt: Politik ist ein Zuschauersport. Der Bürger kann die eine oder andere Seite anfeuern, mehr wird nicht von ihm erwartet. Das hat wenig mit einem aktiven Demokratieverständnis zu tun, so wie es auch ein gewisser Unterschied ist, ob man sich ein Fußballspiel im Fernsehen anschaut oder selbst auf den Platz geht, um zu spielen.

Man kann nahezu jedes Thema als Kampf darstellen – und man tut es. Ein Zeitschriftenartikel über das Guggenheim Museum Bilbao – ein Joint-venture zwischen dem Guggenheim Museum in New York und der spanischen Stadt Bilbao – legt nahe, daß der Architekt, Frank Gehry, mit seiner Konstruktion einen anderen Architekten aus dem Feld schlagen wollte:

Wenn man an »Guggenheim« denkt, denkt man an Frank Lloyd Wright; und das turmhoch aufragende Atrium in Bilbao – mit 165 Fuß fast eineinhalbmal so hoch wie Wrights New Yorker Spirale – scheint dem Meister ein: »Dir hab ich's gegeben!« entgegenzuschleudern.

Aber Gehry selbst sagt, daß er mit seiner Arbeit einem Film gehuldigt habe, wie auch der Artikel durch ein Zitat verdeutlicht:

Es ist lichtdurchfluteter Raum, von emporstrebender Weite und mit einem Netz sich überschneidender Laufplanken, die sich über drei Galerieebenen ziehen. »Zu all dem inspiriert hat mich Fritz Langs *Metropolis*«, sagt Gehry. »Ich wollte eine Phantasiestadt schaffen.«

Was für ein Unterschied, ob man sich ein neues Museum als Phantasiestadt, inspiriert von einem anderen Künstler, vorstellt, oder als aggressiven Angriff eines Emporkömmlings, der den Meister durch den Bau eines höheren Atriums zu übertrumpfen sucht.

Auch Wirtschaftsnachrichten lassen sich gut in einen kämpferischen Rahmen stellen. Die Schlagzeile »EIN KLASSISCHES MATCH« wird vom Untertitel verstärkt: »Kaum eingeläutet, verspricht bereits die erste Runde im Fusionsduell zwischen Hilton und ITT einen heißen Kampf.« Daneben ein Farbfoto, auf dem zwei Boxer mit roten Handschuhen aufeinander eindreschen, und zwar in einem Boxring, der als Caesar's Palace zu erkennen ist. Die Bildunterschrift lautet: »Keilerei der Konzerne: Wer gewinnt den Kampf um Caesar's Palace?« Als ich auf der Suche nach diesem Artikel die Seiten durchblätterte, konnte ich ihn beim ersten Mal nicht finden. Obwohl ich wußte, auf welcher Seite der Beitrag stand, zog ich beim flüchtigen Anblick des Fotos den Schluß, daß ich beim Sportteil gelandet war, und blätterte weiter.

In einer einzigen Ausgabe eines amerikanischen Nachrichtenmagazins stößt man auf einen führenden chinesischen Politiker, der »gute Chancen hat, als Sieger aus dieser Schlacht hervorzugehen, weshalb er sie sehr wahrscheinlich schlagen wird«, auf traditionelle Autohändler, die demnächst »plattgemacht« werden, auf »Preiskriege in der Telekommunikation«, einen »Zerealienkrieg«, ferner auf die Voraussage, daß Alan Greenspan vermutlich zu »einem Präventivschlag gegen die Inflation ansetzen« wird, und auf den Hinweis, daß preisbewußte Verbraucher wahrscheinlich »die wahren Anti-Inflations-Kämpfer« sind.

In all diesen Beiträgen wird nur über Ereignisse berichtet, aber die Art der Berichterstattung beeinflußt, wie wir über das Geschehen denken – und kann auch die Ereignisse selbst beeinflussen. Eine Darstellung, die sich auf eine Kampfmetaphorik stützt, kann tatsächlich zum Auslöser eines Kampfes und all seiner Begleiterscheinungen werden. Eine Zeitschrift für Collegeprofessoren mit dem Titel *Lingua Franca* beschäftigt sich mit den Intrigen, die hinter den Kulissen der akademischen Welt gesponnen werden. Sie berichtet über Kämpfe und hetzt gleichzeitig dazu auf. Eine Person, die in eine dieser »Schlachten« verwickelt war, erklärte: »In gewisser Weise erzeugt *Lingua Franca* durch die Art, wie sie über wissenschaftliche Debatten berichtet, eine unnötige Polarisierung und bewirkt eine größere Spaltung in Akademikerkreisen, als sie tatsächlich vorhanden ist.«

Die extremste Kampfmetaphorik, wie zum Beispiel in der Werbung für *Crossfire*, findet man in Verbindung mit dem Fernsehen. Das hängt damit zusammen, daß Fernsehmacher ein lebendiges, abwechslungsreiches Programm zusammenstellen wollen – worunter sie häufig ein provozierendes Programm verstehen. Aus dieser Warte gilt: je extremer ein Standpunkt, desto größer das Interesse der Leser oder Zuschauer. Wie der Medienkritiker der *Washington Post*, Howard Kurtz, in *Hot Air* formulierte: »Der mittlere Standpunkt, der vernünftige Kern wird verworfen, weil er als zu schwammig und zu langweilig gilt und daher die Zuschauer zu leicht zum ›Zappen‹ verleiten könnte.« Ein Publikum auf die Palme zu bringen, egal aus welchen Gründen, gilt als gut. Auch Printjournalisten sind nicht immun gegen diese Motivation. Ich habe einmal einen Zeitschriftenredakteur gefragt, ob er und seine Kollegen es mitunter bedauern, wenn sie etwas veröffentlichen, das die Leser derart erzürnt und aufbringt, daß sie haufenweise wütende Leserbriefe schicken. »Nein«, entgegnete er. »Die Redakteure freuen sich, wenn ein Beitrag eine Protestwelle auslöst.« (Es ist nicht ohne Ironie, daß ein Brief, mit dem man seine Empörung zum Ausdruck bringt, unter Umständen genau das bewirkt, was man verhindern möchte: Anstatt die Redakteure in Zukunft davon abzuhalten, solche Beiträge zu veröffentlichen, regt der Brief sie gerade dazu an.)

Zur Demokratie gehört nicht nur, daß jeder Bürger sein Wahlrecht ausübt, er muß auch verstehen, worüber er abstimmt. Die Tendenz, Nachrichten als Kampf zwischen zwei gegnerischen Seiten zu präsentieren, führt häufig dazu, daß die Öffentlichkeit nicht ausreichend – und mitunter sogar falsch – informiert wird. In Extremfällen gleicht die Situation der in totalitären Staaten, deren Regierungen die Bürger durch gezielte Fehlinformationen in die Irre leiten.

Kein Streit, keine Meldung

Wann immer man eine Zeitung oder Zeitschrift aufschlägt, man findet Hinweise auf die Überzeugung, daß ein Streit interessant und kein Streit langweilig ist. So schreibt eine Zeitung, die über ein jährliches Treffen in der Investmentfondsbranche berichtet: »Der Klatsch auf den Korridoren konzentrierte sich die ganze Woche über auf das mögliche Feuerwerk in der Abschlußsitzung: Man erwartete eine Kraftprobe zwischen zwei Branchenriesen, die einander nicht leiden können. Aber die Debatte erwies sich als enttäuschend zahm.«

Weil man Kämpfe – und nur Kämpfe – für interessant hält, sinkt die Wahrscheinlichkeit, daß über eine Nachricht oder Informationseinheit, die nicht antagonistisch ist, berichtet wird. Ich habe mit vielen Leitern von Unternehmen und öffentlichen Institutionen gesprochen, die enttäuscht sind, weil in den Medien nie etwas über ihre Arbeit zu erfahren ist, außer wenn jemand dagegen protestiert – und dann konzentriert sich die Berichterstattung auf den Protest. James Billington, Leiter der Library of Congress, mußte frustriert feststellen, daß kaum jemand von der großen Frankreich-Ausstellung wußte, die 1995 von der Bibliothek ausgerichtet wurde (»Creating French Culture: Treasures from the Bibliothèque Nationale de France«). Dagegen wußte offenbar alle Welt von einer Freud-Ausstellung, die in jenem Jahr nicht stattfinden sollte. Laut Billington mußte die Freud-Ausstellung aus finanziellen Gründen verschoben werden – eine Botschaft, die er der Öffentlichkeit nie mitteilen konnte, weil sich die Berichterstattung auf den Protest gegen diese Entscheidung konzentrierte: Die Protestierenden waren überzeugt, daß sich die Bibliothek nur dem politischen Druck von anderen Protestierenden, nämlich Freud-Kritikern, gebeugt hatte. (Tatsächlich wurde die Freud-Ausstellung auf einen Termin im Herbst 1998 verschoben.)

Von dem Leiter einer staatlichen Institution hörte ich, daß er sich stundenlang mit einem Journalisten unterhalten hatte, der über ein geplantes Programm der Organisation berichten wollte.

Der Bericht wurde nie veröffentlicht, weil man niemanden fand, der dieses Programm ablehnte: kein Streit, keine Story.

Wer solche Erfahrungen gemacht hat, ist selten erpicht darauf, sie an die große Glocke zu hängen. Die Leute fürchten, daß sie Journalisten vor den Kopf stoßen könnten, auf deren Wohlwollen sie für künftige Projekte angewiesen sind. Niemand möchte einem schlafenden Drachen auf den Schwanz treten. Um eine wahre Geschichte mit allen Details zu erzählen, greife ich deshalb auf meine eigenen Erfahrungen zurück. Ich muß allerdings einschränkend vorausschicken, daß mir im Laufe der Jahre eine mehr als faire Behandlung durch Journalisten zuteil geworden ist, von denen ich einige – man möge mir die Formulierung verzeihen – zu meinen besten Freunden zähle. Dennoch stürzte ich sozusagen kopfüber in das »Kein-Streit-keine-Geschichte«-Prinzip, als ich gemeinsam mit Robert Bly, dem Dichter, Autor und bekannten Leiter von Männergruppen, in der Öffentlichkeit auftrat. Wenn man die Spur der Berichterstattung verfolgt, bekommt man eine Ahnung davon, wie stark die Medien von der Überzeugung geprägt sind, daß nur Kämpfe eine Nachricht wert seien.

Bly hatte mich zu einer öffentlichen Diskussion im Open Center in New York eingeladen. Das Center warb in seinem Mitteilungsblatt für die Veranstaltung und stellte sie unter das Motto: »Wo stehen Männer und Frauen heute?« Das Bulletin beschrieb das Ereignis als einen »Dialog«, versprach, daß wir »die unterschiedlichen Sprachwelten von Männern und Frauen erörtern« würden, und äußerte die Hoffnung, daß ein Verständnis dieser Unterschiede zur »Aussöhnung von Männern und Frauen beitragen könnte«. Trotz dieser ausgesprochen friedlichen Beschreibung wurde der Dialog in der größten New Yorker Zeitung als – wie könnte es anders sein? – »Krieg der Geschlechter« angekündigt. In dem Beitrag, der unter dieser Überschrift erschien, wurde unsere Begegnung als »direkte Konfrontation von Angesicht zu Angesicht« und als »kontroverse Debatte« bezeichnet – Bly und ich würden erstmals »öffentlich gegeneinander antreten«.

Entweder aufgrund dieser Ankündigung oder aus eigener

Neugier baten zahlreiche Presseorgane um Freikarten, so unter anderem die *New York Times*, die *New York Post*, der *New Yorker*, die Zeitschriften *People*, *USA Today Weekend*, *The Village Voice* und der *Economist*. Ein Fotoreporter von *Newsweek* fotografierte Bly und mich, als wir vor der Veranstaltung zusammen essen gingen, und uns nochmals gegenseitig versicherten, daß wir ein Gespräch und keinen Streit führen wollten. Die Medien machten keinen Hehl aus ihrer Enttäuschung.

Die meisten Zeitungen, die Freikarten angefordert hatten, verzichteten auf eine Berichterstattung; die übrigen sparten nicht mit Kritik. So kontrastierte die *New York Times* unsere »unerbittliche Einigkeit« auf negative Weise mit dem Gespräch, das der Schriftsteller Norman Mailer und die feministische Autorin Germaine Greer im Jahr 1971 im Rathaus geführt hatten. Von *New York Newsday* erfuhren wir, daß ursprünglich ein positiver Bericht geplant war, man sich aber nach dem Erscheinen des *Times*-Artikels gegen eine Veröffentlichung entschieden hatte. Man wollte nicht »weich« erscheinen, indem man ein Ereignis ernst nahm, über das die *Times* sich mokiert hatte. Der *Economist* nahm den Ton der *Times* auf und widmete uns einen Beitrag von einer Seite, der den ironischen Titel »GROSSE DEBATTEN« und den Untertitel »Kuschel-Bill und Co.« trug. Der enttäuschte Reporter warf uns vor, das Versprechen der *New York Times* nicht erfüllt zu haben: »Das Ereignis war als Krieg der Geschlechter angekündigt«, hob er an, »als eine Schlacht, die an die harten Zusammenstöße zwischen Norman Mailer, nach eigenem Bekunden ein ›Gefangener des Sex‹, und den militanten Feministinnen der frühen 70er Jahre anknüpfen sollte.« Er brachte seine Mißbilligung zum Ausdruck, indem er unseren Austausch als »einen Rückfall ins Jahr 1870« bezeichnete. Unter fortgesetzter Verwendung der Streitmetaphorik konstatierte er, daß »die Kontrahenten gurrend aus ihren Ecken kamen«.

Der Beitrag von *Newsweek* beschäftigte sich hauptsächlich mit dem Streit, der nicht stattgefunden hatte, und war insofern vielleicht der erfindungsreichste. Das Publikum, so erfuhr der geneigte Leser, »fragte sich die ganze Zeit, ob er ihr wohl seine Mandoline über den Kopf hauen würde«. Die arme Mandoline wurde als »brutal aussehendes Instrument« charakterisiert. Die Diskussion fing »vielversprechend« an, so der Bericht weiter, als Bly versicherte, daß »beide, Männer und Frauen, einen gesunden Streit führen wollten«, nahm aber einen enttäuschenden Verlauf, »weil Bly weder einen gesunden noch sonst irgendeinen Streit mit Tannen vom Zaun brach«. Nach Ansicht des Autors ließ sich die ausverkaufte Veranstaltung nur damit erklären, daß die Zuschauer auf einen Streit zwischen mir und Bly gehofft hatten. Aber die Eintrittskarten waren innerhalb einer Woche nach Erscheinen des Programmhefts ausverkauft gewesen, lange bevor die *New York Times* die Veranstaltung erwähnt und berichtet hatte, daß »Tausende von Anfragen weiterhin das Büro überschwemmen«.

Es ist nichts Ungewöhnliches, daß Kontroversen erfunden werden, wenn die Wirklichkeit gerade keine hergibt. Als Madeleine Albright zur Außenministerin ernannt wurde, reagierte die Presse überaus wohlwollend, aber wenigstens ein Bericht prophezeite einen möglichen Konflikt mit Bill Richardson, Albrights designiertem Nachfolger als UN-Botschafter:

Das Verhältnis zwischen ihm und Albright könnte sich schwierig gestalten. Als Albright den Posten einer UN-Botschafterin bekleidete, hatte sie mit Warren Christopher einen Chef in Washington, der ihr relativ freie Hand ließ. Dieses Glück wird Richardson nicht beschieden sein. »Sie ist sehr dominierend«, sagt ein Insider aus Washington, der beide kennt. »Das könnte zu Reibereien führen«. … Richardson … könnte Albright auch ihre Stellung als Medienliebling streitig machen. Da er fließend Spanisch spricht, weckt er in Lateinamerika vermutlich größere Sympathien als sie.

Die Formulierung, die am stärksten auf einen Streit verweist, wurde in den Untertitel dieses kurzen Beitrags eingebaut: »Albrights Ernennung ›könnte zu Reibereien führen‹.«

Was unter den Tisch fällt

Es war kein großer Verlust für die Welt, daß die Presse nicht so ausführlich über mein Gespräch mit Robert Bly berichtete, wie es vielleicht möglich gewesen wäre, oder daß das, was wir nicht taten, größere Beachtung fand als das, was wir tatsächlich sagten. Aber die gewohnheitsmäßige Bevorzugung von Konfliktthemen hat häufig zur Folge, daß wichtige Nachrichten unter den Tisch fallen, entweder weil sie nicht kontrovers genug und daher uninteressant erscheinen, oder einfach, weil kein Platz für sie bleibt. Da die Sendezeit und die Zeitungsspalten mit Kontroversen und Kämpfen angefüllt sind, bleibt kein Raum für die Erörterung der wirklich wichtigen Fragen und Probleme.

Im ersten Jahr seiner Amtszeit führte Präsident Clinton ein Programm namens »AmeriCorps« ein, durch das Collegestudenten die Möglichkeit erhielten, für ihren Unterricht zu bezahlen, wenn sie der Gemeinschaft dienten und in sozialen Projekten mitarbeiteten (z.B. Bekämpfung des Analphabetentums, Drogenberatung, Katastrophenhilfe u.ä.). Der Chefredakteur von *US News and World Report* James Fallows berichtet, wie die Vorliebe der Presse für Konflikte verhinderte, daß die Öffentlichkeit umfassend über dieses Programm unterrichtet wurde. Mehrere Reporter waren anwesend, als Clinton die Einzelheiten von AmeriCorps vor einer Versammlung von Studenten in Chicago erläuterte. Als er seinen Vortrag beendete, feierten die Zuhörer ihn mit stehenden Ovationen. Aber während der anschließenden Diskussionsrunde stellte einer der anwesenden Studenten die provozierende Frage: »Mr. Clinton, wie können Sie es eigentlich wagen, über den Dienst an der Gemeinschaft zu reden, wo Sie nicht mal in Vietnam waren?« Ein Aufschrei ging durch das Nachrichtenteam des Fernsehens – »Kamera ab! Kamera ab!« In den Abendnachrichten war dieser kleine Zwischenfall das einzige, was von dem Ereignis berichtet wurde.

Die Motivation, die hinter dieser Entscheidung steht, ist leicht zu erkennen. Eine Einzelperson, die den Präsidenten herausfordert, ist dramatischer als die unfokussierte Begeisterungswelle der Standing ovations, ganz zu schweigen von den Einzelheiten des Ameri-Corps-Programms. Das visuelle Medium Fernsehen muß dramatische Bilder liefern. Aber genau der Aspekt, der diesen Austausch zu etwas Besonderem machte – es war ein isolierter Moment, der sich von der Gesamtatmosphäre des Ereignisses abhob –, machte ihn zugleich unrepräsentativ und deshalb irreführend. Obwohl ich keinen Zweifel habe, daß die verantwortlichen Redakteure, die diesen Teil für die Abendnachrichten auswählten, nur darauf bedacht waren, eine interessante Sendung zusammenzustellen, hat dieses Verhalten den kumulativen Effekt, daß wir mit Konfliktszenen überschüttet werden. Wenn diese Saat allabendlich ausgestreut wird, ist die bittere Ernte ein überwältigender Pessimismus und die Überzeugung, daß ein konstruktives Handeln unmöglich sei, verbunden mit einer unterschwelligen Verachtung für Personen des öffentlichen Lebens. Und auch in diesem Fall werden Ereignisse nicht nur dargestellt, sondern auch ins Rollen gebracht: Da politische Gegner wissen, daß Streitszenen die Aufmerksamkeit der Medien erregen, können sie solche Streitszenen inszenieren, indem sie bei entsprechenden Anlässen Zuschauer einschleusen, die protestieren oder provozierende Fragen stellen.

Nach der Wahl von 1994, die den Republikanern die Mehrheit im Kongreß brachte, trafen sich der neue Sprecher, Newt Gingrich, und andere führende Republikaner mit Präsident Clinton im Weißen Haus. Anschließend hielten die Republikaner eine Pressekonferenz auf dem Rasen vor dem Weißen Haus ab. Sie bezeichneten das Treffen als »großartig« und zählten die vielen Bereiche auf, in denen sie zu einer Einigung mit Präsident Clinton gelangt waren. Als man die Mikrophone für die Fragen der Presse freigab, lautete die zweite Frage: »Und an welchem Problem wird der Konsens Ihrer Ansicht nach scheitern?« Kathleen Hall Jamison und Joseph Campella verwenden dieses Beispiel in ihrem Buch *Spiral of Cynicism*, um deutlich zu machen, daß Politiker häufig gezwungen sind, Konflikte zu inszenieren und extreme Positionen zu vertreten, damit die Presse über sie berichtet. Das ist ein Punkt, über den sich Republikaner und Demokraten einig sind: Egal, was sie tun – die Presse ignoriert Bereiche, in denen sie Einigkeit und Konsens erzielen, und interessiert sich ausschließlich für die Streitpunkte.

Die Journalisten Haynes Johnson und David Broder haben analysiert, weshalb die Gesundheitsreform in Clintons erster Amtsperiode so vollständig scheiterte – was sie als »eine der größten verpaßten Chancen unserer Gesellschaft« bezeichnen; sie ermittelten mehrere zusammenwirkende Einflüsse, zu denen unter anderem gehört, daß »die journalistische Kultur – die geistige Haltung ebenso wie kommerzielle Zwänge und wachsender Konkurrenzdruck – sehr stark auf eine Berichterstattung drängt, die Konflikte und Unstimmigkeiten hervorhebt und die Klärung von Alternativen oder das Streben nach Konsens vernachlässigt«. Das Ergebnis: »Als die Gegner der Reform begannen, die Ätherwellen und die Post mit Warnungen vor den schrecklichen Folgen zu überfluten, und ihre Kampagnen an der Basis in Gang setzten, um den Menschen angst zu machen, berichtete die Presse über diese Anstrengungen, versuchte aber nicht, sie zu entlarven.« Die Autoren zeigen, wie nach diesem Muster zunächst die Republikaner und bestimmte Interessengruppen dazu beitrugen, den Clinton-Plan einer allgemeinen Krankenversicherung zum Scheitern zu bringen, und später dann die Demokraten und andere Interessengruppen den Gingrich-Plan, der eine kostendämpfende Umstrukturierung von Medicare und Medicaid vorsah, auf die gleiche Weise scheitern ließen. Alles in allem, so die beiden Journalisten, »wurde doppelt so häufig über die *Kriegführung* der gegnerischen Parteien berichtet als über die *Wirkung* des Plans auf die Verbraucher«. Im gleichen Geist ging auch das Scheitern der Gesundheitsreform letztlich als politische Niederlage der Regierung in die Geschichte ein und nicht als beklagenswerter Verlust für das amerikanische Volk.

Die Konzentration auf Konflikte führt nicht nur zur Vernachlässigung notwendiger Informationen, sondern auch zur Verbreitung von falschen Informationen. Howard Kurtz belegt, wie zahlreiche falsche Gerüchte, die von rechtsgerichteten Gruppen erfunden werden, um der Regierung zu schaden, zunächst durch Fax und rechtslastige Talkshows verbreitet werden. Die Mainstream-Medien greifen die Sache auf und berichten über das Phänomen falscher Gerüchte, wobei sie diese aber gleichzeitig wiederholen. So veröffentlichte zum Beispiel das *New York Times Magazine* eine Titelgeschichte mit der Überschrift »The Clinton Haters«, in der lauter bizarre und unbegründete Gerüchte über die Clintons haarklein beschrieben wurden. Die Berichterstattung über ein Phänomen, das nur von einer kleinen Anzahl von irregeleiteten Individuen ausging, sorgte dafür, daß eine riesengroße Öffentlichkeit von den haltlosen Gerüchten erfuhr.

Vor einigen Jahren nahm ich zusammen mit einem Vertreter der Männerbewegung an der Talkshow eines kleinen Fernsehsenders teil. Ich erwartete keinerlei Probleme, weil nichts an meiner Arbeit gegen Männer gerichtet ist. In dem Raum, wo die Gäste auf ihren Auftritt warten, traf ich auf einen Mann mit taillenlangen roten Haaren, der Hemd und Schlips und einen bodenlangen Rock trug. Er stellte sich höflich vor und erzählte mir, daß er mein Buch gelesen habe und es gut finde. Er gab auch seiner Überraschung Ausdruck, daß man uns im selben Raum warten ließ; normalerweise, sagte er, hielten die Produzenten die anderen Gäste bis zum Auftritt von ihm fern. Ich erinnerte mich, daß ich das bei Talkshows erlebt hatte, für die man Gäste aufgestöbert hatte, die mich attackieren sollten: Man hatte uns voneinander isoliert wie Boxer in verschiedenen Ringecken. Dann erklärte der Mann: »Wenn ich gleich rausgehe, werde ich Sie angreifen. Aber nehmen Sie das nicht persönlich. Ich tu es, weil ich deswegen eingeladen werde.«

Als die Show begann und ich zum erstenmal sprach, hatte ich kaum eineinhalb Sätze herausgebracht, als dieser Mann auch schon halbwegs aus seinem Stuhl sprang, wütend mit den Armen fuchtelte und lauthals zu kreischen begann – erst attackierte er mich, erweiterte seine Beschimpfungen aber schnell auf alle Frauen. Das Merkwürdigste an seinem hysterischen Angriff war die Reaktion, die es beim Studiopublikum auslöste: Die Zuschauer wurden ebenfalls bösartig, attackierten aber nicht mich (ich hatte noch keine Chance gehabt, etwas zu sagen) und nicht ihn (wer will sich schon mit jemandem anlegen, der einen anbrüllen wird?), sondern die unbeteiligten und hilflosen Gäste:

nichtsahnende Frauen, die sich bereit erklärt hatten, in der Show aufzutreten, um von Kommunikationsproblemen mit ihren Ehemännern zu erzählen. Das ist eine der gefährlichsten Auswirkungen der Streitkultur: Sie schafft eine feindselige Atmosphäre, die sich wie ein Fieber ausbreitet.

Der kreischende Mann war eingeladen worden, damit er sich als Scheusal gebärdete und einen Streit anzettelte. Man könnte das leicht als Verirrung eines kleinen lokalen Fernsehsenders abtun, und zweifellos war es ein extremer, kein typischer Fall. Aber ich bin auch schon in einer Talkshow zu Gast gewesen, die sich damit rühmt, daß sie Licht und kein Feuer verbreitet. Dort traf ich auf einen Teilnehmer, dessen Fachgebiet nichts mit dem Diskussionsthema zu tun hatte, der sich aber dennoch als großer Experte aufspielte und lauter falsche Behauptungen aufstellte. Als ich später fragte, nach welchen Kriterien man die Teilnehmer ausgewählt hatte, erhielt ich zur Antwort, daß dieser Gast sehr eigenwillige Ansichten vertrete und daher ein Garant für eine lebendige Show sei. Wenn man auf einen Streit aus ist, wird es nicht hell, sondern hitzig.

Alles hat zwei Seiten:
Das Streben nach Ausgewogenheit

Daß man eine politische Diskussion als Kampf inszeniert, ist vor allem für das Fernsehen charakteristisch. Aber auch Printjournalisten benutzen Kriegsmetaphern, insbesondere in Schlagzeilen, um Aufmerksamkeit zu erregen und ihren Beiträgen den »richtigen Biß« zu geben. Beim Printjournalismus spielt noch ein weiterer Faktor eine Rolle: die Überzeugung, daß Journalisten zu einer ausgewogenen Berichterstattung verpflichtet sind, was häufig als Präsentation beider Seiten verstanden wird. Das ist ein lobenswertes und häufig konstruktives Ziel, aber es läßt wohlmeinende Autoren auch in einige Fallen tappen.

Eine Methode, mit der Fernsehsendungen und Zeitungsartikel diese Ausgewogenheit zu erreichen suchen, besteht darin, daß sie Vertreter von links und rechts zu Wort kommen lassen. Das bringt uns dazu, Menschen mit den unterschiedlichsten Überzeugungen in die Prokrustesbetten von Links und Rechts zu stopfen. Randall Kennedy, Professor an der Harvard Law School, ärgert sich darüber, daß er wegen seines Widerstandes gegen das Affirmative Action-Programm als Konservativer etikettiert wird (nach seiner Meinung sollte die ethnische Herkunft keine Rolle spielen), weil er auch zahlreiche politische Ansätze unterstützt, die eindeutig liberal sind, wie zum Beispiel Steuererhöhungen, öffentliche Mittel für innerstädtische Schulen oder eine Umverteilung von Macht und Reichtum. Das Abstempeln von Menschen als links oder rechts, liberal oder konservativ, verschleiert die Komplexität ihrer Ansichten und verhindert, daß wir uns ernsthaft mit anderen Meinungen auseinandersetzen: Wenn jemand erst einmal ein bestimmtes Etikett trägt, das wir nicht mögen, hören wir ihm nicht mehr zu.

Eine weitere Falle ist die Überzeugung, daß die Arbeit erledigt sei, sobald beide Seiten zu Wort gekommen sind. Es wird häufig nicht für nötig gehalten, den Wahrheitsgehalt der aufgestellten Behauptungen zu überprüfen. Mitte Februar 1997 berichtete National Public Radio über eine Gesetzesinitiative, mit der die Spendenpolitik der Parteien geregelt werden sollte. Der kurze Bericht endete mit der Feststellung, daß die Republikaner dem Präsidenten in dieser Frage mangelnde Glaubwürdigkeit vorwarfen und daß die Demokraten behaupteten, die Republikaner hätten mehr Gelder aus ausländischen Quellen bezogen als die Demokraten. Damit war die Behandlung dieses Komplexes abgeschlossen und die Sendung ging zum nächsten Thema über. Die beiden abschließenden Kommentare sind ausgewogen: Die Republikaner beschuldigen die Demokraten, die Demokraten beschuldigen die Republikaner. Aber mit ein wenig Recherche könnte ein Journalist – im Gegensatz zu den meisten Zuhörern – feststellen, welche Partei mehr Spenden aus ausländischen Quellen bezogen hat. Eine wertvolle Dienstleistung, die zu erbringen Journalisten auf einzigartige Weise befähigt sind, wäre, daß sie die Vorwürfe, über die sie berichten, überprüfen und die Öffentlichkeit über deren Wahrheitsgehalt informieren. Aber da ihre Hauptsorge der Ausgewogenheit gilt – der Präsentation beider Seiten – und da Informationen häufig durch unser Zwei-Parteien-System gefiltert werden, liegt es nahe, daß ein Reporter seine Aufgabe für erledigt hält, wenn er über die Vorwürfe beider Parteien berichtet hat. Durch die Konzentration auf die Ausgewogenheit entfernt sich die Presse von der investigativen Rolle, für die sie wie niemand sonst geeignet ist. Das Ergebnis ist, daß der Öffentlichkeit notwendige Informationen vorenthalten werden.

Wenn Lügen zur »anderen Seite« werden

Der Alles-hat-zwei-Seiten-Ansatz birgt noch eine weitere besorgniserregende Falle, weil es nämlich manchmal gar keine zweite Seite gibt. Es gibt nur eine Seite: die Wahrheit. Ein drastisches Beispiel ist auch hier die Leugnung des Holocaust, ein Beispiel von so zentraler Bedeutung, daß man es näher betrachten sollte.

Wir wissen, daß der Holocaust stattgefunden hat, weil ein Berg – nein, eine Gebirgskette – von Beweisen vorliegt, in Form von Dokumenten, Filmen, Werkzeugen, Gebäuden und den persönlichen Erfahrungen von unzähligen Menschen, die den Holocaust erlebt oder beobachtet haben. Daß ein paar Individuen den Wunsch haben, die Existenz einer derart jungen und umfassend belegten historischen Tatsache zu leugnen, ist erstaunlich. Noch erstaunlicher ist, wieviel Aufmerksamkeit und kostenlose Publicity sie erhalten haben – mit dem Ergebnis, daß junge Menschen, die den Zweiten Weltkrieg nicht selbst miterlebt haben, an den Tatsachen zu zweifeln beginnen.

Wie das geschehen konnte, beschreibt Professor Deborah Lipstadt von der Emory University in ihrem Buch *Leugnen des Holocaust: Rechtsextremismus mit Methode*. Sie zeigt, daß diejenigen, die den Holocaust leugnen – oder die einräumen, daß er stattgefunden hat, aber das schreckliche Ausmaß herunterspielen – von antisemitischen Motiven getrieben werden. Die Leugner meinen, daß Juden einen moralischen Vorteil hätten, weil sie Opfer des Holocaust wurden, folglich kann man sie dieses Vorteils berauben, wenn man den Holocaust leugnet. (Nach dem gleichen Muster könnte man leugnen, daß Afrikaner jemals gewaltsam als Sklaven in die Vereinigten Staaten verschleppt wurden, um Afroamerikanern den moralischen Vorteil zu rauben, den ihnen die Sklaverei verschafft – zum Beispiel als Argument für das Affirmative Action-Programm.)

Beruht die Leugnung des Holocaust auf diesen schlechten Absichten, so beruht die Verbreitung der Lüge auf den guten Absichten jener, die aus blindem Engagement in die Falle »der anderen Seite« tappen. Zu den bemerkenswertesten Erfolgen der Leugner gehörte laut Lipstadt eine Anzeigenkampagne, die sie 1993 in amerikanischen Collegezeitungen schalteten: In den Anzeigen wurde die (selbstverständlich falsche) Behauptung aufgestellt, das Holocaust Memorial Museum in New York enthalte keinerlei Beweise dafür, daß die Gaskammern je existiert hätten. Der Chefredakteur einer Studentenzeitung am State University College in Buffalo rechtfertigte seine Entscheidung, die Anzeige zu veröffentlichen, mit den Worten: »Bei jeder Frage gibt es zwei Seiten, und eine aufgeschlossene Zeitung muß beiden einen Platz einräumen.«

Lipstadt wurde zu landesweit ausgestrahlten Talkshows eingeladen – in vielen Fällen unter der Voraussetzung und nur unter der Voraussetzung, daß sie sich bereit erklärte, mit Leugnern des Holocaust zu debattieren. Sie schlug die Einladungen aus, weil es nichts zu diskutieren gab. Sie wollte nicht, daß die Produzenten ihr Buch zum Vorwand nahmen, um den Leugnern ein Forum für die Verbreitung eindeutiger Lügen einzuräumen. Eine Produzentin, die Lipstadts Weigerung nur widerstrebend akzeptieren wollte, fragte: »Meinen Sie nicht, unsere Zuschauer sollten auch die andere Seite hören?« Wer die Leugner des Holocaust zur Gegenseite in einer Debatte aufbaut, gibt ihnen genau die Legitimation, die sie anstreben.

Eine Fernsehsendung, deren Einladung Lipstadt ausgeschlagen hatte, verwendete den größten Teil der Sendezeit auf die Leugner. Danach ließ man Holocaust-Opfer auftreten, die ihre Aussagen »widerlegen« sollten. Vor der Werbung forderte der Talkshowgastgeber Montel Williams die Zuschauer auf, am Apparat zu bleiben und sich nicht entgehen zu lassen, ob der Holocaust »ein

Märchen oder die Wahrheit« sei. Man sieht förmlich vor sich, wie jemand dieses Thema in das vertraute Streitraster zwängt – in den handlichen Gegensatz von Märchen und Realität.

Die Präsentation von eindeutigen Lügen als die andere Seite wäre harmlos, wenn es so etwas wie eine »spezifische radioaktive Macht des wahrhaftigen Wortes« gäbe, wie der tschechische Dichter und Staatspräsident Vaclav Havel es ausdrückt. Leider gibt es keine Hinweise auf eine solche Macht. Viele Menschen lassen sich eher von Lügen als von der Wahrheit überzeugen. Wie erfolgreich die Holocaust-Leugner unseren »Zwei-Seiten«-Glauben für ihre Zwecke ausgenutzt haben, zeigt die Bemerkung eines (neuseeländischen) Besuchers im Holocaust-Museum, der die Ausstellung als »einseitige jüdische Propaganda« beschrieb. Seine Äußerung war eine Einzelmeinung und nicht repräsentativ, aber seine Wahl des Wortes »einseitig« ist aufschlußreich.

Die Mißdeutung des ersten Zusatzartikels der Verfassung

Wie Lipstadt aufzeigt, ist häufig eine falsch verstandene Meinungsfreiheit die Ursache, wenn den Holocaust-Leugnern bei der Verbreitung ihrer Lügen geholfen wird. Der Chefredakteur des *Georgetown Record* erklärte seine Entscheidung, die Anzeige der Holocaust-Leugner zu drucken, mit den Worten: »Das Recht auf freie Meinungsäußerung wog schwerer als der beleidigende Charakter der Anzeige.« Der erste Zusatzartikel der amerikanischen Verfassung besagt, daß der Kongreß kein Gesetz erlassen darf, das die Freiheit der Rede oder der Presse beschneidet. Die Regierung darf also den Holocaust-Leugnern nicht verbieten, ihre Meinungen zu äußern – das fordert auch Lipstadt nicht. Aber diese Tatsache wird dahingehend umgedeutet, daß die Verantwortlichen in den Medien verpflichtet seien, ungeheuerliche Ansichten zu veröffentlichen oder zu verbreiten. Merkwürdigerweise gilt diese Interpretation der verfassungsmäßigen Rechte nur für Vertreter von radikalen Ansichten, während andere nicht darauf pochen können.

Fast jeder, der ein Buch schreibt, würde liebend gern im Fernsehen auftreten, um Werbung für sein Werk zu machen. Viele andere Menschen würden ebenfalls gern ins Fernsehen kommen, einfach um einmal ihre Meinung zu sagen. Aber Fernsehproduzenten bekämen vermutlich schon am Telefon einen Lachanfall (vorausgesetzt, sie hätten den Anruf überhaupt entgegengenommen), wenn ein Autor behauptete, der erste Zusatzartikel der Verfassung gebe ihm das Recht, in der Oprah-Winfrey-Show aufzutreten. Produzenten und Verleger treffen Tag für Tag eine Auswahl aus einem riesigen Angebot und entscheiden, mit welchen Informationen sie die begrenzte Sendezeit oder den begrenzten Platz, der ihnen zur Verfügung steht, füllen wollen. Da die Forderung nach »Meinungsfreiheit« offenbar nur bei Extrempositionen erhoben wird, liegt der Verdacht nahe, daß die Streitkultur ihre Finger im Spiel hat. Man nimmt den ersten Zusatzartikel zum Vorwand, um nur solche Meinungen zu verbreiten, die sich besonders gut für unterhaltsame Schaukämpfe eignen.

Manchmal können unsere Stärken auch zu Schwächen werden. Die Leugner des Holocaust haben ihre größten Erfolge in den USA errungen, weil wir glühende Verehrer der Meinungsfreiheit und Ausgewogenheit sind. In Japan hat man zum Beispiel ganz anders reagiert, als eine angesehene Zeitschrift einen Artikel mit genau dieser Behauptung druckte: Die Herausgeber der Zeitschrift entschuldigten sich öffentlich, riefen alle noch im Umlauf befindlichen Exemplare der Ausgabe zurück und stampften sie ein.

Die Collegeredakteure, die die Entscheidung trafen, die Anzeige der Leugner zu veröffentlichen, waren jung und unerfahren. Auch Fernsehproduzenten sind häufig jung und relativ grün hinter den Ohren. Aber das lobenswerte Ziel der Ausgewogenheit kann auch erfahrene Mainstream-Journalisten in die Falle locken – was zum Beispiel im Hinblick auf die globale Erwärmung der Fall war, wie der Journalist Ross Gelbspan in seinem Buch *The Heat Is On* ausführt.

Die Erdatmosphäre heizt sich durch den Einsatz fossiler Brennstoffe wie Öl und Kohle in alarmierendem Tempo auf. Zu den katastrophalen Folgen, die sich bereits jetzt bemerkbar machen, gehören Rekordhitzen und Rekordkälten und eine nie dagewesene Zahl von Dürren, Überschwemmungen und Stürmen. Diese Naturkatastrophen ziehen andere Katastrophen nach sich, wie die Feuersbrünste, die auf Dürren folgen, oder auch Obdachlosigkeit, Hunger und Krankheiten. Es kommt zu Epidemien, wenn Malariamücken in Gebiete einfallen, die vorher zu kalt für sie waren, und ganze Inselstaaten sind vom Untergang bedroht, weil das Abschmelzen der Eiskappen an den Polen zu einem Anstieg des Meeresspiegels führt. Über diese Fakten herrscht praktisch Einigkeit in der internationalen Wissenschaftlergemeinde. Aber wie Gelbspan aufzeigt, starteten Public-Relations-Agenturen, die für große Öl- und Kohlekonzerne arbeiten, eine Kampagne, um die amerikanische Öffentlichkeit – Bürger und Gesetzgeber gleichermaßen – davon zu überzeugen, daß die wissenschaftliche Gemeinschaft in dieser Frage gespalten sei und über die globale Erwärmung streite. Der Erfolg ihrer Kampagne hing davon ab, daß die Mainstream-Medien einer kleinen Zahl von abweichenden Wissenschaftlern eine Plattform gewährten und ihre zweifelhaften Thesen als gleichwertige »andere Seite« in einer ausgewogenen wissenschaftlichen Debatte darboten. »Was aber die Klimaforschung angeht«, so Gelbspan, »erscheint praktisch kein einziger Presseartikel zum Thema, der nicht einen der wenigen, von der Industrie gesponserten *Greenhouse Sceptics*, der Treibhaus-Skeptiker, bevorzugt zu Wort kommen läßt.« Das Ergebnis ist eine nachlassende Bereitschaft, die Katastrophe durch die Förderung alternativer Energiequellen abzuwenden, obwohl die dazu nötige Technologie bereits vorhanden ist. 1996 strich der Kongreß die Fördermittel für eines der größten wissenschaftlichen Projekte zur Überwachung von Klimaveränderungen.

Eine Waage kommt nur ins Gleichgewicht, wenn die Gegenstände, die man auf die beiden Schalen verteilt, das gleiche Gewicht haben. Wenn Journalisten marginale, extreme oder sogar völlig diskreditierte Ansichten und Personen groß herausstellen, damit die Berichterstattung ausgewogen ist, geben sie ihnen mehr Gewicht, als sie verdienen, und statten sie mit dem Ansehen der Presse aus.

Nicht nur das relative Gewicht von Meinungen, sondern wesentliche moralische Unterscheidungen können verlorengehen, wenn man Ideen in das Debattenformat preßt. Darauf verweist David Gelernter, Professor in Yale, der schwer verletzt und fast getötet wurde, als er ein Paket öffnete, das der sogenannte Unabomber an ihn adressiert hatte. Als das politische Manifest des damals noch unbekannten Täters veröffentlicht wurde, verglich ein Zeitungskolumnist die Ansichten des Bombenattentäters Punkt für Punkt mit denen des Opfers. Die anschließende »Debatte« stellte den Mörder auf eine Stufe mit seinem Opfer.

»Zwei Seiten« verhindern die Lösung von Problemen

Die globale Erwärmung ist ein Beispiel dafür, wie unsere heißgeliebte Zwei-Seiten-Vorstellung von Ausgewogenheit verhindert, daß wir als Gesellschaft an der Lösung wichtiger Probleme arbeiten. Ein weiteres Problem, das wir nicht gelöst haben, ist die Frage, ob Schwangerschaftsabbrüche legal sein sollten. Auch hier hat der »Zwei-Seiten«-Ansatz die Situation verschlimmert. Wie die Kommunikationswissenschaftlerin Celeste Michell Condit ausführt, ist die Darstellung der Abtreibungsfrage als Pro-und-Kontra-Debatte nicht nur eine grobe Vereinfachung, sondern verhindert tatsächlich, daß wir uns mit der eigentlichen Problematik auseinandersetzen.

Die größte Gefahr eines »Zwei-Seiten«-Ansatzes bei dieser Frage wird von Condit nicht erörtert, weil sie selbst in seine Falle tappt: Er verleitet wie im Fall des Unabombers zur Aufhebung entscheidender moralischer Unterschiede. Condit weist darauf hin, daß das Fernsehen normalerweise die radikalsten Verfechter der beiden Standpunkte auftreten läßt. Die Vertreter dieser »polarisierten Extreme« beschreibt sie als »die Ideologen, die entweder aus den Reihen von Operation Rescue oder aus den Reihen der National Abortion Rights Action League (NARAL) stammen«. Aber diese beiden Organisationen, ebenso wie andere Aktivisten dieser beiden Seiten, engagieren sich für so unterschiedliche Aktivitäten, daß sie folglich auch sehr unterschiedliche moralische Positionen besetzen. Die Vertreter von NARAL mögen Ideologen sein, aber sie halten sich an geltende Gesetze, um ihre Ziele zu erreichen – und diese Ziele bestehen darin, Frauen den Zugang zu einer medizinischen Versorgung zu sichern, auf die sie einen gesetzlichen Anspruch haben. Die Aktivisten der anderen Seite versuchen jedoch nicht einfach, eine Änderung der Gesetze zu bewirken, die ihnen mißfallen. Sie blockieren den Zugang zu medizinischen Einrichtungen und belästigen andere Menschen, um sie davon abzuhalten, Leistungen in Anspruch zu nehmen, die ihnen gesetzlich zustehen; zum Teil setzen sie sogar terroristische Mittel ein, indem sie Ärzte verfolgen, schikanieren und ermorden oder Bombenanschläge auf Kliniken verüben. Wenn man derartige Gruppierungen als die Gegenseite in einer Debatte anerkennt, beschönigt und entschuldigt man solche Taktiken – und verschafft jenen, die sie anwenden oder unterstützen, Aufmerksamkeit und Sendezeit.

Auch wenn Condit diesen Aspekt außer acht läßt, macht sie doch sehr deutlich, daß die Auseinandersetzung mit der Abtreibungsfrage unnötig polarisiert wird. So gewinnen zum Beispiel Meinungsumfragen an Aussagekraft, wenn man den Befragten mehr als zwei Optionen bietet, also bei einem Satz wie »Schwangerschaftsabbrüche sollten gesetzlich erlaubt sein« nicht nur die Antworten (1) »unter keinen Umständen« oder (2) »unter allen Umständen« zur Wahl stellt, sondern auch (3) »unter gewissen Umständen«. Aber wie Condit ausführt, wird diese differenziertere Antwort in Zeitungsberichten über Umfrageergebnisse häufig mit der einen oder anderen Seite in einen Topf geworfen. Wer dafür ist, daß Schwangerschaftsabbrüche »unter gewissen Umständen« gesetzlich erlaubt sein sollten, kann zum Beispiel mit jenen zusammengefaßt werden, die »unter keinen Umständen« angekreuzt haben, indem man eine einzige Gruppe bildet, nämlich »Gegner der derzeitigen Gesetzgebung«. So berichtete die *New York Times* unter der Schlagzeile »ABTREIBUNGSFRAGE SPALTET DIE NATION« über eine solche Meinungsumfrage und veranschaulichte das Umfrageergebnis durch eine Graphik: Der weiße Teil eines Kreises zeigte, wieviel Prozent der Befragten mit

»Pro bestehende Gesetzgebung« geantwortet hatten, während die Prozentzahlen für »Sollte nur in bestimmten Fällen erlaubt sein« und »Sollte grundsätzlich verboten sein« im schraffierten Teil zusammengefaßt wurden. Auf diese Weise werden Ergebnisse einer Studie, die beweist, daß es mehr als zwei Seiten gibt, in eine polarisierte Darstellung gepreßt. Der Eindruck wird durch das Wort »spaltet« in der Schlagzeile verstärkt, das eine Trennung in zwei Lager suggeriert.

Wie Condit weiter ausführt, ist es nicht nur unwahrscheinlicher, daß die Presse über nuancierte Ansichten berichtet, man geht sogar so weit, sie zu verunglimpfen. Politiker, die versuchen, zwischen beiden Seiten zu vermitteln und sich um eine differenzierte Betrachtung bemühen, werden als »unzuverlässige Heuchler« abgeurteilt, »die nur darauf aus sind, potentielle Wähler zu täuschen«.

Auf den ersten Blick war ich geneigt, jenen zuzustimmen, von denen Condit behauptet, sie würden die Debatte polarisieren. So zitiert sie zum Beispiel aus einem *Newsweek*-Artikel von 1985, der verkündete: »Das Thema Abtreibung gehört zu den seltenen Fragen, die aus sich heraus keinen Kompromiß zulassen. ... es ist nahezu unvorstellbar, daß sich die beiden Seiten in irgendeinem Punkt treffen, der beide zufriedenstellt.« Aber wie Condit überzeugend darlegt, ist der einzige Grund, weshalb es unmöglich scheint, sich einen Treffpunkt oder Kompromiß vorzustellen, eben jener Rahmen, in den man die Frage gestellt hat: Man stellt sie als Streit zwischen zwei gegnerischen, unversöhnlichen Standpunkten dar. Wenn man die Frage – zum Beispiel – so rahmen würde, daß es der einen Seite darum geht, die Zahl der durchgeführten Schwangerschaftsabbrüche zu senken, und der anderen um das Bedürfnis der Frauen, selbst über ihren Körper und ihr Leben zu bestimmen, könnte man sich durchaus gangbare Kompromisse und Lösungen vorstellen.

Erstens ist allgemein bekannt, daß ein gesetzliches Verbot von Abtreibungen die Zahl der Schwangerschaftsabbrüche nicht verringert. Dieses Ziel könnte man eher erreichen, wenn man – zum Beispiel – die Aufklärung über Verhütungsmethoden verbessert und den Zugang zu Kontrazeptiva erleichtert. Zugleich erhielten die Frauen dadurch auch mehr Kontrolle über ihren Körper und ihr Leben. Derzeit kommt jedenfalls keine »Seite« ihrem Ziel wirklich näher. Obwohl Schwangerschaftsabbrüche in den USA nach wie vor gesetzlich erlaubt sind, wird es immer schwerer für Frauen, einen Abbruch vornehmen zu lassen, sowohl durch eine gesetzliche Einschränkung der Zugangsmöglichkeiten (zum Beispiel, indem in staatlichen Kliniken oder auf Militärstützpunkten keine Abtreibungen mehr durchgeführt werden oder indem man Wartezeiten einführt und die Zustimmung der Eltern verlangt) als auch durch eine De-facto-Aushöhlung des Gesetzes: Die meisten Amerikanerinnen wohnen zu weit entfernt von entsprechenden Einrichtungen, um die Reise an einem Tag zu bewältigen; immer weniger Ärzte sind bereit, ihr Leben zu riskieren, um Schwangerschaftsabbrüche durchzuführen; und medizinische Hochschulen bieten kaum Unterricht in der Methodik an. Dennoch haben die stetige Aushöhlung des medizinischen Angebotes und die indirekte Untergrabung der Legalisierung – auf den ersten Blick scheinbar ein Sieg der Abtreibungsgegner – nichts an der Tatsache geändert, daß in den USA mehr Schwangerschaftsabbrüche durchgeführt werden als in jedem anderen Land der westlichen Welt.

Mit anderen Worten: Condit belegt, daß die Neigung, eine Problemdiskussion als Debatte zwischen zwei gegnerischen Parteien zu rahmen, direkten Einfluß darauf hat, wie Entscheidungsträger an wichtige Fragen herangehen und Probleme lösen. Die Polarisierung versperrt den Blick auf tragfähige Lösungen und macht es deshalb unwahrscheinlicher, daß eine solche Lösung gefunden wird.

Ein weiteres Beispiel für ein komplexes Phänomen, das als polarer Gegensatz gefaßt wird, ist das »Rassenproblem«. Dieses Thema ist komplex und weitreichend – eine umfassende Erörterung würde ein ganzes Buch erfordern, und es sind bereits viele Bücher darüber geschrieben worden. Ich möchte hier nur kurz darauf verweisen, daß man auch diese Problematik häufig auf eine simple Schwarz-Weiß-Dichotomie verkürzt. Dadurch wird vor allem verschleiert, daß es viele weitere ethnische Gruppen gibt: Asiaten, amerikanische Ureinwohner, Polynesier, Semiten,

Araber, Inder, Mongolen usw. Sogar wenn man sich nur auf Amerikaner europäischer und afrikanischer Abstammung beschränkt, gibt es viele, die beiden oder mehreren Gruppen angehören, weil ihre Eltern und Großeltern von Vorfahren mit weißer und schwarzer und vielen anderen Hautfarben abstammen. Lise Funderburg schildert in ihrem Buch *Black, White, Other* die Erfahrungen von Amerikanern, die einen schwarzen und einen weißen Elternteil hatten. Viele von ihnen berichten, daß ihr Bedürfnis, dem Vermächtnis beider Eltern gerecht zu werden, scheitert, weil sie sich für eine der beiden Identitäten entscheiden müssen. Für unsere Fragestellung ist dabei ein Aspekt besonders wichtig: Sobald man die Vorstellung entwickelt, daß irgendein Phänomen aus zwei – und nur zwei – Teilen besteht, fängt man an, größere Unterschiede zwischen diesen beiden Teilen zu sehen, als tatsächlich vorhanden sind, und nimmt sie als krasse und potentiell feindliche Gegensätze wahr.

Der Drogenmißbrauch ist ein weiteres quälendes Problem, dessen Lösung zum Teil durch die Art der Darstellung erschwert wird. Der Krieg, den wir bislang erlebt haben, war weniger ein Krieg gegen die Drogen als vielmehr ein Krieg zwischen zwei Gegnern in einer Debatte: zwischen Drogenbekämpfern und Drogenlegalisierern. Wenn das Problem einmal über diese beiden Extreme definiert ist, wird jeder geäußerte Vorschlag oder Kommentar der einen oder anderen Seite zugerechnet und von der jeweils anderen dämonisiert. Wer gegen die derzeitige Politik ist, muß zwangsläufig für eine Legalisierung sein, und wer gegen eine Legalisierung ist, muß zwangsläufig mit allen Punkten der derzeitigen Politik übereinstimmen. Wer sich mit keiner dieser Extrempositionen anfreunden kann, wird erfolgreich aus der Diskussion ausgeschlossen, und viele Politiker schweigen zu der Frage, weil sie wissen, daß die eine oder andere Fraktion ihnen an die Gurgel springt, sobald sie den Mund öffnen. Diese Stimmung nutzte zum Beispiel Senator Jesse Helms aus, um erfolgreich gegen William Weld zu polemisieren, der offenbar befürwortet, daß man schwerkranken Menschen erlaubt, ihre Schmerzen mit Haschisch zu lindern. Die Polemik verhinderte, daß die Ernennung von William Weld zum Botschafter in Mexiko vom zuständigen Ausschuß auch nur in Betracht gezogen wurde. Mittlerweile hat sich eine Gruppe von Wissenschaftlern, politischen Experten und Behördenvertretern zusammengeschlossen, um einen mittleren Standpunkt abzustecken und die Diskussion für andere Alternativen zu öffnen. Dazu gehört zum Beispiel der Vorschlag eines »intelligenteren Verbots«, womit gemeint ist, daß man Drogenabhängige bei kleineren Vergehen in eine Therapie schicken sollte, anstatt sie zu langen Gefängnisstrafen zu verurteilen, die den Steuerzahler viel Geld kosten, ohne etwas am Drogenproblem zu ändern.

Die Journalistin Deborah Blum machte schlechte Erfahrungen mit ihrer eigenen Zunft, als sie ein Buch über Tierversuche in der wissenschaftlichen Forschung schrieb. Wie sie mir gegenüber erklärte, wollte sie mit ihrem Buch zeigen, daß es einleuchtende, rationale Argumente für und gegen solche Experimente gibt. Wenn man Gegner und Befürworter von Tierversuchen nur dazu bewegen könnte, einander zuzuhören, so Blum, würden sie erkennen, daß sie sich in der Mitte treffen und gemeinsam an einer Verbesserung der Situation arbeiten könnten. Aber nachdem ihr Buch erschienen war, mußte die Autorin feststellen, daß es praktisch unmöglich war, diese Botschaft zu vermitteln. Das Schlimmste war eine Talkshow im Kabelfernsehen: Außer Blum hatte man noch einen Tierschutzaktivisten und einen Wissenschaftler eingeladen, die seit langem als erbitterte Widersacher bekannt waren. Nachdem die Autorin eine kurze einleitende Erklärung abgegeben hatte, fingen die beiden an, einander anzubrüllen. Als sie versuchte, vermittelnd einzugreifen, gingen die beiden auf sie los. Aber auch Blums Kollegen von der schreibenden Zunft neigten dazu, nur die Teile aus einem Interview oder aus dem Buch herauszupicken, die sich für eine kontroverse Aufbereitung eigneten. Da sie selbst Journalistin ist, erkannte sie die Absicht: »Da muß mehr Biß rein!«

Bei der Abfassung des vorigen Absatzes fing ich ursprünglich mit den Worten an: »Deborah Blum, Autorin von *The Monkey Wars*...« und stutzte dann. Konnte man Journalisten wirklich vorwerfen, daß sie eine Friedensbotschaft nicht beachteten und sich auf den Kampf stürzten, wenn der Buchtitel genau diese Richtung vorgab? Ich rief nochmals bei der Autorin an und fragte nach dem Titel. Sie erzählte mir, wie er entstanden war. Das Buch beruhte auf einer mit dem Pulitzer-Preis ausgezeichneten Artikelserie, die sie für *The Sacramento Bee* geschrieben hatte; der Titel war von den Redakteuren festgelegt worden, obwohl sie sich »mit Händen und Füßen dagegen gewehrt hatte«. Als die Beiträge schließlich als Buch erschienen, hatte der Titel ein Eigenleben entwickelt.

Die Medien und ich: »Sie soll mit ihm streiten«

In Schlagzeilen stößt man besonders häufig auf eine Kampfmetaphorik. Da ich über die Kommunikation zwischen Männern und Frauen schreibe, hatte ich reichlich Gelegenheit, aus erster Hand zu erfahren, daß die Beziehung zwischen Mann und Frau am liebsten als Kampf dargestellt wird – und welche Konsequenzen das hat.

Im Jahr 1996 verfaßte ich einen Beitrag für das *New York Times Magazine* über Entschuldigungen. Ich erklärte, weshalb Entschuldigungen von Vorteil sein können, erläuterte aber auch, weshalb viele Leute sich ungern entschuldigen. Die Frage hat einen geschlechtsspezifischen Aspekt: In unserer Kultur neigen Männer stärker als Frauen dazu, einer Entschuldigung auszuweichen. Aber das heißt nicht, daß es allen Männern widerstrebt, sich zu entschuldigen, oder daß alle Frauen es bereitwillig tun. Und es gibt Situationen, in denen ein »Tut mir leid« nicht unbedingt empfehlenswert ist. Anhand einiger Beispiele erläuterte ich, weshalb es manchmal besser ist, sich nicht zu entschuldigen. Außerdem waren die geschlechtsspezifischen Verhaltensmuster nicht mein Hauptthema. Ein Großteil meines Essays beschäftigte sich mit kulturellen Unterschieden, zum Beispiel mit der Beobachtung, daß Japaner sich wesentlich wortreicher und häufiger entschuldigen als Amerikaner.

Als der Artikel veröffentlicht wurde, weckte die Aufmachung den Eindruck, als behandele er ausschließlich den Geschlechteraspekt, und zwar in einer Weise, die darauf angelegt schien, Männer in Wut zu bringen und anzugreifen. Ich hatte den Essay

»Tut mir leid, ich entschuldige mich nicht« genannt. Das bezog sich darauf, daß Frauen häufig »Tut mir leid« sagen, wenn sie meinen: »Tut mir leid, daß das passiert ist«. Die Redakteure änderten das ab zu: »Tut mir leid, ich will mich nicht entschuldigen«, was sich darauf bezog, daß viele Männer ungern um Verzeihung bitten. Der Unterschied als solcher ist subtil und minimal. Als man mir die Änderung vorschlug, fand ich nichts daran auszusetzen. Aber das Titelblatt der Ausgabe kündigte meinen Essay mit dem Satz an: »Warum Männer sich nicht entschuldigen«, und der Untertitel lautete: »Durch ein simples Wort des Bedauerns kann man einen aufrichtigen Irrtum wiedergutmachen. Warum sind Männer dazu offenbar unfähig?« Die begleitende Illustration stürzte sich ebenfalls auf das Klischee: Ein Mann im Vordergrund bietet seinen Kopf auf einem Tablett dar, während seine Frau vor Wut kochend mit verschränkten Armen dasteht und Rauchwolken aus ihrem Kopf quellen. Die Illustration ist subtiler, als man auf den ersten Blick vermutet. Der Mann kreuzt die Finger hinter dem Rücken, eine visuelle Analogie zu meiner Feststellung, daß eine Äußerung wie »Tut mir leid, wenn ich deine Gefühle verletzt habe« (im Privatleben) oder »Tut mir leid, wenn ich jemanden durch meine Worte brüskiert habe« (in der Öffentlichkeit) häufig wie eine Entschuldigung klingt, aber kein Schuldeingeständnis einschließt. Man muß der Fairneß halber sagen, daß derartige Illustrationen häufig auf Stereotypen zurückgreifen, weil sie einen hohen Wiedererkennungswert haben. Aber die Auswahl eines Stereotyps, das Männer gegen Frauen ausspielt, verschärft den Geschlechterkampf, während es gleichzeitig versucht, sich darüber lustig zu machen.

Als ich vom Untertitel erfuhr, bat ich den Redakteur inständig, ihn zu ändern. Man teilte mir jedoch mit, daß es dafür zu spät sei und daß außerdem die Verpackung einer Geschichte – Überschrift, Untertitel und Illustrationen – Aufmerksamkeit erregen müsse. Ich bezahlte allerdings einen Preis dafür. Die Reaktion eines Anrufers in einer Talkshow, an der ich teilnahm, war typisch. »Ich verfolge die Arbeit von Dr. Tannen seit Jahren«, erklärte er, »und habe sie immer für ihre Fairneß und Unparteilichkeit geschätzt. Doch durch diesen Artikel habe ich mich zum ersten Mal schwer beleidigt gefühlt.« Das *New York Times Magazine* druckte später großzügigerweise eine Entschuldigung ab, in der erklärt wurde, daß der Titel einen falschen Eindruck vom Tenor des Artikels geweckt habe. Ich war sehr dankbar für diese ungewöhnliche Geste. Aber ich bezweifle, daß sie viel an der Animosität der Männer änderte, die den Essay nur als eine weitere gegen Männer gerichtete Attacke von einer Frau auffassen konnten. Und die so geschürte Feindseligkeit der Männer wirkt sich wiederum im Privatleben und in der Öffentlichkeit auf die Frauen aus. Der Schaden war angerichtet und nicht mehr rückgängig zu machen. Und er wird tagtäglich erneut angerichtet, wenn man den Geschlechterkampf instrumentalisiert, um Interesse zu erregen, dadurch aber gleichzeitig zum Streit aufhetzt.

Verleger, Produzenten und Werbefachleute müssen die Aufmerksamkeit der Öffentlichkeit erregen; das heißt, sie müssen Emotionen wecken. Zorn gehört zu den Emotionen, die sich am leichtesten hervorrufen lassen. Und ich bin überzeugt, daß es eine große Versuchung ist, sich bestehender Debattenformate zu bedienen, so wie man in einen Konfektionsanzug schlüpft und keine Zeit damit verschwendet, auf eine Maßanfertigung zu warten. Wenn man polarisierte Debatten anstrebt, werden die Leute mit der größten Sachkenntnis häufig abgelehnt oder sie verweigern von sich aus die Teilnahme, weil es ihnen widerstrebt, komplexe Fragen in ein grob vereinfachendes Debattenraster zu pressen. Wer dagegen bereit oder ganz wild darauf ist, sein bescheidenes – oder fehlendes – Fachwissen unter dem Mantel der Streitbarkeit zu verbergen, erhält eine öffentliche Plattform. Wenn das geschieht, verliert die ganze Gesellschaft.

Nachrichten als Unterhaltung

Warum ist die Sprache in Fernsehen und Radio immer kämpferischer geworden – immer mehr auf Streit ausgerichtet anstatt auf den Austausch wohldurchdachter Argumente? Mehrere Faktoren spielen zusammen. Die meisten Menschen beziehen ihre Informationen heute aus dem Radio und Fernsehen und nicht aus der Zeitung. Die moderne Technik von Fernsehen und Radio führt uns in gewisser Weise in die Vergangenheit zurück. Nach Walter Ong hat das Aufkommen der Zeitungen dazu geführt, daß die Streitsucht in westlichen Gesellschaften abnahm: Da kein Publikum da war, vor dem man ein Wortgefecht inszenieren konnte, verlagerte sich die Aufmerksamkeit allmählich von der Vortragskunst der Redner auf den Inhalt der veröffentlichten Abhandlungen. Der heutige Aufstieg der Streitlust wird teilweise von der Rückkehr zu mündlichen Wortwechseln im Fernsehen und Radio vorangetrieben, wo jetzt wieder die Fähigkeit, in der Öffentlichkeit zu streiten, geschätzt und als öffentliches Schauspiel betrachtet wird. Auch die Zahl der Informationsanbieter, die um Aufmerksamkcit wetteifern, ist gestiegen – und in den meisten Fällen handelt es sich um kommerzielle Unternehmen. Wer mit Nachrichten sein Geld verdient, muß sie unterhaltsam verpacken, um das Publikum bei der Stange zu halten. In Anbetracht der Überzeugung, daß es Spaß macht, bei Kämpfen zuzuschauen, ist klar, was dabei herauskommt.

Viele Leute sagen, daß sie gern rechtsgerichtete Talkshows verfolgen, weil sie diese Sendungen unterhaltsam finden. Aber sogar der nichtkommerzielle Rundfunk muß unterhaltsam sein und ist nicht frei von der Überzeugung, daß Streitgespräche die unterhaltsamste Form der Kommunikation seien. Eine Radiotalkshow in Washington D.C., die *Derek McGinty Show*, bringt ein wöchentliches Feature über das politische Geschehen in der Hauptstadt, mit dem Titel »The D.C. Politics Hour with Mark Plotkin«. In einer WAMU-Veröffentlichung wird dieses wöchentliche Feature als »manchmal aggressiv und immer unterhaltsam« beschrieben. Moderator und Gast »klingen häufig wie die Akteure in einer Varietévorführung, die den Austausch von bissigen Seitenhieben und Beleidigungen geschickt mit relevanten Informationen über das politische Geschehen in der Hauptstadt mischen«. Plotkin wird mit der Äußerung zitiert: »Politik ist Theater und Sport in einem und sollte auch so behandelt werden.« Diese markige Äußerung enthält ein Körnchen Wahrheit (das Feature gehört zu den beliebtesten Angeboten des Senders), aber sie ist auch erschreckend, wenn man bedenkt, daß die Ergebnisse der Politik, anders als beim Theater und beim Sport, konkrete Auswirkungen auf unser aller Leben haben.

Wenn man die politische Diskussion als Sport- und Theaterspektakel – als spektakulären Schaukampf – inszeniert, besteht die Gefahr, daß die Qualität der Informationen darunter leidet. Das Bild des Moderators im kommerziellen Radio und Fernsehen, das Howard Kurtz in *Hot Air* zeichnet, ist noch weitaus beunruhigender: So wird von Kommentatoren, die regelmäßig im Fernsehen auftreten, zum Beispiel verlangt, daß sie aktuelle Ereignisse aus dem Stegreif analysieren und bereit sind, sich zu einem breiten Spektrum von Themen zu äußern, über die sie zum Teil wenig oder nichts wissen. Kurtz zitiert Jack Germond, einen bei *McLaughlin* regelmäßig auftretenden Kommentator: »Wir erörtern Themen, über die keiner von uns irgend etwas weiß, abgesehen von dem, was in der *New York Times* steht.« Dennoch, so Germond weiter, kann er nicht einfach eingestehen, daß er keine Ahnung hat. »Das kann man sich im Fernsehen nicht leisten. McLaughlin geht die Wände hoch, wenn ich das mache. Er tut so, als würden wir seriöse Informationen verbreiten.« Eine andere Kommentatorin in derselben Sendung, Eleanor Clift, erklärt: »Das Format dieser Sendungen zwingt dich zu einer besonders provozierenden Redeweise, damit du in der kurzen Zeit, bevor man dich unterbricht, deinen Punkt rüberbringen kannst. Jeder weiß, daß der Unterhaltungsaspekt eine Rolle spielt, aber er bringt die Gefahr mit sich, daß wir alle nur noch in Klischees reden, weil für ein ›Wenn‹ oder ›Aber‹ keine Zeit bleibt.« Kurtz zitiert einen weiteren bekannten Kommentator, Mort Kondracke, der sagt: »Grobe Vereinfachung? Bestimmt. Man hat nicht viel Zeit zum Nachdenken.«

Sportkommentatoren: Wichtig ist nicht, wie man spielt, sondern ob man gewinnt oder verliert

Politische und andere aktuelle Ereignisse werden zunehmend als sportliche Wettkämpfe dargestellt, aber auch die Berichterstattung über den Sport ändert sich – in Richtung Streitkultur. Die

Verbindung zwischen Sport, Gewalt und Zuschauern reicht weit zurück – man denke nur an die römischen Gladiatoren. Aber heutzutage wird der Sport häufig durch die Medien gefiltert, die die Gewaltaspekte auch bei Sportarten herausstreichen, bei denen es vermeintlich nicht zum Körperkontakt kommt.

Sport fördert nach allgemeiner Überzeugung die Kooperation, den Teamgeist und positive Wertvorstellungen. Aber es ist etwas anderes, ob man selbst Sport treibt oder als Zuschauer daran teilnimmt, und noch wieder etwas anderes, ob man als Fernsehzuschauer daran teilnimmt. Im Fernsehen und Radio werden Sportereignisse von laufenden Kommentaren begleitet, die die agonistischen Elemente des Sports fördern und verstärken, indem sie die Parallelen zwischen sportlichen und kriegerischen Auseinandersetzungen hervorheben.

»Es ist nicht wichtig, ob man gewinnt oder verliert«, sagt eine bekannte Redewendung, »wichtig ist nur, wie man spielt.« Aber das ist nicht der Geist, der hinter der heutigen Berichterstattung steht. Die Sportpsychologen Jeffrey Goldstein und Brenda Bredemeyer weisen nach, daß Sportreporter im Fernsehen nicht den Spielprozeß, sondern das Ergebnis betonen. Mit anderen Worten, das Arbeitsprinzip lautet eher: »Es kommt nicht darauf an, wie du spielst, wichtig ist nur, ob du gewinnst oder verlierst.« Reporter, die sportliche Ereignisse im nachhinein kommentieren, richten ihre Aufmerksamkeit weniger auf Können, Geschick, Fairneß oder ähnliches, sondern eher auf die Frage, weshalb die Gewinner erfolgreich waren und die Verlierer scheiterten; darin gleichen sie den politischen Kommentatoren, die sich bei ihrer Berichterstattung über Wahlkampagnen eher darauf konzentrieren, wer aus welchen Gründen vorn liegt und nicht auf die Fähigkeiten oder Konzepte der Kandidaten.

Die Ausrichtung auf das Gewinnen paßt zum Anstieg der aggressiven Gewalt in vielen Sportmannschaften, weil Gewalt einem Team zum Sieg verhelfen kann und keine besonderen Fähigkeiten verlangt. Der Sportforscher Jennings Bryant erkundet die verwickelte Beziehung zwischen Sport, Gewalt und Medien. Er stellt fest, daß im heutigen Denken »Sport und Gewalt nahezu untrennbar miteinander verbunden sind«. Das zeigt sich an der Art, wie über scheinbar nichtaggressive Sportarten ohne direkten Körperkontakt wie Baseball gesprochen wird (zum Beispiel »Kopftreffer« für einen auf den Schlagmann gerichteten Wurf oder »Knockdown pitch« für einen hohen Innenball, der dem Schlagmann Furcht einflößen und ihn vom Heimmal wegbringen soll) und natürlich in den Schlagzeilen (»EIN KAMPF BIS AUFS MESSER«, »EIN BLUTIGES GEMETZEL«). Persönliche Fouls, Zweikämpfe und Verletzungen sind die Norm im Profisport, nicht die Ausnahme von der Regel.

Die Rangeleien, die während eines Spiels häufig ausbrechen, wirken wie der spontane Ausdruck persönlicher Enttäuschung, aber Bryant zitiert Cliff Fletcher, damals General Manager der Eishockeymannschaft Calgary Flames. Fletcher räumt ein, daß die Spieler gezielt Gewalt anwenden, um die gegnerischen Teammitglieder einzuschüchtern, und daß diese »Einschüchterung vermutlich der wichtigste Faktor beim Eishockey ist«. Das Teammitglied Dave Brown bezeichnet die Einschüchterung durch körperliche Gewalt als seine Hauptaufgabe – und es ist eine bewußt ausgeführte Aufgabe, kein spontaner Ausbruch: »Ich weiß nicht, ob diese ganze Wut jemals echt ist.« Ein Trainer kann durchaus zu dem Schluß kommen, daß die Strafe für ein Foul ein geringer Preis ist, wenn man den Spitzenspieler der gegnerischen Mannschaft durch einen gezielten Schlag aus dem Verkehr ziehen kann.

Eishockey ist für seine aggressiven Ausbrüche besonders berüchtigt, aber im Grunde stützen sich alle im Fernsehen übertragenen Sportarten, ebenso wie andere Formen der Medienberichterstattung, auf die Annahme, daß Kämpfe und Streitigkeiten besonders unterhaltsam seien. Bryant zitiert den früheren General Manager der New York Knicks, Al Bianchi: »Ein Foul ist ein Foul, aber das ungeschriebene, unauslöschliche Gesetz bei der NBA [National Basketball Association] lautet: ›Laßt sie weiterspielen! ... Weniger Fouls, mehr Spaß.‹« Mit anderen Worten, laßt die Spieler aufeinander eindreschen, anstatt sie davon abzuhalten, indem ihr dauernd Fouls pfeift. Und hierbei geht es um Basketball, also um eine Sportart, in der Körperkontakt prinzipiell nicht zulässig ist. All das soll nicht heißen, daß Wettbewerb,

Streitereien, eine zweiseitige Struktur oder sogar Gewalt im Sport etwas grundsätzlich Schlechtes wären. Was den hier zitierten Experten Sorge bereitet, ist das relativ große Gewicht, das auf diese Elemente des Sports gelegt wird – daß man die Darstellung von Gewalt übermäßig betont und das Gewinnen über alles andere stellt –, sowie die Verstärkung dieser Tendenzen durch die Berichterstattung in den Medien.

Mit der Rolle der Medien im Sport befaßt sich auch der kanadische Soziolinguist Jeff Deby. Er untersuchte die Berichterstattung über die Weltmeisterschaft im Hockey, die 1996 zwischen den USA und Kanada ausgetragen wurde. Deby stellte fest, daß die beiden Kommentatoren, John und Mike, den Eindruck verstärkten, daß Gewalt sowohl etwas Bewundernswertes als auch ein unterhaltsames Schauspiel sei. Die folgenden Beispiele und Interpretationen stammen aus Debys Analyse.

Im folgenden Ausschnitt erörtern die Kommentatoren eine ruppige Spielszene, die gerade gezeigt wurde – und sofort nochmals in einer Wiederholung angeboten wird:

MIKE: Das ist bestes nordamerikanisches Hockey, wie es sein soll – einfach phantastisch!
JOHN: Das reinste Vergnügen. Nach diesem Spiel werden Eisbeutel heiß begehrt sein. Joseph hat ordentlich was von Chelios' Schläger abgekriegt; die Spielzeit wird unterbrochen.
MIKE: Ein schnelles, glänzendes Spiel, bösartig und spannend!

Daß Spieler körperlich verletzt werden, wird betont und erhöht den Spaß, vor allem wenn es noch Hinweise auf Schmerzen gibt:

Coffey dort, bei einem kleinen Crosscheck, man sieht, wie er das Gesicht verzieht.

Noch spannender wird es, wenn man die Schwere des Schlages auch akustisch wahrnehmen kann:

Man konnte richtig hören, wie der Schläger von Chelios auf seinen Arm knallte.

Oder wenn ein Spieler medizinische Hilfe braucht:

> Aber da – am Eingang – Coffey läßt jetzt doch seine Hand untersuchen. Dieser Hieb von Chris Chelios hat gesessen – er hat wirklich mit voller Wucht zugeschlagen. Und da, noch mal! – Er geht raus, um die Hand versorgen zu lassen. Man sieht, daß sie den linken Daumen behandeln.

Als der offensichtlich verletzte Spieler auf dem Boden sitzt, kommentiert John:

> Mensch, schau dir das an! Ist das ein Spiel?! Wow!

Dieser letzte Kommentar ist besonders verräterisch. Er impliziert, daß die Bedeutung des Spiels von den Verletzungen der Spieler abhängt, obwohl die Regeln den Einsatz körperlicher Gewalt verbieten. Die Bewunderung der Kommentatoren stellt die Fähigkeit des Spielers, Verletzungen zuzufügen und auszuhalten, in den Mittelpunkt der Aufmerksamkeit.

Im Sport geht es wie in der Politik um Sieg und Niederlage, um Gegner, die sich feindlich gegenüberstehen. Aber in beiden Fällen können diese oppositionellen Aspekte hoch- oder heruntergespielt werden. In unserer Kultur, ob im Fernsehen, im Radio oder in den Printmedien, wird sowohl im Sport als auch in der Politik der oppositionelle Aspekt, das Thema Sieg und Niederlage, hochgespielt. Die Berichterstattung, die der Zuschauer hört, fördert ein Ethos, nach dem es als etwas Gutes gilt, wenn man seine Gegner durch Gewalt und absichtliche Regelverstöße einschüchtert oder verletzt, um zu gewinnen.

Lege ich zuviel Gewicht auf die Berichterstattung anstatt auf die eigentliche Aktivität? Studien belegen, wie stark unsere Wahrnehmung von Ereignissen durch die Berichterstattung beeinflußt und sogar verändert wird. Jennings Bryant führte zusammen mit Paul Comisky und Dolf Zillmann ein Experiment durch, für das sie zwei Segmente aus einer Eishockeyübertragung auswählten. In dem einen Abschnitt war das Spiel extrem ruppig, aber die Kommentatoren erwähnten die Fouls nicht. In dem anderen war das Spiel nicht besonders brutal, aber die Kommentatoren betonten die gelegentlichen Handgreiflichkeiten. Als man Zuschauern diese Segmente ohne Kommentar vorführte, beurteilten sie das ruppige Spielsegment zutreffend als actionreich, schnell und brutal (und nicht zufällig als unterhaltsamer und spannender). Aber als man dieselben Segmente mit den Kommentaren unterlegte, kehrte sich das Urteil ins Gegenteil. Die Zuschauer bewerteten ein im Grunde normales Spiel als ruppiger, actionreicher und vergnüglicher. Der Kommentar beeinflußte ihr Urteil und erwies sich als stärker als ihre eigene Wahrnehmung.

Was können wir tun?

Die Art, wie Ideen und Informationen im Radio und Fernsehen dargeboten werden, ist wichtig. Es mag sein, daß die Medien nur Interesse wecken wollen, wenn sie alles als einen Kampf zwischen zwei Seiten darstellen, aber es trägt dazu bei, wie wir die Welt, Ereignisse und andere Menschen wahrnehmen. Muß man wirklich auf Gegensätze und Konflikte abstellen, um die Aufmerksamkeit des Publikums zu erregen? Es gibt einige Hinweise darauf, daß es nicht so ist. Oprah Winfrey traf zum Beispiel von sich aus die Entscheidung, daß in ihrer Talkshow nicht die Lust auf Sensationen, sondern die Hilfe für den Zuschauer im Vordergrund stehen sollte – und sie gehört immer noch zu den beliebtesten Talkmasterinnen. Es gibt weitere Hinweise.

Die Ausgabe des *New York Times Magazine* vom 9. März 1997 war dem »Altersboom« gewidmet und eröffnete eine positive Perspektive auf das Thema Altern. Die Ausgabe fand ein ungeheuer positives Echo bei den Lesern. Jack Rosenthal, der Chefredakteur des Magazins, wurde zur *Jim Lehrer News Hour* eingeladen, um über das Thema zu sprechen. Aus demselben Grund trat er auch in der *Diane Rehm Show*, einer überregionalen Talkshow, auf. Noch viele Wochen nach Erscheinen der Beilage wurde lebhaft über sie diskutiert. Die Themen, die in diesen Diskussionen und in der Zeitschrift erörtert wurden, standen in deutlichem Kontrast zur Kritikkultur. Rosenthal näherte sich der Thematik nicht wie sonst üblich über den Generationskonflikt (alte Menschen, die die Wirtschaft aussaugen, und junge Menschen, die es leid sind, für die Rechnungen der Alten zu schuften). Er behauptete vielmehr, daß weit mehr Einkommen von den Alten zu den Jungen fließe als umgekehrt. Die Sonderausgabe betonte die positiven Seiten des Älterwerdens. Und laut Rosenthal erreichten die Verkaufszahlen für diese Sonderausgabe ein einmaliges Rekordhoch. Von den etwa 20 Heften, die man seit Einführung dieses achtmal jährlich erscheinenden Magazins herausgebracht hatte, war dies die erfolgreichste Ausgabe.

Innerhalb des Journalismus finden bereits gewisse Veränderungen statt. Teile der Presse setzen sich dafür ein, mehr »brauchbare Informationen« zu veröffentlichen. Aber diese Veränderungen dürfen nicht auf Features und einzelne Beiträge beschränkt bleiben, die zusätzlich zur politischen und aktuellen Berichterstattung laufen. Die Art der Präsentation muß sich insgesamt verändern. Wir brauchen einen allgemeinen Waffenstillstand, damit Fernseh- und Radiosender, Zeitungen und Nachrichtenmagazine nicht um ihre Konkurrenzfähigkeit fürchten müssen, wenn sie darauf verzichten, Nachrichten in ein Kampfformat zu pressen.

Manchmal ist es zweifellos angemessen, ein Thema als Kampf zwischen zwei Seiten darzustellen. Aber nicht *alle* Themen passen in dieses Format. Und letzten Endes verliert man vielleicht sogar Leser und Zuschauer, wenn man jede Nachricht als Streitthema inszeniert. Wenn Leute bei Meinungserhebungen gefragt werden, warum sie eine Abneigung gegen »die Medien« haben, zeigen die Ergebnisse immer wieder, daß die negative Art der Berichterstattung ganz oben auf der Liste steht. Daß man Konflikte hervorhebt, um das Publikum bei der Stange zu halten, ist möglicherweise ein Beispiel für das, was Gregory Bateson als »komplementäre Schismogenese« bezeichnet, das heißt für eine Situation, in der sich zwei Parteien durch ihr wechselseitiges Verhalten zu immer stärkeren Formen eines gegnerischen Verhaltens anstacheln, wie in einer sich gegenseitig verstärkenden Spirale. Die schwindende Leserschaft treibt Journalisten dazu, Konflikte heraufzubeschwören, weil sie Interesse wecken wollen, aber die zunehmende Betonung kämpferischer Auseinandersetzungen vertreibt immer mehr Leser.

In einer frühen Fassung dieses Buches schrieb ich: »Ich glaube nicht, daß Journalisten darauf aus sind, die Bürger zu spalten, ihren Zorn zu wecken und den gegenseitigen Respekt zu untergraben.« Jemand, der diesen Entwurf las, kritzelte an den Rand: »Das glauben Sie nicht? Die einzige Alternative wäre eine unglaubliche Naivität.« Es ist erschreckend, wenn ein gebildeter Nachrichtenkonsument der Ansicht ist, daß die Presse die Informationen, mit denen sie die Öffentlichkeit füttert, absichtlich vergiftet. Die Tatsache, daß heute weite Kreise der Bevölkerung der Presse mit Mißtrauen, Verachtung und sogar Haß begegnen, ist genauso gefährlich – auch wenn weniger darüber berichtet wird – wie die Tatsache, daß weite Kreise der Bevölkerung der Politik mit Mißtrauen, Verachtung und sogar Haß begegnen.

Ich möchte lieber glauben, daß die problematischen Auswirkungen, die ich beschrieben habe, ein unbeabsichtigtes Ergebnis der Streitkultur sind. Wenn ich recht habe, dann sollten wir uns als erstes um ein besseres Verständnis der Streitkultur – und der damit verbundenen Kritikkultur – bemühen, damit wir neue Formen der Informationsvermittlung finden können, die weniger zerstörerisch auf die Gesellschaft wirken und uns allen mehr Aufklärung bringen.

3.

Vom Schoßhund zum Kampfhund: Die Aggressionskultur und die Presse

Mitten in Clintons erster Amtszeit machte ein Witz die Runde: Der Präsident unternimmt mit Mitgliedern des Pressekorps einen Angelausflug. Nachdem das Boot abgelegt hat, stellt Clinton fest, daß er seine Ausrüstung am Kai vergessen hat. Er steigt aus dem Boot, geht zur Küste, holt seine Sachen und spaziert dann wieder übers Wasser zurück zum Boot. Die Schlagzeile des nächsten Tages lautet: »CLINTON KANN NICHT SCHWIMMEN«.

Dieser Witz faßt recht gut zusammen, was viele Menschen über die Presse denken: Alles wird negativ dargestellt, und sogar, wenn jemand ein Wunder vollbringt, konzentriert sich die Presse auf die schlechten Seiten. Der Politikwissenschaftler Larry Sabato von der University of Virginia zieht folgenden Vergleich: Während der Kennedy-Ära ähnelte die Presse einem Schoßhund und nahm jede Regierungserklärung für bare Münze. Während des Vietnamkrieges und der Watergate-Affäre glich sie einem Wachhund und beobachtete aufmerksam das öffentliche Verhalten von Politikern. Aber heute gleicht die Presse einem Kampfhund, der den Politikern tagtäglich in die Waden beißt und sich über jeden Pipifax erregt.

Der frühere republikanische Senator Alan Simpson erlebte einen Schock, als er mit der Tochter alter Freunde plauderte, einer jungen Frau, die er schon seit ihrer Kindheit kannte. Da sie gerade ihr Journalistikstudium an der Columbia University abgeschlossen hatte, fragte er sie nach ihren beruflichen Plänen. »Ich werde mich den Jägern anschließen«, verkündete sie. »Was willst du denn jagen?« fragte er. »Leute wie dich«, entgegnete sie. Das erklärt, wie er – und tatsächlich nahezu jede Person des öffentlichen Lebens – sich heutzutage fühlt: nicht nur überwacht, sondern gejagt.

Watergate: Wurzel der Aggressionskultur

Der investigative Journalismus ist das Juwel in der Krone der Berichterstatter. Diese Aufgabe, die nur Journalisten erfüllen können, steht in der Tradition jener Reporter, die dazu beitrugen, die Skandale von Watergate und Vietnam aufzudecken – einen Sumpf illegaler Aktivitäten und eine gezielte Irreführung der Öffentlichkeit mit schrecklichen Konsequenzen. Aber in der Kritikkultur, die forscht, um zu vernichten, hat sich der investigative Journalismus in einen Anklägerjournalismus verwandelt. Wer ermittelt, will die Fakten klären. Wer Anklage erhebt, präsentiert ausschließlich belastendes Material, um eine Verurteilung vorzuführen.

Der ABC-Korrespondent in Washington, Brit Hume, erinnert sich, daß die Vietnam- und Watergate-Ära

> schwierige Zeiten für das Land waren, aber absolut wundervoll für einen Journalisten in Washington, vor allem wenn er einen Zipfel der Story in der Hand hatte. Diese Zeit trug zu einer romantischen Verklärung der Medien und ihrer Rolle in der amerikanischen Öffentlichkeit bei und erhöhte ganz allgemein ihr Ansehen … Und jeder in unserer Zunft – von den Generälen bis hin zum gewöhnlichen Rekruten – verspürte irgendwie den Drang, diesen letzten Krieg wieder und wieder zu führen. Alles suchte nach Ansatzpunkten für eine Geschichte, die sich vielleicht als der nächste große Skandal entpuppen würde.

Viele heute berühmte Journalisten waren damals auf der High-School oder am College und wurden durch Watergate und Vietnam zu ihrem Beruf inspiriert: Auch sie wollten die Doppelzüngigkeit der Regierung bekämpfen und die Lügen der Politiker bloßstellen. Jill Abramson von der *New York Times*, früher stellvertretende Leiterin des Washingtoner Büros des *Wall Street Journal*, erinnert sich, daß sie als Harvard-Studentin wie gebannt am Radio hing und die Watergate-Anhörungen verfolgte. Fasziniert von diesen Innenansichten aus dem Weißen Haus beschloß sie, eine Laufbahn im Journalismus einzuschlagen und im Dienst der Öffentlichkeit für die Wahrheit zu streiten – sie fing sofort damit an, indem sie als Reporterin für die Studentenzeitung mit »dem gleichen Eifer wie Woodward und Bernstein« die Machenschaften der Harvard-Oberen unter die Lupe nahm. Auch sie ist der Ansicht, daß die Journalisten heute nach einem neuen Watergate Ausschau halten – wie Surfer, so Abramson, die nach der perfekten Welle lechzen. Ehrgeiz und Eifer können Hand in Hand gehen: Man kann das Böse bloßstellen und sich gleichzeitig einen Namen machen. Der erfolgreiche Kinofilm *All the President's Men* (*Die Unbestechlichen*) machte Carl Woodward und Carl Bernstein zu nationalen Berühmtheiten. Aufstrebende Journalisten konnten darauf hoffen, in ihre Fußstapfen zu treten.

Wer die Mächtigen angreift, beweist außerdem seine Unabhängigkeit. In einem Essay über die Besitzerin und Herausgeberin der *Washington Post*, Katharine Graham, schildert David Remnick, wie Graham die *Post* zu einem erfolgreichen Blatt aufbaute, indem sie der Regierung die Stirn bot und die Pentagonpapiere veröffentlichte. Die furchtlose Herausforderung der Nixon-Regierung durch die Offenlegung des Watergate-Skandals bewies den Eifer der Zeitung und Grahams Mut – und machte die *Washington Post* zu einem der einflußreichsten Presseorgane in den USA. Mit demselben Mut zum Angriff begründete laut Remnick auch die *New York Times* ihre Reputation, als sie etwa 100 Jahre zuvor furchtlos gegen die »Herrschaft der Bosse« vorging und über das weitgespannte Korruptionsnetz von William Tweed berichtete.

Aber wie beweist eine Zeitung ihren Mumm, wenn es gerade kein Watergate zu enthüllen gibt? Die Notwendigkeit, Skandale aufzudecken, kann auch zu einer Gefahr werden. Wie Remnick ausführt, machte sich Graham Sorgen, weil

eine Zeitung auf der Hut sein muß, »damit sie nicht der romantischen Neigung nachgibt und sich selbst in der Rolle eines heroischen und von Feinden umlagerten Kämpfers sieht, der das Gute gegen übermächtige Heerscharen des Bösen verteidigt«. Watergate, schreibt Graham, »war eine einmalige Verirrung, und ich war der Ansicht, daß wir nicht überall nach Verschwörungen und verborgenen Skandalen suchen durften«.

Und doch ist genau das geschehen. In der ersten Amtszeit von Präsident Clinton machte ein Skandal nach dem anderen – häufig mit einem -gate am Ende – Schlagzeilen: Nannygate, Travelgate, FBI-Filegate. Aber keiner dieser »Skandale« läßt sich auch nur annähernd mit Watergate vergleichen. 25 Jahre nach diesen Ereignissen wies der Journalist Daniel Schorr, der das Geschehen damals aus nächster Nähe für CBS beobachtete, darauf hin, daß der von Nixon genehmigte Versuch, in die Zentrale der Demokraten einzubrechen und dort eine Abhöranlage zu installieren, nur die Spitze eines Eisbergs war. Es gab weitere Einbrüche, außerdem Pläne, die CIA und das FBI zur Ausspitzelung von Bürgern zu benutzen, die der Präsident als seine Feinde betrachtete; es war sogar die Rede von einem geplanten Bombenanschlag auf das Brookings Institute und von einem Attentat auf den Zeitungskolumnisten Jack Anderson. Als eine Grand Jury und Bundesgerichte die Forderung des Sonderermittlers Archibald Cox unterstützten, der die Herausgabe der Tonbänder verlangte, verweigerte Nixon die Aushändigung. Er wies den Justizminister an, Cox zu entlassen, und beauftragte das FBI, die Amtsräume des Sonderermittlers zu versiegeln. Eine vergleichbare Bedrohung der verfassungsmäßigen Demokratie hat es nie zuvor gegeben – und seither auch noch nicht wieder.

Was wir heute erleben, ist eine Art Skandalinflation in Verbindung mit dem unvermeidlichen Nebenprodukt voraussagbarer Vertuschungen. Das Ergebnis ist nicht nur eine Aufwertung von alltäglichen Unbedachtheiten (zum Beispiel, daß jemand Hausangestellte beschäftigt und keine Sozialversicherungsabgaben für sie leistet), sondern auch eine Abstumpfung der Bürger gegenüber gravierenden Verfehlungen der Regierung. Daß man so vielen weniger schwerwiegenden, sogar banalen Ereignissen ein -gate anhängt, hat auch zur Folge, daß Watergate im Rückblick weniger bedeutsam erscheint, als es tatsächlich war. Eine im Juni 1997 durchgeführte Meinungsumfrage kam zu dem erstaunlichen Ergebnis, daß fast die Hälfte der Befragten (44 Prozent) der

Ansicht war, Watergate sei nicht schlimmer gewesen als irgendein anderer Skandal davor oder danach – »einfach Politik«.

Die ständige Berichterstattung über relativ unbedeutende Skandale verhindert auch, daß die Presse ihrer profaneren Aufgabe gerecht wird, nämlich die Öffentlichkeit über das tagespolitische Geschehen auf dem laufenden zu halten. Paul Begala, ein früherer Wahlkampfberater von Clinton, wies darauf hin, daß der Präsident einmal Textilfabrikanten, Menschenrechtsaktivisten, Gewerkschaften und Verbrauchergruppen zusammengebracht hatte, damit sie gemeinsam gegen Ausbeutungsbetriebe Front machten, und daß dieses Ereignis mit keinem Wort in den Abendnachrichten jenes Tages erwähnt wurde. »Dies ist ein großes Problem, das direkten Einfluß auf die Arbeitsplätze der Menschen hat«, sagte er. »Dennoch gab es keinerlei Berichterstattung darüber, dafür aber jede Menge Mitteilungen über fünf Jahre alte Dokumente, die an jenem Tag vom DNC [Democratic National Committee] freigegeben wurden und die möglicherweise Hinweise darauf enthielten, daß der Präsident im Falle eines Wahlsiegs vielleicht bestimmte Posten mit politischen Anhängern besetzen wollte. Nicht zu fassen!«

Man muß kein Anhänger Clintons oder auch nur Mitglied der Demokratischen Partei sein, um zu spüren, daß die Konzentration auf Skandale andere wichtige Nachrichten verdrängt. Die Republikanerin Bay Buchanan (Schwester von Pat Buchanan und Ko-Moderatorin von *Equal Time*) äußerte sich in dieselbe Richtung: »Wenn Bill Clinton über den großen Teich reist, um sich mit dem russischen Staatsoberhaupt zu treffen, hat er vielleicht das Glück, daß die Presse einen einmaligen Bericht darüber bringt. Wenn der Vizepräsident den weiten Weg nach China macht – als erster offizieller Regierungsvertreter nach den Ereignissen auf dem Platz des Himmlischen Friedens – ist diese historische Begegnung der Presse keine Zeile wert – alles, was man in der Zeitung findet, sind irgendwelche Skandale … Es ist schwer, wenn nicht unmöglich, andere Nachrichten durchzukriegen.«

Ziellose Aggressionen

Das Problem ist nicht, daß die Presse aggressiver oder auch nur beleidigender geworden wäre. Historiker kennen zahlreiche Beispiele für erstaunliche Gehässigkeiten und Beschimpfungen, die Politikern und anderen Personen des öffentlichen Lebens schon seit Anbeginn des Journalismus entgegengeschleudert wurden. Aber früher verfolgten die Kritiker ein bestimmtes Ziel, wenn sie Politiker angriffen: Sie vertraten andere ideologische Standpunkte als ihre Gegner und gaben ihrer Überzeugung lautstark Ausdruck. Aggressionen waren eine Waffe in dem Krieg gegen spezifische Übel. Die heutige Angriffshaltung – die Aggression in einer Kritikkultur – hat kein bestimmtes Ziel und richtet sich wahllos gegen jede Person des öffentlichen Lebens. Und die Zurschaustellung von Aggressionen wird um ihrer selbst willen geschätzt. Mit anderen Worten, die Aggression – eine automatische, spontane Angriffslust – ist selbst zur Ideologie geworden.

Gleichzeitig hat sich das Hauptangriffsfeld vom Bereich der öffentlichen Politik auf den verschwommeneren Bereich des Charakters in Form von persönlichen Schwächen und Unbeständigkeiten verlagert. Die Aggression dient jedoch weniger der Bloßstellung konkreter Verfehlungen, sondern zeigt sich eher in einer höhnischen und verächtlichen Haltung, die auch von Journalisten selbst kommentiert – und in Frage gestellt – wird. Adam Gopnik charakterisiert diese Haltung zum Beispiel als »eine merkwürdige, formlose Gehässigkeit – eine Art willkürlicher ›Tick‹«. Kenneth Walsh beschreibt sie als Versuch, der »Darstellung mehr Profil oder ›Schärfe‹ zu geben – häufig in Form eines verächtlichen Tons oder einer überheblichen Haltung«. James Fallows bezeichnet diesen Grundton als »Knurren« und weist darauf hin, daß Artikel über den Präsidenten typischerweise vor Verachtung triefen, ohne sich die Mühe zu machen, irgendeine faktische Grundlage für diese Verachtung zu liefern. Er zitiert einen Zeitungsreporter: »Scharfe, bissige, kritische und spöttische Beiträge laufen grundsätzlich besser, werden besser bezahlt und erregen mehr Aufmerksamkeit.« Und wie bei einer Sucht muß die Dosis ständig erhöht werden: »Der Kick von gestern ist heute nur noch eine Schlaftablette«, erklärt Adam Gopnik, »und die einzige Möglichkeit, mehr Aufmerksamkeit zu erregen, besteht darin, immer schärfere Attacken zu reiten.«

Nach Welsh treibt der Druck durch Kollegen die Entwicklung weiter voran:

Reporter fühlen sich von ihren Chefredakteuren und Kollegen dazu gedrängt, schärfer vorzugehen, die Mächtigen stärker unter Beschuß zu nehmen, aber sie fühlen sich so gut wie nie dazu veranlaßt, eine Person des öffentlichen Lebens zu loben. Journalisten haben einfach Angst davor, als Handlanger der Mächtigen abgestempelt zu werden, und das aus gutem Grund.

James Fallows zitiert den ABC-Reporter Charles Peters, der bestätigt:

Es gibt nichts, was der durchschnittliche Journalist mehr fürchtet, als sich lächerlich zu machen. Man geht ein echtes Risiko ein, wenn man sagt: »Das ist ein guter Gedanke. Dies oder jenes ist gut an Bill Clinton« – oder an Bob Dole oder Newt Gingrich. Oder wenn man sagt: »Das ist ein wichtiger Gedanke.« Damit setzt man sich sofort der Gefahr aus, als Langweiler abgestempelt und ausgelacht zu werden.

Demokraten und Republikaner sind gleichermaßen überzeugt, daß die Presse nichts anderes im Sinn hat, als sie zur Strecke zu bringen, und im Grunde der jeweils anderen Partei zuneigt. In Wahrheit ist die Aggression unparteiisch, was die Ombudsfrau der *Washington Post* Geneva Overholser als »gleiche Verachtung für alle« bezeichnet. Es ist nicht die Aggression an sich, die unser Denken korrumpiert, sondern das ziellose oder prinzipienlose Wesen der Gehässigkeit. Diese Beliebigkeit entzieht der Aggression ihren moralischen Unterbau – die Unterscheidung, ob man für sein Land oder für seine Überzeugung kämpft oder ob man einfach auf ein Dach klettert und wahllos auf Passanten feuert.

Das ist der Unterschied zwischen einem leidenschaftlichen Engagement und einer willkürlichen Bösartigkeit.

Die unspezifische Ausübung der Aggression geht mit der spezifischen Überzeugung einher, daß Journalisten keine Rücksicht darauf nehmen dürfen, wie sich ihr Handeln auf die Allgemeinheit oder auf die Gefühle der angegriffenen Personen auswirkt. An dieser Frage scheiden sich die Geister. Viele Angehörige der Presse glauben, daß Journalisten die gesellschaftlichen Auswirkungen ihrer Arbeit berücksichtigen sollten. Aber das ist nicht die Mehrheitsmeinung.

Die vorherrschende Auffassung ist, daß Reporter Informationen liefern sollten, ohne Rücksicht auf die Folgen, und zwar nicht aus Rücksichtslosigkeit oder mangelndem Verantwortungsbewußtsein, sondern weil sie einem höheren gesellschaftlichen Gut verpflichtet sind: der Objektivität. Howell Raines, Redakteur für die Aufmacherseite der *New York Times*, brachte diese Überzeugung klar zum Ausdruck, als er das Buch von James Fallows, *Breaking the News*, in einem Leitartikel kritisierte. Raines hält die von Fallows geäußerte Sorge über die Auswirkungen journalistischer Methoden auf die Öffentlichkeit für grundlos, für einen unglückseligen Überrest aus der Zeit, als Fallows als Redenschreiber für Präsident Carter arbeitete. Raines plädiert im Gegenteil dafür, daß Reporter »wahre Agnostiker im Hinblick auf die gesellschaftlichen Folgen ihrer Arbeit sein sollten; Aufgabe des Journalisten ist die zähe Sammlung und Verbreitung von Informationen um ihrer selbst willen.« Ähnlich argumentierte auch Richard Folkers im *U.S. News & World Report* nach dem Tod von Prinzessin Diana: »Journalisten lernen, daß sie bei ihrer Arbeit nicht über die Folgen ihrer Berichterstattung nachdenken dürfen. Sie werden immer wieder an eine Maxime der Nachrichtenbranche erinnert: Laß dein Gewissen im Büro.«

Das Bild eines objektiven Journalismus orientiert sich wie ein Großteil der zeitgenössischen amerikanischen Kultur an dem leuchtenden Vorbild der Wissenschaft, dem Inbegriff der Objektivität. Aber sogar die Objektivität der Wissenschaft wird mittlerweile von vielen in Frage gestellt, und im Journalismus ist die angestrebte Objektivität noch weitaus schwerer faßbar. Schon die bloße Auswahl der Themen für eine Berichterstattung ist ein massiver Interpretationsvorgang. Das gleiche gilt für die Entscheidung, wen man interviewt, wen man zitiert, welche Teile der Antworten in den Bericht aufgenommen werden und in welchem Kontext diese Teile präsentiert werden. Der Anteil der subjektiven Deutung nimmt zu, wenn man der Öffentlichkeit nicht nur erzählt, wer was getan hat, sondern auch, warum er es getan hat – also die dahinterstehende »Strategie« erläutert, was in der politischen Berichterstattung die Regel ist. Und die Einnahme einer aggressiven Haltung in Wortwahl und Ton ist von subjektiven Deutungen durchtränkt. Sie ist das Gegenteil von Objektivität.

Das Herumreiten auf einer falschen Objektivität ist zweifellos gefährlicher als eine eingestandene Subjektivität, weil es so ist, als führe man mit einem Affenzahn in einem Auto ohne Bremsen. Wesentlich sicherer wäre es, wenn wir uns klar machten, daß Objektivität unmöglich ist, und nach Mitteln suchten, um uns gegen unvermeidliche Vorurteile zu schützen.

Das Pressekorps als angreifende Armee

Kleine Geschäfte und Tante-Emma-Läden verschwinden in rasantem Tempo von der Bildfläche. An ihre Stelle treten die Filialen großer Einzelhandelsketten. Da der Einkauf von der Zentrale erledigt wird, bieten Läden im ganzen Land ihren Kunden haargenau das gleiche Warensortiment. Nach einem ähnlichen Muster wächst auch die Zahl der Nachrichtenanbieter – Kabelkanäle, Radiosender, Zeitschriften und Nachrichtenmagazine schießen wie Pilze aus dem Boden und alle berichten über dieselben Themen. Die Folge ist, daß Personen des öffentlichen Lebens von einer riesigen Armee von Reportern verfolgt werden. »Armee« ist in diesem Fall eine treffende Metapher, weil eine Reporterhorde, die einen Menschen auf Schritt und Tritt verfolgt und sein Haus belagert, in der Hoffnung, ihn beim Herausgehen abzufangen, dem Betreffenden das Gefühl gibt, einem kriegerischen Angriff ausgesetzt zu sein. Wenn die Opfer solcher Attacken sich beschweren, werden sie für ihr »Gejammer« verhöhnt und erneut angegriffen – mit dem Vorwurf, es nicht anders gewollt zu haben. (Das Verb »jammern« zeigt die suggestive Kraft von Worten – es banalisiert nicht nur den Protest, es macht die protestierende Person auch zur Heulsuse. Fröstelnd liest man bei der Linguistin Kathryn Ruud, daß auch Hitler diese Taktik einsetzte; er sprach regelmäßig von »jammernden Juden« und bezeichnete seine Gegner als »jammernde Memmen«, was ihre politischen Ansichten in Charakterfehler verwandelte.)

Nach dem Tod von Prinzessin Diana konstatierten Kommentatoren eine Ironie, wenn nicht eine ausgesprochene Heuchelei: Diana beschwerte sich darüber, daß sie von der Presse verfolgt wurde, »scheute sich aber nicht, die Presse für ihre eigenen Zwecke einzuspannen«, zum Beispiel um die Öffentlichkeit im Scheidungskrieg auf ihre Seite zu ziehen oder um auf ihr soziales Engagement für HIV-Infizierte oder für ein Verbot von Landminen aufmerksam zu machen. Die Argumentation stützt sich auf die merkwürdige Annahme, daß jemand, der öffentliche Aufmerksamkeit sucht, *jede* Form der Aufmerksamkeit erdulden muß und nicht das Recht hat, gegen unerträgliche Auswüchse zu protestieren. Nach dieser Logik dürften Sie, wenn Sie in einer Beziehung sind, keine Einwände dagegen erheben, wenn Ihr Partner Sie schikaniert oder mißhandelt, schließlich sind Sie ja eine Beziehung mit ihm eingegangen, also haben Sie es nicht anders gewollt.

Die explodierende Zahl von Journalisten schürt die Aggressionskultur der Presse. Viele Journalisten sind überzeugt, daß die feindselige Aura, die das Pressekorps des Weißen Hauses ausstrahlt, zum Teil auf die dort herrschenden Arbeitsbedingungen zurückzuführen ist. Die Journalisten sind frustriert und verbittert über ihre Situation: Da stehen sie nun auf dem Gipfel ihrer Karriere, haben alles erreicht, was man in ihrem Beruf erreichen kann, aber anstatt mit gemütlichen Arbeitsbedingungen und respektvoller Behandlung belohnt zu werden, finden sie sich in »einer Art glorifiziertem Hunderennen« wieder (so der *New York Times*-Reporter Todd Purdum während einer Podiumsdiskussion in der *Diane Rehm Show*). Die Reporter drängen sich auf engem Raum und warten auf die Fütterung – auf den Auftritt eines Beraters, der ihnen eine Pressemitteilung zum Fraß vorwirft, deren Wahrheits- und sonstigen Gehalt die Journalisten (nicht ganz grundlos) für gering halten. Wenn sie den Präsidenten auf seinen Reisen begleiten, werden sie buchstäblich angeleint, an ihre Sitze im Presseflugzeug gefesselt oder, falls sie zu den wenigen Auserwählten des engeren Kreises gehören, im hinteren Teil des Präsidentenjets zusammengepfercht. James Fallows ist der Ansicht, daß das »Knurren« der Presse die Rache für diese herabwürdigende Behandlung ist.

Das Pressekorps des Weißen Hauses wurde nicht immer wie eine Viehherde gehütet und zusammengesperrt. David Gergen, der sowohl für Clinton als auch für dessen Republikanische Vorgänger im Weißen Haus gearbeitet hat, erinnert sich an eine Zeit, als Reporter ungehindert durch die Flure der Regierungsgebäude streifen konnten und unangekündigt in den Büros von Politikern auftauchten. Damals bestand das Herz des Pressekorps aus höchstens einem Dutzend Journalisten. Aber heute, so Gergen, »gibt es bestimmt mehr als 1600 oder 1700 akkreditierte Journalisten, die über das Weiße Haus berichten ... Und das hat die Art der Beziehung grundlegend verändert.«

Für Angehörige der Presse bedeutet das Anwachsen des Pressekorps, daß man ihnen die Tür vor der Nase zuschlägt. Für Personen des öffentlichen Lebens bedeutet es, daß sie von einer anonymen Reporterhorde verfolgt werden. Die Situation verschlimmert sich, weil der Betreffende weiß, daß viele dieser Journalisten nur darauf warten, daß ihm ein Mißgeschick, ein Fehler, ein Fauxpas unterläuft – irgendein Lapsus, über den sie berichten können, um ihn schlecht dastehen zu lassen.

Eine sich wechselseitig verstärkende Spirale

Die Angehörigen des Pressekorps nehmen es übel, daß das Weiße Haus sie wie eine Viehherde hütet, aber nicht nur, weil diese Behandlung an ihrem Ego kratzt, sondern auch, weil es beruflich frustrierend ist. Wenn sie gute Arbeit leisten wollen, müssen sie über die Ereignisse Bescheid wissen und die Leute kennen, über die sie berichten. Kurz, sie brauchen Zugang. Dieses Thema tauchte während einer Podiumsdiskussion in der *Diane Rehm Show* auf. Kenneth Walsh formulierte das so:

> Reporter möchten einen sicheren Instinkt dafür haben, ob irgendein Gerücht oder Gerede über den Präsidenten oder die First Lady ... stimmt, so daß sie sagen könnten: »Das ist nicht der Bill Clinton, den ich kenne« oder »die Hillary, die ich kenne«. Doch nur sehr wenige Reporter können tatsächlich so über die Clintons sprechen. Vor allem nicht über Mrs. Clinton.

Gergen erwiderte, daß das Weiße Haus Barrieren gegen die Presse errichtet habe, weil die Vertreter der Clinton-Regierung überzeugt seien, daß das Pressekorps »voller Piranhas steckt, die sich sofort auf dich stürzen und dich in Stücke reißen, sobald du mit ihnen redest«. Walsh räumte ein, daß man durchaus den Eindruck gewinnen könne, die Presse sei darauf aus, die Clintons zur Strecke zu bringen. »In den ersten beiden Jahren von Clintons Präsidentschaft haben wir Bill Clinton unerbittlich aufs Korn genommen, und die Berichterstattung war überwiegend negativ.«

Die Republikaner sitzen in genau der gleichen Zwickmühle. Bei einer anderen öffentlichen Diskussion, einem Symposium an der American University, wiederholte Walsh seine Auffassung – und erhielt dieselbe Antwort von einer konservativen Republikanerin. Was die Presse vermisse, so Walsh, sei die menschliche Seite – die Möglichkeit, einfach mal in lockerer Atmosphäre mit einem Politiker zusammenzusitzen und zu plaudern, um ihn besser kennenzulernen. Bay Buchanan, die den Präsidentschaftswahlkampf ihres Bruders geleitet hatte, entgegnete, daß ein Wahlkampfmanager genau solche Momente unbedingt verhindern müsse. »Sobald du merkst, daß sich dein Kandidat entspannt«, erklärte sie, »denkst du: ›Ach, du dickes Ei! Gleich sagt er was!‹« Pat Buchanan plaudere für sein Leben gern mit Reportern, von denen viele seine Kollegen seien. Aber das sei genau die Atmosphäre, in der er gern einen Witz reiße, und dann

> hängt irgend jemand – es muß nur ein einziger sein – die Sache an die große Glocke und eh du dich versiehst, bist du dabei, dich zu entschuldigen oder zu rechtfertigen. Man kann heute nicht mehr entspannt mit Journalisten plaudern. Dieses traurige Fazit muß man leider ziehen. Auch wenn sechs von ihnen über jeden Zweifel erhaben sind, haut der siebte dich garantiert in die Pfanne.

Nach Ansicht der Autorin Patricia O'Brien, die während der Amtszeit von Präsident Reagan zum Pressekorps des Weißen Hauses gehörte, hat auch die erfolgreiche Manipulation von Journalisten während dieser Amtszeit dazu beigetragen, daß die Presse hinter jeder offiziellen Verlautbarung irgendeine »Meinungsmache« wittert. Zum einen fütterte das Weiße Haus unter Reagan die mächtigsten Nachrichtenorganisationen mit ausgewählten »Tips«; die betreffenden Medien brachten diese exklusiven Informationen groß heraus und beriefen sich dabei auf eine »Quelle im Weißen Haus«, die nicht genannt werden wollte – was in einigen Fällen sehr peinlich wurde, weil sich die Informationen als falsch erwiesen. Zum anderen waren Journalisten, die den Präsidenten auf seinen Reisen begleiteten, häufig auf Pressemitteilungen angewiesen, die ihnen ausgehändigt wurden, kurz bevor sie das Flugzeug bestiegen. Als noch nicht jeder Reporter ein Handy besaß, bedeutete dieses geschickte Timing, daß es wenig Möglichkeiten gab, sich gründlich mit der Materie auseinanderzusetzen, bevor man seinen Bericht abfaßte und einreichte. O'Brien erinnert sich:

> Viele von uns wußten, daß wir benutzt wurden, aber wir konnten nichts dagegen tun, weil Reagan ein zu beliebter Präsident war. Seine Regierung hat deutlich gemacht, wie sehr das Weiße Haus den Informationsfluß sowohl inszenieren als auch steuern konnte und wie leicht es die Medien für seine Zwecke einspannen konnte. Die Reporter wurden sozusagen

alle in eine Champagnerflasche gestopft, die man dann kräf
schüttelte. Irgendwann mußte der Korken hochgehen. W
wir heute erleben, ist das Knallen des Korkens.

Es ist eine allgemein menschliche Neigung, das Verhalten anderer als Auslöser und das eigene als bloße Reaktion zu betrachten.
Die Presse schiebt die Schuld auf das Weiße Haus, weil es sich
abschottet, ihr keinen Zugang gewährt und sie mit einseitigen
Darstellungen anstatt mit der Wahrheit füttert. Das Weiße Haus
schiebt die Schuld auf die Presse, weil sie seine Leistungen nicht
zur Kenntnis nimmt, sich auf Ausrutscher und Fehler konzentriert und alle Bemühungen so negativ wie möglich darstellt. Das
Ergebnis ist eine komplementäre Schismogenese, eine sich gegenseitig verstärkende Spirale: Die Berichterstattung der Presse
läßt Personen des öffentlichen Lebens schlecht dastehen, folglich
versuchen Politiker, die Presse auf Abstand zu halten. Wenn man
der Presse den Zugang verwehrt und sie mit »Tendenzdichtun-
gen abspeist« – ihnen nur Informationen gibt, die die Regierung
in einem positiven Licht erscheinen lassen –, sind die Reporter
frustriert und werden noch aggressiver, noch feindseliger und
noch entschlossener, die wenig schmeichelhaften Schönheitsfeh-
ler der frisierten Informationen bloßzustellen. Je mehr sich bei
Politikern der Eindruck festsetzt, daß ihre aufrichtigen Bemühungen durch ein Sperrfeuer negativer Bilder untergraben werden, desto mehr wächst ihre Überzeugung, daß sie etwas gegen
dieses negative Image unternehmen müssen – durch noch mehr
Informationen, die ihre guten Seiten in den Vordergrund stellen.
Und so verstärkt jede Gruppe bei der jeweils anderen das Verhalten, das ihr mißfällt.

Das Paradox des Beobachters

Wissenschaftler, die sich mit menschlichen Interaktionen befassen, sprechen vom Paradox des Beobachters: Wir wollen beobachten, wie Menschen ungezwungen miteinander umgehen.
Aber wir sind nicht unsichtbar, und wir haben keine Röntgen-

Augen, also müssen wir das Gespräch beobachten, während wir (oder eine Kamera oder ein Videorecorder) dabei sind, auch wenn unsere Gegenwart den Charakter der Interaktion verändert. Da es keine andere Möglichkeit gibt, müssen wir mit dem arbeiten, was wir haben, dabei aber berücksichtigen, daß unsere Anwesenheit (oder die der Kamera oder des Videorecorders) das Verhalten möglicherweise beeinflußt hat.

Das Paradox des Beobachters gilt auch für den Journalismus. Die unablässige Kritik an öffentlichen Personen beeinflußt unweigerlich deren Verhalten. Wenn ich lese, wie Journalisten über Interviews berichten, habe ich oft den Eindruck, daß das kritisierte oder verspottete Verhalten zum Teil eine Reaktion auf die Begegnung mit den Journalisten ist – auf Erfahrungen des Interviewpartners in früheren oder in diesem konkreten Gespräch. Der folgende Kommentar stammt zum Beispiel aus einem Porträt, das die Zeitschrift *Time* über Elizabeth Dole veröffentlichte:

Für ein derart politisches Energiebündel wirkt sie teilweise erstaunlich unsicher. Im Gespräch mit Fremden heischt ihr Blick nach Anerkennung. Ihr Charme ist augenfällig, ihre Freundlichkeit so gezielt eingesetzt wie ihr leuchtend roter Lippenstift. Aber wenn ein Journalist zu einer Frage ansetzt, erstarrt sie plötzlich wie in Erwartung eines Schlages. Ihre Antworten sind häufig von so resoluter Nüchternheit, als hätte sie schreckliche Angst, bei einer menschlichen Regung ertappt zu werden.

Vielleicht hat sie auch nur Angst, etwas zu offenbaren, das dann gegen sie verwendet wird. Ist es in Anbetracht der Kritikkultur wirklich ein Zeichen pathologischer Unsicherheit, daß man sich verkrampft, als würde man einen Schlag erwarten, wenn ein Journalist zu einer Frage ansetzt? Viele Journalisten sind sich darüber im klaren, welche Wirkung es hat, wenn sie aggressive, peinliche und kompromittierende Fragen stellen. Deshalb sparen sie solche Fragen bis ganz zum Schluß auf oder entschuldigen sich sogar dafür: »Mein Chefredakteur besteht darauf, daß ich Ihnen diese Frage stelle.« Dennoch wird dem Paradox des

Beobachters zu wenig Beachtung geschenkt: Es wird nicht in Betracht gezogen, inwieweit das Verhalten von Personen des öffentlichen Lebens möglicherweise eine Reaktion darauf ist, daß sie ständig von der Presse angegriffen werden.

In unserem Privatleben sind wir verletzt und verwirrt, wenn wir erfahren, daß Dritte uns kritisiert haben, vor allem wenn die Urheber der Anwürfe nicht genannt werden. Wie würden Sie reagieren, wenn jemand Ihnen – zum Beispiel – erzählte: »Man sagt, du bist zu egozentrisch.« Sie können die Leute, die das gesagt haben, nicht zur Rede stellen, weil Sie nicht wissen, wer »man« ist. Sie dürfen Ihren Zorn aber auch nicht am Überbringer dieser Nachricht auslassen, schließlich hat ja nicht *er*, sondern *man* dieses wenig schmeichelhafte Urteil abgegeben. Das ist genau die Art von Kritik aus zweiter Hand, mit der Personen des öffentlichen Lebens tagtäglich konfrontiert werden und die sie zu Reaktionen veranlaßt, die dann wiederum gegen sie verwendet werden.

Viele Journalisten behaupten, das schlechte Verhältnis zwischen den Clintons und der Presse sei darauf zurückzuführen, daß die beiden schon mit einem tiefen Mißtrauen gegen alle Journalisten nach Washington gekommen seien. Aber wenn man genauer hinschaut, sieht man, wo dieses Mißtrauen seinen Ursprung haben könnte. Während des Präsidentschaftswahlkampfes von 1992 wurde Hillary Clinton für zwei Äußerungen heftig kritisiert. Beide hatte sie in einer Situation gemacht, in der man sie zuvor mit einer Kritik konfrontiert hatte.

Die erste bezog sich auf Tammy Wynette. Als die Clintons einwilligten, in der Talkshow *60 Minutes* über ihre persönliche Beziehung zu sprechen, deutete der Moderator, Steve Croft an, daß ihre Entscheidung, die Ehe aufrechtzuerhalten, eine Art »Arrangement« sei. Bill Clinton verwahrte sich gegen diese beleidigende Bewertung: »Es ist kein Arrangement. Es ist eine Ehe.« Und Hillary Clinton sagte unter anderem: »Ich sitze hier, weil ich meinen Mann liebe und achte und weil ich anerkenne, was er durchgemacht hat und was wir gemeinsam durchgemacht haben.« Aber der »Soundbite«, den man später herauspickte, war eine Formulierung, die sie benutzt hatte, um die unterstellte Zweckgemeinschaft zurückzuweisen: »Ich bin nicht irgendeine nette, kleine Frau, die nur ihrem Mann zur Seite steht wie Tammy Wynette« (eine Anspielung auf den Song von Tammy Wynette: »Stand By Your Man«). Die Formulierung wurde wiederholt so zitiert, als wäre es die erste Äußerung in einem Gespräch gewesen, und als Beleidigung für alle Frauen ausgelegt, die zu Hause bleiben anstatt einem Beruf nachzugehen. Die Tatsache, daß Hillary Clinton zu der Äußerung provoziert worden war, weil man ihre Ehe beleidigt hatte, fiel völlig unter den Tisch.

Eine ähnliche Provokation löste auch den zweiten Soundbite aus, der während jenes Wahlkampfes für Aufsehen sorgte: die »Tee und Plätzchen«-Bemerkung. Den Kontext bildete eine Anschuldigung des Vorwahlkandidaten Jerry Brown. Er hatte behauptet, Mrs. Clinton habe ihre Ehe mit dem Gouverneur von Arkansas ausgenutzt, um Regierungsaufträge für die Anwaltskanzlei zu gewinnen, in der sie arbeitete. Reporter wiederholten die Anschuldigung gegenüber Mrs. Clinton und baten sie um eine Stellungnahme. In ihrer spontanen Antwort berührte sie mehrere Punkte und sprach unter anderem davon, wie hart sie darum gerungen habe, Beruf und Familie unter einen Hut zu bringen. »Ich habe versucht, das Beste aus meinem Leben zu machen und allen Anforderungen gerecht zu werden; trotzdem werde ich wohl weiterhin Gegenstand von Angriffen bleiben. Doch die Anschuldigungen sind nicht wahr, und ich weiß nicht, was ich sonst noch sagen soll, außer daß es mich traurig macht.« Die Reporter ließen jedoch nicht locker und fragten, wie denn der Eindruck eines Interessenkonflikts zu vermeiden sei. Mrs. Clinton antwortete: »Ich habe mich immer bemüht, meiner Sorgfaltspflicht so weit wie möglich nachzukommen.« Die einzige Möglichkeit, einen Konflikt vollständig zu vermeiden, wäre also gewesen, daß sie ihren Beruf ganz aufgegeben hätte. Mrs. Clinton formulierte das so: »Wahrscheinlich hätte ich zu Hause bleiben, Plätzchen backen und Tee herumreichen können, aber ich habe mich nun mal dafür entschieden, weiter in dem Beruf zu arbeiten, den ich aufgenommen habe, bevor mein Mann in die Politik ging.« Damit war der Spruch des Tages im Kasten. Der Kontext, der ihre Frustration ausgelöst hatte, verschwand. Auch was sie über ihre gewissenhaften Anstrengungen oder über die mühsame Gratwanderung zwischen Beruf und Familie gesagt hatte, fiel unter den Tisch. Alles was übrigblieb, waren »Tee und Plätzchen« – eine weitere Beleidigung für alle Hausfrauen und Mütter.

Es ist nicht schwer zu verstehen, warum die Reporter gerade diese beiden Soundbites aus den längeren Interviews auswählten und in den Vordergrund stellten. Sie passen in eine beliebte Polarisierungsschablone, in den vorgefertigten Krieg zwischen den Frauen, die sich zu Hause um ihre Familien kümmern, und jenen, die berufstätig sind. Aber die ironische Schärfe in den beiden Antworten war ohne Zweifel ein Ergebnis der verletzenden Fragestellung. Das ist die Spirale, die von der Kritikkultur ausgelöst wird: Ein Angriff erzeugt eine Gegenreaktion, die zur Munition für einen weiteren Angriff wird. Noch wichtiger ist, daß diese Äußerungen während spontaner, früher Interviews gefallen sind. Wer versucht, die Fragen von Reportern ehrlich zu beantworten, und die Erfahrung macht, daß eine beliebige Bemerkung aus dem Kontext gerissen und zur Keule umfunktioniert wird, mit der man auf ihn eindrischt, entwickelt verständlicherweise eine gewisse Abneigung dagegen, offen mit der Presse zu sprechen – das gilt für die Clintons ebenso wie für viele andere Personen des öffentlichen Lebens.

Die Hervorhebung des Negativen ist häufig ein ziemlicher Kraftakt. Der Versuch, die negativste Seite in den Vordergrund zu stellen, wirkt mitunter so, als wolle jemand ein Karussell, das in voller Fahrt vorbeiwirbelt, in die andere Richtung drehen. Dieselben Zeitungen, die während des Wahlkampfes so viel Aufmerksamkeit darauf verwendeten, die negativen Reaktionen auf Mrs. Clinton zu erforschen, berichteten über eine von der *New York Times* und CBS in Auftrag gegebene Meinungsumfrage, nach der 29 Prozent der eingetragenen Wähler eine gute und nur 14 Prozent – also weniger als die Hälfte – eine schlechte Meinung von ihr hatten. Trotzdem widmete man den Motiven der 29 Prozent weit weniger Spalten als den Motiven der 14 Prozent. In der Kritikkultur erscheint es interessanter, die Gründe für negative Reaktionen zu erforschen als für positive.

Wir alle neigen dazu, unser eigenes Verhalten als eine Reaktion auf das Verhalten anderer zu betrachten und das Verhalten der anderen als unabhängige Größe zu empfinden. Wenn wir uns selbst dabei ertappen, wie wir jemanden anschnauzen, konzentrieren wir uns auf das, worauf wir reagieren. Wir halten uns selbst für im Grunde herzensgute Menschen, die provoziert wurden. Aber wenn wir angeschnauzt werden, fragen wir uns selten, was den anderen zu diesem Verhalten provoziert haben könnte. Wir fällen vielmehr ein Urteil über seinen Charakter: *er* ist ein ungehobelter Klotz; *sie* ist launisch. Dasselbe geschieht, wenn Personen des öffentlichen Lebens für ein Verhalten kritisiert werden, das eine Reaktion auf provozierende Fragen ist. Das wäre weniger ungerecht, wenn die provozierten Reaktionen tatsächlich das »wahre Selbst« des prominenten Zeitgenossen enthüllen würden. Aber sehr häufig offenbaren sie nur die Frustration eines Menschen, der sich im Netz der Kritikkultur verfangen hat.

Die Berichterstattung über Politiker fördert in vielerlei Hinsicht bestimmte Verhaltensweisen, die dann wiederum von der Presse beklagt werden. Kathleen Hall Jamieson leitet die Annenberg School for Communication an der University of Pennsylvania. Sie weist darauf hin, daß Redenschreiber versuchen, die Ansprachen aus »Soundbites«, aus mundgerechten Informationshäppchen zusammenzusetzen, weil sie wissen, daß in den Nachrichten nur in Form solcher Kürzel über eine Rede berichtet wird. Das wirkt der Erörterung komplexer Fragen entgegen. Was bringt es, solche differenzierteren Reden vorzubereiten, wenn sie von niemandem gehört werden? Und einige »O-Ton-Bissen« sind eben pikanter und saftiger als andere. Ein Politiker, der ordentlich austeilt, hat bessere Chancen, in den Nachrichten erwähnt zu werden.

Wie in allen Angelegenheiten des öffentlichen Lebens sind die eigentlichen Leidtragenden die Bürger. Wenn die Presse weniger Zugang hat, erhalten die Bürger weniger Informationen. Und das gilt für alle Personen, die ein öffentliches Amt bekleiden, nicht nur für die im Weißen Haus. Die Angriffslogik stützt sich auf die Annahme, daß Menschen in Machtpositionen von vornherein gründlicher nachdenken und zuverlässigere Informationen liefern, wenn sie wissen, daß man nach Schwächen und Widersprüchen in ihren Ausführungen forschen wird. Sicher ist das in einigen Situationen zutreffend. Aber häufig ist das Ergebnis, daß man weniger und nicht mehr Informationen erhält. Wenn Personen des öffentlichen Lebens aus Erfahrung wissen, daß alles, was sie sagen, gegen sie verwendet wird (und daß die Presse sich nicht an die Übereinkunft hält, mehr Offenheit mit mehr Zurückhaltung zu belohnen), werden sie vorsichtiger und zurückhaltender. Ein Politiker (der natürlich um Anonymität bat) erzählte mir, er habe früher immer lange Pressekonferenzen ohne festgelegte Themen abgehalten, beschränke sich aber inzwischen darauf, kurze, vorbereitete Erklärungen zu verlesen. In diesem Fall – und ich bin sicher, daß es kein Einzelfall ist – erhalten wir durch die Kritikkultur weniger und nicht mehr Informationen.

Für alle, die es reizvoll finden, andere unter Beschuß zu nehmen, bietet die moderne Technik eine wahre Fundgrube an Munition – jede Menge Beweise dafür, daß Politiker Heuchler, wenn nicht Lügner sind, weil sie ihre Meinung im Laufe der Zeit ändern. Alles, was ein Politiker sagt, wird dokumentiert und Teil eines leicht zugänglichen öffentlichen Verzeichnisses. Man muß nur ein paar Minuten an einer Computerdatenbank verbringen, um einen Nachweis dafür zu finden, daß jemand eine Drehung um 180 Grad gemacht hat. In der Kritikkultur konzentriert sich die Aufmerksamkeit auf die Tatsache, daß jemand seine Meinung geändert hat, nicht auf die relativen Vor- oder Nachteile des vorher und nachher vertretenen Standpunktes. Präsident Bush wurde gnadenlos an den Pranger gestellt, weil er sein Versprechen, daß es keine neuen Steuern geben werde, gebrochen hatte (»Read my lips: No new taxes!«). Kaum jemand diskutierte die Frage, ob die eingeführten Steuererhöhungen notwendig oder gerecht waren. Die Suche nach Angriffspunkten drängt andere Fragestellungen in den Hintergrund.

Provozieren – zu was?

Wenn Journalisten Persönlichkeiten des öffentlichen Lebens interviewen, wollen sie ihren Gesprächspartner häufig dazu bringen, über Themen zu sprechen, die dieser lieber ausklammern möchte. Im Prinzip muß der Interviewte nicht antworten, wenn er nicht will. Aber die Weigerung, eine Frage zu beantworten, wird ihm leicht zum Nachteil ausgelegt. Das wirft zweierlei Fragen auf: zum einen, ob dieses Verhalten fair gegenüber dem Interviewten ist, zum anderen, ob es zwangsläufig zu mehr und nicht eher zu weniger Informationen führt.

Journalisten verwenden gern das Passiv oder unpersönliche Formulierungen: Sehr beliebt ist zum Beispiel der Ausdruck »Auf die Frage …« – so als wäre die Frage irgendwie vom Himmel gefallen. In einem Artikel über die Schauspielerin Vanessa Redgrave liest man zum Beispiel, daß ein schmerzliches Thema »zur Sprache kam«:

> Redgrave gilt zwar seit langem als eine der begabtesten und faszinierendsten Schauspielerinnen der Welt, aber die Beharrlichkeit, mit der sie ihren Ruhm für politische Ziele ausnutzt, hat Anhänger und Kollegen häufig vor den Kopf gestoßen. Lange Zeit entsprachen die Rollen, die man ihr anbot, in keiner Weise ihrem Talent oder Format. Sie spricht nicht gern über dieses Thema, aber während eines späten Abendessens kommt es dennoch zur Sprache.

Ihre Stimme, so erfahren wir, »sank zu einem Flüstern herab, wodurch sie auf ihre Weise signalisiert, daß die Unterhaltung zu persönlich, zu intim wird. ›Es hat mich sehr belastet‹, sagt sie.« Was hätte sie sonst sagen sollen? Hätte sie sagen können: »Nein, es hat mich kein bißchen belastet. Ich fand es echt klasse, daß ich bescheuerte Rollen für einen Hungerlohn spielen durfte«? Diese verletzende Frage hat keine neuen Informationen gebracht. Sie hat dem Leser nur einen kurzen, prickelnden Blick auf einen leidenden Menschen geboten.

Ein Grund, weshalb man Fragen stellt, die der Interviewpartner nicht beantworten möchte, ist die Überzeugung, daß eine Person, die man provoziert oder aus der Fassung bringt, Wahrheiten verbalisiert, die sie andernfalls arglistig verbergen würde. Diese Überzeugung zeigte sich deutlich während einer Diskussion der Washingtoner *Derek McGinty Show*, und zwar in »The

D.C. Politics Hour With Mark Plotkin«. Plotkin erinnerte sich an eine Äußerung, die der Sprecher des Repräsentantenhauses, Newt Gingrich, als Gast in der Sendung gemacht hatte:

PLOTKIN: Er sagte zu mir – und allen Bürgern des Distrikts Columbia: »Sie sollten sich glücklich schätzen. Sie haben mehr Freiheit als jeder Kubaner.«

Wenn man nur diese Zeilen betrachtet, könnte man den Schluß ziehen, daß Gingrich eine äußerst arrogante Haltung gegenüber den Bürgern von Washington, D.C., vertritt und dies auf barsche und schnodderige Weise zum Ausdruck bringt. Aber der Gastgeber der Talkshow gibt zusätzliche Informationen und erklärt, wie es zu dieser Äußerung kam:

MCGINTY: Aber Tatsache ist doch, daß Sie ihm immer wieder die gleichen Fragen gestellt haben, bis ihm schließlich der Kragen platzte. Da ist ihm dann diese Bemerkung rausgerutscht. Ich glaube, man kann nicht sagen, daß diese Äußerung wiedergibt, was der Sprecher des Repräsentantenhauses wirklich über Washington, D.C., denkt.

PLOTKIN bestätigte die Umstände, die zu der Äußerung geführt hatten, bestritt aber deren Auslegung:

PLOTKIN: Oh doch, das glaube ich schon. Ganz bestimmt. Ich bin ihm unter die Haut gegangen. Genau. Und da rückte er dann mit der Wahrheit raus. So wie man auch oft die Wahrheit sagt, wenn man plötzlich aus dem Schlaf gerissen wird oder wenn man betrunken ist oder sich in irgendeinem anderen Zustand befindet, der sich vom Normalzustand unterscheidet.

Das ist die Logik, die viele Journalisten dazu treibt, herausfordernde oder sogar beleidigende Fragen zu stellen.

MCGINTY: Gewiß, das ist die Standardtheorie. Man meint, daß jemand, der im Zorn redet, der etwas Unüberlegtes sagt, automatisch die Wahrheit spricht. Aber wie oft passiert es einem, Mark, daß man sich verspricht, … daß einem etwas Dummes rausrutscht, was man im Grunde überhaupt nicht meint?

Das ist die Frage, die sich für uns als Empfänger von Informationen stellt: Führt das Provozieren von Interviewpartnern – daß man sie jenseits ihrer Fassade packt – wirklich dazu, daß sie mit der Wahrheit herausplatzen, oder führt es nicht, zumindest manchmal, auch dazu, daß sie etwas sagen, was sie nicht wirklich meinen? Manche Menschen drücken sich ungeschickt aus, wenn sie sich verletzt, aus der Fassung gebracht oder angegriffen fühlen. Und einige sagen gar nichts mehr oder brechen das Gespräch ab.

Sicher gibt es Situationen, in denen die Interviewer ihre Gesprächspartner mit provozierenden Fragen konfrontieren müssen. Was ich in Frage stelle, ist der automatische, allgegenwärtige Einsatz solcher Fragen. Manchmal kann ein Interviewer mehr und bessere Informationen erhalten, wenn er eine einfühlsame Haltung einnimmt und den Interviewten ermutigt, seine Abwehr fallenzulassen. So konnte die Journalistin Gitta Sereny zum Beispiel Albert Speer dazu bringen, seine Mittäterschaft am Völkermord zu offenbaren, was während der Nürnberger Prozesse nicht gelungen war. Als Reporterin bei den Nürnberger Prozessen hatte Sereny erlebt, wie die Fragen der Ankläger häufig dazu führten, daß die Beschuldigten vollständig abblockten. Speer war als Rüstungsminister unter Hitler für 14 Millionen Arbeiter verantwortlich gewesen, darunter für Insassen von Konzentrationslagern. Dennoch gelang es ihm, das Gericht davon zu überzeugen, daß er nichts von dem Völkermord gewußt hatte, und wurde folglich von dieser Anklage freigesprochen (obwohl man ihn zu einer Haftstrafe für die Ausbeutung von Zwangsarbeitern verurteilte). Als Sereny mit Speer sprach, bekundete sie nur Interesse an seiner persönlichen Lebensgeschichte – sie war einfach da und hörte geduldig zu, bis er schließlich seine Abwehr fallenließ und preisgab, daß er sehr wohl von dem Völkermord gewußt hatte.

Nun ist es nicht unbedingt netter, wenn jemand eine einfühlsame Haltung einnimmt, um seinen Gesprächspartner zu vernichtenden Enthüllungen zu verleiten. Die meisten Menschen nehmen es ganz besonders übel, wenn jemand, der sich als Freund ausgibt, die so herausgelockten Informationen hinterher benutzt, um einen schlechtzumachen. Der Punkt, den ich mit diesen Ausführungen deutlich machen möchte, ist folgender: Eine aggressive Haltung läßt den Interviewer zwar knallhart erscheinen, aber sie fördert nicht unbedingt die Aufdeckung von mehr oder von besseren Informationen. Nur eins fördert sie auf alle Fälle – das aggressive Klima der Kritikkultur.

Tod eines Admirals: Ein Treibnetz des Angriffs

Am 16. März 1996 verließ Jeremy »Mike« Boorda, der ranghöchste Admiral der US-Navy, sein Büro, um zu Hause sein Lunch einzunehmen – und schoß sich eine Kugel in den Kopf. Die Ereignisse, die zu dieser Tragödie geführt hatten, wurden sieben Monate später von Nick Kotz im *Washingtonian* detailliert beschrieben. Gestützt auf seinen Bericht, dessen Wahrheitsgehalt ich durch Rücksprache mit anderen Beteiligten überprüft habe, möchte ich im folgenden einige Schlüsselelemente dieser Geschichte nacherzählen, weil sie deutlich machen, wie tragisch es enden kann, wenn sich die journalistische Kritikkultur mit ähnlichen Kräften aus anderen gesellschaftlichen Bereichen verbindet.

Viele Leute glauben, daß jeder Selbstmörder unter irgendeiner unterschwelligen psychischen Instabilität gelitten haben müsse. Sogar wenn das stimmt, stellt ein Suizid häufig eine Extremreaktion auf Ereignisse dar, die jeden Menschen im Innersten treffen würden. Die Ereignisse, die zum Selbstmord von Admiral Boorda führten, vermitteln eine Vorstellung von dem ungeheuren Druck, den die Kritikkultur auf Personen des öffentlichen Lebens ausüben kann. Wir sollten diesen ungewöhnlichen Fall sehr sorgfältig betrachten, weil er uns zwingt, einmal zu überlegen, was tagtäglich geschieht, ohne daß wir darüber nachdenken.

Am Morgen seines Selbstmordes glaubte Admiral Boorda, daß er sich im Laufe des Tages mit David Hackworth, einem pensionierten Armeeoberst, treffen würde. Hackworth hatte eine sehr erfolgreiche Autobiographie mit dem Titel *About Face* veröffentlicht, die ihm großes öffentliches Ansehen und einen Mitarbeiterposten in der Redaktion von *Newsweek* eingebracht hatte. Boordas Büro war benachrichtigt worden, daß Oberst Hackworth einen Beitrag über den Admiral plante. Das Treffen hatte man vorgeschlagen, damit Hackworth den Admiral persönlich kennenlernen und sich ein besseres Bild von ihm machen konnte. Zwei Stunden vor dem angesetzten Termin erfuhr Admiral Boorda, daß er sich nicht mit Hackworth, sondern mit zwei Journalisten von *Newsweek* treffen sollte. Die Reporter wollten ihn darüber befragen, warum er sich mit Ehrenabzeichen geschmückt hatte, die ihm nach Ansicht einiger Leute nicht zustanden. Da der Admiral überzeugt war, daß man ihn auf jeden Fall öffentlich anklagen und demütigen würde, ganz gleich wie er sich äußerte, ging er nach Hause und erschoß sich.

Mike Boorda hatte die Leitung der amerikanischen Marine in einer schwierigen Zeit übernommen: Er stand nicht nur vor der Aufgabe, Frauen in die Navy zu integrieren, sondern sollte auch das Ansehen der Marine nach dem Tailhook-Skandal wiederherstellen. Er war außergewöhnlich beliebt bei den einfachen Soldaten, aus deren Rängen er aufgestiegen war. Er hatte auch außergewöhnlich gute Kontakte zu den Senatoren und Repräsentanten des Kongresses, die das letzte Wort in militärischen Fragen hatten. Allerdings hatte er sich den Groll der Offiziere zugezogen, die in Washington den Feind sahen und der Ansicht waren, daß man den Forderungen von Zivilisten Widerstand leisten und sich nicht wie Admiral Boorda aufführen sollte. Derartige Spannungen sind nichts Ungewöhnliches in Führungspositionen. Aber in diesem Fall, so Nick Kotz, vereinigte sich eine Welle der Kritik mit der Macht der Presse, einen Menschen öffentlich bloßzustellen.

Die geplante Enthüllungsstory über Admiral Boordas Orden war lediglich das letzte Glied in einer langen Kette von öffentlichen Angriffen. James Webb, Chef der Marine unter Präsident Reagan, hatte im April eine Rede vor der Marineakademie gehalten, in der er Boorda heftig angegriffen und als »zu politisch« gebrandmarkt hatte. Webb legte nicht einfach dar, weshalb er mit

Boordas Politik nicht einverstanden war, sondern warf ihm vor, daß er bei seinem Handeln keinen Gedanken an das Wohl der Navy oder des Landes verschwende, sondern einzig und allein seinen persönlichen Ehrgeiz befriedige. Boorda war am Boden zerstört, als er von dieser Rede erfuhr – nicht wegen der Äußerungen von Webb (laut Kotz sagte Boorda gegenüber seinen Mitarbeitern, das sei mal wieder »typisch Webb«), sondern weil die Offiziersanwärter in der Akademie mit stehenden Ovationen reagiert hatten, nur einen Tag, nachdem sie Boorda selbst begeistert gefeiert hatten.

Das Verhängnis nahm seinen Lauf, als die Rede in die journalistische Echomaschine gelangte, mit der Anschuldigungen so oft wiederholt werden, bis sie von den Wänden widerhallen. Webbs Rede erschien in der *Washington Times* und wurde in einer Pentagon-Publikation mit dem Titel *Early Bird* nachgedruckt. Als Admiral Boorda einige Tage später im Army War College in Carlisle, Pennsylvania, auftrat, um vor einer Gruppe junger Offiziere zu sprechen, wurde er sofort mit Fragen zu Webbs Beschuldigungen bombardiert.

Das Echo breitete sich weiter aus. Ein anderer ehemaliger Offizier, John Carey, der Webbs Anwürfe las, wollte sie nicht nur unterstützen, sondern noch einen drauflegen. Er schrieb einen Brief, in dem er Boordas Rücktritt forderte. Der Brief wurde anonym in der *Navy Times* veröffentlicht, was es Boorda oder anderen unmöglich machte, die Bedeutung der Kritik richtig einzuschätzen. Robert Caldwell, ein Redakteur bei der *San Diego Union-Tribune* (San Diego ist eine Stadt mit starker Marine-Präsenz) spielte eine entscheidende Rolle bei diesen Ereignissen. Er hatte Webb zu der Rede vor der Marineakademie ermutigt; er hatte Carey auf die bevorstehende Rede hingewiesen; und am 5. Mai veröffentlichte er einen ganzseitigen Auszug aus Webbs Rede nebst einem Cartoon, auf dem zu sehen war, wie ein geköpfter Admiral Boorda im Meer versinkt.

Diese Ereignisse waren Admiral Boorda bekannt und bereiteten ihm Kummer. Was er nicht wußte, war, daß gleichzeitig eine zweite Angriffswelle im Anrollen war: Er sollte bloßgestellt werden, weil er an einem Orden, dem man ihm verliehen hatte, ein kleines »V« für »Valor« (Tapferkeit) befestigt hatte. Die Frage, ob Admiral Boorda berechtigt war, das »V« auf seinem Orden zu tragen oder nicht, hängt davon ab, ob das »V« für Tapferkeit bei Kampfeinsätzen im allgemeinen steht (daß Boorda diese Auszeichnung verdient hatte, stand außer Zweifel) oder ob es nur jene tragen dürfen, die unter direktem Feindbeschuß gestanden haben (das Schiff von Admiral Boorda war nicht beschossen worden). Klar scheint nur, daß die Sache unklar war: Die Navy hat ihre Vorschriften im Laufe der Zeit geändert, aber wenigstens ein weiterer Offizier erhielt die offizielle Erlaubnis, das »V« für seine Teilnahme an demselben Einsatz zu tragen, für den auch Admiral Boorda den Orden erhalten hatte. Auf jeden Fall hatte der Admiral das »V« sofort von seinem Orden entfernt, als er ein Jahr zuvor erfahren hatte, daß sein Anspruch darauf in Zweifel gezogen wurde.

Oberst Hackworth war derjenige, der die Bloßstellung von Admiral Boorda in *Newsweek* plante. Laut Kotz erinnert sich ein Presseoffizier der Air Force, daß Hackworth »sehr stolz darauf war, an einer Story zu arbeiten, die einen Navy-Admiral zu Fall bringen und die Navy in die Knie zwingen würde«. Und der Chefredakteur von *Newsweek*, Maynard Parker, erinnert sich, daß Oberst Hackworth gesagt hat: »›Das könnte leicht das Ende einer Karriere sein.‹«

Das mühselige Ausgraben von Nachweisen, die belegten, daß Admiral Boorda das »V« getragen hatte und womöglich nicht dazu berechtigt war, wurde von einem Mann namens Roger Charles erledigt, der in Washington als Korrespondent für den National Security News Service tätig war. Diese Organisation wird von Stiftungen getragen, deren Hauptanliegen die Förderung der atomaren Abrüstung ist. Aber laut Kotz verfolgte Roger Charles sein eigenes Ziel, das darin bestand, Missetaten von Militärs zu enthüllen.

Die inflationäre Verleihung von Orden ist, wie Kotz weiter ausführt, ein um sich greifendes Phänomen, das beim Militär genauso heftig diskutiert wird wie die inflationäre Verleihung von akademischen Titeln in Akademikerkreisen. Der Schlußpunkt dieser Ereignisse, über den genau ein Jahr später berichtet wurde, entbehrt nicht einer gewissen Ironie. Im Mai 1997 stellte sich heraus, daß Oberst Hackworth in seiner Biographie zwei Auszeichnungen aufführte, die er nie erhalten hatte. Als man ihn auf den Irrtum hinwies, strich er die angeführten Orden aus seinem Lebenslauf.

Gesetzt den Fall, das Schlimmste wäre wahr und Admiral Boorda hätte absichtlich ein »V« an seinem Orden befestigt, obwohl er wußte, daß er dazu nicht berechtigt war. Warum sollte das einem nationalen Nachrichtenmagazin eine Riesenenthüllungsstory wert sein, zumal niemand behauptete, daß der Admiral das Ehrenzeichen immer noch trug? Wenn Admiral Boorda eine so bedeutende Persönlichkeit war, daß dieser kleine Fehler eine Riesengeschichte rechtfertigte, warum hatte *Newsweek* dann noch nie über die Leistungen des Admirals berichtet?

Die Antwort liegt in der Kritikkultur, deren Kind diese Ereignisse von Anfang bis Ende waren: Sie trieb traditionelle Militärs dazu, nicht nur die Politik von Admiral Boorda zu bekämpfen, sondern seine moralische Integrität in Zweifel zu ziehen. Sie trieb Bob Caldwell von der *San Diego Union-Tribune* dazu, James Webb zu einer Attacke gegen Boorda anzustacheln, Jim Carey auf die Attacke aufmerksam zu machen und Auszüge daraus zusammen mit dem Cartoon zu veröffentlichen. Sie trieb die *Washington Times* und den *Early Bird* des Pentagon dazu, über die Rede zu berichten und sie als Nachricht zu verpacken. Sie trieb die Zuhörer im Army War College dazu, den Admiral mit Fragen zu bombardieren und auszuforschen, wie er auf Webb reagieren wollte. Sie trieb Roger Charles vom National Security News Service dazu, nach Schmutz zu suchen und große Nachrichtenanbieter damit zu beliefern. Sie erklärt, weshalb die Geschichte so großen Reiz für die *Newsweek*-Redakteure hatte. Und alle handelten nach eigenem Bekunden ohne jede böse Absicht, sondern einfach aufgrund ihrer Mitgliedschaft im »Ich-tue-nur-meinen-Job«-Club. Bob Caldwell sprach vermutlich für viele, die an diesem Geschehen beteiligt waren, als er hinterher erklärte: »Es lag nie in meiner Absicht, Mike Boorda persönlich zu verletzen.«

Jonathan Alter, der die Haltung von *Newsweek* in dieser Sache darlegte, schrieb: »Möglicherweise hätte Admiral Boorda der Geschichte eine andere Richtung geben oder das Magazin davon überzeugen können, überhaupt nicht über die Angelegenheit zu berichten.« Vielleicht kennt Alter Fälle, in denen es Personen des öffentlichen Lebens gelungen ist, Journalisten durch überzeugende Argumente von einer geplanten Enthüllungsstory abzubringen, aber ich bezweifle, daß die Mehrzahl der Bürger ein solches Ergebnis für wahrscheinlich hält. Admiral Boorda tat es offensichtlich nicht. In seinem Abschiedsbrief, der »An meine Kameraden« adressiert war, hieß es: »Ich erwarte nicht, daß irgendein Reporter glaubt, ich könnte einem aufrichtigen Irrtum erlegen sein, und vielleicht glaubt ihr es auch nicht.« Seine Annahme spiegelt eine Tendenz wider, die viele nicht nur im heutigen Journalismus, sondern in unserer ganzen Gesellschaft wahrnehmen: Die Annahme, daß eine Person des öffentlichen Lebens aufrichtig sein könnte, ist weit weniger verbreitet als die Auffassung, daß sie machtgierig und verlogen sein muß.

Als man Hackworth fragte, warum man den Admiral nicht früher über den bevorstehenden Besuch informiert habe, erklärte er (zitiert nach Kotz): »Evan [i.e. Evan Thomas, der Redakteur von *Newsweek*] wollte nicht in einen Hinterhalt geraten. Er wollte genügend Munition parat haben.« Aber daß man genügend Munition parat haben wollte, bevor man Boorda ohne Vorwarnung konfrontierte, klingt ganz nach … einem Hinterhalt. Kotz zitiert auch Thomas selbst: »Wenn du zu früh aus der Deckung kommst, kann die Navy zum Gegenangriff ansetzen, und die Opposition angelt sich die Geschichte. Es geht darum, exklusiv über eine Sache zu berichten, aber so viel Zeit zu gewinnen, daß man die Fakten überprüfen kann. 48 Stunden reichen.« Laut Kotz wurde Admiral Boorda zwar zwei Tage vorher von dem Treffen in Kenntnis gesetzt, aber über den Zweck des Treffens informierte man ihn erst zwei Stunden vorher. Der Zeitpunkt seines Selbstmords untermauert diese Version. Aber ob zwei Stunden oder zwei Tage – was einem Journalisten, der einen Knüller geheimhalten will, als langer Zeitraum erscheinen mag, kann einem Menschen, der plötzlich mit einer drohenden öffentlichen Bloßstellung konfrontiert wird, als sehr wenig Zeit erscheinen.

Für mein Buch über Gespräche am Arbeitsplatz habe ich in zahlreichen Unternehmen recherchiert; dabei stellte ich fest, daß sich Führungskräfte häufig nicht bewußt sind, wie einschüchternd sie auf Mitarbeiter mit weniger Machtbefugnissen wirken. Auch Journalisten sind sich häufig nicht über ihre eigene Macht im klaren. Einige medizinische Hochschulen verlangen heute von künftigen Ärzten, daß sie sich als Patienten in Krankenhäuser begeben, um die Begegnung mit einem Arzt einmal aus der Perspektive des Kranken kennenzulernen – und herauszufinden, warum so viele Patienten das Erlebnis als entwürdigend empfinden. Auch Journalisten könnten von einem vorübergehenden Rollentausch profitieren. Einer, der diese Erfahrung machte, ist Joe Klein, Kolumnist bei *Newsweek* und CBS-Korrespondent. Klein hatte zunächst bestritten, der anonyme Autor von *Primary Colors*, einem Schlüsselroman über die Clintons, zu sein, wurde aber später enttarnt. Nach dieser Enthüllung wurde Klein zum Gegenstand lebhafter Medienaufmerksamkeit und Kritik, deren Intensität er unerträglich fand. So beklagte er sich unter anderem darüber, daß die Zeitschrift *New York* ihn erst wenige Stunden vor Erscheinen des Blatts darüber informiert hatte, daß man seine Identität enthüllen wollte. In Reaktion auf Kleins Vorwurf begründete Richard Turner, Kolumnist bei *New York*, das Timing seiner Zeitung mit fast den gleichen Worten, mit denen auch Evan Thomas sein Timing bei Boorda gerechtfertigt hatte:

Das ist allgemein übliche journalistische Praxis: In dem Bemühen, die Exklusivmeldung als solche zu bewahren, wartet man bis zur letzten Minute, um zu verhindern, daß der Betreffende eine Pressemitteilung herausgibt, ein Konkurrenzblatt mit einer anderen Version der Geschichte füttert oder ähnliche Schritte unternimmt.

Daß dies »allgemein übliche Praxis« ist, macht es schlimmer, nicht besser.

Der vielleicht traurigste Aspekt der Ereignisse, die zum Selbstmord von Admiral Boorda führten, ist, daß so viele Menschen eine Rolle darin spielten, von denen nur ganz wenige aus bösen oder korrupten Motiven handelten. Jeder spielte einfach seine Rolle im alltäglichen Drama der Kritikkultur.

Warum ist Kritik lauter als Lob?

Die Reaktionen auf den Selbstmord von Admiral Boorda konzentrierten sich überwiegend auf seine »dünne Haut«: Warum ließ er es zu, daß die Kritik das Lob und andere Beweise seiner guten Arbeit in den Schatten stellte? Wenn er so überzogen auf eine kleine Kritik reagierte, so der Kommentar eines Journalisten, mit dem ich sprach, wie hätte er dann wohl auf einen militärischen Angriff reagiert? Anders, würde ich sagen, weil ein militärischer Angriff das ist, wozu er ausgebildet wurde, und weil er gewußt hätte, wer seine Feinde sind. Die Kritikkultur arbeitet im verborgenen und zerstört die Menschen von innen.

In einem bezaubernden kleinen Buch über das Altern ermutigt die Psychologin Ann Gerike dazu, großzügiger mit sich selbst zu sein, denn

> wenn Sie nicht gerade eine Persönlichkeit des öffentlichen Lebens sind, können Sie sich vor aller Welt lächerlich machen, und die meisten Menschen (wahrscheinlich mit Ausnahme Ihres Partners!) werden Ihre Blamage spätestens am Abend, wenn nicht schon nach einer Stunde oder Minute, vergessen haben.

Illustriert wird dieser Abschnitt durch die amüsante, weil absurde Karikatur eines Mannes, der mit entsetztem Gesichtsausdruck auf die Schlagzeile einer Zeitung starrt: »TODD MARTIN HAT SICH ÖFFENTLICH ZUM IDIOTEN GEMACHT!«

Dieser Cartoon, der auf humorvolle Weise ein offenkundig absurdes Szenario skizziert, vermittelt dennoch eine Vorstellung davon, wie das Leben für Prominente aussehen kann. Ihnen kann es durchaus passieren, daß sie die Zeitung aufschlagen und feststellen müssen, daß ein kleiner Lapsus in epischer Breite ausgewalzt und vermutlich verzerrt dargestellt wird. Ein kleiner Fauxpas zerstört die Reputation und drängt all das Gute, was man getan hat, in den Hintergrund – eine Situation, die wohl jeder Mensch als wahr gewordenen Alptraum empfinden würde. Und doch sind viele Leute, die sich selbst nicht über ihre Irrtümer und Fehler definieren, häufig bereit, Personen des öffentlichen Lebens genau daran zu messen. Das ist schlimm für die Prominenten selbst, aber die wahren Verlierer sind die Bürger und die Gesellschaft.

Zynismus: Die bittere Ernte

Die Kritikkultur vergiftet nicht nur das Denken von Personen in öffentlichen Ämtern, sondern auch das Denken der Menschen, die über sie lesen: Sie haben Angst, irgend jemandem oder irgend etwas zu glauben, weil die nächste Story, wenn nicht der nächste Absatz, ihnen sagen wird, daß sie guten Grund haben, es nicht zu tun. Die Aggressionskultur hindert politische Anführer an der Lösung von Problemen, weil sie dazu beiträgt, daß die Bürger das Vertrauen in ihre Anführer verlieren. Cokie Roberts, Nachrichtenkorrespondent bei ABC, macht auf diese Gefahr aufmerksam: »Nicht nur die Regierung, sondern alle amerikanischen Institutionen – Kirchen, Bildungseinrichtungen, die Familie – werden ständig attackiert. Wer bleibt noch übrig, um etwas gegen Mißstände zu tun, wenn jede Institution, die dazu in der Lage wäre, unablässig diskreditiert wird?«

Die Aggressionskultur hält politische Anführer auch davon ab, nach Kompromissen zu suchen oder sich um die Besserung ihres Verhaltens zu bemühen. Adam Gopnik weist darauf hin, daß die aggressive Haltung von Journalisten, die ja angeblich dem Zweck dient, die Arroganz der Mächtigen zu mäßigen, eigentlich um so ausgeprägter sein müßte, je autoritärer sich eine Führungspersönlichkeit gebärdet. In Wirklichkeit ist es genau andersherum. »Kompromißbereite, gemäßigte Politiker wie Clinton – oder was das betrifft auch George Bush oder, besser noch, Michael Dukakis – werden mit einer Geringschätzung behandelt, die an Verachtung grenzt.«

Nahezu jeder, der sich mit dem derzeitigen Zustand des Journalismus beschäftigt, stößt früher oder später (normalerweise früher) auf das Thema Zynismus. Ich fragte Geneva Overholser, welche Leserbeschwerde sie in ihrer Rolle als Ombudsfrau bei der *Washington Post* am häufigsten zu hören bekomme. Laut Overholser ist die am häufigsten geäußerte Klage, daß die Journalisten nicht einfach nur das berichten, was eine Person des öffentlichen Lebens getan oder gesagt hat, sondern daß sie interpretieren, was diese Person mit dieser Äußerung oder Handlung erreichen will. Man sagt uns nicht einfach: »Der Sprecher des Repräsentantenhauses schlug vor...«, sondern vielmehr: »In der Absicht..., schlug der Sprecher des Repräsentantenhauses vor...« Immer wieder, so Overholser, höre sie von Lesern: »Sagt mir einfach, wie es ist. Sagt mir nicht, was ich darüber zu denken habe.« Worüber sich die Leser beschweren, ist also ironischerweise genau jene manipulierte »Meinungsmache«, die die Journalisten ihrerseits den Politikern vorwerfen. Die größte Gefahr liegt darin, daß sich die Berichterstattung zum Teil als »selffulfilling prophecy« erweist. Wenn Politiker jede Hoffnung verlieren, daß ihre aufrichtigen Bemühungen je als solche dargestellt werden, sagen sich vermutlich viele, daß sie genausogut gleich zu den Zynikern werden können, für die sie ja ohnehin gehalten werden.

Die Wahlbeteiligung scheint mit jedem Jahr geringer zu werden. Viele Beobachter sind überzeugt, daß die journalistische Konzentration auf Strategien anstatt auf Inhalte dazu beiträgt, den allgemeinen Zynismus zu fördern, der dann wiederum die Wähler davon abhält, ihre Stimme abzugeben. Joseph Cappella und Kathleen Hall Jamieson entwickelten eine einfallsreiche Methode, um diese Überzeugung zu testen und zu dokumentieren. Sie recherchierten die Berichterstattung über eine tatsächliche Bürgermeisterwahl und überredeten dieselben Journalisten, die über diesen Wahlkampf berichteten, alternative Artikel zu schreiben bzw. alternative Radiomeldungen zu entwickeln. Bei diesen alternativen Darstellungen sollten sich die Reporter auf Inhalte anstatt auf Strategien konzentrieren und nicht kommentieren, welcher Kandidat gerade vorn oder hinten lag. Dann wurden Wähler, die in verschiedenen Städten lebten und nichts von dem ursprünglichen Wahlkampf wußten, aufgefordert, die eine oder andere Form der Berichterstattung zu lesen und zu verfolgen. Anschließend wurde getestet, wie zynisch sie die Wahl beurteilten und was sie gelernt hatten. Die Probanden, denen man die strategieorientierte Berichterstattung präsentiert hatte, reagierten tatsächlich zynischer und waren schlechter informiert als jene Probanden, die inhaltsorientierte Berichte bekommen hatten. Die Untersuchung bestätigte die Resultate einer Studie, die man während der Wahl von 1974 durchgeführt hatte, und die zu dem Ergebnis gekommen war, daß Bürger, die häufiger Fernsehnachrichten gesehen hatten, stärker zum Zynismus neigten.

Natürlich tragen Journalisten nicht die alleinige Schuld an bestimmten Entwicklungen in unserer Gesellschaft. Ein Netz wechselseitiger Einflüsse verbindet Journalisten, Politiker, Unternehmer und andere Experten und Bürger, und sie alle neigen dazu, sich gegenseitig die Schuld in die Schuhe zu schieben. In einer Besprechung des Buches von Capella und Jamieson wurden die Journalisten von jeder Verantwortung freigesprochen und die Politiker zu den wahren Schuldigen erklärt: »Unabhängig vom Stil der Berichterstattung«, so das Resümee des Rezensenten, »erzeugt unser derzeitiger Politikerhaufen ganz von allein jede Menge Zynismus.« Wer wie dieser Rezensent mit dem Finger auf die Politiker zeigt, läßt nicht nur außer acht, daß der Stil der Berichterstattung den Zynismus verstärken kann, sondern vernachlässigt auch, daß die Angriffshaltung der Presse großen Einfluß darauf hat, welche Menschen sich entscheiden, für ein öffentliches Amt zu kandidieren oder darin zu bleiben. Das Format unserer Politiker ist nicht nur eine Ursache, sondern zum Teil auch ein Ergebnis der Kritikkultur – im Journalismus und in anderen Institutionen –, wie der Fall eines weiteren Navy-Admirals verdeutlicht.

»Sehr viel härter und sehr viel schärfer«

Am 18. Januar 1994 zog der frühere Admiral Bobby Ray Inman seine Kandidatur als Verteidigungsminister zurück. In einer stundenlangen Pressekonferenz erklärte Admiral Inman, der sowohl unter den Demokraten als auch unter den Republikanern verantwortungsvolle Positionen bekleidet hatte, daß er nicht mehr für ein öffentliches Amt zur Verfügung stehe, weil sich das politische Klima derart verändert habe, daß Personen des öffentlichen Lebens unablässig attackiert würden. Er beschrieb seine Erfahrungen beim Bestätigungsverfahren, das sich seiner Ansicht nach seit 1981 grundlegend gewandelt hatte, als man ihn nach einer zweistündigen Anhörung zum stellvertretenden Leiter der Central Intelligence ernannt hatte. Ein langjähriger Mitarbeiter des Weißen Hauses faßte die Motivation, die hinter diesem Rücktritt stand, folgendermaßen zusammen: »Das war ein Mann, der die Spielregeln kannte, und überzeugt war, daß er das Zeug zu einem guten Spieler hatte. Aber dann mußte er feststellen, daß das Spiel sehr viel härter und schärfer geworden war.«

Im Rahmen seiner Ausführungen schilderte Admiral Inman die Ereignisse, die ihn dazu veranlaßt hatten, seine Entscheidung, ins öffentliche Leben zurückzukehren, nochmals zu überdenken. Erstens, sagte er, habe ihn ein Reporter von der *New York Times* angerufen und ihm Fragen nach seiner Führungstätigkeit bei einem Unternehmen namens Tracor gestellt. Inman erkundigte sich, ob der Artikel seine gesamten Erfahrungen im Wirtschaftsleben berücksichtigen würde, zum Beispiel auch sein erfolgreiches Wirken in zahlreichen Unternehmensvorständen. Der Reporter antwortete, er werde »genau die Story schreiben, die meine Chefredakteure haben wollen«. Dann sah sich die Regierung gezwungen, von vornherein einzugestehen, daß der Admiral, ebenso wie viele andere Personen, die für öffentliche Ämter ernannt werden, eine Frau eingestellt hatte, die ihm bei der Hausarbeit half, und keine Sozialversicherungsabgaben für sie geleistet hatte. Inman merkte an, daß jeder, der einem Babysitter schon einmal mehr als 50 Dollar für einen Dreimonatszeitraum gezahlt habe, in derselben Lage sei. Durch die Enthüllung mußte seine loyale Angestellte (die diese Einkünfte beim Finanzamt nicht angegeben hatte) jetzt befürchten, ihre Wohnung zu verlieren und vor den Kadi gezerrt zu werden. Zudem, so Inman weiter, hätten Freunde aus der Republikanischen Partei ihm mitgeteilt, daß seine Bestätigung zwar nicht gefährdet sei, einige Senatoren sich aber gezwungen fühlten, während der Anhörungen unangenehme Fragen zu stellen. Inman verwies auch auf bösartige Attacken von Zeitungskolumnisten (William Safire bezeichnete ihn zum Beispiel als »Steuerbetrüger«) und merkte an, daß Kolumnisten heute über die beispiellose Macht verfügten, Beschuldigungen vorzubringen, ohne irgendeinen Beweis dafür vorlegen zu müssen und ohne daß die auf diese Weise Attackierten die Möglichkeit zu einer gleichwertigen Stellungnahme erhielten. Er berichtete, daß ein Redakteur zu ihm gesagt habe: »Bobby, du mußt dir einfach 'ne dickere Haut zulegen. Wir müssen jeden Tag was Schlechtes über dich schreiben. Das ist unser Job.« Es waren nicht die Bestätigungsanhörungen, die Inman fürchtete, sondern daß die Kritik durch die Medien zu seinem »täglich Brot werden würde, Tag für Tag, für die nächsten drei Jahre, und daß man dies als den normalen Preis für ein öffentliches Amt akzeptieren soll«. Auch wenn das in Washington akzeptiert werde, so Inman weiter, höre er im übrigen Land immer wieder: »Warum soll man sich mit diesem Mist herumschlagen, nur um ein öffentliches Amt zu bekleiden?«

Berichte über Inmans Rücktritt verwendeten Ausdrücke wie »bizarr«, »rätselhaft«, »verblüfft«, »Erstaunen«, »außergewöhnlich« und »Verwirrung«. Es herrschte allgemein Einigkeit darüber, daß Inman sehr wahrscheinlich bestätigt worden wäre. In Reaktion auf seine Äußerungen brachten Politiker und Journalisten genau die Haltung zum Ausdruck, die Inman ihnen attestiert hatte. Ein Beamter wurde mit der Bemerkung zitiert: »Ich weiß, er mag es nicht, wenn man ihn kritisiert, aber so ist das nun mal, wenn man sich für ein solches öffentliches Amt bewirbt.«

Was stimmt nicht an diesem Bild? Wer ein öffentliches Amt antritt, bringt ein persönliches Opfer, um der Gemeinschaft zu dienen. Die Vorstellung, daß jemand, der Opfer bringt, ein Privileg genießt, für das er einen hohen Preis bezahlen muß, ergibt keinen Sinn. Aber heute geht man von der Annahme aus, daß Menschen, die ein öffentliches Amt anstreben, nicht die Absicht haben, ihrem Land zu dienen, sondern nur Karriere machen und ihre persönliche Macht erweitern wollen. So gesehen ergibt die Sache Sinn: Man muß bereit sein, einen Preis zu zahlen, wenn man Ruhm und Ehre genießen will. Die Annahme wird zur »self-fulfilling prophecy«. In einem solchen Klima werden sich in der Tat eher solche Personen um ein öffentliches Amt bewerben, die nach Ruhm und Macht gieren, und nicht jene, die dem Allgemeinwohl dienen möchten. Admiral Inman meinte dazu: »Es gibt bestimmt sehr viele Menschen, denen man ein öffentliches Amt angeboten hat, und die sich entschieden haben, das Angebot aus genau den Gründen auszuschlagen, die ich hier genannt habe.«

Der Gedanke, daß alle Personen des öffentlichen Lebens akzeptieren sollten, daß sie rücksichtslos kritisiert werden, belegt die ritualisierte Form dieser Angriffe: Sie werden nicht durch die konkreten Fehlleistungen einzelner Menschen ausgelöst, sondern vielmehr automatisch in Gang gesetzt. An diesem Prozeß haben Politiker und Journalisten gleichermaßen Anteil: Politiker möchten ihren Opponenten schaden, um die nächste Wahl zu gewinnen, und Journalisten tun einfach ihren Job, der vermeintlich zu einem Großteil darin besteht, hochrangige Beamte zu attackieren. Wie Geneva Overholser es formulierte, als sie als Chefredakteurin beim *Des Moines Register* tätig war: »Nach Watergate haben viele Reporter den Eindruck gewonnen, daß nur ein Journalismus, der die Mächtigen stürzt, der Mühe wert sei.«

Inmans Rücktritt kam so überraschend, weil die Reaktion auf seine Nominierung vergleichsweise mild ausgefallen war. Die *New York Times* faßte zusammen: »Abgesehen von einigen wenigen Kolumnen ... einigen wenigen Leitartikeln und ein oder zwei Berichten ist die Kandidatur von Mr. Inman in Washington im Grunde außergewöhnlich wohlwollend aufgenommen worden.« Diese letzte Bewertung zeigt, wie alltäglich systematische Angriffe geworden sind. Daß man einen Menschen persönlich angreift und seine Leistungen (aus seiner Sicht) verzerrt darstellt, wird mit einem Halbsatz als unbedeutende Kleinigkeit abgetan, die kaum der Rede wert ist.

Nimm's nicht persönlich

Als Admiral Inman die Gründe für seine Entscheidung darlegte, beschrieb er auch seine persönliche Reaktion auf die als unfair empfundene Kritik: »Jedesmal wenn ich aufwachte, dachte ich sofort an die Berichte, an die feindseligen Stories, nicht an all die wohlwollenden«, erklärte er gegenüber einem Reporter der *Washington Post*. Er verlor seinen Humor; er wurde reizbar; er konnte nicht mehr schlafen. Doch lösten diese Eingeständnisse nicht etwa eine Diskussion über die Fragwürdigkeit der von ihm beschriebenen Methoden, sondern (wie der Selbstmord von Admiral Boorda) eine Diskussion über seine »dünne Haut« aus. In einer Titelgeschichte wurde zum Beispiel Inmans »lebenslange Unsicherheit« beschrieben.

Der Kult der Objektivität umfaßt unter anderem einen Mangel an Verantwortungsbewußtsein für das menschliche Leid, das durch verletzende Anwürfe ausgelöst wird. »So ist das nun mal« – man darf solche Angriffe nicht persönlich nehmen. Ganz gleich, wie bösartig Personen des öffentlichen Lebens kritisiert werden, man erwartet von ihnen, daß sie weiterhin herzlich, freundlich und offen auf die Leute reagieren, die sie angegriffen haben, weil die Anwürfe ritueller Natur und nicht wirklich ernst gemeint sind (obwohl sie durchaus ernste Konsequenzen für die Angegriffenen haben). Das kann für alle gefährlich sein: für die Journalisten, für die Objekte ihrer Angriffe und für die Bürger, die das Geschehen verfolgen.

Die Überzeugung, daß man Attacken nicht persönlich nehmen sollte, läßt sich nur aufrechterhalten, wenn man die Tatsache verdrängt, daß es sich bei den Objekten dieser Angriffe um menschliche Wesen handelt. Alle Personen, die anderen schreckliche Dinge antun (wie Soldaten im Krieg oder Zivilisten, die sich an rassistisch oder ethnisch motivierten Gewalttaten beteiligen), entmenschlichen ihre Gegner – zum Beispiel durch herabwürdigende Schimpfnamen. Aber die Entmenschlichung setzt bereits ein, wenn man immun für das Leid anderer wird.

Ironischerweise reagieren Angehörige der Presse selbst sehr empfindlich auf Kritik. Edward R. Murrow sagte von seiner eigenen Zunft: »Journalisten haben keine dünne Haut. Sie haben gar keine.« Diese Sensibilität von Journalisten ist nichts Ungewöhnliches; sie ist etwas allgemein Menschliches. Auch im Privatleben kann der Angriff einer einzelnen Person oder einer kleinen Gruppe viel schwerer wiegen als das Lob einer scheinbar überwältigenden Mehrheit. Ein Lehrer, der die Schülerbewertungen für seinen Unterricht erhält, grübelt nächtelang über die ein oder zwei vernichtenden Urteile nach, ganz gleich, wie begeistert die übrigen sind. Ein einziger Kritiker kann bewirken, daß man seinen Job hinschmeißen möchte oder es tatsächlich tut. Worte können wie Waffen eine zerstörerische Wirkung entfalten: Etwas aufzubauen erfordert sehr viel Mühe und die Zusammenarbeit vieler Menschen – zerstören können es einige wenige mit sehr wenig Mühe. Wie Meg Greenfield, Redakteurin bei der *Washington Post* und *Newsweek*-Kolumnistin, es ausdrückt: »Eine dünne Haut ist die einzige Art von Haut, mit der wir Menschen ausgestattet sind.«

Die gesamte Gesellschaft verliert ein Stück Menschlichkeit, wenn wir diese Wahrheit leugnen und darauf bestehen, daß sich Personen des öffentlichen Lebens durch persönliche Angriffe nicht verletzt fühlen dürfen. Wie Kinder, die ihre Eltern für unverwundbar halten, erwarten wir von politischen Anführern und anderen prominenten Zeitgenossen, daß sie alle Angriffe von sich abprallen lassen. Natürlich gibt es Situationen – viele Situationen –, in denen es gerechtfertigt oder sogar notwendig ist, Personen des öffentlichen Lebens anzugreifen, so wie es auch im Privatleben Situationen gibt, in denen man Kritik üben muß. Aber in unserem Privatleben wissen wir, daß wir unser Bedürfnis nach Kritik abwägen und auch überlegen müssen, wie sie auf andere wirkt und welche Reaktionen sie wahrscheinlich hervorruft. Dieses Maß an Verantwortungsbewußtsein brauchen wir auch im öffentlichen Diskurs, zusammen mit der Erkenntnis, daß Menschen, die in der Öffentlichkeit stehen, immer noch Menschen sind.

Mehrere Zeitungen, die über Inmans Rücktritt berichteten, wiesen darauf hin, daß seine Äußerungen über die Angriffshaltung von Politikern und Journalisten Erinnerungen an den Selbstmord von Vincent Foster weckten; Foster hatte in seinem Abschiedsbrief geschrieben, in Washington werde es mittlerweile »als Sport betrachtet, Menschen zu vernichten«. In einem Brief an den Präsidenten erklärte Admiral Inman: »Ich habe den Eindruck, daß in den Medien und in der politischen Führung des Landes Kräfte am Werk sind, die lieber Reputationen zerstören, als sich dafür zu engagieren, daß dieses Land erfolgreich regiert wird.«

Professor Lani Guinier, deren Nominierung als Leiterin der Abteilung für Bürgerrechte im Justizministerium von der Regierung zurückgezogen wurde, nachdem die Kandidatin ins Sperrfeuer der Kritik geraten war, unterscheidet zwischen einer verantwortungsbewußten Debatte über Politik und Ideen auf der einen Seite und dem, was mittlerweile die Norm geworden sei: »Man bringt Menschen in Verruf oder vernichtet sie im Soundbite-Stil.« Ihre eigene Reputation wurde durch den Soundbite »Quotenkönigin« erfolgreich »totgebissen«.

Sprecht mir nach

Da Soundbites eingängig sind, werden sie schnell in die Sprache integriert. Sprache ist nichts Statisches, das wir als Kinder lernen und dann für alle Zeiten beibehalten, sondern etwas Lebendiges, das sich ständig weiterentwickelt. Täglich fließen neue Nachrichtenausdrücke, neue Begriffsschöpfungen in die Sprache ein. Anfangs kommen sie uns merkwürdig vor, aber schon bald klingen sie so vertraut und richtig, daß wir selbst diese Ausdrücke benutzen, die wir vor kurzem noch gar nicht kannten oder merkwürdig fanden. Als ich nach einem mehrjährigen Auslandsaufenthalt in die Vereinigten Staaten zurückkehrte, hörte ich zum ersten Mal den Ausdruck »off the wall« (ausgeflippt, exzentrisch) und mußte fragen, was er bedeutet. Dann fand ich ihn schick und fing an, ihn selbst zu benutzen. Und ich bin alt genug, um mich daran zu erinnern, wie der Ausdruck »I couldn't care less« (das ist mir schnuppe) durch das inzwischen allen geläufige »I could care less« (dito) ersetzt wurde, was dieselbe Botschaft übermittelt, obwohl es eigentlich das Gegenteil aussagt. Was wir im Radio und Fernsehen hören oder in den Zeitungen lesen, bildet einen Hauptbestandteil unserer sprachlichen Umwelt. Bürger greifen nicht nur Gedanken aus der Berichterstattung auf, sondern auch die Haltung, den Ton und die Wortwahl. Der Autor einer fetzigen Schlagzeile oder poppigen Story suggeriert den Bürgern, wie sie die Regierung, die Welt und einander betrachten sollten.

Der öffentliche Diskurs schleicht sich in private Unterhaltungen und in das Denken des einzelnen ein. Ich erinnere mich, daß ich eine Freundin fragte, warum sie für Richard Nixon stimmen wollte, als er gegen Walter Mondale kandidierte. Sie antwortete: »Mondale ist langweilig.« Vor diesem Wahlkampf wäre es vermutlich jedem als absurd erschienen, die Qualifikation eines Kandidaten danach zu beurteilen, ob er langweilig ist oder nicht. Aber in jenem Jahr kam diese Formulierung gut an und schien Sinn zu ergeben, weil man sie dauernd hörte.

Kathryn Ruud hat analysiert, wie die Nationalsozialisten in den Jahren, die dem Holocaust vorausgingen, die Sprache manipulierten. Sie zitiert aus einem Buch von Victor Klemperer, einem deutsch-jüdischen Professor, der genau dokumentierte, wie die Sprache verzerrt wurde und wie der neue Sprachgebrauch und -mißbrauch, den Hitler und andere nationalsozialistische Agitatoren einführten, zu einem festen Bestandteil privater Gespräche wurde. Als Ruud sich rechtslastige Talkshows in den USA anhörte, stellte sie zu ihrem Entsetzen fest, daß man die Sprache zum Teil auf ganz ähnliche Weise manipulierte wie die Propagandisten der nationalsozialistischen Ära. Sie kommt auch zu dem erschreckenden Ergebnis, daß einige der Begriffe, die in diesen Sendungen geprägt und ständig wiederholt werden, im öffentlichen Diskurs wiederauftauchen. Es ist nichts Ungewöhnliches, daß normale Bürger, einschließlich vieler, die sich niemals rechtslastige Talkshows anhören würden, in herabwürdigender, verächtlicher Weise über den Präsidenten und andere Personen des öffentlichen Lebens sprechen. Der öffentliche Diskurs, den wir hören, ist Teil unserer Erziehung zum Staatsbürger. Er liefert ein Modell für den privaten Diskurs: Menschen übernehmen Formulierungen, Gedanken und Haltungen aus der Berichterstattung, die sie hören, und wiederholen sie, als ob es ihre eigenen wären – weil sie ihre eigenen geworden sind.

Nimm dir ein Beispiel an meinen Worten, nicht an meinen Taten

Es ist auffällig, daß dieselben Personen des öffentlichen Lebens, die in der Öffentlichkeit einen aggressiven Stil pflegen, im Privatleben häufig einen ganz anderen Stil bevorzugen – und bessere Ergebnisse damit erzielen. Das deutet darauf hin, daß der aggressive Stil, der im öffentlichen Diskurs so häufig angewendet wird, in der zwischenmenschlichen Kommunikation nicht gut funktioniert.

In einem Rückblick auf seine Zeit als Mitglied des Repräsentantenhauses erklärt Steve Gunderson die überraschende Tatsache, daß er, obwohl er ein gemäßigter Republikaner und außerdem schwul ist, zu einem der Hauptverbündeten von Newt Gingrich wurde, der zu den Initiatoren des extremen Rechtsrucks in der Republikanischen Partei gehörte und öffentlich gegen Schwule polemisierte. Wie Gunderson ausführt, war er zeitweise sogar der engste Berater von Gingrich und trug aktiv zu dessen Aufstieg bei, weil Gingrich in persönlichen Beziehungen nie jenes aggressive Verhalten an den Tag legte, das er in der Öffentlichkeit zeigte. Gingrich und seine Frau bewahrten eine herzliche Beziehung zu Gunderson und respektierten seine Homosexualität.

Auch Pat Buchanan hat seinen Erfolg laut *Newsweek* zum Teil seinem einfühlsamen persönlichen Stil zu verdanken, der in deutlichem Gegensatz zu der aggressiven Rolle steht, die Buchanan in der Öffentlichkeit spielt. In einer Titelgeschichte, deren bloße Existenz als Beweis ihrer Argumentation gelten könnte, weist *Newsweek* darauf hin, daß Buchanan

in der Washingtoner Partyszene allgemein als liebenswürdiger und stets freundlicher Gast gilt – ein Medieninsider. Auf diese Art verbreitet er die Outsiderlegende vom »harten Kerl« und gewinnt gleichzeitig das Wohlwollen von Reportern, die ihn privat als »feinen Kerl« kennen.

Der Erfolg des aggressiven Images, das Buchanan in der Öffentlichkeit forciert, wird zum Teil durch seinen freundlichen privaten Stil ermöglicht. Ein kämpferischer Stil sorgt für eine gute Show, ist aber im Privatleben eher eine Belastung, und die meisten Menschen sind sich dessen in ihrem Alltag bewußt.

Journalisten richten ihre Waffen nur widerstrebend auf ihre eigenen Institutionen, weil sie sich über die weitreichenden Schäden im klaren sind, die Angriffe anrichten können. Joseph Turow von der Annenberg School for Communication befragte Autoren und Redakteure bei Zeitungen und Nachrichtenmagazinen, die großen Medienkonzernen angehören; er kam zu folgendem Schluß: »Journalisten scheuen die kritische Untersuchung ihrer eigenen Organisationen, weil sie Angst vor beruflichen Konsequenzen haben.« Sie fürchten, daß ihre Karriere leiden, daß sie als Querulanten gelten und die Mißbilligung jener ernten könnten, die Macht über sie haben. Sie sind sich auch bewußt, daß der Einsatz ihrer investigativen journalistischen Fähigkeiten gegen ihre eigenen Institutionen zu einem Prestigeverlust für ihren Berufsstand und zu finanziellen Verlusten für ihren Konzern führen könnte, was beides negative Auswirkungen auf sie selbst hätte.

Interessanterweise berichtet die Presse zwar liebend gern über offene Konflikte, dennoch entwickeln laut Turow auch Journalisten Methoden, um zu verhindern, daß im Nachrichtenraum offene Konflikte über journalistische Verhaltensweisen ausbrechen. Streitigkeiten zwischen Reportern und Redakteuren oder Herausgebern werden unter Kontrolle gehalten, indem man Kompromisse schließt, heimlich versucht, die Verhaltensweisen zu entschärfen, kündigt oder sich einfach mit den Vorgehensweisen abfindet, um seinen Job zu behalten. Auch hier gilt also, daß jene, die öffentliche Konfrontationen zwischen anderen schüren und selbst in ihren Berichten die Konfrontation mit Unbekannten suchen, sehr wohl wissen, wie destruktiv dieses Verhalten ist und es deshalb in ihrem eigenen Leben vermeiden, und zwar unter Verwendung von Taktiken, die sie bei Politikern vermutlich verhöhnen würden. Es ist ein weiteres Beispiel von »Lassen wir die anderen streiten«.

Das aggressive Verhalten von Journalisten ist rituell – wird aber wörtlich genommen

Genauso wie Politiker und Journalisten in der Öffentlichkeit vielleicht eine aggressive Haltung beibehalten, obwohl sie sich im Privatleben versöhnlich zeigen, sind die Journalisten selbst nicht so zynisch, wie ihre Berichterstattung vermuten läßt. Auf diesen Punkt verweist James Fallows und zitiert eine *Times-Mirror*-Studie, nach der die Mehrheit (53 Prozent) der Journalisten der Ansicht war, daß »Politiker als Gruppe ehrlicher und ehrenhafter sind als der Durchschnitt der Bevölkerung«! Mit anderen Worten, Journalisten wissen, daß die Geschichten, die sie schreiben, immer nur die halbe Wahrheit sind. Die Öffentlichkeit neigt jedoch offenbar dazu, ihre Geschichten für bare Münze zu nehmen: Wie die Studie ergab, waren vier Fünftel der befragten Bürger überzeugt, daß die Moral der Politiker schlechter sei als die des Durchschnittsbürgers. »Vier Fünftel meinten, man dürfe ›nie‹ darauf vertrauen, daß Politiker das Richtige täten.« (Anfang der 60er Jahre wurde der Regierung dies noch von 70 Prozent der Amerikaner zugetraut.)

In all meinen Arbeiten über Sprache betone ich, daß Gespräche einen rituellen Aspekt haben. Menschen sagen Dinge auf bestimmte Weise, weil sie gelernt haben, daß man sie auf diese Weise sagt. Tonfall, Wortwahl, welche Äußerungen uns angemessen erscheinen – all das ist kulturabhängig. Die meisten Amerikaner kennen zum Beispiel den Unterschied zwischen einem rituellen »Wir müssen mal zusammen essen gehen« und einer wörtlich gemeinten Einladung, aber viele ausländische Besucher sind verwirrt – und fühlen sich getäuscht –, wenn der rituellen nie eine echte Einladung folgt. Ein amerikanischer Tourist in Griechenland beobachtet vielleicht ein Gespräch, bei dem die Teilnehmer immer lauter werden und wild mit den Armen fuchteln, und nimmt an, daß ein heftiger Streit im Gange sei, während die Griechen wissen, daß sie lediglich ein lebhaftes Gespräch führen. Etwas Ähnliches gilt offenbar für den zynischen Ton, der für einen Großteil der heutigen Berichterstattung über Politiker kennzeichnend ist. Die Neigung zum Verspotten und Verhöhnen, die von vielen Kritikern der Presse, einschließlich Journalisten, beschrieben wird, hat einen rituellen Charakter. Reporter und Kolumnisten schreiben in einem scharfen, aggressiven Stil, weil es das ist, was ihre Chefredakteure von ihnen erwarten, und weil ihre renommierten Kollegen genauso schreiben. Sie empfinden jedoch häufig keinerlei persönliche Feindseligkeit gegenüber den Personen des öffentlichen Lebens, die sie attackieren. Aber Leser und Zuhörer nehmen die Implikation einer allgegenwärtigen Unaufrichtigkeit und machiavellistischen Motivation wörtlich. Das – wahrscheinlich nicht beabsichtigte, aber dennoch destruktive – Ergebnis ist ein weitverbreiteter Zynismus in der Öffentlichkeit.

Die Bürger sind schuld

Journalisten, die über ihre eigene Zunft schreiben, sind sich der Fallstricke, über die sie dabei stolpern können, sehr bewußt. Viele werfen der Öffentlichkeit vor, daß sie nach minderwertigen Formen des Diskurses verlange. So behauptete zum Beispiel eine Fernsehmacherin auf einem Forum des Media Study Center: »Die Zuschauer tragen einen Großteil der Verantwortung. Was soll man dagegen tun, wenn sie lieber unterhaltsame Informationen als Berichte über die NAFTA hören?« Ähnlich argumentiert auch Michael Lewis in einer Besprechung des Buches von Bob Woodward, *The Choice*:

> Ein wirklich ehrliches Buch über den derzeitigen Zustand der Clinton-Regierung würde zeigen, daß die allgemeine Gier nach Skandalen auf das öffentliche Leben mindestens genauso vergiftend wirkt, wie die allgemein bekannten Charakterschwächen der Clintons vom eigentlichen Regierungsgeschäft ablenken.

Indem Lewis die Schuld auf die Öffentlichkeit schiebt, unterschlägt er kurzerhand die Rolle der Presse bei der Förderung dieses Marktes. Ist es nicht eher so, daß die Öffentlichkeit schon immer nach Skandalen gehungert hat, während die Mainstream-Presse unterschiedliches Gewicht darauf legte, ob sie in erster Linie dieses Bedürfnis befriedigt oder aber sich vorrangig die Frage stellt, welche Art von Verhalten eine nähere Untersuchung wert ist? Müssen professionelle Journalisten alle Bedürfnisse der Öffentlichkeit befriedigen? (Es gibt zum Beispiel ein großes Bedürfnis nach Pornographie, aber die Mainstream-Presse befriedigt dieses nicht direkt.)

Wenn in Griechenland ein Gast eine Einladung zum Essen ausschlägt und als Begründung angibt: »Ich habe keinen Hunger«, antwortet der Gastgeber normalerweise: »Der Hunger kommt beim Essen.« Mit anderen Worten, auch wenn man sich nicht bewußt ist, daß man Hunger hat, sollte man trotzdem essen, und wird feststellen, daß man doch Hunger hat, obwohl es einem nicht bewußt war. Dieselbe Logik veranlaßt Unternehmen dazu, kostenlose Probeexemplare ihrer Produkte zu verteilen. Auch Informationen, die kostenlos über öffentliche Ätherwellen ausgesendet werden, können nach diesem Prinzip funktionieren. Zeitungen, Radio und Fernsehen wecken den Hunger auf Skandale, weil sie Skandale anbieten. Menschen, die unter keinerlei Entbehrungen leiden würden, wenn sie nichts über bestimmte Morde, Gerichtsprozesse oder Skandale wüßten, wollen unbedingt erfahren, wie die Sache ausgeht, nachdem sie einmal davon gehört haben – so wie man auch gebannt am Fernseher sitzen bleibt, um zu erfahren, wie ein Spielfilm ausgeht, den man eigentlich gar nicht sehen wollte.

Der Bumerangeffekt der Aggressionskultur

Eine Frau erklärte mir gegenüber: »Früher habe ich regelmäßig Nachrichten gehört, aber wenn ich heute den Fernseher einschalte und das ganze Hickhack höre, mache ich sofort wieder aus.« Sie meinte, es müsse irgendwie an ihr liegen: »Wahrscheinlich hängt es damit zusammen, daß ich älter werde, und meine Zeit mir einfach zu kostbar erscheint.« Aber eine Umfrage, die im März 1997 vom Pew Research Center durchgeführt wurde, zeigt, daß sie mit ihrer Meinung nicht allein steht. Die Anzahl der Menschen, die angeben, daß sie gern Nachrichten sehen oder hören, ist seit 1985, als die Umfrage erstmals durchgeführt wurde, stark zurückgegangen. Ich würde wetten, daß dieses Ergebnis zum Teil auf das innere Unbehagen zurückzuführen ist, das die heutige Berichterstattung in vielen Menschen auslöst. Zum einen stellt sich heute seltener jenes Gefühl der Zufriedenheit ein, das entsteht, weil man etwas Wissenswertes erfahren hat und in Kontakt mit wichtigen Ereignissen und Gedanken gekommen ist. Zum anderen würde ich auch wetten, daß viele Menschen sich in gewisser Weise von dem infiziert fühlen, was häufig als »dieses grundsätzlich Negative« bezeichnet wird. Eine Frau, die ein Jahr im Ausland lebte, schrieb mir:

Ich war immer eine begeisterte Zeitungsleserin – in Jerusalem habe ich täglich zuerst die *New York Times* und dann die *Jerusalem Post* gelesen. Seit ich zurück bin, war ich nicht in der Lage, eine Zeitung zu lesen – ich finde diese Konzentration auf Gewalt und Verbrechen und den Ton der Berichterstattung total abstoßend. Ich habe es ein paarmal versucht, aber es ekelt mich an!

Wenn man eine Weile in einer anderen Kultur verbringt, fallen einem mitunter Dinge auf, die man andernfalls vielleicht gar nicht bemerkt hätte.

Zahlreiche Journalisten äußern sich besorgt über bestimmte Entwicklungen in ihrem Beruf. Die Bücher von Fallows, Walsh und Johnson und Broder sind nur einige Beispiele von vielen. Walsh weist zum Beispiel darauf hin, daß die Presse Glaubwürdigkeit, Leser und Marktanteile verliert. Am schlimmsten ist: »Eine ganze Generation verliert das Interesse an Nachrichten. Bei jungen Leuten, die heute Anfang Zwanzig sind, ist es nicht mehr üblich, regelmäßig die Nachrichten zu verfolgen, und das ist ganz besonders beunruhigend.« Als Jill Abramson sich erinnerte, wie sie zum Journalismus kam, fing sie mit den Worten an: »Ich war eine frischgebackene High-School-Absolventin, die sich für Nachrichten interessierte.« Wie viele High-School-Absolventen würden das heute noch sagen? Und diese Entwicklung ist nicht nur eine Gefahr für die Journalisten und die Nachrichtenindustrie, sondern für die gesamte Gesellschaft. Wie sollen Bürger sinnvollen Gebrauch von ihrem Wahlrecht machen, wenn sie nicht zumindest in Grundzügen über öffentliche Angelegenheiten informiert sind?

Das öffentliche Ansehen der Presse hat einen Tiefstand erreicht, und einige Journalisten sehen darin die Ernte einer Saat, die sie selbst mit ausgebracht haben. Journalisten sind heute Personen des öffentlichen Lebens und leiden folglich selbst unter dem Klima, in dem man Personen des öffentlichen Lebens überwiegend mit Verachtung und Mißtrauen begegnet. Das Pew Research Center stellte fest, daß die Mehrheit der Befragten Presseberichte für unzutreffend und unfair hielt und der Ansicht war, daß die Medien zu aufdringlich seien und die Lösung gesellschaftlicher Probleme verhinderten. Ken Walsh, Korrespondent von *U.S. News & World Report* in Washington, kommt aufgrund persönlicher Erfahrungen zu dem gleichen Schluß:

> Als ich vor zehn Jahren anfing, über das Weiße Haus zu berichten, sagten alle Leute: »Mensch, du hast so einen interessanten Beruf, du triffst so viele interessante Leute, du hast ein so interessantes Leben.« Heute höre ich nur noch... »Was ist eigentlich los mit euch Medienleuten?«

Diese Veränderung zeigt sich auch in der modernen Kulturszene. Eine Standardfigur in Kriminalfilmen war früher ein Reporter, dem es gelang, ein Verbrechen aufzuklären, an dem sich die Polizei die Zähne ausgebissen hatte. Heute haben wir Filme wie *Mad City*, in dem Dustin Hoffman einen Fernsehreporter spielt, der eine Geiselnahme absichtlich verschlimmert, um seine Quote zu verbessern.

Der allgemeine Zorn auf die Presse ist gefährlich, weil er die wichtige Wachhundrolle der Medien untergräbt. Attacken und Bloßstellungen haben wie wiederholter blinder Alarm eine abstumpfende Wirkung. Die Leser sagen sich, daß sowieso jede

Woche über irgendeinen Skandal berichtet wird, und schenken auch relevanten Enthüllungen keine Beachtung. Die Umfrage des Pew Center ergab, daß der Wachhundrolle der Presse immer weniger Bedeutung beigemessen wird. 1985 gaben 67 Prozent der Befragten an, die Kritik der Presse an politischen Führern sei wichtig, weil sie die Politiker zur Ehrlichkeit zwinge. 1997 betrug diese Mehrheit nur noch 56 Prozent. Hingegen stieg die Zahl jener, die der Ansicht waren, daß die Kritik der Presse die Politiker in ihrer Arbeit behindere, von 17 Prozent im Jahr 1985 auf fast das Doppelte, nämlich 32 Prozent, im Jahr 1997.

Der Journalistikprofessor Maxwell McCombs ist überzeugt, daß die sinkenden Auflagenhöhen der Zeitungen und das schwindende Publikum der Network-Sender eine Reaktion auf den negativen Grundton der Presse ist. Es ist zwar eine Binsenweisheit, daß nur eine schlechte Nachricht überhaupt eine Nachricht ist, aber McCombs weist darauf hin, daß Journalisten heute aktiv nach schlechten Nachrichten suchen. Nach Ansicht von Larry Sabato ist die Kampfhundhaltung der Medien »einer der Gründe dafür, weshalb die Presse den Respekt des amerikanischen Volkes verliert und weshalb die Unterstützung für die Presse mit nahezu jeder Umfrage abnimmt«.

Die allgemeine Feindseligkeit gegenüber der Presse zeigt sich auch an jüngeren Gerichtsentscheidungen gegen große Medienkonzerne. Im Oktober 1993 wurde das *Wall Street Journal* für einen Artikel verklagt, in dem es einer kleinen Maklerfirma unlautere Praktiken nachgesagt hatte. Die Jury eines Bundesgerichtes sprach der Klägerin die aufsehenerregende Entschädigungssumme von 222,7 Millionen Dollar zu – 200 Millionen tatsächlicher Schadensersatz zuzüglich einer Zivilstrafe. Damit wurde die Besitzerin der Zeitung, die Unternehmensgruppe Dow Jones, zu einer Summe verurteilt, die höher war als die Summe der Einnahmen, die das Unternehmen im Jahr zuvor erzielt hatte, nämlich 190 Millionen Dollar. Das Urteil erfolgte kurz nach einer anderen spektakulären Entscheidung: Eine Jury hatte dem Unternehmen Food Lion 5,5 Millionen Dollar Schadensersatz in einem Prozeß gegen den Fernsehsender ABC zugesprochen. Die Klage war eingereicht worden, weil ABC Undercover-Reporter eingesetzt hatte, die unsichere und gesundheitsgefährdende Praktiken bei Food Lion entlarven sollten. Die Jury-Entscheidung im Fall Food Lion zeigte, daß die Geschworenen die Gefahr, die von den Praktiken der Fast-food-Kette ausging, für weniger besorgniserregend hielten als die ihrer Ansicht nach unredlichen Methoden der Undercover-Reporter.

Nach dem Tod von Prinzessin Diana kam es zu wütenden Angriffen auf die Presse – zu einer Gegenreaktion, von der viele fürchteten, daß sie zu gesetzlichen Einschränkungen der Pressefreiheit führen würde. Die meisten Kommentare konzentrierten sich auf die Skrupellosigkeit der Paparazzi, weil die Prinzessin auf der Flucht vor Fotografen, nicht vor Journalisten war, als der Wagen verunglückte. Aber Paparazzi waren nicht die einzigen, die Diana das Leben zur Hölle machten. Gegenüber einer französischen Zeitung sagte sie, daß sie einzig ihrer Kinder wegen in Großbritannien bleibe, und erklärte, daß der Grund, weshalb sie das Land andernfalls verlassen würde, die Kritikkultur der Presse sei: »Die Presse ist grausam. Sie verzeiht nichts. Sie sucht nur nach Fehlern. Jedes Motiv, jede Geste wird kritisiert.« Auf ihrer Beerdigung äußerte sich ihr Bruder in eine ähnliche Richtung: »Ich glaube nicht, daß sie je verstanden hat, weshalb die Presse ihre guten und aufrichtigen Absichten verhöhnte, warum man anscheinend unablässig bestrebt war, sie zur Strecke zu bringen.«

Der größte Verlust

In einem Interview, das Orville Schell anläßlich seiner Ernennung zum Dekan der Journalism School an der University of California gab, sprach er über die von ihm beobachteten Veränderungen im Journalismus. Er selbst habe seine Ausbildung beim *New Yorker* erhalten, erzählte er, wo er gelernt habe

von der Grundannahme auszugehen, daß man sich so gut wie irgend möglich in das Thema der eigenen Berichterstattung einfühlen will. Man durfte durchaus kritisch sein, aber es war immer gefährlich, wenn man ein Thema aus einer spöttischen, verächtlichen oder übertrieben zynischen Perspektive behandelte... Alles drehte sich darum, daß man die Anknüpfungspunkte suchte und fand, die einen persönlich berührten und die einem wichtig waren. Das ist eindeutig nicht das vorherrschende Gefühl, das hinter der heutigen Berichterstattung steht, die zu einem Großteil äußerst respektlos, sogar grausam und häufig verächtlich ist. Dieser Ansatz begünstigt ein Klima, in dem sich alle, einschließlich der Schreibenden, verletzlich, angegriffen und unsicher fühlen.

Nicht die Kritik ist destruktiv, sondern der verächtliche Grundton, der respektlose Stil, die Grausamkeit. Durch dieses Klima fühlen sich die Bürger mehr und mehr von den Personen des öffentlichen Lebens abgeschnitten – und von der größeren Gemeinschaft, in der wir alle leben.

Durch einen Bumerangeffekt, so Schell, leiden Journalisten selbst unter diesem Verlust:

Ich habe viele Freunde in den unterschiedlichsten Medien, und nur ganz wenige sind offenbar wirklich zufrieden mit dem, was sie leisten... An den meisten nagt das Gefühl, daß sie gezwungen sind, Dinge zu tun, die sie andernfalls nicht tun würden... Es ist schlimm und sehr, sehr traurig, wenn Menschen sich gezwungen fühlen, Zeitungen, Fernsehanstalten oder Magazine auf eine Weise zu führen, die gegen ihre tieferen Überzeugungen verstößt.

Was wir brauchen: Mehr Opposition

Da wir dazu neigen, in polarisierten Extremen zu denken, könnte der Eindruck entstehen, daß die Presse durch einen Verzicht auf die aggressive Kampfhundhaltung zum Schoßhund degradiert würde. Aber es gibt eine dritte Möglichkeit: die Rolle des Wachhundes. Die Presse hat die Aufgabe, Mißstände aufzudecken und das Verhalten von Politikern im Interesse der Öffentlichkeit aufmerksam zu überwachen. Das ist die Quintessenz einer freien

Presse und eines freien Landes. Ironischerweise hat die Aggressionskultur zu weniger echter Überwachung geführt. Ein Hund, der mit einem Angriff beschäftigt ist, kann nicht aufpassen.

Nehmen wir zum Beispiel die gängige Praxis des Nachfassens – Journalisten haken mit weiteren Fragen zum selben Thema nach, nicht weil eine bestimmte Sache problematisch erscheint, sondern einfach aus Gewohnheit. Fallows behauptet, daß durch diese Praxis die Zahl der tatsächlich gestellten Fragen bei Pressekonferenzen im Weißen Haus halbiert wird. Wie er aufzeigt, geht letzten Endes »der feindselige Ton von Pressekonferenzen und die aggressive ›Pose‹ der politischen Berichterstattung Hand in Hand mit der Bereitschaft der Medien, den Politikern bei zahlreichen substantiellen Fragen einen Freifahrschein zu gewähren«.

Ständige Attacken auf Politiker lenken sowohl die politischen Anführer als auch die Bürger des Landes von den Problemen ab, die dringend einer Lösung bedürfen. Laut Umfrage des Pew Center gaben 65 Prozent der Befragten an, daß die Presse exzessiv über das persönliche und ethische Verhalten von politischen Anführern berichte. Aber weniger als die Hälfte war der Ansicht, daß die Presse exzessive Kritik an der Politik und an den Vorschlägen von Politikern übe. Mit anderen Worten, das Problem ist nicht eine übermäßige, sondern eine fehlgeleitete Aggression.

Viele Menschen haben den Eindruck, daß ernsthafte Verfehlungen der Regierung unentdeckt und unbestraft bleiben, während man andererseits relativ banale Fehler erbarmungslos verfolgt. Der nach Watergate bedeutsamste Skandal ereignete sich, als die Reagan-Regierung Waffen an den Iran verkaufte und die Gewinne an die Contras in Nicaragua verteilte – zwei direkte Verstöße gegen die vom Kongreß verabschiedeten Gesetze. Aber die Berichterstattung über die Iran-Contra-Affäre fiel wesentlich magerer aus als – zum Beispiel – über die Whitewater-Geschichte, die sich ereignet hatte, lange bevor Clinton zum Präsidenten gewählt wurde. 25 Jahre nach Watergate erklärte Ronald Ostrow, Reporter bei der *Los Angeles Times*, in einer Radiodiskussion: »Ich habe nie ganz verstanden, warum die Iran-Contra-Affäre so wenig Beachtung gefunden hat, denn es war ein Fall von echtem Machtmißbrauch. Die Mißachtung von Verfas-

sungsgrundsätzen wies durchaus Parallelen zu Watergate auf.«
In eine ähnliche Richtung äußerte sich auch der renommierte
Journalist Studs Terkel, der seinen Kollegen von der Presse vor-
warf, daß sie während des Golfkrieges Fehlinformationen des
Pentagon für bare Münze genommen hätten. Und das Savings-
and-Loan-Debakel, das die Steuerzahler Millionen von Dollar
gekostet hat, vollzog sich ebenfalls relativ unbemerkt von der
Presse, bis es zu spät war.

Die Ombudsfrau der *Washington Post*, Geneva Overholser,
weist darauf hin, daß die Presse heute weniger oppositionell ist
als früher, weil sich die Unterscheidungen zwischen Journalisten
und Politikern verwischt haben. »Wir sind zu Akteuren geworden«, sagt sie. »Wir treten im Fernsehen auf und debattieren mit
Politikern. Anstatt energisch Kritik zu üben, tragen wir zu dem
allgemeinen Gefühl bei, daß man niemandem mehr trauen kann.«
Eine Abnahme dieses generellen Mißtrauens könnte den Weg zu
gezielterer Kritik an konkreten Verhaltensweisen frei machen.
Konkrete Fehler kann man zudem korrigieren, während ein allgemeiner Zynismus den Menschen das Gefühl gibt, es sei ohnehin alles hoffnungslos.

Overholser ist überzeugt, daß Journalisten ihre Aufmerksamkeit verstärkt darauf richten sollten, konkrete Missetaten von Politikern aufzuspüren, anstatt hinter jeder Aktivität finstere Motive zu wittern und allen Entscheidungsträgern grundsätzlich
kriminelle Absichten zu unterstellen. Sie hat noch einige weitere
Verbesserungsvorschläge für ihre Kollegen: Erstens sollten Reporter sich weigern, anonyme Anschuldigungen zu veröffentlichen. Sie vergiften die Atmosphäre und machen es gleichzeitig
unmöglich, die Bedeutung der Kritik einzuschätzen. Zweitens
sollten Urteile und Kommentare von faktischen Informationen
getrennt und als persönliche Meinungen gekennzeichnet werden.
Was Clinton oder Gingrich gesagt oder getan haben, ist die faktische Information. Warum sie es gesagt oder getan haben, ist eine
Interpretation. Und warum der Journalist diese Äußerung oder
Handlung für wichtig hält, ist eine weitere Interpretationsebene.
All diese Ebenen sind notwendig, aber man darf sie nicht durch-
einanderwerfen. Schließlich sollte die Presse manchmal beiseite-

treten und Personen des öffentlichen Lebens den Zugang zur Öffentlichkeit gewähren. In der *New York Times* und der *Washington Post* werden häufig Redentexte im Wortlaut wiedergegeben; wir brauchen mehr von diesen direkten Informationen.

Zu Overholsers Aufgaben als Ombudsfrau bei der *Washington Post* gehört, daß sie ihre eigene Zeitung kritisch liest und Beschwerden von Lesern an ihre Kollegen weitergibt. Das ist ein nachahmenswerter Ansatz, den alle Zeitungen und auch Radio- und Fernsehsender übernehmen könnten.

In dem *Newsweek*-Artikel zum Tod von Admiral Boorda machte auch Jonathan Alter seinen Kollegen einen Vorschlag: »Wir sollten darauf hinwirken, ein so vielschichtiges Bild vom öffentlichen Leben zu bewahren, daß die Bloßstellung einer menschlichen Schwäche nicht alles zerstören kann, was ein Mensch wie Admiral Boorda aufgebaut hat.« Wenn die Berichterstattung ausschließlich auf Kritik ausgerichtet ist, gibt sie die Wirklichkeit falsch wieder, weil Irrtümer und Fehler immer nur ein Teil der Geschichte sind. Das zeigt vielleicht auch eine Erfahrung, die ich selbst gemacht habe. Bevor ich in Linguistik promovierte, unterrichtete ich Englisch für Ausländer und gab Förderkurse im schriftlichen Ausdruck. Die Beurteilung von Kursarbeiten war einfach: Ich suchte nach Grammatikfehlern und korrigierte sie. Aber dann übernahm ich auch Stil- und Ausdruckskurse für Studienanfänger, die keinen Förderunterricht brauchten. Als der erste Stapel Englischarbeiten aus dem Anfängerkurs vor mir lag, breitete sich Panik in mir aus. Einige der Aufsätze enthielten keinen einzigen Grammatikfehler und ich wußte nicht, was ich mit meinem Rotstift anfangen sollte. Nachdem die erste Panik sich gelegt hatte, sagte ich mir, daß es immer noch eine Menge gab, was ich den Studenten beibringen konnte, aber ich mußte ein wenig Distanz gewinnen und ihre Arbeiten aus einer ganzheitlicheren Perspektive betrachten, darüber nachdenken, welche Absicht sie in ihren Arbeiten verfolgten und wie gut sie dieses Ziel erreichten. Diese Perspektive habe ich dann auch in die Förderkurse und in die Sprachklassen für ausländische Studenten mit eingebracht. Auch sie würden mehr lernen, wenn ich ihre Arbeiten ganzheitlich betrachtete und nicht einfach die Grammatikfehler herauspickte. Und es machte meine Korrekturarbeit wesentlich interessanter. Vielleicht könnten sich Journalisten auf ähnliche Weise umorientieren, obwohl auch sie vielleicht im ersten Moment einen leichten (oder stärkeren) Anflug von Panik verspüren. Befreit von der Last einer unablässigen Fehlersuche könnten nicht nur die Leser, sondern auch Autoren und Kommentatoren einen Schritt zurücktreten und einen ganzheitlicheren Blick entwickeln, der letztlich auch der Wirklichkeit besser gerecht werden würde.

Eine weitere Methode, wie Journalisten ein umfassenderes Bild vom öffentlichen Leben gewinnen und vermitteln könnten, wären Gespräche, die auf der Übereinkunft beruhen, daß die Journalisten das, was sie erfahren, nicht gegen die Politiker verwenden, sondern es lediglich dazu nutzen, um ihre Gesprächspartner besser kennenzulernen und sich über deren Ziele und Absichten zu informieren. Nicht sehr wahrscheinlich, denken Sie vielleicht. Aber mit genau dieser Absicht nahm zum Beispiel Ken Auletta seine Tätigkeit beim *New Yorker* auf. Er verbrachte zunächst vier Monate damit, »Personen des öffentlichen Lebens zu interviewen und reines Hintergrundwissen darüber zu sammeln, welche Visionen und Ziele sie mit ihren Unternehmungen verfolgten. Da die Leute nicht fürchten mußten, in den Medien bloßgestellt zu werden, öffneten sie sich.« Und später gewährten sie Auletta Zugang zu ihren Unternehmen, was andernfalls undenkbar gewesen wäre.

Journalisten sind besorgt. Die American Society of Newspaper Editors hat eine große Initiative gestartet, um die Ursachen für die schwindende Glaubwürdigkeit der Presse zu ermitteln und zu beheben. Und mehrere prominente Journalisten haben sich zusammengeschlossen und eine Erklärung unterzeichnet, in der sie »eine Phase des nationalen Nachdenkens« über die künftige Ausrichtung ihres Berufsstandes fordern. Es ist an der Zeit, denke ich, daß die Medien und die Gesellschaft, in deren Dienst sie stehen, den Wert der Streitkultur in Frage stellen. Wenn die Presse nicht mehr unablässig angreifen müßte, könnte sie ihre wichtige Rolle als Wachhund erfüllen. Die Aggression wäre immer noch da, aber sie würde für konstruktivere Zwecke eingesetzt werden.

4.

»Hol die Pest Eurer Häuser beide!« Opposition im politischen Leben

Als sich im Jahr 1996 der 104. Kongreß der Vereinigten Staaten auflöste, kam es zu einem spektakulären Ereignis: 14 amtierende Senatoren beschlossen, sich nicht um eine Wiederwahl zu bewerben. Ein solcher Exodus war einmalig in der Geschichte der Vereinigten Staaten. Die durchschnittliche Rücktrittsquote in den Jahren von 1946 bis 1994 lag bei 5,5. Noch erschreckender war, daß es sich bei diesen Senatoren, die freiwillig zurücktraten, um besonders engagierte und angesehene Politiker handelte, die weithin als außergewöhnlich nachdenklich, fair und gemäßigt galten. Norman Ornstein, der die Abschiedsessays von 13 dieser Senatoren veröffentlichte, hebt in seinem Vorwort ein Thema besonders hervor, das alle Erklärungen durchzieht und das auch mir auffiel: Viele der zurücktretenden Senatoren »beklagen das steigende Maß an Parteigängertum und an gegenseitigen Schmähungen«.

Politik ist von ihrem Wesen her parteiisch und oppositionell. Politische Parteien wetteifern um Macht und Wählerstimmen. Neue Gesetzgebungen werden entweder unterstützt oder bekämpft. Gesetzesvorhaben werden ebenso wie Kandidaten gewählt oder niedergestimmt. Aber diese ausscheidenden Senatoren und andere Mitglieder des Senats und des Repräsentantenhauses, die in früheren Jahren zurücktraten, weisen ebenso wie andere, die geblieben sind, darauf hin, daß die Aggressivität des Kongresses exponentiell angewachsen ist. Unser politisches System baut ebenso wie unser Rechtssystem auf einem adversativen Prinzip auf, das heißt, es ist von seinem Wesen her auf Gegnerschaft ausgerichtet. Aber in den letzten Jahren hat agonistisches Verhalten derart überhand genommen, daß die Opposition immer extremere Formen annimmt und das adversative Wesen des Systems gewohnheitsmäßig mißbraucht wird. Die zurückgetretenen Senatoren wissen aus erster Hand, was sich verändert hat, und können – zu unserem Glück – darüber berichten.

Senator Howell Heflin aus Alabama weist darauf hin, daß ein bestimmtes Maß an »Gridlock« – eine gegenseitige Handlungsblockierung zwischen den beiden Kammern des Kongresses, zwischen den politischen Parteien und zwischen dem Kongreß und dem Weißen Haus – »in das System eingebaut ist«. Aber, so Heflin weiter, das Ausmaß der Blockade, die sich in den letzten Jahren herausgebildet hat, ist nicht eingebaut – und nicht von Vorteil. Senator Heflin macht wie andere zurückgetretene Senatoren darauf aufmerksam, daß eine erfolgreiche Arbeit nur möglich ist, wenn Mitglieder verschiedener Parteien zusammenarbeiten, und daß diese Praxis nicht nur in Vergessenheit, sondern in Mißkredit geraten ist:

Die parteiübergreifende Kooperation, die von wesentlicher Bedeutung für die Arbeit des Kongresses ist, insbesondere für die Arbeit des Senats, ist aufgegeben worden. Statt dessen haben wir schnelle Lösungen, »Soundbites« und, das Schlimmste, eine regelmäßige Dämonisierung von Politikern, die anderer Meinung sind.

Senator Paul Simon aus Illinois tadelt die politischen Parteien: »Das Parteigängertum ist heute wesentlich ausgeprägter als vor zwei Jahrzehnten, als ich nach Washington kam – eine Entwicklung, die zum überwiegenden Teil schädlich für unser Land ist.« Senator J. James Exon aus Nebraska verweist auf das Phänomen einer sich generell ausweitenden Streitsucht:

Was ich die »immer bösartiger werdende Polarisierung der Wählerschaft, die Wir-gegen-die-anderen-Mentalität« genannt habe, ist mittlerweile zum alles beherrschenden Prinzip geworden und hat die vernünftige Erörterung von Für- und Gegenargumenten vollständig verdrängt.

Auch Senator Robert Byrd aus West Virginia kann aufgrund seiner langjährigen Erfahrung beurteilen, wie sich die Situation verändert hat. Er gab eine leidenschaftliche Erklärung ab, die im *Congressional Record* für den 20. Dezember 1995 enthalten ist. Er weist ebenfalls darauf hin, daß der Rücktritt seiner Kollegen mit dem Anstieg eines feindseligen und verunglimpfenden Verhaltens zusammenhängt:

> Seit 37 Jahren gehöre ich dem amerikanischen Senat an, aber dieses Jahr war anders. ... Der Anstand im Senat geht verloren, und das politische Parteigängertum nimmt unerträgliche Ausmaße an ... Wenn wir unsere Kollegen der Lüge bezichtigen und uns in rücksichtslosen Verwünschungen und rachsüchtigen Flüchen gegen den Präsidenten der Vereinigten Staaten und gegen andere Senatoren ergehen, dann ist es kein Wunder – wahrhaftig kein Wunder –, daß fähige Männer und Frauen, die sich durch ihre langjährige engagierte Arbeit um diese Körperschaft verdient gemacht haben, sagen, sie hätten genug!

Die Worte – und Taten – dieser Senatoren bezeugen, daß unser politisches Leben genauso tief von der Streitkultur durchdrungen ist wie die Presse. Das Muster, das ich erkenne, ist das der Streitkultur: Die konstruktive Opposition in unserem Zwei-Parteien-System (das System der Gewaltenbalance und des politischen Gleichgewichts zwischen Parteien und Interessengruppen) ist zu einer reinen Obstruktionspolitik verkommen. Ein Aspekt der Streitkultur ist der Geist der Kritik – unablässige Attacken untergraben die Möglichkeit der Politiker, ihre Regierungsarbeit erfolgreich zu erledigen, und sie untergraben das Verbundenheitsgefühl der Bürger mit ihrer Regierung und folglich mit ihrem Land. Ein Großteil dieser Attacken ist gegen die höchsten Amtsträger der Exekutive gerichtet. Deshalb beziehen sich viele – wenn auch keineswegs alle – Beispiele, die ich anführe, auf Präsident Clinton und seine Regierung. Einige Leser sehen darin vielleicht den Versuch einer parteiischen Verteidigung oder »Ehrenrettung« für Clinton. Zugegeben, ich stehe der Demokratischen Partei nahe, aber ich bin durchaus nicht in allen Punkten mit Clintons Politik einverstanden. Der Grund, weshalb sich viele meiner Beispiele auf Clinton beziehen, ist, daß ich dieses Buch schreibe, während er der amtierende Präsident ist. (Die Tatsache, daß man durch eine Verteidigung unseres gewählten Staatsoberhauptes überhaupt in den Verdacht einer zwielichtigen »Ehrenrettung« gerät, ist an sich schon ein Beweis für die Kritikkultur, in der nur das Kritisieren eine lohnende intellektuelle Anstrengung scheint.)

Kompromisse – gut oder schlecht?

Der englische Begriff »compromise« hat zwei Bedeutungen. Er kann zum einen »schwächen, untergraben oder zerstören« bedeuten wie in dem Satz »The body's immune system was compromised by the virus«. (Das Immunsystem wurde durch das Virus geschwächt.) Zum anderen kann der Begriff bedeuten, »daß man nachgibt, um eine Einigung zu erzielen«. Die erste Bedeutung ist ausgesprochen negativ, während die zweite durchaus positiv sein kann. Aber in den letzten Jahren hat auch diese Bedeutung negative Konnotationen angenommen.

Beide Bedeutungen des Wortes »compromise« tauchen in einem Buch mit dem Titel *Combat* auf (auch hier wieder eine Kriegsmetapher). Das Buch stammt von Senator Warren Rudman, der im Jahr 1994, zwei Jahre vor dem Massenexodus seiner Kollegen, freiwillig zurücktrat. Senator Rudman veranschaulicht die negative Bedeutung des Wortes, wenn er schreibt: »Ich werde häufig nach politischen Kompromissen gefragt. Verkaufen Politiker nicht dauernd ihre Seele – oder zumindest ihre Stimme – für irgendeine politische oder finanzielle Belohnung?« In diesem Fall steht Kompromiß für »sich herabwürdigen«, »seine Seele verkaufen«. Schon der Begriff »politician« (Politiker) geht im Englischen ein bißchen in diese Richtung und suggeriert – im allermindesten – eine gewisse Unaufrichtigkeit. (Der entsprechende französische Ausdruck »un homme politique« trägt nicht diese Nebenbedeutung; er bezeichnet einen Menschen, der sich beruflich mit den *affaires d'état* befaßt – der die Staatsgeschäfte leitet, nicht einfach nur Politik treibt.) Senator Rudman verwendet das Wort in seiner positiven Bedeutung, wenn er schreibt: »Das System gedeiht durch

Kompromisse«. Er erklärt: »Die Liberalen wollen 20 Milliarden Dollar für ein soziales Programm ausgeben, die Konservativen halten 10 Milliarden für ausreichend; also treffen sich beide in der Mitte, indem sie die Differenz teilen, und keiner hat das Gefühl, seine Seele verkauft zu haben.« Diese Auslegung von Kompromiß schützt gegen die erste. In anderen Fällen hängen Kompromisse laut Rudman einfach damit zusammen, daß man die »Realität akzeptiert«. So erklärte er sich zum Beispiel damit einverstanden, Sozialleistungen von den automatischen Kürzungen auszuschließen, die das Gramm-Rudman-Gesetz vorsah, obwohl er diese Ausgabenbeschneidungen für wichtig hielt, um den Staatshaushalt auszugleichen. Er stimmte zu, weil er überzeugt war, daß eine Gesetzesvorlage, die diese Ansprüche beschnitt, nicht durchkommen würde.

Es gab eine Zeit, als die Fähigkeit zum Kompromiß als große Stärke galt. Henry Clay, ein ungemein einflußreicher Senator und Präsidentschaftsbewerber im 19. Jahrhundert, wurde als »Great Compromiser«, als »Meister des Kompromisses« bezeichnet – und dies geschah als Ausdruck der Bewunderung. Daß ein zeitgenössischer Präsident so tituliert wird, ist schwer vorstellbar: Das Wort »great« würde außer in einem ironischen Sinn kaum mit »compromise« verknüpft werden. (Der Geist unserer Zeit wird eher in dem Begriff eingefangen, den man für Ronald Reagan prägte – »Great Communicator«.) Die *New York Times*, die in einem Artikel über den Niedergang der Kompromißbereitschaft als angesehener Verhaltensweise berichtet, verweist auf die Rolle der Journalisten: »Mr. Clinton fürchtet auch Angriffe von der Presse, die überzeugt ist, daß Mr. Clinton nur Kompromisse eingeht, weil er unentschlossen ist, und nicht, weil er seinem Land dienen möchte.«

Aber Kompromißbereitschaft im positiven Sinn ist genau das, was nach übereinstimmender Meinung der zurückgetretenen Senatoren dringend geboten ist. Senator Heflin appelliert:

Die extremen Elemente in unserer Regierung müssen sich klarmachen, daß Kompromisse nichts Schlechtes sind, daß man leidenschaftlich und verantwortungsbewußt sein kann, auch wenn man eine gemäßigte, entgegenkommende politische Haltung einnimmt ... Wenn der Kompromiß zugunsten einer rigiden Ideologie aufgegeben wird, kann das politische System seinen Zweck nicht erfüllen.

Senator Exon bestätigt: »Leider ist uns die alte Kunst des Kompromisses, die Verständigung auf tragfähige Lösungen zum Wohle des Landes, einst die Quintessenz der Demokratie, nachweislich abhanden gekommen.« Und Senator Rudman nennt als Grund für seinen Rücktritt: »Ich dachte, eine gute Regierung zeichne sich dadurch aus, daß man gegensätzliche Meinungen durch Kompromisse überwindet, die den Interessen des Landes dienen ... Der Geist des höflichen Respekts und des Kompromisses ist verschwunden.« Ersetzt wurde er, so Rudman, durch »Parteigängertum« und »Ideologie«.

Das Bestätigungsverfahren

Der Aufstieg des Parteigängertums und der Ideologie zeigt sich nirgends deutlicher als in dem immer aggressiver und gehässiger werdenden Verfahren, durch das Personen in hohen öffentlichen Ämtern bestätigt werden. Die erste Generalstabsärztin der Clinton-Regierung, Dr. M. Joycelyn Elders, wurde gefragt: »Dr. Everett Koop hat einmal gesagt, daß seine Bestätigung als Generalstabsarzt zu den schlimmsten Erfahrungen seines Lebens gehörte. Gilt das auch für Sie?« Dr. Elders antwortete:

Ja, das Bestätigungsverfahren hatte sehr wenig damit zu tun, wie ich mein Amt als Generalstabsarzt ausfüllen würde. Ich habe es in erster Linie als den Versuch empfunden, mich systematisch fertigzumachen. Wenn ich nicht beschlossen hätte, daß andere Leute mich nicht davon abhalten würden, das zu tun, was ich für wichtig hielt, hätte ich die Sache hingeschmissen. Aber ich war nicht bereit, diese Entscheidung anderen Leuten zu überlassen. Vielleicht würden sie letztlich den Sieg davontragen, aber auf keinen Fall, auf gar keinen Fall würde ich mich kampflos geschlagen geben. (Lacht) Ich weiß noch, daß ich, als alles vorbei war, dachte: »Ich bin als erstklassiges Steak nach Washington, D.C., gekommen. Jetzt, wo ich eine Weile hier bin, fühle ich mich wie ein drittklassiger Hamburger.«

Dieses Vorgehen ist nicht nur grausam und unfair gegenüber ehrenhaften Menschen, die sich bereit erklären, einen Teil ihres Lebens dem Allgemeinwohl zu widmen, es ist auch unfair gegenüber der Gesellschaft und ihren Bürgern, die hinterher von Menschen vertreten werden, die öffentlich gedemütigt wurden. Es ist, als würden die Bürger ein erstklassiges Steak bestellen, es jedoch durch den Fleischwolf drehen lassen, bevor es auf den Tisch kommt.

C. Everett Koop, der seine Bestätigungsanhörungen als vernichtende Erfahrung beschrieb, wurde im Jahr 1981 als Generalstabsarzt bestätigt. Die Destruktivität des Verfahrens ist also offenbar nicht brandneu, aber die Intensität der Angriffe hat sich in den letzten Jahren erheblich verstärkt. Der Historiker Michael Beschloss meint dazu:

Wir stellen heute wesentlich höhere Anforderungen an Staatsdiener als noch vor 30 oder 40 Jahren. Der Kandidat muß weit mehr von seinem finanziellen Werdegang, seinem persönlichen Werdegang und in einigen Fällen sogar von seinem sexuellen Werdegang offenlegen; die Folge ist, daß viele Kandidaten, die Ende der 60er Jahre noch mühelos nominiert und im Amt bestätigt wurden, heute sehr wahrscheinlich durchfallen würden.

»DIE ›FEUERPROBE‹ DER KANDIDATEN: SENATSANHÖRUNGEN ZUR AMTSBESTÄTIGUNG ALS NEUES MITTEL DER POLITISCHEN KRIEGFÜHRUNG«, titelte die *Washington Post*, als Anthony Lake, der designierte Leiter der CIA, 1997 unter Beschuß genommen wurde und seine Kandidatur zurückzog. Wie der Artikel ausführt, ist die Anforderung von FBI-Akten über den Kandidaten – vor kurzem noch undenkbar – fast zur Routine geworden. Mit den Worten des den Demokraten zugehörigen Senators Patrick Leahy aus Vermont: »Rat und Zustimmung sind zu Schikane und Tyrannei geworden.« Sein republikanischer Kollege Senator John McCain aus Arizona bestätigt: »Wenn es heutzutage gehässig wird, wird es wirklich gehässig.« Bestätigungsanhörungen konzentrieren sich immer mehr auf persönliche Angriffe und spiegeln damit eine weitverbreitete Tendenz wider, die alle Bereiche politischer Aktivität erfaßt hat. Auch der erfahrene republikanische Kongreßabgeordnete Steve Gunderson verweist auf diesen Punkt: »Es ist eine Politik, die auf persönliche Vernichtung zielt. … Ich glaube nicht, daß die Demokratie überleben kann, wenn wir die politische Debatte zugunsten persönlicher Angriffe aufgeben.«

Die neue Leidenschaft: Seit wann?

Senator Rudman führt die »neue Intensität« in der Parteienopposition (ebenso wie viele andere Kommentatoren) auf »das Jahr 1987 zurück, als die Liberalen eine Kampagne starteten, um die Nominierung von Robert Bork als Richter am Supreme Court zu verhindern«. Während die Demokraten behaupten, daß ihr Widerstand gegen die Ernennung von Richter Bork allein mit dessen juristischen Positionen zusammenhing und auch auf dieser Ebene ausgetragen wurde, behaupten die Republikaner, daß seine Arbeit verzerrt dargestellt und er persönlich dämonisiert wurde. Rudman weist auch auf die Wasserscheide der inzwischen berüchtigten »Willie Horten«-Kampagne hin: In Wahlkampfanzeigen wurde suggeriert, daß der Kandidat der Demokraten, Michael Dukakis, die Verantwortung dafür trage, daß ein verurteilter Verbrecher im Hafturlaub eine Vergewaltigung begangen hatte. Die Anzeigen legten laut Rudman nahe, daß Dukakis eine »weiche Haltung gegenüber schwarzen Vergewaltigern vertrat«. Tatsächlich hatte der republikanische Amtsvorgänger von Dukakis das Freigängerprogramm eingeführt, in dessen Rahmen William Horton aus dem Gefängnis entlassen wurde.

Senator Rudman führt weiter aus: »Der Schlagring-Trend setzte sich nach der Wahl von Präsident Bush fort, als der extrem rechte Aktivist Paul Weyrich sich unbestätigter Gerüchte bediente und dem früheren Senator John Tower eine Neigung zum Alkoholismus und zu einem lockeren Lebenswandel vorwarf, um seine Nominierung zum Verteidigungsminister zu kippen.« Die Folge war »eine neue Stimmung in Washington«, die »kein Vergnügen für jene von uns war, die sich mehr für die nationale Verteidigung und das Haushaltsdefizit interessierten als für die Dämonisierung von politischen Gegnern«.

Der Niedergang des Hauses

Eine einzigartige Perspektive auf den Anstieg eines destruktiven Parteigängertums wird von einem Kongreßabgeordneten eröffnet, der sich 1996 ebenfalls entschied, nicht für eine Wiederwahl zu kandidieren. Der frühere Vertreter des Repräsentantenhauses Stephen Gunderson bietet in seinem Buch *House and Home* eine aufschlußreiche Beschreibung des Niedergangs einer von zwei Parteien getragenen Kongreßpolitik. Er illustriert anhand zahlreicher Beispiele, wie bestimmte Regeln, die eine Zusammenarbeit möglich machten, aufgehoben wurden. So bestand zum Beispiel das ungeschriebene Gesetz, daß Kongreßmitglieder keine Wahlkampagnen gegen amtierende Kongreßmitglieder von ihrem eigenen Sitz aus führen. Aber diese Regel wurde in Gundersons letztem Wahlkampf gebrochen, als ein Kongreßabgeordneter der Demokraten einen Brief verfaßte, in dem er um finanzielle Unterstützung für Gundersons demokratischen Gegenkandidaten bat und diesen Aufruf überall verbreitete. Gunderson wurde trotzdem wiedergewählt. Aber es ist verständlich, daß es ihm schwerer fiel, mit einem Kollegen zusammenzuarbeiten, der gegen ihn zu Felde gezogen war, als mit Kollegen, die sich an die Regel gehalten hatten.

Gunderson berichtet auch über eine Attacke, die ein Kongreßabgeordneter seiner eigenen Partei gegen ihn startete, was in nicht allzu ferner Vergangenheit noch unvorstellbar gewesen wäre. Nachdem der Abgeordnete Gunderson in einer Rede eine bestimmte Gesetzesvorlage befürwortet hatte, sprach der Abgeordnete Robert Dornan aus Südkalifornien dagegen und warf

Gunderson vor, er unterstütze das Gesetz, weil er homosexuell sei: »Der Gentleman aus Wisconsin hat Ihnen bei der Debatte über diesen Zusatz nicht erzählt, daß seine verborgene Homosexualität mit einer Drehtür ausgestattet ist. Mal verbirgt er sie, mal bekennt er sich dazu, mal verbirgt er sie wieder.« Dann sprach der Abgeordnete Dornan seinen Kollegen direkt an: »Ich schätze, Sie bekennen sich jetzt dazu, Mr. Gunderson, da Sie kürzlich eine öffentliche Rede bei einem großen Dinner mit Homosexuellen gehalten haben.« Gunderson erklärt, daß Dornan die strengen Regeln des Anstands und des Respekts verletzte, indem er Gunderson direkt ansprach, seine Motive in Zweifel zog und ihn persönlich angriff. Wie Gunderson weiter ausführt, wurde der Abgeordnete Dornan zwar gezwungen, seine Äußerungen »zurückzunehmen« (sie wurden aus dem Protokoll gestrichen), aber anschließend marschierte er schnurstracks zum Pressekorps, vor dem er seine Äußerungen wiederholte und bekräftigte:

> »Wir haben einen Homo inmitten unserer Republikanischen Partei«, erklärte er gegenüber einem Reporter vom *Milwaukee Sentinel*, einer der einflußreichsten Zeitungen meines Staates. »Die Schwulen machen unser Land kaputt, ganz zu schweigen von der Partei, und wir sind moralisch verpflichtet, sie bloßzustellen und zu vernichten.« … Wie, verlangte Dornan zu wissen, könnte ich mich sonst noch als Christ bezeichnen, wo alle Christen die Homosexualität verurteilen?

Der Abgeordnete Gunderson ist in einer strenggläubigen christlichen Familie aufgewachsen und bleibt überzeugter, praktizierender Christ.

Besonders erschreckend an Gundersons Erfahrungen ist, daß das Verhalten des Abgeordneten Dornan und anderer Vertreter der radikalen Rechten große Ähnlichkeiten mit den Attacken von Extremisten aufwies, die ganz andere politische Ansichten vertraten: Militante Aktivisten, die sich für die Rechte von Homosexuellen einsetzen und einer Organisation namens ACT UP angehören, waren wütend auf Gunderson, weil er sich »nicht offen zu seiner Homosexualität bekannte«. Gunderson war erstaunt über diesen Zorn, weil er sich selbst für einen Mann hielt, der keinen Hehl aus seiner Homosexualität machte. Er lebte offen mit seinem Lebenspartner Rob Morris zusammen und trat gemeinsam mit ihm in der Öffentlichkeit auf, wie zum Beispiel bei der Antrittsrede des Präsidenten oder bei offiziellen Dinnereinladungen im Weißen Haus. Trotzdem suchte ein radikaler Aktivist die Konfrontation mit Gunderson, als dieser gemeinsam mit Rob Morris in einem Schwulenlokal zu Abend aß. Er beschimpfte ihn, schrie ihn an: »Wann bekennst du dich endlich offen zu deiner Homosexualität?« und schüttete ihm einen Drink über den Kopf. In einem Szenario, das an den Dornan-Zwischenfall erinnert, gab der Aktivist anschließend eine Pressemitteilung heraus, in der er sein eigenes Verhalten beschrieb. Sogar nachdem Gunderson den letzten Zweifel ausgeräumt hatte – er bekannte sich schriftlich zu seiner Homosexualität und überließ der Presse Fotos von sich und seinem Partner – wurde er von den radikalen Aktivisten weiterhin als der Feind dargestellt, und der Zwischenfall mit der Pöbelei und dem ausgeschütteten Drink wiederholte sich. Das deutet darauf hin, daß ein Teil derjenigen, die zu spektakulären öffentlichen Angriffen neigen, die Attacke als solche genauso – oder mehr – schätzen als ein bestimmtes Ergebnis.

Gunderson merkt an, daß seine Gegner von der Demokratischen Partei nie absichtlich falsche Angaben über seine Arbeit als Kongreßabgeordneter machten. Aber sowohl der um »christliche Werte« kämpfende Schulbehördenvertreter, der bei der republikanischen Vorwahl gegen ihn antrat, als auch die radikalen Aktivisten der Schwulenbewegung, die ihn in ihren Publikationen verunglimpften, verdrehten gewohnheitsmäßig Fakten über seine Arbeit und sein Leben. Die Schwulenaktivisten stellten ihn als einen Mann dar, der gegen staatliche Mittel für die Aidshilfe und gegen Gleichstellungsgesetze für Schwule agitierte, obwohl das Gegenteil der Fall war, und die radikale Rechte stellte ihn als einen Mann dar, der für ein gesetzliches Waffenverbot und für Schwangerschaftsabbrüche kämpfte, obwohl er beides ablehnte.

Umgekehrter Fortschritt

Der Aufstieg von radikalen Fraktionen, die Kompromisse ablehnen und vermeintliche Gegner, sowohl in der anderen als auch in der eigenen Partei, heftig attackieren, ist eine Entwicklung, für die es eine erstaunliche Parallele, eine Art Parabel, in der japanischen Geschichte gibt. Nach dem Zweiten Weltkrieg wurde Japan zur Einführung eines demokratischen Regierungssystems gezwungen. Der Historiker Ellis Krauss gibt einen Überblick über die Geschichte der Konfliktbewältigung im japanischen Unterhaus und legt dar, wie die Mitglieder durch Erfahrung lernen mußten, diese Art von Regierung erfolgreich zu handhaben. Als ich den Bericht von Krauss las, beschlich mich das unbehagliche Gefühl, daß die USA einen ähnlichen Prozeß durchläuft, aber in umgekehrter Richtung! Wir scheinen zu verlernen, wie Demokratie funktioniert.

Krauss zeigt auf, wie eine feindselige Parteilichkeit in den Anfängen der japanischen Demokratie verhinderte, daß das Unterhaus effektive Arbeit leisten konnte, bis man schließlich Methoden für die Zusammenarbeit entwickelte – genau die Art von altbewährten Methoden, die in unserem Kongreß gerade untergraben werden. Laut Krauss gab es in den frühen Phasen des japanischen Unterhauses (von 1958 bis in die 60er Jahre) eine extreme Polarisierung zwischen den Mehrheits- und Minderheitsparteien. So forderte die Mehrheitspartei, die genügend Stimmen hatte, um Gesetze durchzubringen, zum Beispiel regelmäßig zu »Schnellabstimmungen« auf und erklärte damit die Sache für erledigt, aber die Minderheitspartei boykottierte in der Folge immer wieder Sitzungen und brachte den gesamten Betrieb zum Erliegen. Diese frühen Desaster zeigten, daß das Mehrheitsprinzip für sich allein genommen nicht nur ineffektiv, sondern tatsächlich gefährlich ist, »weil es grundsätzlich feindselige Minderheiten und übermächtige Mehrheiten schaffen kann, die wenig Interesse daran haben, sich für Konfliktregelungen und Kompromisse einzusetzen«. Diese Beschreibung erinnert an den Bericht von Senator Rudman über die Veränderungen im amerikanischen Senat:

In den Senat zogen immer mehr Republikaner ein, die vorher im Repräsentantenhaus gewesen waren, wie Trent Lott aus Mississippi, Dan Coats aus Indiana oder Bob Smith aus New Hampshire. Im Repräsentantenhaus hatten sie einer verbitterten, frustrierten Minderheit angehört, die einen Guerillakrieg gegen die Demokraten geführt hatte. Ich fühlte mich nicht ganz wohl mit der auf Konfrontation ausgerichteten, »Keine Gefangenen«-Haltung, die sie in den Senat mit einbrachten.

Einer der Hauptgründe für die destruktiven Parteienkonflikte in den Anfängen des japanischen Unterhauses war die simple Tatsache, daß die Mitglieder der Parteien nie miteinander redeten. Zu einem entscheidenden Lernfortschritt im Umgang mit der Demokratie kam es, als man einen von zwei Parteien getragenen Leitungsausschuß für das Unterhaus gründete, dessen Mitglieder sich nicht nur durch die gemeinsame Arbeit, sondern auch durch gesellige Zusammenkünfte besser kennenlernten. Wie ein Abgeordneter es ausdrückte: »Sie sind Freunde geworden und müssen deshalb vernünftig miteinander reden.« Das ist genau die Art von parteiübergreifender Freundschaft und Kommunikation, deren Verlust die zurückgetretenen Senatoren beklagen. Senator Heflin erinnert sich, daß »überparteiliche Freundschaften zu mehr Offenheit führten und die Bereitschaft verstärkten, Probleme in herzlicher Atmosphäre zu erörtern«. Er fordert mehr Gelegenheiten zu »informellen Zusammenkünften zwischen den Mitgliedern der gegnerischen Parteien«. Welche Ironie, daß wir uns immer schlechter auf die Methoden verstehen, die das japanische Unterhaus im Lauf der Zeit immer besser gelernt hat. Ein Artikel über den Sprecher des Abgeordnetenhauses Newt Gingrich beginnt so:

Einst waren sie Freunde. Newt Gingrich und Dick Gephardt zogen beide in den 70er Jahren in den Kongreß ein. Sie arbeiteten zusammen, trafen sich privat mit ihren Ehefrauen, verreisten gemeinsam. Aber im letzten Jahr, als Gingrich als Sprecher amtierte und Gephardt sich als Minderheitsführer abplagte, haben die beiden nur ein einziges Mal länger miteinander gesprochen – bei einem rein sachlichen Arbeitsfrühstück.

145

Laut Krauss wurde die neue Effektivität des japanischen Unterhauses schließlich auch dadurch ermöglicht, daß neue Mitglieder ins Parlament einzogen, »die nicht in die früheren Streitmuster sozialisiert worden waren«. Leider ist dies das genaue Gegenteil dessen, was in den letzten Jahren in den USA geschehen ist: Neue Kongreßmitglieder haben keine Erfahrung mit den kooperativen Verhaltensmustern, durch die Angehörige verschiedener Parteien den gegenseitigen Respekt bewahren und erfolgreich zusammenarbeiten können. Diese Entwicklung ist mit einem weiteren problematischen Aspekt der Streitkultur verbunden, nämlich einer weitverbreiteten Neigung, die Regierung auch dann als Feind zu betrachten, wenn der Staat die Quelle der Leistungen ist, die er nach Meinung der Bürger nicht antasten soll. (Ein Wähler erklärte gegenüber der Senatorin Nancy Kassebaum: »Sagen Sie der Regierung, sie soll die Finger von Medicare lassen!«) Diese Tendenz, die Regierung als Feind zu sehen, hat unter anderem zur Folge, daß Kandidaten gewählt werden, die keine politische Erfahrung haben und sich folglich nicht mit den traditionellen Normen und Regeln der Regierungsarbeit auskennen. In einigen Fällen hat das zu so extrem aggressiven Oppositionsformen geführt, wie sie vom Abgeordneten Gunderson und von Senator Byrd beschrieben werden.

Die Macht einer versöhnlichen Haltung

Ebenso wie Senator Rudman zeigt auch der Abgeordnete Gunderson, daß eine versöhnliche Haltung wirkungsvoller sein kann als eine lautstarke Feindseligkeit. Er erinnert sich an einen Zwischenfall, bei dem der Abgeordnete Dick Armey gefilmt wurde, als er seinen Kollegen Barney Frank als Barney Fag bezeichnete, also den Nachnamen durch ein Schimpfwort für Homosexuelle ersetzte. Gunderson stellte sich schützend vor Armey, indem er öffentlich dessen nicht ganz überzeugende Erklärung akzeptierte, daß diese Gehässigkeit ein reiner Versprecher gewesen sei. Außerdem erklärte er, daß er von Armey noch nie irgendeine intolerante Äußerung gehört habe. Wenn ein Homosexueller öffentlich einen Mann verteidigt, der öffentlich Homosexuelle beleidigt, erscheint das vielleicht wie ein offenkundiger Mangel an Integrität und Überzeugung. Aber Gunderson zeigt auf, wie diese Investition an Goodwill sich auszahlte. Als der gesundheitspolitische Unterausschuß eine Anhörung zum »Ryan White CARE Act« ansetzte, ein Gesetz, das Fördermittel für die Aidsforschung bereitstellte, nutzte Gunderson das politische Kapital, das er gewonnen hatte:

> Ich fürchtete, daß feindselige Fraktionen aus meiner eigenen Partei das Ryan-White-Gesetz entweder verzögern oder einschränkende Zusätze beantragen würden. Deshalb ging ich zu Dick Armey, dem Mehrheitsführer im Repräsentantenhaus, und bat ihn, das übliche Verfahren aufzuheben und das Gesetz ohne Verfahrensunterbrechungen passieren zu lassen... Er erinnerte sich an meine Unterstützung. In einer Aktion, die einmalig für ein Gesetz von dieser finanziellen Tragweite war, setzte er die Verabschiedung auf die Liste der außerplanmäßigen Genehmigungsverfahren, was bedeutete, daß man keine Zusätze vorschlagen konnte. Ausschußleiter auf beiden Seiten des Ganges... waren schockiert und erfreut. Das Gesetz passierte das Haus ohne gehässige, homophobe Zusätze und wurde an den Senatsausschuß weitergeleitet.

Diese Schilderung enthält eine weitere wichtige Lektion und vielleicht ein warnendes Beispiel: Mitunter kann es von Vorteil sein, wenn man die Debatte über ein hochexplosives Reizthema einschränkt – so wie ein Ehepaar im Laufe der Zeit lernt, bestimmte Themen zu vermeiden, weil es weiß, daß sie zu erbitterten, aber fruchtlosen Auseinandersetzungen führen.

Obstruktionspolitik

Diese Erfahrung von Gunderson zeigt, wie nützlich es sein kann, wenn Vertreter gegensätzlicher politischer Überzeugungen zusammenarbeiten, aber sein Erfahrungsbericht enthält auch Beispiele für eine erschreckende Obstruktionspolitik. Gunderson organisierte ein wöchentliches Lunch-Treffen von republikanischen Abgeordneten, »die Widerstand gegen die aggressiven Konservativen leisteten, die die Partei übernehmen und uns ausschließen wollten«. Er nennt diese Gruppe lieber die »regierungswilligen« als die »gemäßigten« Republikaner, weil »wir politisch arbeiten wollen, um etwas für unser Land zu erreichen«. Nach einer Wahl sagen solche regierungswilligen Republikaner: »Wir sollten die Parteiabzeichen beiseitelegen und gemeinsam eine gute Politik machen, die von beiden Parteien getragen wird – laßt uns konstruktiv, nicht destruktiv zusammenarbeiten.«

Das klingt vielleicht wie eine Tautologie: Will nicht jeder, der in ein öffentliches Amt gewählt wird, politisch arbeiten, um etwas für sein Land zu erreichen? Keineswegs, sagt Gunderson. Die Führung der Republikanischen Partei wurde in wachsendem Maße von jenen Kräften beherrscht, »die der Ansicht sind, daß eine Partei, solange sie nicht die Mehrheit besitzt, ausschließlich die Aufgabe hat, mit allen Mitteln am Sturz der anderen Partei zu arbeiten«. Da es sich bei der Partei, die man zu stürzen versucht, um die demokratisch gewählte Regierung handelt, die sich um die Führung des Staates bemüht, übernimmt die Oppositionspartei folglich die Rolle einer dritten Kolonne, die die Arbeit der Regierung von innen zu sabotieren sucht. Als die republikanischen Abgeordneten des Repräsentantenhauses im Dezember 1992 ihre Führung wählten, mußten laut Gunderson »alle gemäßigten Kandidaten – einschließlich jener, die eindeutig qualifizierter waren als ihre konservativen Gegenkandidaten – eine Niederlage einstecken«.

Gunderson zeigt, daß man nicht gemäßigt sein muß, um an die eigene Regierungsverantwortung zu glauben. Pat Roberts »läßt sich zum Beispiel schwerlich als gemäßigt bezeichnen«, aber er »gehört eindeutig zu den regierungswilligen Republikanern, die überzeugt sind, daß man konstruktiv arbeiten muß«. Sein ganzes Buch hindurch betont Gunderson immer wieder seine Überzeugung, daß beide Parteien zusammenarbeiten müssen, damit das Land gut regiert werden kann. Die Republikaner Bush und Reagan erreichten ihre Ziele laut Gunderson, weil sie sich die Unterstützung von konservativen Demokraten sicherten. Er kritisiert die Clinton-Regierung, weil sie sich nicht bemüht, die Unterstützung von gemäßigten Republikanern zu gewinnen, ebenso wie er seine republikanischen Kollegen kritisiert, die einen Sturz der Clintons für wichtiger halten als die Führung des Landes.

Ein Cartoon aus dem Jahr 1996 zeigt einen kleinen Jungen, der begeistert verkündet: »Wenn ich groß bin, möchte ich am liebsten einen Präsidentschaftskandidaten zu Fall bringen.« Das ist die schlimmste Ernte der Kritikkultur und ihrer Umsetzung in Form einer Obstruktionspolitik. Sie schafft eine Atmosphäre, die leicht auf die Bürger übergreift und die es reizvoller erscheinen läßt, anderen Menschen Steine in den Weg zu legen, als selbst etwas zu erreichen.

Der gescheiterte Reformplan der Clinton-Regierung zur Einführung einer allgemeinen Krankenversicherung veranschaulicht auf drastische Weise die schädlichen Auswirkungen von Obstruktionspolitik (und mangelnder Kompromißbereitschaft). Die Journalisten Haynes Johnson und David Broder analysieren das Zusammenspiel der Faktoren, die zu dem beklagenswerten Scheitern der Gesundheitsreform führten, obwohl ein parteienübergreifender und breiter öffentlicher Konsens darüber bestand, daß sie dringend geboten war. Die Vereinigten Staaten gehören zu den wenigen hochentwickelten Industrienationen der Welt, denen es nicht gelungen ist, eine umfassende Gesundheitsversorgung für alle Bürger zu gewährleisten: Als die Reform geplant wurde, hatten 40 Millionen Amerikaner keine Krankenversicherung. Zum Zeitpunkt, wo ich dies schreibe, ist die Zahl um weitere drei Millionen gestiegen. Wie Johnson und Broder dokumentieren, setzten die Republikaner, die eng mit Interessengruppen wie der Christlichen Koalition und der National Restaurant Association zusammenarbeiteten, enorme Anstrengungen und finanzielle Mittel ein, um den Reformplan der Clinton-Regierung zu verhindern, während gleichzeitig andere Interessengruppen, deren Mitglieder keine konkreten Vorteile von der Reform gehabt hätten, nichts unternahmen, um den Plan zu unterstützen. (Einige berichteten den Autoren später, sie seien sich absolut sicher gewesen, daß irgendeine Reform verabschiedet würde, und wollten einfach so viel wie möglich für sich selbst herausschlagen.) Die Bürger, die am meisten von der Reform profitiert hätten – Arbeitnehmer aus der Mittelschicht, die nicht krankenversichert waren –, hatten keine Lobby, die ihre Interessen vertrat.

Da die Presse in erster Linie an Konflikten interessiert ist, hat sie laut Johnson und Broder nicht dazu beigetragen, die Öffentlichkeit über die Einzelheiten von Clintons Reformplan oder über Alternativen zu informieren. Als die Gegner der Reform prophezeiten, daß sowohl der Clinton-Plan als auch der spätere, von Gingrich vertretene Restrukturierungsplan für Medicare ungeahnte, schreckliche Folgen haben würden, berichtete die Presse zwar über die Anschuldigungen, unterließ es aber, sie zu untersuchen und als falsch zu entlarven. Die Autoren erzählen die herzzerreißende Geschichte eines durch Fehlinformationen geschürten öffentlichen Widerstands. Als das *Wall Street Journal* Mitglieder einer Zielgruppe nach ihrer Meinung zum Clinton-Plan befragte, drückten sie vehemente Ablehnung aus – die einzig und allein auf falschen Informationen beruhte. Auf die Frage, welche Punkte eine effektive Reform umfassen sollte, nannten sie genau die Ziele, die vom Clinton-Plan angestrebt wurden. Sie wußten nicht, daß die Initiative, die sie so energisch bekämpften, ihnen genau das gegeben hätte, was sie verlangten.

Eine ähnliche Geschichte erzählen auch Eleanor Clift und Tom Brazaitis in einem Buch mit dem vielsagenden Titel *War Without Bloodshed: The Art of Politics* (Krieg ohne Blutvergießen: Die hohe Kunst der Politik). Sie betonen, daß Bob Dole und andere Republikaner ursprünglich bereit waren, einen modifizierten Reformplan zu unterstützen, daß aber die Clintons keine Abstriche an dem Ziel einer allgemeinen Krankenversicherung machen wollten und eine »Falle witterten«. Als die Clintons schließlich zu einem Kompromiß bereit waren, standen die Republikaner geschlossen hinter dem Sprecher Newt Gingrich, der schon vor der Wahl Clintons überzeugt gewesen war, daß die Demokraten unschlagbar werden würden, wenn es ihnen gelänge, das Gesundheitssystem zu reformieren. Der Abgeordnete Gunderson sieht eine ähnliche Motivation auf seiten der

Clinton-Regierung: Er meint, daß sie zwar eine allgemeine Krankenversicherung schaffen wollte, aber auch wollte, daß diese Reform ähnlich wie die Einführung der Sozialversicherung unter Roosevelt als eindeutige Errungenschaft der Demokraten verbucht würde.

Nach Ansicht von Johnson und Broder gingen Vertreter beider Parteien an die Reform des Gesundheitswesens heran wie an einen Wahlkampf. Und das war ein weiterer Faktor im Zusammenspiel der Einflüsse, die in einer Schlacht resultierten, deren größter Verlierer das amerikanische Volk war.

Ein Dauerwahlkampf

Das Ideal einer demokratisch gewählten Regierung sieht folgendermaßen aus: Zwei (oder mehrere) Parteien stellen Kandidaten für ein Amt auf. Es folgt ein Wahlkampf, in dem jeder Kandidat um die Stimmen der Bürger wirbt. Die Wahl findet statt; die Bürger geben ihre Stimme ab. Der Kandidat mit den meisten Stimmen gewinnt und übernimmt die Aufgaben der Staatsführung, bis die nächste Wahl und der nächste Wahlkampf vor der Tür stehen.

Die Realität sieht folgendermaßen aus: Der nächste Wahlkampf beginnt am Tag nach der Wahl.

Dieser Wahlkampfgeist führt zu der von Gunderson beschriebenen Haltung, die einige seiner Kollegen einnehmen: Sie sind überzeugt, daß sie die besten Chancen haben, die nächste Wahl zu gewinnen, wenn sie die amtierende Regierung in jeder erdenklichen Form an einer effektiven Arbeit hindern. Ein weiteres Beispiel für den Dauerwahlkampf sind die ausgedehnten Vorwahlverfahren, durch die Demokraten und Republikaner ihre Präsidentschaftskandidaten auswählen.

Thomas Patterson legt auf überzeugende und beunruhigende Weise dar, wie verheerend sich die 1968 eingeführte Änderung der Vorwahlen ausgewirkt hat. Die Auswahl des Präsidentschaftskandidaten, einst eine Aufgabe, die die politischen Parteien hinter verschlossenen Türen ausführten, wurde den Wählern übertragen: Heute werden Präsidentschaftskandidaten durch eine

Abfolge von landesweiten und über einen langen Zeitraum verteilten Vorwahlen ermittelt. Die Bürger wählen zwischen einem Aufgebot an Kandidaten, über die sie meistens wenig wissen. Patterson listet die zahlreichen Probleme auf, die mit diesem System verbunden sind: Die Kandidaten müssen sich so lange vor der eigentlichen Präsidentschaftswahl entscheiden, ob sie kandidieren wollen oder nicht, daß sie nicht abschätzen können, ob sie eine kluge Entscheidung treffen. (1992 entschieden zum Beispiel die beiden Hauptanwärter auf eine Nominierung bei den Demokraten, die Senatoren Dick Gephardt und Al Gore, diese Wahl auszulassen, weil Präsident Bush unschlagbar schien; als sich die Chancen von Bush durch die abflauende Wirtschaftslage verschlechterten, war es zu spät für einen Sinneswandel.) Das zermürbende Vorwahlsystem macht es außerdem für eine Person, die ein öffentliches Amt bekleidet, nahezu unmöglich, eine Kandidatur in Betracht zu ziehen, und begünstigt andererseits Bewerber, die frei von Verpflichtungen sind, wie es zum Beispiel bei den früheren Amtsinhabern Jimmy Carter und Ronald Reagan der Fall war. Und die neuen Entscheidungsträger – die Wähler – haben weder die Zeit noch die Erfahrung, um die Kandidaten nach dem wichtigsten Kriterium zu beurteilen: nach ihrer bisherigen politischen Arbeit. Da die politischen Parteien die Rolle des Vermittlers zwischen Öffentlichkeit und Politikern nicht mehr erfüllen, ist diese Vermittlerrolle auf die Presse übergegangen – mit katastrophalen Folgen. Zum einen ist die Presse für diese Aufgabe schlecht geeignet: Ihr erklärtes Ziel ist die Berichterstattung über aktuelle Ereignisse, nicht die mühselige Analyse und Prognose politischer Optionen oder die Frage, wie gut die einzelnen Kandidaten für eine praktische Umsetzung politischer Ziele geeignet sind. Wenn die Presse gezwungen ist, die Vermittlerrolle im Wahlverfahren zu übernehmen, wird sie zudem an der Wahrnehmung ihrer eigentlichen und ungemein wichtigen Rolle als Wachhund gehindert.

Ein Verfahren, in dem die Kandidaten direkt von den Wählern und nicht von den politischen Parteien gewählt werden, fügt den Parteien irreparable Schäden zu und zwingt aufstrebende Kandidaten dazu, aus eigener Kraft enorme finanzielle Mittel aufzubringen, mit dem Ergebnis, daß sie nicht ihrer Partei, sondern den Geldgebern verpflichtet sind, die ihren Wahlkampf finanziert haben. Unter diesem Aspekt kann nicht nur ein Übermaß, sondern auch ein zu geringes Maß an Parteilichkeit zum Problem werden.

Innerparteiliche Parteilichkeit

Im ausgedehnten, öffentlichen Vorwahlverfahren zeigt sich noch eine weitere Schwäche der Parteilichkeit: Wenn die Parteien ihre Kandidaten hinter geschlossenen Türen wählen, können sie Einigkeit demonstrieren, nachdem die Entscheidung gefallen ist, und sich geschlossen hinter den Kandidaten stellen. Was die Vorwahlen im Moment bieten, sind ausgedehnte öffentliche Schlachten zwischen Parteimitgliedern – Schlachten, die dem späteren Kandidaten mindestens so viel schaden können wie der Kandidat der Gegenpartei während des Wahlkampfes. Die berüchtigten Willie-Horton-Anzeigen, die gegen den demokratischen Präsidentschaftsanwärter Michael Dukakis eingesetzt wurden, sind auch hier ein gutes Beispiel. Der Horton-Fall wurde ursprünglich von Wahlkampfmitarbeitern seines eigenen Parteikollegen Al Gore entdeckt: Sie stöberten nach Zeitungsartikeln, die den Gouverneur von Massachusetts mit unangenehmen Personen oder Ereignissen in Verbindung brachten, um ihm dieses Material im Vorwahlkampf unter die Nase zu reiben. Da man im Vorwahlverfahren Parteimitglieder öffentlich gegeneinander antreten läßt, versorgt man den künftigen Gegner des Gewinners mit Munition, die er im Präsidentschaftswahlkampf einsetzen kann. So zitierten zum Beispiel die Demokraten negative Äußerungen, die Bob Dole und Jack Kemp übereinander gemacht hatten, als sie beide um die Nominierung als Präsidentschaftskandidat der Republikaner gekämpft hatten.

Die öffentliche Opposition von Mitgliedern derselben Partei in Vorwahlkämpfen ist nur *eine* Form der destruktiven innerparteilichen Vernichtungsschlachten. Eine weitere Variante wird von Ronald Radosh in seinem Buch *Divided They Fell* beschrieben. Radosh zeigt auf, daß die Demokraten in den Jahren zwischen 1964 und 1972 entscheidend geschwächt wurden, weil es zu einem Kampf zwischen Parteifunktionären und einem radikalen Flügel kam, der die liberale Parteiführung schärfer attackierte als der politische Gegner. Radosh ist überzeugt, daß die Beschwichtigung der Radikalen ein fataler Fehler war. Eine ähnliche Spaltung zeichnet sich im Moment bei den Republikanern ab. Viele der zurückgetretenen republikanischen Senatoren und Abgeordneten diskutieren den Kampf um die Führung der Republikanischen Partei. Ausgetragen wird diese Schlacht zwischen jenen, die sich selbst für die wahren Konservativen halten, weil sie glauben, daß der Staat sich so wenig wie möglich in das Leben des einzelnen einmischen sollte, und jenen, die Gunderson als die »ultrarechten Verfechter einer starken staatlichen und moralischen Führung« bezeichnet, wie zum Beispiel die »Vertreter der Christlichen Koalition«. Viele Mitglieder der Republikanischen Partei (einschließlich Gunderson) sind der Ansicht, daß eine Besänftigung dieser christlichen Fundamentalisten für die Republikanische Partei ebenfalls verhängnisvolle Folgen hätte.

Der Mangel an innerparteilicher Einigkeit zeigt sich auch in der Rolle, die Demokraten bei der Verhinderung von Clintons Gesundheitsreform spielten, was, wie Sprecher Gingrich zutreffend prophezeite, dazu führte, daß die Republikaner die Mehrheit im Kongreß gewannen. Die Weigerung vieler Demokraten, den Reformplan ihres Präsidenten zu unterstützen, steht in deutlichem Gegensatz zu der Beschreibung, die Senator Rudman von seiner Rolle bei der Verabschiedung des Gesetzespaketes gibt, mit dem Präsident Reagan 1981 umfangreiche Steuersenkungen und eine Erhöhung der Verteidigungsausgaben einführte. Nach Überzeugung von Senator Rudman war es unbedingt erforderlich, den Staatshaushalt auszugleichen, auch wenn das Steuererhöhungen und Ausgabenkürzungen bedeutete. Dennoch stimmte er für Reagans Plan, der das Gegenteil vorsah.

Rudmans Entscheidung, den Präsidenten seiner Partei zu unterstützen, ist die Art von Parteilichkeit, die eine Regierung handlungsfähig macht. Sie ist notwendig, weil das amerikanische Regierungssystem so strukturiert ist, daß Präsident und Kongreß getrennt gewählt werden. Das heißt, daß der Präsident einer anderen Partei angehören kann als die Mehrheit im Kongreß (was in den letzten Jahren größtenteils der Fall war) – eine Situation, die sich für eine gegnerische Blockadepolitik anbietet. Anders ist es zum Beispiel in Großbritannien. In diesem parlamentarischen System wird der Premierminister nicht getrennt gewählt, sondern automatisch von derjenigen Partei gestellt, welche die Mehrheit bei der Wahl erringt. In England gehören der Premierminister und die parlamentarische Mehrheit immer derselben Partei an, was es wesentlich leichter für diese Partei macht, ihre Ziele umzusetzen. (Das amerikanische System der Gewaltenbalance sollte vor einer solchen monolithischen Macht schützen.) Wenn man die Form der Parteilichkeit betrachtet, durch die Mitglieder einer Minderheitspartei die Mehrheitspartei von einer effektiven Arbeit abhalten können, vergißt man allerdings leicht, daß während der ersten beiden Jahre von Clintons Amtszeit, in der sein Reformplan für eine allgemeine Krankenversicherung scheiterte, seine eigene Partei sowohl im Senat als auch im Repräsentantenhaus die Mehrheit hielt. Er bekam zu wenig Unterstützung aus seiner eigenen Partei, um seinen Plan umzusetzen.

Nicht zu viel Parteilichkeit, sondern zu wenig

Es gibt noch ein weiteres Beispiel dafür, daß nicht nur eine übertriebene, sondern auch eine zu geringe Parteilichkeit zur Einschränkung der Handlungsfähigkeit führen kann. Haynes Johnson und David Broder legen dar, daß bis vor kurzem ein förderliches Gleichgewicht der Macht zwischen politischen Parteien und Interessengruppen bestand. Politische Parteien wollen häufig Veränderungen bewirken, um Probleme zu lösen; im Gegensatz dazu vertreten Interessengruppen bestimmte Personen, die vom Status quo profitieren und die daher im allgemeinen gegen Veränderungen sind, die ihre Privilegien einschränken könnten. In der Vergangenheit konnte eine politische Partei den Gesetzesmachern ein gewisses Maß an Schutz anbieten: Steh zu deiner Partei, und wir besorgen dir die Stimmen, die dich bei der nächsten Wahl wieder ins Amt bringen. Aber da die politischen Parteien die Nominierung der Kandidaten nicht mehr in der Hand haben, fehlt ihnen heute diese Macht an der Basis, so daß die Macht der Interessengruppen überproportional angewachsen ist. Mit Hilfe der modernen Technik von Fax, Massenwurfsendungen oder Telefonkampagnen können Lobbyisten heute scheinbare Wellen der öffentlichen Meinung auslösen, um Politiker ins Wanken zu bringen. Sogar wenn Amtsinhaber die Absicht haben, einer einflußreichen Interessengruppe die Stirn zu bieten, um eine Gesetzgebung zu unterstützen, von der die Mehrheit der Bürger profitieren würde, können sie es sich nicht mehr leisten, weil die Lobbys in der Lage sind, effektive Kampagnen zu starten und jene zu Fall zu bringen, die gegen ihre Interessen stimmen. Da jeder Veränderungsversuch die Privilegien irgendeiner Gruppe berührt, sind die Amtsinhaber schließlich unfähig, überhaupt irgendeine Veränderung durchzusetzen – wie Ratten in einem Labyrinth, die überall gegen eine Wand laufen, egal welche Richtung sie einschlagen.

Johnson und Broder zeigen auf, wie diese Situation dazu beitrug, die Gesundheitsreform zu verhindern – sowohl die allgemeine Krankenversicherung, die von der Clinton-Regierung angestrebt wurde, als auch den von Gingrich vertretenen republikanischen Plan für eine Kostendämpfung bei Medicare. Der Clinton-Plan wurde von bestimmten Interessengruppen verhindert; der Gingrich-Plan von anderen Interessengruppen. In dieser Hinsicht ist »Gridlock« eher das Ergebnis einer zu geringen Parteilichkeit – eines Machtverlustes der politischen Parteien – als einer übertriebenen Parteilichkeit.

Wann wird ein Politiker zum politischen Führer?

Das Wahlkampfdenken ist vom Geist erbitterter Opposition geprägt, und dieser Geist beherrscht auch eine weitere Variante des Dauerwahlkampfes: Es wird uns keinen Moment lang gestattet, den Präsidenten in erster Linie als Präsidenten und erst in zweiter Linie als Parteimitglied zu betrachten. Nichts, was der Präsident tut, wird als die Arbeit unseres Staatsoberhauptes gesehen. Jede Maßnahme, die er ergreift, wird als Aktivität eines Parteienvertreters gewertet oder eines potentiellen Kandidaten im nächsten Präsidentschaftswahlkampf (oder, falls er sich in seiner zweiten Amtszeit befindet, als das Handeln einer Person, die kein potentieller Kandidat mehr ist).

Eleonor Roosevelt schrieb als First Lady eine Kolumne und jede größere Zeitung des Landes veröffentlichte ihre Beiträge. Wenige große Zeitungen unserer Zeit würden eine Kolumne von Hillary Rodham Clinton veröffentlichen, weil die Presse nicht in den Ruf der Parteilichkeit geraten möchte. Die Redakteure betrachten Hillary Clinton nicht als First Lady, sondern als eine Politikerin der Demokratischen Partei.

Als Franklin Delano Roosevelt seine berühmten Kaminplaudereien hielt, saß die ganze Nation am Radio – eine symbolische Zusammenkunft – und hörte ihm zu. Auch Präsident Clinton hat versucht, mittels einer wöchentlichen Radioansprache am Samstagmorgen direkt mit dem Volk zu sprechen, aber nur wenige größere Rundfunkanstalten senden seine Ansprachen. Zugegeben, die wöchentlichen Ansprachen von Präsident Clinton sind trotzdem weit regelmäßiger (wenn auch kürzer), als die Kaminplaudereien von Roosevelt es jemals waren; die Seltenheit jener frühen Radioübertragungen ebenso wie die relative Neuheit des Mediums trugen zweifellos zur Faszination der Zuhörer bei. Trotzdem ist der entscheidende Unterschied zwischen den Radioansprachen von Präsident Roosevelt und Präsident Clinton, daß auf jede Ansprache Clintons sofort die Rede eines Republikaners folgt. Die gängige Praxis, daß man den Worten des Präsidenten eine Reaktion der Gegenseite hinterherschickt, ist ein kleines, aber aufschlußreiches Beispiel für die Tendenz, jedes Thema in ein Debattenformat zu pressen, was dazu führt, daß der Agonismus verstärkt und die Fähigkeit der Bürger geschwächt wird, ihre Anführer als Anführer zu sehen, mit allem, was das für eine Nation bedeutet.

Der Zustand der Politik und die Lage der Nation

Einmal im Jahr hält der Präsident vor dem Kongreß eine Rede zur Lage der Nation. Diese Ansprache gehört zu den wenigen, die in voller Länge im Fernsehen übertragen werden. Unmittelbar im Anschluß an diese Rede erhält ein Mitglied der Oppositionspartei die Möglichkeit zur Gegenrede. Ich dachte, ich sei die einzige, die diese Praxis bedenklich fand, aber nach der Ansprache von 1997 hörte ich zwei Radiotalkshows, in denen die Rede diskutiert wurde und in beiden Sendungen riefen Zuhörer an, die genau die gleiche Besorgnis zum Ausdruck brachten. Wenn man bedenkt, wie wenige Anrufer tatsächlich bei nationalen Talkshows durchkommen, kann man wohl von der Annahme ausgehen, daß viele weitere Bürger ähnlich empfinden.

In *Talk of the Nation* war der Historiker Wayne Fields zu Gast, der ein Buch über Präsidentenreden verfaßt hat. Ein Anrufer fragte: »Wann und warum wurde die Sitte eingeführt, daß auf die Rede zur Lage der Nation eine Rede der Oppositionspartei folgt?« Fields antwortete, daß die Praxis mit dem Aufkommen des Fernsehens und dessen Vorstellung von einem »gleichberechtigten Zugang« zusammenhing. Daß man das Prinzip des »gleichen Zugangs« auf die Rede zur Lage der Nation anwendet, ergibt nur einen Sinn, wenn der Präsident in erster Linie als Vertreter einer politischen Partei und nicht als gewählter Vertreter des Volkes betrachtet wird. Aber die Darbietung einer Gegenrede wird zur self-fulfilling prophecy: Sie macht die Ansprache zu einem primär parteipolitischen Ereignis.

Genau die gleiche Frage wurde in der *Diane Rehm Show* gestellt, in der vier Journalisten über die Ansprache diskutierten, nur daß in diesem Fall die Anruferin keinen Hehl aus ihrer Meinung machte. »Wann ist man eigentlich auf die Schnapsidee verfallen«, fragte sie, »daß die Oppositionspartei auf die Rede zur Lage der Nation reagieren sollte – und warum?« Zwei Journalisten gingen in ihren Antworten auf nähere Einzelheiten ein. Susan Page von *USA Today* erklärte, daß die Netzwerkprogramme in den ersten Jahren der Reagan-Regierung regelmäßig verschiedene Vertreter der Oppositionspartei einluden, wenn der Präsident eine Rede hielt und sie um eine Stellungnahme baten. »Die Oppositionspartei«, so Susan Page, »war der Ansicht, daß die Demokraten eine gleichwertige Möglichkeit erhalten müßten, wenn der Präsident eine offizielle parteipolitische Rede hält; das derzeitige Verfahren entwickelte sich also aus dem Bemühen um eine unparteiische Haltung.« Die aufschlußreichste Information in dieser Äußerung wird nicht ausformuliert, sondern unterstellt – die Annahme, daß die Rede zur Lage der Nation »eine offizielle parteipolitische Rede« sei und keine offizielle Rede des Staatsoberhauptes.

Die Äußerung von Page bietet ein faszinierendes Beispiel dafür, wie Politik und Medien zusammenwirken und sich gegenseitig beeinflussen. Es ist klar, weshalb der Auftritt von Wortführern aus der Oppositionspartei als ein bewundernswertes und natürliches Mittel für eine unparteiische Darstellung erscheinen kann. Es ist auch klar, weshalb die Oppositionspartei es für besser hält, eine einzige, in sich geschlossene Gegenrede zu präsentieren, als eine Vielzahl von Wortführern aufmarschieren zu lassen, die ein diffuses Meinungsbild liefern. Es ist auch sonnenklar, daß keiner, der an der Entstehung dieser Praxis beteiligt war, das unglückselige Ergebnis voraussah: Die Annahme, daß die Rede des Präsidenten »eine offizielle parteipolitische Rede« sei, führt dazu, daß der Geist der Parteilichkeit systematisch in den formellsten und zeremoniellsten Aspekten der Staatsführung Eingang findet. Eine weitere unbeabsichtigte und wahrscheinlich unvorhergesehene Folge dieser Kraftprobe ist eine Abnahme des Respekts vor dem Amt des Präsidenten, weil der gewählte Anführer eines Volkes durch einen Vertreter der Oppositionspartei »aufgewogen« wird, der ein wesentlich niedrigeres Amt bekleidet – 1997 war es J.C. Watts aus Oklahoma, der dem Kongreß erst seit zwei Jahren angehörte.

Zahlreiche Äußerungen, die während dieser Podiumsdiskussion gemacht wurden, vermitteln einen Eindruck davon, wie die Kritikkultur unsere Reaktionen auf politische Amtsträger und politische Prozesse beeinflußt. Und man sollte nicht vergessen, daß diese Beispiele nicht aus irgendwelchen Außenseitertalkshows stammen, sondern aus einer Diskussionsrunde zwischen Mainstream-Journalisten, die im relativ anspruchsvollen National Public Radio aufgetreten sind.

Ein weiterer Diskussionsteilnehmer, Gerry Seib, erklärte gleich zu Anfang: »Diese Reden sind meistens ein total waberiger Brei«, und gab damit den kritischen und abfälligen Ton vor. Denselben Ton schlug auch David Corn in seinen einleitenden Äußerungen an: »Es war ein klassischer Clinton, auch wenn das, was ein klassischer Clinton ist, sich jeden Monat ändert.« Nachdem Corn dem Präsidenten vorgeworfen hatte, große Worte, aber wenig konkrete Vorschläge gemacht zu haben, faßte er seine Bewertung mit folgender Metapher zusammen: »Er denkt, daß er ein Orchester dirigiert, aber in Wirklichkeit führt er uns bloß ein Duo mit Flöte und Banjo vor.« Während Seib für das politisch konservative *Wall Street Journal* arbeitet, schreibt Corn für die eher als liberal geltende Zeitung *The Nation*. Aber die Kritikkultur vereint scheinbar oppositionelle Wortführer, die angeblich für Ausgewogenheit sorgen, in der höhnischen Haltung gegenüber dem Präsidenten und seiner Rede.

Seib merkte auch an, daß diese Rede interessant war, weil sie ein Thema hatte, nämlich das Thema Bildung. »Alles in allem«, erklärte er, »hat diese Rede gezeigt, wie gut Bill Clinton die Stimmung im Lande kennt, denn das Thema Bildung ist genau das, was man herauspicken sollte, wenn man sich die Meinungsumfragen der letzten zwei oder drei Jahre anschaut.« Indem die Ansprache durch die Brille der politischen Strategie betrachtet wird, verwandelt sich das Lob für die Auswahl eines Themas, das den Bürgern am Herzen liegt, in den Vorwurf politischer Manipulation und Unaufrichtigkeit. Es ist wie bei Kindern, die etwas Nettes sagen und dabei heimlich die Finger auf dem Rücken kreuzen.

Dann erinnerte Bill Kristol vom *Weekly Standard* die Diskussionsgruppe daran, daß Clinton versucht hatte, ein »großes Thema« in Angriff zu nehmen: die Reform des Gesundheitswesens. Er fragte: »Gibt es derzeit keine anderen großen Themen? Muß sich der Präsident der Vereinigten Staaten der Aufgabe widmen, die Lesefähigkeiten von Viertkläßlern zu verbessern?« Eine weitere faszinierende und subtile Form der Kritik. Kristol benutzte ein rhetorisches Mittel namens »Synekdoche« – das Ersetzen eines Begriffs durch einen engeren oder weiteren Begriff: Indem er das wichtige Thema Bildung durch ein scheinbar triviales Teilelement der Erziehung – »die Lesefähigkeiten von Viertkläßlern« – ersetzte, ließ er das gesamte Thema trivial erscheinen.

Die Diskussion drehte sich weiter um die Frage, weshalb der Präsident keine »großen Themen« in seiner Rede aufgegriffen hatte, und Kristol kommentierte: »Wenn man in die Vergangenheit schaut... Teddy Roosevelt kümmerte sich persönlich um die Trusts; Eisenhower baute das Autobahnnetz; sogar Reagan hat das Militär verdoppelt. Große Präsidenten zeichnen sich durch große Taten aus.« Die Gastgeberin der Sendung, Diane Rehm, wies darauf hin, daß derartige Maßnahmen den Einsatz großer finanzieller Mittel verlangten, was die derzeitige Haushaltslage verbiete. Kristol antwortete:

Nun ja, es gibt zahlreiche große Debatten, die keine Haushaltsdebatten sind. Aber ich stimme zu, das ist... Bill Clinton will in der politischen Mitte stehen, in der lebendigen Mitte, wie er es nennt, was sich jedoch leicht als ... langweiliges Mittelmaß entpuppen könnte [lacht]. Daraus mache ich ihm keinen Vorwurf. Es ist zweifellos eine kluge Strategie für eine Wiederwahl, und es ist der Standpunkt, den die meisten Amerikaner erklärtermaßen einnehmen. Aber es bedeutet, daß man nicht wagemutig ist. Er hat in dieser Rede zur Lage der Nation keine heißen Eisen, keine großen Streitthemen angepackt. Große Präsidenten sind große Kämpfer. Clinton fällt nicht in diese Kategorie ... Er wird nicht von sich aus für etwas Großes streiten, wenn es sich vermeiden läßt.

Dieses kurze Statement, das (wie wir bedenken sollten) aus dem Stegreif in einer lockeren Diskussionsrunde abgegeben wurde, offenbart viele der Annahmen, die unserer derzeitigen Herangehensweise an die Politik zugrundeliegen. Kristol räumt ein, daß »die Mitte« derjenige Ort ist, an dem die meisten Amerikaner stehen, aber er wertet diesen Standpunkt als »langweiliges Mittelmaß« ab. Wann wird Politik danach bewertet, ob sie langweilig ist oder nicht – im Gegensatz zu, sagen wir, ob sie gut für das Land ist oder nicht? Wenn Nachrichten als Unterhaltung und Politik als Zuschauersport empfunden werden.

Noch faszinierender ist die Annahme, die der Bemerkung zugrundeliegt, daß der Präsident in seiner Rede zur Lage der Nation »keine großen Streitthemen angepackt« habe. Kristol wies darauf hin, daß der Präsident das Thema Abtreibung, Rassenkonflikte oder Affirmative Action hätte aufgreifen können, es jedoch nicht tat:

> Abgesehen von einer vagen Bemerkung über die Heilung des Rassenkonflikts, ließ er das Thema links liegen. Auch das werfe ich ihm nicht vor; es ist nur auffällig, daß er keines der großen kontroversen Themen in Angriff nahm, die unsere Nation spalten.

Wenn man die Rede zur Lage der Nation als eine Gelegenheit für den Präsidenten sieht, sich mit allen Bürgern des Landes zu verbinden, klingen diese Kommentare sehr merkwürdig. Daß der Präsident bei der Rassenfrage auf die Heilung einer schmerzlichen Spaltung abzielt, erscheint angemessen, sogar bewundernswert. Statt dessen wird es negativ mit der Inangriffnahme »großer kontroverser Themen« verglichen, was impliziert, daß die Aufrührung von Konflikten bewundernswerter sei als deren Heilung. Am interessantesten ist die Formulierung »große kontroverse Themen«. Die beiden Adjektive werden zusammengestellt, als wären sie von Natur aus miteinander verbunden. Aber müssen große Themen zwangsläufig kontroverse Themen sein? Der Vorwurf, daß jemand, der die Rassenthematik ausschließlich unter dem Aspekt des Heilens betrachtet, versagt habe, weil er diese Frage nicht als »großes kontroverses Thema in Angriff nimmt«, suggeriert, daß man der Problematik ausweicht, wenn man sich bemüht, den Konflikt zu heilen.

Kristols Vorwurf, daß Präsident Clinton keine »großen kontroversen Themen« angepackt habe, spiegelt eine Entwicklung wider, die Senator Howell Heflin beklagt: »Die Konzentration auf entzweiende Themen hat zu einer tiefen Entfremdung geführt und uns immer weiter auseinandergetrieben.« Dadurch werde es immer schwerer, so Heflin, das Ziel einer von beiden Parteien getragenen Politik zu erreichen, was unabdingbar für die Führung des Landes sei. Kristols Bemerkungen ergeben nur im Kontext der Streitkultur einen Sinn, in der die Bedeutung eines Themas am Grad der feindseligen Polarisierung gemessen wird.

Seib erklärte, vielleicht in dem Versuch, unparteiisch zu sein: »Auch die Republikaner weichen einem echten Streit aus.« Die Gastgeberin stimmte ihm zu: »Alle wollen, daß es ruhig und friedlich zugeht, keiner will sich Ärger einhandeln.« Kristol bestärkte den Punkt: »Nichts als Platitüden.« Diese Umformulierung impliziert, daß die Alternative zum Streit nicht ein Kompromiß im konstruktiven Sinn ist, sondern »Platitüden« – leere Worte ohne Substanz.

Dann sagte Bill Kristol:

Ich will Ihnen ein Beispiel nennen. Wir hätten gestern abend zum Beispiel eine interessante Auseinandersetzung über ein Verbot von geburtseinleitenden Schwangerschaftsabbrüchen erleben können – ein hochemotionales, brisantes Thema, das die beiden Parteien eindeutig spaltet. Präsident Clinton hatte offenbar nichts darüber zu sagen, aber J.C. Watts, der für die Republikaner sprach, hatte auch nichts darüber zu sagen.

Dieser Kommentar ist zwar ausgewogen, weil er sowohl den Präsidenten als auch den republikanischen Gegenredner kritisiert, aber er ist schwindelerregend im Hinblick auf die Annahmen, die er offenbart. In der vorangegangenen Diskussion schien »ein großer Streit« zu bedeuten, daß man »über ein großes Thema streitet«. Jetzt erklärt Kristol, daß die Möglichkeit bestanden hätte, einen »großen Streit« über das Verbot von »geburtseinleitenden Abbrüchen« zu führen (ein mißverständlicher Begriff, der sich auf Abbrüche in fortgeschrittenen Stadien der Schwangerschaft bezieht). In welchem Sinn ist das ein großes Thema? Sicher nicht in dem Sinn, daß es ein großes, allgemeines Problem ist, das die gesamte Nation betrifft. Solche großen Themen sind das Haushaltsdefizit, die Krise im Gesundheitswesen, die Zukunft der Sozialversicherung und anderer »Sozialleistungen«, Fragen des Welthandels oder des internationalen Terrorismus oder auch die sich vertiefende Kluft zwischen arm und reich. Man könnte sogar argumentieren, daß die Abtreibungsfrage für weite Kreise der Bevölkerung von großer Bedeutung ist. Aber die sogenannten »geburtseinleitenden Abbrüche« machen nur einen winzigen Bruchteil der durchgeführten oder beantragten Abbrüche aus. Es ist mit anderen Worten nicht deshalb ein »großes kontroverses Thema«, weil es sehr wichtig, sondern weil es sehr kontrovers ist. Es ist nicht in dem Sinne ein »großer Streit«, daß er besonders bedeutsam ist, sondern nur in dem Sinne, daß er besonders erbittert und emotional geführt wird.

Wie um alles in der Welt kann man auf die Idee kommen, daß die Kontroverse um späte Schwangerschaftsabbrüche ein angemessenes Thema für die Rede zur Lage der Nation sein könnte? Die einzige Antwort ist, daß es »ein hochemotionales, brisantes Thema [ist], das die beiden Parteien eindeutig spaltet«. Als Kristol sagte: »Wir hätten gestern abend zum Beispiel eine interessante Auseinandersetzung über das Verbot von geburtseinleitenden Schwangerschaftsabbrüchen erleben können«, meinte er »Auseinandersetzung« eindeutig im Sinn von Streit und nicht im Sinn von ernsthafter Beschäftigung mit einem Thema – und mit »interessant« meinte er »eine gute Show« und nicht, daß man Licht in eine Sache bringt oder zu neuen Einsichten gelangt und ganz sicher nicht, daß die Gesellschaft der Lösung großer Probleme näherkommen könnte.

Die Gastgeberin der Talkshow wies darauf hin, daß sich der Präsident auf Themen konzentriert habe, die so allgemein waren, daß sich möglichst viele Bürger beider Parteien angesprochen fühlen konnten. Dieser Versuch, die Menschen zusammenzubringen, anstatt sie zu spalten, entspreche anscheinend den Bedürfnissen der Bürger und denen des Landes. Auf diesen Punkt wies auch die Journalistin Susan Page hin:

Page: Aus Sicht der Presse ist es nicht besonders reizvoll, wenn alle freundlich miteinander umgehen, aber aus Sicht konkreter Gesetzgebungen…

REHM: Und aus Sicht der allgemeinen Öffentlichkeit…

PAGE: … ist es vermutlich das, was die Öffentlichkeit will, und es könnte tatsächlich dazu beitragen, daß man in der Haushaltsdebatte zu einer Einigung gelangt ebenso wie im Hinblick auf bestimmte soziale Reformen und einige weitere Themen, die auf der Tagesordnung des Kongresses stehen.

Behalten wir die Äußerungen dieser erfahrenen Journalisten im Gedächtnis und wenden uns noch einmal der Diskussion zu, die in *Talk of the Nation* geführt wurde. Eine Anruferin machte deutlich, daß sie nicht nur die bloße Tatsache einer Gegenrede bedenklich fand, sondern den allgemeinen Tenor der Berichterstattung, der auf solche öffentlichen Ansprachen folgt:

> Worum es mir geht, ist folgendes: Ich höre solche Reden jetzt seit mehr als fünfzig Jahren. Was mich heute daran stört, ist, daß uns nicht gestattet wird, uns inspirieren oder begeistern zu lassen, und dabei spielt es keine Rolle, welche Partei gerade an der Macht ist, denn noch bevor der Applaus verklungen ist, sagt man uns, was alles falsch und schlecht an der Rede war – daß sie langweilig oder zu lang oder nicht inspirierend oder zu inhaltsleer gewesen sei … Und ich finde, das untergräbt den Respekt, den diese Dinge verdienen.

Die Anruferin beschreibt eine unbeabsichtigte, aber besorgniserregende Wirkung der Kritikkultur: Sie macht es schwer, wenn nicht unmöglich, respektvoll auf feierliche Anlässe zu reagieren, und hat den kumulativen Effekt, daß auch der Respekt für Personen, die öffentliche Ämter bekleiden, untergraben wird.

Der nächste Anrufer vertrat eine ähnliche Meinung:

> Ich rufe an, weil mir der skeptische Ton der Berichterstattung auffällt. Als Bürger dieses Landes freue ich mich auf jedes einzelne Wort, das der Präsident sagen wird, vor allem weil er einer der mächtigsten Männer der Welt ist. Ich glaube, daß eine umfassende Würdigung der Rede ungeheuer wichtig für das ganze Land ist … Der Präsident – unser gewähltes Staats-

oberhaupt – und seine Amtszeit im Weißen Haus sind von enormer Bedeutung. Wenn in anderen Teilen der Welt jemand eine Ansprache dieser Art hält, dauert es normalerweise sehr viel länger, und die Leute halten weitschweifige, bombastische Reden…

Weil so viele Institutionen in unserem Land in Frage gestellt werden, entweder von den Medien oder von der öffentlichen Meinung, entsteht, glaube ich, der Eindruck, daß man auch jedes Wort des Präsidenten in Frage stellen sollte. Mein Vorschlag ist – laßt uns einfach hören, was der Mann zu sagen hat, ohne seine Worte vorher oder nachher auf parteiische Weise zu deuten oder überhaupt irgendwie Partei zu ergreifen. Laßt uns die Rede als Ganzes und in ihrer vollen Bedeutung würdigen, und zwar in unserer gemeinsamen Rolle als Bürger dieses Landes.

Was bei diesen Kommentaren durchklingt, ist der Wunsch der Bürger, daß man ihnen erlaubt, den Präsidenten als Präsidenten zu sehen, und nicht als einen Politiker, Wahlkämpfer oder Wortführer einer Partei, der auf Schritt und Tritt vom Wortführer einer anderen Partei bekämpft wird. Diese Anrufer bitten um eine Atempause von der Streitkultur.

Welche Form könnte diese Atempause annehmen? Es wäre sinnlos zu fordern, daß Fernseh- und Radiosender auf die Ausstrahlung sofortiger Gegenreaktionen auf öffentliche Ansprachen verzichten, aber sie könnten ein breiteres Spektrum an Reaktionen anbieten. Anstatt oder ergänzend zu einer gegnerischen Stellungnahme und journalistischen Kritik könnte man zum Beispiel Kommentare und Analysen von Historikern, Politikwissenschaftlern oder anderen Experten anbieten, die den Kontext der Ansprache aus ihren unterschiedlichen Perspektiven beleuchten, erklären und erweitern.

Eine außer Kontrolle geratene Opposition:
Schmutzige Tricks

Das amerikanische Zwei-Parteien-System – und Wahlen im allgemeinen – sind von ihrem Wesen her adversativ. Aber die Opposition muß sich an bestimmte Regeln halten, weil andernfalls die Dinge außer Kontrolle geraten. Der Politikwissenschaftler Larry Sabato und der Journalist Glenn Simpson haben die amerikanische Politik gründlich unter die Lupe genommen. Sie kommen zu dem Ergebnis – und belegen es in ihrem Buch *Dirty Little Secrets* –, daß die politische Korruption in Amerika heute schlimmer ist als zur Zeit von Watergate.

Laut Sabato und Simpson stimmen politische Entscheidungsträger gewohnheitsmäßig auf eine Weise überein, die von Vorteil für jene Gruppen ist, die ihren Wahlkampf mit hohen Spenden unterstützt haben. Wahlen werden immer häufiger manipuliert, indem man Tote und Haustiere per Briefwahl ebenfalls abstimmen läßt. Religiöse Führer oder Leiter von Minderheitsgruppen werden mit »Ghettogeldern« dazu ermuntert, für den demokratischen Kandidaten zu stimmen. Und es gibt auch den umgekehrten Druck: Der politische Berater Ed Rollins brüstete sich damit, daß die Wahlkampfstrategen der republikanischen Gouverneurskandidatin Christine Todd Whitman Bestechungsgelder an schwarze Prediger gezahlt hätten, damit sie ihre Gemeinden nicht zur Teilnahme an der Wahl aufforderten. (Er nahm diese Behauptung dann zunächst zurück, bekräftigte sie aber später in seinen Memoiren.)

Bei sogenannten Wahlkampfumfragen (die in diesem Fall außer dem Wort »Umfrage« nichts mit einer repräsentativen Erhebung zu tun haben) werden Leute dafür bezahlt, daß sie unter dem Deckmantel der Meinungsforschung beleidigende Anspielungen oder glatte Lügen über einen politischen Gegner verbreiten. So riefen solche unechten »Meinungsforscher« zum Beispiel bei zahlreichen Wählern zu Hause an und erkundigten sich inmitten einer Reihe von Fragen, die ganz nach einer seriösen Erhebung klangen, ob es ihre Wahlentscheidung beeinflussen würde, wenn sie wüßten, daß der republikanische Kandidat Rick Bennett sein Ausbildungsdarlehen nicht zurückgezahlt habe (was eine glatte Lüge war). In Alaska riefen unechte Meinungsforscher die Wähler zu Hause an und erzählten ihnen, Tony Knowles, der demokratische Bewerber um das Gouverneursamt, setze sich dafür ein, daß Homosexuelle heiraten und Kinder adoptieren dürften. (Ebenfalls eine Lüge.) Anschließend fragten sie: »Inwiefern wirkt sich dieses Wissen auf Ihre Entscheidung aus? Erhöht oder verringert es die Wahrscheinlichkeit, daß Sie Tony Knowles wählen?« Die Kandidaten stellten fest, daß die bloße Anschuldigung ausreichte, um ihnen zu schaden, auch wenn man nachweisen konnte, daß sie falsch war. Wenn die Politiker eine Pressekonferenz abhielten, um den Vorwurf zu widerlegen, führte dies lediglich dazu, daß sich der Vorwurf bei den Wählern verfestigte, die sich an das Prinzip hielten: »Wo Rauch ist, ist auch Feuer«. Außerdem werden diese »Umfragen« häufig unmittelbar vor dem Wahltermin veranstaltet, so daß den Beschuldigten, selbst wenn sie es wollen, kaum Zeit für eine Gegendarstellung bleibt.

Die steigende Beliebtheit von emotionsbesetzten Reizthemen, die die Wählerschaft spalten und beeinflussen (unabhängig von der Relevanz des Themas oder von der Frage, ob die Amtsinhaber überhaupt irgendeinen Einfluß darauf haben), hat zu zahlreichen, von ultrarechten Gruppen finanzierten »Umfragen« geführt, in denen dem politischen Gegner nicht nur nachgesagt wird, daß er Homosexuelle unterstütze, sondern daß er selbst homosexuell sei. Sabato und Simpson berichten, daß 1994, bei der Wahl in Minnesota, die Bürger am Abend vor der Wahl mit Anrufen bombardiert und gefragt wurden: »Würde es Ihre Entscheidung beeinflussen, wenn Sie wüßten, daß Annie Wynia lesbisch ist?« Laut Sabato und Simpson wurde dieselbe Taktik gegen den amtierenden demokratischen Kongreßabgeordneten Eric Fingerhut eingesetzt. Beide Kandidaten waren heterosexuell. Beide verloren die Wahl.

Der Einsatz von Reizthemen ist aufhetzend, unfair und beruht in Fällen wie diesen auf glatten Lügen. Aber am destruktivsten ist vielleicht der Ablenkungseffekt: Die Reizthemen lenken die

Aufmerksamkeit von den realen Problemen und von potentiellen Lösungen ab. Die Autoren E.J. Dionne, Jr., Stephen Hess und Thomas E. Mann vom Brookings Institute zitieren einen Gingrich-Mitarbeiter und republikanischen Wahlkampfberater namens Joseph Gaylord, der Kandidaten empfahl, allen Themen auszuweichen, die den Wählern besonders am Herzen liegen, weil »wichtige Themen meist von begrenztem Wert sind«. Zur Untermauerung seiner Ansicht beruft auch Gaylord sich auf die Willie-Horton-Anzeigen, »weil sie deutlich machen, wie nützlich ein ›winziges Detail‹ im Kampf gegen den Gegner sein kann«. Die Brookings-Autoren folgern: »Gaylords gesammelte Wahlkampftips lassen den Schluß zu, daß die häufig beklagten Entwicklungen in der Politik nicht nur den Köpfen einiger besonders bösartiger Intriganten entspringen, sondern *kennzeichnend* für das System des modernen politischen Wahlkampfes sind.«

Wie Sabato und Simpson aufzeigen, ist zwar die Verbreitung von Gerüchten über den politischen Gegner und der Einsatz jeder verfügbaren Negativinformation nichts Neues, aber was sich in den 90er Jahren entwickelt hat, ist eine systematische, unermüdliche und umfassend finanzierte Anstrengung zum Aufspüren von immer persönlicheren, abstruseren und irrelevanteren Informationen, mit denen man einen Gegner anschwärzen kann. Gerechtfertigt wird diese Praxis mit dem Interesse am Charakter, der zweifellos eine große Rolle spielt. Aber in die Kategorie »Charakter« läßt sich praktisch jedes beliebige Thema hineinstopfen, und in den letzten Jahren konzentriert sich die Charakterfrage nahezu ausschließlich auf persönliche Schwächen, während alle Persönlichkeitsaspekte, die einen direkten Bezug zur politischen Arbeit haben, unerwähnt bleiben. Wie Dionne, Hess und Mann es formulieren: »Wir konzentrieren uns immer mehr auf Sex und Geld und immer weniger auf feste Überzeugungen, das Engagement für das Allgemeinwohl oder Führungsfähigkeiten.« Zur Ergründung der Charakterfrage stochert man in den intimsten Winkeln des Privatlebens herum, gräbt Schulzeugnisse aus, fahndet nach Verkehrsverstößen und sucht nach früheren Adressen, was die Ermittler in die Lage versetzt, ehemalige Nachbarn zu befragen und alles ans Licht zu zerren, was den politischen Gegner diffamieren könnte.

Sabato und Simpson ermitteln drei Gründe für den exponentiellen Anstieg dieser Art von Oppositionsforschung. Erstens steht die notwendige Technik zur Verfügung: Dank Computerdatenbanken kann ein Forscher zahllose Informationen ausgraben, ohne seinen Schreibtisch verlassen zu müssen. Zweitens steht das notwendige Geld zur Verfügung: Die Kosten für Wahlkämpfe haben schwindelerregende Höhen erreicht, und Kandidaten sind der Ansicht, daß sie das Geld, das sie so mühsam aufgetrieben haben, auch nutzen müssen. Drittens gibt es einen Schneeballeffekt: Jede Seite ist überzeugt, daß der Gegner diese Taktiken einsetzen wird, also muß man genauso handeln, um nicht zu verlieren. Als weiteren Faktor ermitteln die Autoren schließlich auch »eine wachsende Bösartigkeit in der amerikanischen Politik«. Und vielleicht ist das der Schlüssel. Denn es ist nicht nur die wachsende Bösartigkeit in der Politik, sondern die wachsende Bösartigkeit des Denkens und Handelns im gesamten öffentlichen Diskurs – was ich als Streitkultur bezeichne –, die sowohl den Willen zur Erzeugung dieses neuen schmutzigen Produkts als auch den Markt dafür schafft.

Ein weiteres Beispiel, das Sabato und Simpson beschreiben, zeigt, wie die Streitkultur in unterschiedlichen Institutionen verwickelte Netze webt, in denen Personen des öffentlichen Lebens sich verfangen. Als der republikanische Millionär Bruce Benson sich um das Gouverneursamt von Colorado bewarb, klagte ein lokaler Fernsehsender auf die Veröffentlichung von versiegelten Dokumenten, die mit seiner Scheidungsvereinbarung zusammenhingen. Zu den destruktivsten Informationen, die sich in den Unterlagen fanden, gehörte die von seiner früheren Frau vorgetragene Behauptung, ihr Mann habe gedroht, sie umzubringen. Die *Rocky Mountains News* kam letzten Endes zu dem Schluß: »Im Rückblick erscheint die angebliche Morddrohung als besonders hartgesottene Taktik des Scheidungsanwalts von Nancy Benson, der selbst nachdrücklich betont, daß es in der langen Ehe zu keinem Zeitpunkt zu Mißhandlungen gekommen ist.« Mit anderen Worten, in einem Scheidungskrieg, insbesondere in einem, bei dem es um zigmillionen Dollar geht, bringen Ehepartner mitunter extreme Anschuldigungen vor, um sich eine gute Ausgangsposition und genügend Spielraum beim Kampf um vorteilhafte finanzielle Regelungen zu verschaffen. Die Anschuldigungen werden in die öffentlich zugänglichen Informationssammlungen aufgenommen und können abgerufen und gegen potentielle Gegner eingesetzt werden. (Das Mitgefühl für Benson wird übrigens dadurch gedämpft, daß Sabato und Simpson über schmutzige Tricks berichten, die er im Wahlkampf gegen seinen demokratischen Gegenkandidaten einsetzte.) Dieses Beispiel zeigt, wie ein wachsender Agonismus in einem Bereich des öffentlichen Lebens auf einen anderen übergreift und die gegnerische Haltung in einem dritten Bereich verschärft.

Nicht nur das Material, das in Gerichtsprozessen zutage gefördert wird, kann für schmutzige Tricks verwendet werden, auch Prozesse als solche lassen sich als Mittel zur Schwächung des Gegners benutzen. Politische Aktivisten, die Präsident Clinton aus dem Amt hebeln wollten, ermutigten Paula Jones zu ihrer Klage und finanzierten ihre Bemühungen. Da der Supreme Court die Klage in der Amtszeit des Präsidenten zugelassen hat, wird es eine enorme Versuchung für Oppositionsgruppen sein, Zivilklagen gegen den Präsidenten oder andere gewählte Beamte der gegnerischen Partei anzustrengen.

Skandale, Gerichtsprozesse und Ermittlungen

Die schmutzigen Tricks, die ich gerade beschrieben habe, scheinen in erster Linie auf die staatliche Ebene zu zielen, doch wird die gesamte Öffentlichkeit von ihnen berührt und begegnet ihnen zum Beispiel in Gestalt der Whitewater-Affäre. In einem Buch, das die Ursachen des Skandals offenlegt, zeigt Gene Lyons auf, daß die Whitewater-Untersuchung »das Ergebnis einer der gehässigsten und erfolgreichsten politischen Schmutzkampagnen in der jüngeren Geschichte Amerikas« ist.

Trudy Lieberman legt in einem Beitrag des *Columbia Journalism Review* dar, daß die Mainstream-Medien – Zeitungen, Network-Nachrichten und CNN – die meisten Whitewater-Tips direkt von einer Organisation mit dem irreführenden Namen »Citizens United« (Vereinigte Bürger) erhielten, bei der es sich in Wahrheit um eine Unternehmung der Republikaner handelt. An der Spitze der Organisation steht ein Mann namens David Bossie, ein offizieller Wahlkampfberater der republikanischen Präsidentschaftskandidaten von 1988 und 1992. Lieberman verweist auf einen interessanten Aspekt: »Sein Chef, Floyd Brown, leitete den Wahlkampf für Dole im Mittelwesten, ist aber vor allem bekannt für die Herstellung des Willie-Horton-Werbespots, der dazu beitrug, die Präsidentschaftsambitionen des Demokraten Michael Dukakis zu untergraben.« Was ist daran interessant? So wie William Horton noch abstoßender gemacht wurde, indem man seinen Vornamen in »Willie« abwandelte, wurde auch der Spitzname »Slick Willie«, den man einsetzte, um den Charakter von William Jefferson Clinton zu verunglimpfen, ursprünglich von Brown in die Welt gesetzt, der im Präsidentschaftswahlkampf von 1992 ein Buch mit diesem Titel schrieb und veröffentlichte.

Das Thema Whitewater führt unweigerlich zum unabhängigen Rechtsberater; dieser Sonderermittler ist (ebenso wie der Geist der Kritik) ein Vermächtnis der politischen Wasserscheiden von Watergate und Vietnam, die sowohl Journalisten als auch Bürger davon überzeugten, daß Regierungsangehörige dazu neigen, Dinge zu verheimlichen, die Öffentlichkeit in die Irre zu führen und durch Lügen zu täuschen. Das Gesetz zum unabhängigen Rechtsberater, das im Kielwasser von Watergate verabschiedet wurde, schreibt vor, daß der Generalstaatsanwalt einen unabhängigen Ermittler ernennen muß, wenn es Hinweise auf ein kriminelles Verhalten bei hochrangigen Vertretern der Exekutive gibt. Der erste Sonderermittler wurde 1972 ernannt und damit beauftragt, die Vertuschung des Watergate-Skandals zu untersuchen. Dieser ungewöhnliche Schritt wurde für notwendig erachtet, weil der (später bestätigte) Verdacht bestand, daß Mitglieder des Justizministeriums (einschließlich des Justizministers, gegen den am Ende Anklage erhoben wurde) direkt in die zu untersuchenden Ereignisse verwickelt waren. Aber wie so viele andere Vermächtnisse von Watergate ist die Praxis außer Kontrolle geraten und uns auf Zauberlehrlingsart über den Kopf gewachsen.

In einem Beitrag des *Washingtonian* vom April 1997 beschrieb Kim Isaac Eisler die »amoklaufende Sonderermittlungsmanie« und wies darauf hin, daß man bis zu diesem Zeitpunkt nicht weniger als 17 unabhängige Ermittlungsverfahren durchgeführt hatte, von denen zehn ohne Anklageerhebung eingestellt wurden. Kurze Zeit später endete ein fast dreijähriges Sonderermittlungsverfahren gegen den früheren Landwirtschaftsminister Mike Espy mit einer Anklage, in der ihm vorgeworfen wurde, unangemessene Geschenke im Wert von 35458 Dollar angenommen zu haben, zum Beispiel Eintrittskarten im Wert von 90 Dollar für ein Basketballspiel. (Im Gegensatz dazu kostete die Untersuchung den Steuerzahler fast neun Millionen Dollar.) Da diesen Ermittlungen keine natürlichen Grenzen gesetzt sind, haben sie die Neigung, in unvorhergesehene Richtungen zu laufen und sich endlos in die Länge zu ziehen – wie zum Beispiel im Fall des ehemaligen Ministers für Wohnungswesen und Städtebau Samuel Pierce, gegen den, wie Eisler anmerkt, »noch zehn Jahre später« ermittelt wurde, als sich kaum noch jemand erinnerte, um welche Anschuldigungen es eigentlich ging.

Eines dieser Sonderermittlungsverfahren befaßt sich mit Whitewater. Wie Jeffrey Rosen in einem Artikel des *New York Times Magazine* feststellt, hat die Whitewater-Untersuchung von Kenneth Starr die Befürchtungen bestätigt, die Antonin Scalia, Richter am Supreme Court, zum Ausdruck brachte. Scalia hatte davor gewarnt, daß solche »Ermittlungen die hydraulische Tendenz haben, sich weit über die Grenzen ihres ursprünglichen Auftragsbereichs auszubreiten«, und daß man niemanden zur Rechenschaft ziehen kann, wenn sich herausstellt, daß sie übereifrig, unfair oder hirnverbrannt waren. Die Whitewater-Untersuchung wird von einem Mann geleitet, der in der Tat unabhängig von der demokratischen Regierung ist, dafür aber ein prominenter Republikaner, der für seine feindselige Haltung gegenüber dem Präsidenten bekannt ist; nach dem Stand von Juni 1997 haben die Steuerzahler bislang 28 Millionen Dollar gezahlt, um ein Immobiliengeschäft im Wert von 300000 Dollar untersuchen zu lassen, das Jahre vor Amtsantritt des Präsidenten stattfand.

Larry Sabato bezeichnet die Skandale als »Fahrstuhlmusik der amerikanischen Politik« und fängt damit treffend die Allgegenwärtigkeit der Skandale und die Gleichgültigkeit der Öffentlichkeit ein. Dennoch ist es ein allzu milder Vergleich. Hinter den Kulissen zehren die Skandale und die damit verbundenen Untersuchungen an öffentlichen Mitteln, öffentlichen Energien und an der Zeit und Aufmerksamkeit sowohl von Journalisten als auch von gewählten Politikern (ganz zu schweigen von privaten Bankkonten; laut Rosen schulden die Clintons ihren Anwälten in Folge dieser Ermittlungen mehr als 2,5 Millionen Dollar). Das öffentliche Interesse an Whitewater ist gering, aber die Untersuchung rollt polternd weiter und hält 25 Anwälte – auf Kosten der Steuerzahler – in Trab.

Und während Fahrstuhlmusik dezent im Hintergrund bleibt, drängen sich Skandale rücksichtslos in den Vordergrund. Jede Whitewater-Geschichte verdrängt eine substantiellere Nachricht von den Titelseiten und vielleicht ganz aus den Meldungen. (Laut James Fallows wurden 1994 doppelt so viele Berichte über Whitewater wie über Clintons Vorschläge zur Gesundheitsreform veröffentlicht.) Am 27. Mai 1997 nahm Präsident Clinton gemeinsam mit allen europäischen Staatsoberhäuptern an einem historischen Treffen teil, in dem das erste Abkommen über Sicherheit und Zusammenarbeit zwischen Rußland und der Nato unterzeichnet wurde. Die Titelseiten aller großen europäischen Zeitungen brachten Fotos von den versammelten Staatsoberhäuptern. Die Titelseiten der amerikanischen Zeitungen brachten Fotos von Paula Jones. Die Bürger Europas wurden dazu angeregt, über die Bedeutung globaler Beziehungen und über den Platz ihres Landes in der Völkerfamilie nachzudenken. Man kann sich unschwer vorstellen, zu welchen Gedanken die Bürger Amerikas angeregt wurden.

Watergate gelangte ans Licht der Öffentlichkeit, weil ein Sicherheitsbeamter zufällig einen Einbruch entdeckte. Die meisten unserer derzeitigen Skandale und damit verbundenen Untersuchungen resultieren aus dem Zusammenspiel einer konzertierten

Oppositionsausforschung auf seiten der politischen Akteure und der Überzeugung von Journalisten, daß Skandale die Öffentlichkeit mehr interessieren als andere aktuelle Ereignisse. Meinungsumfragen bei Fernsehzuschauern bestätigen diese Annahme. Aber Skandale haben einen paradoxen Effekt auf das Wählerinteresse: Obwohl sich viele Menschen von Skandalgeschichten angezogen fühlen, hat das Nonstop-Bombardement ihre Reaktionen abgestumpft. Bill Clinton wurde trotz Whitewater und anderer Skandale mühelos wiedergewählt, und Meinungsumfragen bescheinigen ihm regelmäßig eine hohe Beliebtheitsrate. Aber das heißt nicht, daß Skandale überhaupt keinen Effekt hätten. Sie tragen zu einem allgemeinen Zynismus bei, der die Wahlbeteiligung senkt. Bürger halten Politiker beider Parteien für genauso korrupt, murren achselzuckend: »Hol die Pest eurer Häuser beide!« – und bleiben am Wahltag zu Hause.

Die politische Kommentatorin und *Washington Post*-Redakteurin Meg Greenfield machte den scherzhaften (na ja, vielleicht nicht ganz scherzhaften) Vorschlag, daß die Seminare, die man frischgebackenen Kongreßabgeordneten anbietet, auch Trainingskurse für den richtigen Umgang mit Ermittlungsverfahren umfassen sollten, da die Wahrscheinlichkeit groß ist, daß Kongreßmitglieder zu irgendeinem Zeitpunkt damit konfrontiert werden: Falls sie es nicht mit richtigen »Cops« in Gestalt von »FBI-Agenten, Staatsanwälten oder anderen Vertretern von Strafrechtsbehörden zu tun bekommen«, dann doch zumindest mit »Kongreßermittlern, ministeriellen Ethikbeauftragten, kritischen Reportern oder Zeugenvorladungen übermittelnden Zivilrechtsanwälten, die dank einer Ära, in der immer mehr Oppositionspolitiker und investigative Journalisten auf Beutezug sind, für die Rechte einer frustrierten, unterdrückten oder bloß prozeßwütigen Klientel streiten«. Die Frage, die sich dabei stellt, ist: Wer kandidiert noch für ein öffentliches Amt, wenn sich dieser Trend verstärkt?

Ein weiterer Preis, den die Öffentlichkeit bezahlt, macht sich nicht unmittelbar bemerkbar, ist aber genauso unheilvoll. In Anbetracht immer weiter um sich greifender Ermittlungsaktivitäten wagen Politiker häufig nicht mehr, Tagebücher zu führen oder sich auch nur detaillierte Notizen zu machen, weil sie Angst haben, unter Strafandrohung zur Auslieferung ihrer Unterlagen gezwungen zu werden. Es ist beunruhigend, wenn man darüber nachdenkt, wie es um die Aussichten von Historikern bestellt ist, die sich um ein Verständnis unserer Epoche bemühen und feststellen müssen, daß sich niemand getraut hat, niederzuschreiben, was er erlebt, beobachtet oder gedacht hat.

Unter Beschuß regieren

In der Kritikkultur ist jeder Fehltritt eine Nachricht wert – und wer geht schon durchs Leben, ohne ein einziges Mal zu stolpern? Ein Journalist, der zum Objekt heftiger Medienkritik wurde, hatte Gelegenheit, einmal aus erster Hand zu erfahren, was für Politiker mittlerweile zum Alltag geworden ist. Als der *Newsweek*-Kolumnist und CBS-Kommentator Joe Klein eingestand, der anonyme Autor von *Primary Colours*, einem Schlüsselroman über die Clintons, zu sein, stand er im Mittelpunkt eines lebhaften Medieninteresses. Teil dieser Aufmerksamkeit war die lautstarke Kritik von Kollegen, die sich darüber empörten, daß er die Autorenschaft wiederholt und energisch bestritten hatte. Klein beschrieb die Berichterstattung, die auf sein Eingeständnis folgte, mit Ausdrücken wie »eine bösartige, geistlose, unangemessene Attacke«, eine »fanatische, blutrünstige, hirnrissige Beschäftigung mit einer Banalität«, »rüde und häßlich«, »eine Inquisition«. Die Erfahrung gab ihm eine ungefähre Vorstellung davon, wie es sich anfühlt, im Zentrum eines gnadenlosen journalistischen Jagd- und Angriffseifers zu stehen. In einer Kolumne, die er im Anschluß an seine Bloßstellung verfaßte, beschrieb Klein seine Erfahrung:

Der einsetzende Wirbel war unglaublich. Nicht nur die Pressekonferenz, bei der ich mir wie ein Affe im Zoo vorkam – das war zu erwarten. Aber auch das endlose Geplapper und Gekrittel und dogmatische Abkanzeln meiner Taten in Radio und Fernsehen. Die Interviewanfragen. Der Zwang, mich mit all den verantwortungsbewußten Journalisten herumzuschlagen, die »tiefschürfende« Artikel schrieben. Die Notwendigkeit, mich wegen »Larry King« zu rechtfertigen und Strategien für mein weiteres Vorgehen zu entwickeln. Ich konnte nicht mehr schlafen. Ich konnte nicht mehr essen. Ich trank unentwegt Wasser, fühlte mich aber trotzdem wie ausgetrocknet. Mir wurde klar, daß das, was ich gerade erlebte, wahrscheinlich ganz normaler Wahlkampfalltag für Bill Clinton oder Bob Dole war.

… Und noch etwas habe ich gelernt: wie es ist, das Leben eines Politikers zu führen. … Es ist unmöglich. Es ist unmöglich, einen klaren Gedanken zu fassen. Man macht leicht einen Fehler, und man steht ständig unter Beschuß. Sie tun es jeden Tag, und ein zivilisiertes Volk sollte seine Anführer nicht auf diese Art auswählen. … Jetzt, wo ich es selbst erlebt habe, werde ich auf dieser Seite hoffentlich ein bißchen mehr Erbarmen mit den tapferen, fehlbaren Narren und Helden zeigen, die unser öffentliches Leben führen. Ich hoffe, die Leser werden es auch tun.

Auf seine Kollegen machten Kleins Äußerungen offenbar wenig Eindruck. Viele Journalisten spürten keineswegs Mitgefühl für die Politiker, sondern taten Kleins Bedenken damit ab, daß er schon genauso klinge wie ein Politiker.

Nicht jede Negativität ist schlecht

Ich hoffe ebenso wie Klein, daß wir alle mehr Erbarmen mit Personen des öffentlichen Lebens zeigen. Aber auch wenn ich Bedenken gegen eine unablässige, willkürliche Angriffshaltung äußere, gegen die grundsätzlich negative Deutung jeder Äußerung oder Handlung, so meine ich damit keineswegs, daß man nie zweifeln, kämpfen oder streiten sollte. Der Unterschied zwischen einer konstruktiven Opposition – Skepsis – und einer automatischen Opposition – Zynismus – wird von dem ausscheidenden republikanischen Senator Alan Simpson aus Wyoming beschrieben:

Zynismus drückt sich vor der Verantwortung. Man braucht keine besonderen Tugenden – oder geistigen Fähigkeiten –, um Kritiker zu werden. Jeder kann es. Es nützt niemandem (ganz sicher nicht den Kindern Amerikas), wenn wir nörgeln, klagen und aus dem Hinterhalt angreifen, anstatt die großen Aufgaben anzupacken, vor denen unser Land steht.

Im Gegensatz dazu ist Skepsis von wesentlicher Bedeutung für das Funktionieren einer repräsentativen Demokratie.

Nicht jede negative Darstellung im Wahlkampf oder in der Politik ist unangemessen. Tatsächlich halte ich einige Beschreibungen einer übertrieben negativen Opposition für falsch.

Ein Artikel über einen Kongreßwahlkampf in San Francisco begann mit den Worten: »Zwei Monate vor der Wahl eröffnete die demokratische Herausforderin Michela Alioto am vergangenen Mittwoch den Herbstwahlkampf mit einer Attacke gegen den Republikaner Frank Riggs.« Die Attacke bestand darin, daß die Herausforderin Alioto das bisherige Abstimmungsverhalten von Amtsinhaber Rigg »unter Beschuß nahm«. Eine heftige Kritik an der politischen Arbeit ist zwar negativ, aber sie ist zweifellos auch fair – und eine notwendige Information für die Wähler. Die verzerrte oder falsche Darstellung des gegnerischen Abstimmungsverhaltens ist unfair und destruktiv, weil sie falsche Informationen verbreitet, nicht weil sie negativ ist.

Ich glaube, es ist klar geworden, daß ich auch Parteilichkeit nicht grundsätzlich für etwas Schlechtes halte. Dazu noch einmal Senator Byrd aus Virginia:

Politisches Parteigängertum ist in einer gesetzgebenden Körperschaft zu erwarten – wir alle verhalten uns parteiisch –, aber erbitterte persönliche Angriffe verstoßen gegen die Regeln des Anstands und des gegenseitigen Respekts. Und wir alle sollten uns sehr bewußt machen, daß wir mit bösartigen öffentlichen Statements dazu beitragen, den dunklen Kessel brodelnder Gewalttaten aufzurühren, die in unserem Land heute leider allzu offensichtlich sind.

Um es noch einmal zu wiederholen – ich fordere keine Seid-nett-zueinander-Welt, in der keiner irgendeine Art von Kritik äußert. Kritik ist notwendig, wenn Menschen Fehler oder Mißstände wahrnehmen, deren Behebung sie für wichtig halten. Aber es ist weder notwendig noch hilfreich, wenn Kritik ausschließlich auf der ritualisierten Verehrung eines zum Selbstzweck mutierten Angriffsverhaltens basiert oder auf den gemeinsamen Anstrengungen von Menschen, die hingebungsvoll an der Vernichtung ihrer Gegner arbeiten. Und schmähende, gehässige, persönliche Attacken sind fast immer destruktiv, weil sie von den realen Problemen ablenken, das Verbundenheitsgefühl der Bürger mit ihren politischen Anführern und mit ihrem Land zerstören, den gegenseitigen Respekt untergraben und Animositäten aufrühren, die es den Menschen schwerer machen, gemeinsam an der Lösung von Problemen zu arbeiten und etwas Gutes zu bewirken.

Ich bin nicht gegen Kritik und Opposition. Schließlich ist dieses Buch eine Kritik an Verhaltensmustern, die ich gefährlich und besorgniserregend finde. Ich halte es nur für bedenklich, wenn Kritik und Opposition automatisch eingesetzt werden, überhand nehmen und völlig außer Kontrolle geraten – wie es in unserer heutigen Politik der Fall ist.

5.

»Ein Prozeß ist wie Krieg«

»Wer hat dich denn zum Richter bestellt?«
»Er wirft sich zum alleinigen Richter auf.«
»Willst du etwa über mich zu Gericht sitzen?«
»Sie geht hart mit ihm ins Gericht.«

Manchmal reden wir, als wäre die Welt ein einziger großer Gerichtssaal und unser Leben eine Abfolge von Prozessen. Wir erwarten von den Gerichten, daß sie die Wahrheit ans Licht bringen, und oft tun sie das auch. Aber unsere Rechtsordnung ist
nicht darauf angelegt, die Wahrheit aufzudecken – zumindest
nicht direkt. Bei unserer Rechtsordnung geht es ums Gewinnen,
auch wenn dazu die Tatsachen schöngefärbt, entstellt, verdreht
oder verschleiert werden müssen. Das amerikanische Rechtssystem ist ein Paradebeispiel für den Versuch, Probleme dadurch
zu lösen, daß man zwei Seiten gegeneinander antreten und sie die
Sache in aller Öffentlichkeit ausfechten läßt. Es spiegelt und verstärkt unsere Annahme, daß die Wahrheit zum Vorschein kommen wird, wenn man zwei polarisierte, widerstreitende Extreme
einander gegenüberstellt.

In den Vereinigten Staaten ist es eine lange und stolze Tradition, daß man gesellschaftliche Veränderungen mit Hilfe des
Gesetzes herbeiführt. Bei der Bekämpfung sozialen Unrechts
(beispielsweise durch die Bürgerrechtsbewegung) und bei der
Aufdeckung von Mißständen (zum Beispiel der Tatsache, daß
die Tabakindustrie von der Verbindung zwischen Rauchen und
Lungenkrebs wußte, dieses Wissen aber geheimhielt) haben Juristen eine wahrhaft heroische Rolle gespielt. Mein Vater hatte
sich als Anwalt auf Fälle spezialisiert, in denen es um Unfallent-
schädigungen für Arbeitnehmer ging. Er setzte sich dafür ein,

daß Menschen, die am Arbeitsplatz verletzt wurden, die betriebliche Unfallentschädigung erhielten, die ihnen zustand, und ich bin immer sehr stolz auf sein Engagement gewesen. Wir schätzen das Gesetz hoch ein, als Weg, der zu Wahrheit und Gerechtigkeit führt, und oft genug ist das auch zutreffend.

Aber genau wie manche Journalisten sich sorgenvoll über bestimmte Entwicklungen in ihrem Beruf äußern, verleihen auch manche Juristen ihrer Besorgnis über ähnliche Entwicklungen Ausdruck. Die Anwaltskammer von Columbia und das New Yorker Berufungsgericht haben gerichtliche Verfahrensbestimmungen empfohlen beziehungsweise eingeführt, um bestimmten Entwicklungen Einhalt zu gebieten, die als »Rambo-«, »Pitbull-« oder »verbrannte Erde«-Taktiken bezeichnet werden. Viele Juristen beklagen Mißbräuche des Systems. Und manche stellen das System selbst in Frage, besonders seinen adversativen Charakter. Prozesse sind von Natur aus adversativ. Aber für die amerikanische Rechtsordnung gilt das in höherem Maße als für andere Rechtsordnungen, und es gibt Juristen, die überzeugt sind, daß dieses adversative System die Probleme erst hervorruft, die es zu lösen versucht.

Die adversative Verhandlungsmaxime: Das Volk gegen das Gesetz

Eines Nachts im August saßen wir in der kanadischen Seenplatte nördlich von Michigan um ein Lagerfeuer herum. Zu unserer sechsköpfigen Campinggruppe gehörte eine junge Anwältin. Wir übrigen sagten, daß es falsch sei, wenn Anwälte Mandanten verteidigten, von denen sie wüßten, daß sie schuldig seien. Die Anwältin verwahrte sich gegen diese Behauptung. Jeder habe ein Anrecht auf die bestmögliche Verteidigung, argumentierte sie. Dieses Recht wäre bedeutungslos, wenn Anwälte sich weigern würden, einen Fall zu übernehmen, nur weil sie den Angeklagten für schuldig hielten. Das ist die Grundlage eines adversativen Rechtssystems: Die Gerechtigkeit besteht darin, daß die Rechtsbeistände der beiden Parteien alle Gesichtspunkte, die zugunsten ihrer Mandanten sprechen, geltend machen. Wenn eine der beiden Parteien niemanden hat, der sie vertritt, kann es keine Gerechtigkeit geben.

Nichts ist parteigängerischer als unsere Rechtsordnung, in der die Aufdeckung und Enthüllung von Tatsachen den Anwälten obliegt, die eine der beiden Streitparteien vertreten. Gibt es überhaupt eine andere Möglichkeit? In der deutschen und französischen Rechtsordnung ist die Beweiserhebung Aufgabe des Richters, nicht der Anwälte. Der Richter führt den größten Teil der Zeugenbefragung durch. Und das Ziel des Richters ist es, so genau wie irgend möglich den Sachverhalt zu ermitteln. Ein solches System hat sicher seine Nachteile, aber es bildet einen aufschlußreichen Kontrast zu dem Ziel, das Anwälte in unserem adversativen System verfolgen, nämlich die Tatsachen zum Vorteil der eigenen Seite zu manipulieren.

Das war auch ein Aspekt des O.-J.-Simpson-Prozesses, durch den die Zweifel vieler Amerikaner an ihrer Rechtsordnung verstärkt wurden. Trotz überwältigender Beweise dafür, daß Simpson seine Frau Nicole Brown Simpson und ihren Freund Ron Goldman ermordet hatte (unter anderem fanden sich Blutspuren von Simpson am Tatort, Blutspuren von Goldman in Simpsons Wagen, Nicoles Blut auf Simpsons Socke und ein Haar von Simpson auf Goldmans Hemd), gelang es seinen Anwälten, die Geschworenen davon zu überzeugen, daß ihm all dieses Beweismaterial von der Polizei untergeschoben worden war, um ihm die Schuld in die Schuhe zu schieben – ein Szenario, für das keinerlei Beweise existierten und das, wie Jeffrey Toobin in seinem Buch *The Run of His Life* aufzeigt, unmöglich so stattgefunden haben kann. Der Prozeß gegen Simpson war sicher insofern ungewöhnlich, weil viele einzigartige Umstände zusammenkamen: der Reichtum, die Berühmtheit und die Hautfarbe des Angeklagten, der betont milde Stil des Richters und die Rolle, die das Fernsehen spielte. Aber der Prozeß gegen Simpson zeigte sehr eindringlich, welche Gefahren dem amerikanischen adversativen Rechtssystem innewohnen, das nicht von der Suche nach der Wahrheit, sondern von der Suche nach der bestmöglichen Verteidigung angetrieben wird.

Carrie Menkel-Meadow, Juraprofessorin an der Georgetown University, ist eine der führenden Kritikerinnen eines Systems, das ausschließlich eine adversative Verhandlungspraxis kennt. Sie zeigt auf, daß das System in vielen Fällen seine Aufgaben nicht erfüllt, selbst wenn es zu keinen Justizirrtümern kommt. Zum einen ermutigt es Anwälte, ihren Klageanspruch zu übertreiben, ihre Seite aufzublähen, um das Gericht zu überzeugen. Das erschwert die Aufdeckung der Wahrheit. Zum anderen hat es eine Serie von Beschwerden gegen Anwälte gegeben, die Beweismaterial unterdrückten. Das ist laut Menkel-Meadow das unvermeidliche Resultat, wenn von Anwälten verlangt wird, alles in ihrer Macht Stehende zu tun, damit ihr Mandant den Fall gewinnt. Es gibt noch eine weitere Schwäche, und hier stößt die Kritik zum Kern des Systems vor: In vielen Zivilrechtsfällen liegt das Recht nicht nur auf einer Seite. In diesen Fällen kann ein »Der Gewinner kriegt alles«-Ergebnis nicht fair sein, und doch ist das System auf diese Form der Lösung angelegt. Menkel-Meadow veranschaulicht, daß die adversative Verhandlungsmaxime noch auf andere Weise die Gerechtigkeit behindern kann. Ein japanischer Einwanderer stellte nach seiner Pensionierung fest, daß er für dieselbe Arbeit weit weniger Lohn erhalten hatte als seine weißen Kollegen. Sein in Amerika geborener Sohn wollte, daß er seinen früheren Arbeitgeber verklagte, aber der Vater lehnte ab. Er erklärte, sein guter Ruf und die Aufrechterhaltung von Harmonie seien ihm weit wichtiger. Das heißt, unser Rechtssystem benachteiligt Menschen, die vor einem offenen Konflikt zurückscheuen – ob aus kulturellen Gründen, ihres individuellen Temperaments wegen oder einfach, weil sie den Tribut, den die Verwicklung in einen Rechtsstreit von ihnen fordern würde, realistisch einschätzen. Die vielleicht schlimmste Folge ist laut Menkel-Meadow, daß viele Menschen nach ihrer Begegnung mit der Justiz verbittert und zornig sind. Das ist gefährlich für die ganze Gesellschaft, die auf das Vertrauen ihrer Bürger angewiesen ist, wenn die Institutionen, aus denen sie sich zusammensetzt, funktionieren sollen.

Die Bestie Rechtsstreit

»Ich weiß noch, daß der Seniorpartner der Anwaltskanzlei, in der ich 1971 arbeitete, zu mir sagte: ›Ein Prozeß ist wie Krieg‹«, erklärte Rechtsanwalt John McGuckin in einer *U.S.-Business-Litigation*-Forumsdiskussion. Diskussionsteilnehmerin Laureen DeBuono stimmte zu: »Es gibt diesen Druck, den Gegner um jeden Preis zu vernichten. Das ist eindeutig Teil der Bestie Rechtsstreit.«

Die Bestie Rechtsstreit pirscht nicht nur durch den Prozeßwald. Laut David Luban, Juraprofessor an der Georgetown University, findet der Großteil der juristischen Arbeit außerhalb der Gerichte statt, aber diese außergerichtliche Arbeit wird oft mit derselben Haltung angegangen wie ein Prozeß. Die Briten unterscheiden zwischen »Barrister«, dem Prozeßanwalt, und »Solicitor«, dem nicht plädierenden Anwalt, der sich um die vielen anderen gesetzlich vorgeschriebenen Aufgaben kümmert. Aber für die Amerikaner ist ein Anwalt ein Anwalt ein Anwalt. Als Folge davon kann die kriegerische Haltung, die mit dem Rechtsstreit assoziiert wird, auch auf andere Bereiche übertragen werden, in denen Anwälte arbeiten.

Die Soziolinguistin Yoshiko Nakano, die als Übersetzerin und Dolmetscherin für einen japanischen Fernsehsender arbeitete, war an den Vertragsverhandlungen mit einem amerikanischen Professor beteiligt, der vom Sender als Berater für eine Dokumentation engagiert werden sollte. Eines Morgens begann ihr Faxgerät eine erboste Nachricht von ihren japanischen Arbeitgebern auszuspucken. Sie hatten einen Vertragsentwurf vom amerikanischen Anwalt des Senders erhalten. Das Papier führte haarklein aus, zu welchen Leistungen beide Parteien verpflichtet waren, und legte genau fest, was im Fall potentieller Kontroversen geschehen sollte. »Was ist da los?« wollte die japanische Chefetage wissen. »Ohne Vertrauen kann es keine Zusammenarbeit geben. Es ist falsch, geringfügige Punkte wie diese vertraglich festzulegen.« Nakano versicherte dem Sender, daß dieser Vertragsentwurf kein Ausdruck des Mißtrauens sei, sondern lediglich die unterschiedliche Auffassung von Japanern und Amerikanern über Verträge widerspiegele. Amerikaner sind der Ansicht, daß die Grundlage für eine vertrauensvolle Zusammenarbeit gelegt wird, wenn die Vertragsgegner alle Eventualitäten im voraus festhalten, denn so wird sichergestellt, daß es keine Mißverständnisse geben kann. Für Japaner ist Vertrauen eine Grundvoraussetzung für die Zusammenarbeit. Die Details werden ausgearbeitet, sobald die Notwendigkeit dazu auftaucht. Der Versuch, alle Eventualitäten im voraus festzulegen, beweist für sie, daß kein Vertrauen vorhanden ist – und damit keine Basis für eine Zusammenarbeit.

Dieser japanische Ansatz mag Amerikanern, die an detaillierte Verträge gewöhnt sind, altmodisch und naiv vorkommen, aber er kann auch für Amerikaner neues Licht auf die Sache werfen. Ich habe selbst erlebt, wie der adversative Ansatz bei Vertragsverhandlungen die Verhandlungsparteien zu Feinden machen kann, weil er unterstellt, daß sie genau das sind.

Als ich mein Buch *Job-Talk* schrieb, bin ich in Unternehmen gegangen, habe Mitarbeiter beobachtet, sie interviewt und sie ihre Gespräche während meiner Abwesenheit auf Band aufnehmen lassen. Die Firmen, mit denen ich zusammenarbeitete, waren alle gern bereit, mich ans Werk gehen zu lassen, nachdem wir eine mündliche Vereinbarung über bestimmte Grundregeln getroffen hatten: Videoaufzeichnungen durften nur mit Einwilligung der betreffenden Personen gemacht werden, alle Namen, die die Identität der Firma verraten könnten, sollten geändert werden. Ich würde dem Unternehmen alles vorlegen, was ich über Gespräche schrieb, die in diesem Unternehmen stattgefunden hatten, und alles ändern oder weglassen, mit dem die Firma nicht einverstanden war. In manchen Fällen unterzeichnete ich auch eine Vertraulichkeitsvereinbarung, in der ich versprach, nichts von dem, was ich über die Geschäfte des Unternehmens erfuhr, an Dritte weiterzugeben. Es gab jedoch mehrere Unternehmen, in denen die Personen, mit denen ich zu einer mündlichen Vereinbarung gelangt war, die Angelegenheit den Firmenanwälten übergaben, damit diese einen Vertrag aufsetzten, in dem unsere Vereinbarungen festgehalten wurden. In allen Firmen, in denen die Angelegenheit den Anwälten übergeben wurde, erwies es sich als unmöglich, zu einer Einigung über die Zusammenarbeit zu kommen.

Die Verhandlungen mit einem Unternehmen stachen besonders hervor. Die Firma war mit der Bitte an mich herangetreten, herauszufinden, warum Frauen nicht in die oberen Managementebenen aufstiegen. Ich erklärte, um diese Frage beantworten zu können, müßte ich untersuchen, was im täglichen Büroalltag konkret vorging, und ich fügte hinzu, daß ich die Ergebnisse gern in meinem Buch verwenden würde. Nach einer Reihe informeller Treffen und Verhandlungen einigten wir uns auf bestimmte Verfahrensweisen und Schutzvorkehrungen und erwarteten, daß der Vertrag in ein paar Wochen aufgesetzt und unterzeichnet sein würde. Aber sechs Monate später, nachdem wir Tausende von Dollar an Anwaltsgebühren bezahlt und ungezählte Arbeitsstunden investiert hatten, erklärten die Anwälte des Unternehmens die Verhandlungen für gescheitert und rieten, Abstand von dem Vorhaben zu nehmen, weil das Risiko zu groß sei.

Da das Unternehmen von einem Anwalt vertreten wurde, mußte ich mir auch einen Anwalt nehmen. Die Punkte, an denen die Verhandlungen zwischen den Anwälten scheiterten, waren folgende: Der Firmenanwalt verlangte ein Genehmigungs- und Vetorecht über mein gesamtes Buch. Dem konnte ich unmöglich zustimmen, denn das hätte bedeutet, daß bei einem Buch von 300 Seiten, in dem vielleicht ein halbes Dutzend Beispiele aus dieser Firma stammten, das Unternehmen mir die Veröffentlichung hätte untersagen können, wenn ihm ein Beispiel nicht gefiel. Mein Anwalt wiederum verlangte, daß das Unternehmen mir sämtliche Rechte an den Videobändern mit den Gesprächsaufzeichnungen übertrug. Dem konnte das Unternehmen nicht zustimmen, weil ich dadurch die Möglichkeit erhalten hätte, Filmmaterial von den Angestellten ans Fernsehen weiterzugeben und sie in einem schlechten Licht dastehen zu lassen, ganz zu schweigen von dem Risiko, daß Betriebsgeheimnisse verraten und Mitarbeiter Klage gegen das Unternehmen erheben könnten. Aber die Unternehmensvertreter, mit denen ich zusammengearbeitet hatte, waren nicht im mindesten daran interessiert, ein Urteil über irgendeinen

Teil meines Buches abzugeben, der mit ihrer Firma gar nichts zu tun hatte, und ich hatte nicht die Absicht, die Videobänder für irgend etwas anderes als für meine Analyse zu verwerten. Beide Anwälte waren offensichtlich der Ansicht, sie müßten das Äußerste fordern und dann nötigenfalls einen Rückzieher machen. Aber zu diesem toten Punkt kam es erst, nachdem eine lange Reihe von Manövern die Geduld aller Beteiligten aufgezehrt hatte (ganz zu schweigen von der Zeit, die mir zur Durchführung der Untersuchung zur Verfügung stand). Anstatt sich auf die Übereinkünfte zu konzentrieren, die das Unternehmen und ich getroffen hatten, um uns gegenseitig zu helfen, versuchten die Anwälte, jeden erdenklichen Schaden vorauszusehen und zu verhüten, den wir einander zufügen könnten. Wir gingen davon aus, daß wir zusammen auf ein gemeinsames Ziel hinarbeiteten; die Anwälte konstruierten eine Welt, in der wir Feinde waren.

Als die Verhandlungen scheiterten, trennten sich unsere Wege, und ich suchte mir andere Unternehmen, mit denen ich zusammenarbeiten konnte. Aber häufig müssen die Parteien in einem Rechtsstreit auch weiterhin miteinander auskommen. Selbst Befürworter des adversativen Systems wie Stephan Landsman, Juraprofessor an der DePaul University, räumen ein, daß es in derartigen Situationen nicht gerade viel zur Konfliktlösung beiträgt. Wenn von Menschen verlangt wird, sich wie Gegner zu verhalten, werden Animositäten geschürt, die häufig auch dann noch fortbestehen, wenn der Fall beigelegt oder abschließend verhandelt wurde und die Anwälte sich längst anderen Fällen zugewandt haben.

Es ist, als würde man noch mal vergewaltigt

Sogar wenn es durch einen Prozeß gelingt, die Schuldigen zu bestrafen oder den Opfern eine Entschädigung zuzusprechen, fordert das System häufig einen hohen Preis von jenen, die sich vertrauensvoll darauf einlassen. Obwohl in unserer Kultur weniger als ein Prozent der Zivilrechtsprozesse vor einem Geschworenengericht verhandelt werden, ist für die meisten ein Geschworenenprozeß der Inbegriff eines Gerichtsverfahrens. Und für die Prozeßbeteiligten ist das oft eine zutiefst quälende Erfahrung. Die Chance, vor Gericht auszusagen, sollte eine positive Erfahrung sein: Schließlich bekommt man die Gelegenheit, seine Geschichte zu erzählen. Wieso kann das ein Alptraum sein? Ein Grund dafür ist das Kreuzverhör, bei dem der gegnerische Anwalt die Gelegenheit erhält, Ihre Zeugenaussage in der Luft zu zerreißen oder, wenn es unmöglich ist, Ihre Geschichte zu widerlegen, ersatzweise dazu übergeht, Sie als Person auseinanderzunehmen, indem er Ihren Ruf in Zweifel zieht, Sie verwirrt und als unzuverlässigen Charakter, notorischen Lügner oder Schlimmeres dastehen läßt. Anwälte, die das tun, müssen keine Schurken sein; sie müssen einfach nur ihren Job machen.

Ein Vergewaltigungsprozeß veranschaulicht auf niederschmetternde Weise den Unterschied zwischen einer Untersuchung, in der versucht wird, herauszufinden, was vorgefallen ist, und einem Kampf zwischen zwei Seiten, die beide entschlossen sind, die Gegenseite zu diskreditieren, um den Prozeß zu gewinnen. Viele Frauen, die ihren Vergewaltiger angezeigt haben, erklären später, sie hätten den Prozeß wie eine zweite Vergewaltigung empfunden – nur daß die Vergewaltigung in relativ kurzer Zeit vorüber war, während der Prozeß sich unendlich in die Länge zog. Das Transkript eines Kreuzverhörs aus einem Vergewaltigungsprozeß zeigt, warum das so ist: In Anbetracht der Natur sexueller Begegnungen ist es relativ leicht, die Geschehnisse so verzerrt darzustellen, daß eine Vergewaltigung wie einverständlicher Sex erscheint. Und genau das ist die Aufgabe des Verteidigers beim Kreuzverhör. Die Soziolinguistin Keller Magenau hat das Sitzungsprotokoll eines Vergewaltigungsprozesses analysiert. Sie zeigt auf, wie der Verteidiger beim Kreuzverhör versucht, die Vergewaltigung als einverständlichen Geschlechtsverkehr erscheinen zu lassen. Der folgende Bericht basiert auf ihrer Analyse.

Eine junge Frau wurde nacheinander von vier Männern vergewaltigt. Laut Aussage der Frau war Folgendes geschehen: Sie und eine Freundin gingen nachts nach Hause, als ein Wagen mit vier jungen Männern, die sie flüchtig aus der Nachbarschaft kannten, vorbeifuhr. Die Männer luden die Freundinnen zu

»einer Party« ein. Sie lehnten ab, und das Auto fuhr weiter. Dann hielt ein anderer Wagen, in dem zwei Fremde saßen, die ebenfalls versuchten, die beiden Frauen abzuschleppen. Um sie loszuwerden, nannte das Opfer ihnen einen falschen Namen und eine falsche Telefonnummer. Unterdessen war das Auto mit den vier ihr flüchtig bekannten jungen Männern zurückgekehrt, und einer der Männer rief sie und ihre Freundin herüber. Sie verließ ihre Freundin und die beiden Fremden und ging zu dem Auto, in dem die ihr bekannten Männer saßen. Diese forderten sie erneut auf, sich ihnen anzuschließen. Als sie nochmals ablehnte, sprangen zwei der Männer aus dem Auto, packten sie und zerrten sie in den Wagen. Einer zeigte ihr die Pistole, die er bei sich hatte. Sie fuhren in eine Gasse, wo die Männer sie nacheinander vergewaltigten. Danach ließen sie die Frau gehen. Sie fand ihre Hose auf dem Boden und machte sich auf die Suche nach einem Münztelefon, wurde aber ein zweites Mal von dem Mann mit der Pistole überfallen, der sie in eine andere Gasse zog und sie zwang, ihn oral zu befriedigen. Als sie die Gasse verließ, beschuldigte sie ihn, daß er (oder einer seiner Freunde) ihr Geld aus der Hosentasche gestohlen habe. Er gab ihr etwas Geld und sagte, am nächsten Tag würde sie noch mehr bekommen, wenn sie den Mund hielte. Die Aussage des Opfers wurde von ihrer Freundin, den beiden Unbekannten, dem kurz nach den Vergewaltigungen aufgenommenen Polizeibericht und durch die Ergebnisse einer polizeiärztlichen Untersuchung erhärtet.

Magenau zeigt, wie der Verteidiger versucht, die junge Frau in seinem Kreuzverhör so zu verwirren, daß es scheint, als brächte sie die Tatsachen durcheinander – womit er sie als eine Person dastehen läßt, die entweder unzuverlässig ist oder sich die ganze Geschichte aus den Fingern saugt –, und wie er versucht, es so aussehen zu lassen, als hätte sie freiwillig – für Geld – mit den Männern Sex gehabt. Wenn man ihm dabei zuhört, erkennt man, wie leicht das Wissen über unsere eigenen Erfahrungen untergraben werden kann, so als würden sie im Zerrspiegel eines Horrorkabinetts widergespiegelt: Die Grundbestandteile des Geschehenen sind da, aber sie werden zu einem völlig verzerrten Bild umgeformt.

Frauen wird geraten, sich nicht zu wehren, wenn ein Mann versucht, sie zu vergewaltigen. Wenn du dich wehrst, wird den Frauen erzählt, ist die Wahrscheinlichkeit größer, daß du ernsthaft verletzt wirst. Aber wenn eine Frau sich nicht wehrt, fällt es dem Strafverteidiger leichter, die Tatsachen zu verdrehen und die Vergewaltigung als einvernehmlichen Verkehr hinzustellen, was der Verteidiger auch in diesem Fall versucht:

VERTEIDIGER: Aber Sie haben sich nicht gewehrt. Sie haben ihm keinen Stoß versetzt. Sie haben keinen dieser umherliegenden Stöcke oder einen anderen Gegenstand aufgehoben und sich nicht gewehrt, bevor es zu dem angeblichen oralen Verkehr kam, nicht wahr?

FRAU: Nein.

Indem sie zugibt, sich nicht gewehrt zu haben – eine durchaus vernünftige Verhaltensweise, da einer der Angreifer eine Pistole hatte –, unterstützt die Frau die vom Verteidiger konstruierte Interpretation der Ereignisse. Er zählt auf, wie sie sich gegen die jungen Männer hätte wehren können, und erweckt damit den Eindruck, sie sei sich der ihr gebotenen Möglichkeiten der Gegenwehr wohl bewußt gewesen, habe aber einfach kein Interesse daran gehabt, sie zu nutzen.

Noch weniger plausibel wirkt die Geschichte der Frau, als der Verteidiger ihre unterlassene Gegenwehr und ihr angebliches Verhalten nach den Vergewaltigungen gegenüberstellt:

VERTEIDIGER: Ihre Zeugenaussage lautet also, daß es Ihnen gelang, aus dem Schuppen zu entkommen und die Gasse hochzulaufen, weil Sie sich an ihm vorbeigezwängt und ihm einen Stoß versetzt hatten?

FRAU: Ja.

Dabei ist es nur logisch, daß die Männer sie nach der Vergewaltigung gehen ließen und vorher nicht. Nun sehen wir, wie der Verteidiger ein alternatives Szenario konstruiert, nämlich daß sie freiwillig und für Geld mit den Männern geschlafen hat:

Verteidiger: Aber nicht bevor er, Ihrer Aussage nach, zwei Zehn-Dollar-Scheine aus der Tasche zog und sie Ihnen gab, ist das richtig?

»Ihrer Aussage nach« impliziert: »Selbst Sie geben zu, daß ...«. »Aber nicht bevor er Ihnen das Geld gab« impliziert, daß sie erst bezahlt werden wollte, bevor sie sich auf den Weg machte.

Die Frau versucht, wahrheitsgemäß zu antworten und trotzdem klarzustellen, daß es so, wie er es aussehen läßt, nicht gewesen ist:

Frau: Das ist richtig. Die wahrscheinlich mir gehörten, ja.

Der Verteidiger impliziert, daß ihre Antwort unangemessen ist:

Verteidiger: Ma'am, ob es nun Ihnen gehörte oder nicht, es befand sich laut Ihrer Aussage in seinem Besitz, oder etwa nicht?

Ihre nächste Antwort klingt mutlos, als hätte sie es aufgegeben, sich gegen seine Verzerrung ihrer Aussage zu wehren, genau wie ein Vergewaltigungsopfer, das die Gegenwehr aufgibt:

Frau: Ja.

Der Verteidiger wiederholt dann eben die Tatsachen, die er gerade etabliert hat, womit er seine Version des Sachverhalts verstärkt:

Verteidiger: Sie wollen uns also erzählen, daß er nach dem erzwungenen Oralverkehr und nachdem Sie ihm einen Stoß versetzt hatten, Bargeld aus der Tasche zieht und es Ihnen gibt?
Frau: Ja.

In der letzten Frage wechselt der Anwalt in die Gegenwartsform: »Er zieht Geld aus der Tasche und gibt es Ihnen.« Eben hatte er dieselbe Frage noch anders formuliert: »Er zog zwei Zehn-Dollar-Scheine aus der Tasche und gab sie Ihnen.« Auch wenn

191

dieser Tempuswechsel vielleicht nicht bewußt geplant war, kann er suggerieren, daß sie gewohnheitsmäßig Geldscheine von Männern entgegennimmt, daß es kein einmaliges Geschehen war. Wie Magenau zeigt, baut der Anwalt das Bild von der Frau als einer Prostituierten auf.

Kurz darauf erklärt die Frau, warum der Mann ihr das Geld gegeben hat:

FRAU: Ich hab' nachgesehen und ihn gefragt: »Habt ihr mir etwa mein ganzes Geld weggenommen? Ich habe doch kein Geld. Warum habt ihr mir mein Geld geklaut?« Und er zieht die Scheine aus der Tasche und sagt: »Nimm erst mal das. Wenn du den Mund hältst, kriegst du morgen noch 50.«

Der Verteidiger wiederholt ihre Aussage, um einen ganz anderen Eindruck zu vermitteln:

VERTEIDIGER: Also hat er Ihnen nicht nur einen Geldbetrag bar auf die Hand gezahlt, sondern zudem versprochen, am nächsten Tag noch 50 Dollar extra zu zahlen, ist das korrekt?

Die Wendung »bar auf die Hand«, stellt Magenau fest, bezeichnet die Bezahlung von Waren, nicht die Rückgabe von gestohlenem Geld. Durch seine Wortwahl verwandelt der Anwalt auch das Angebot des Mannes, der Frau 50 Dollar Schweigegeld zu zahlen (das Versprechen, jemandem Schweigegeld zu zahlen, ist ein Schuldeingeständnis), in das Versprechen, für eine Ware oder Dienstleistung zu zahlen. Durch geschickte Wortwahl versucht der Anwalt, seine Version der Geschehnisse in den Köpfen der Geschworenen zu verankern. Das kann eine sehr effektive Methode sein, weil sprachliche Bilder die Macht haben, das Denken unbemerkt zu beeinflussen.

Der gegnerische Anwalt versucht in seinem Kreuzverhör auch, die Ansicht der Geschworenen über das Zusammentreffen der jungen Frau mit den beiden Unbekannten umzuformen. Sie hat ausgesagt, daß sie ihnen einen falschen Namen und eine falsche Telefonnummer genannt hat, um sie loszuwerden. Er versucht nun, ein kompromittierendes Bild von ihr aufzubauen, sie als die Art Frau hinzustellen, die auf der Straße hin- und herspaziert, um mit fremden Männern in vorbeifahrenden Autos zu reden – mit einem Wort, als Strichmädchen:

VERTEIDIGER: Der Beifahrer sprach also mit Ihnen. Worum ging es bei dieser Unterhaltung? Den genauen Wortlaut brauchen Sie uns nicht mitzuteilen.

Indem er den Wortwechsel als »Unterhaltung« bezeichnet, schafft der Anwalt den Eindruck eines geselligen Austausches, an dem beide Parteien bereitwillig teilhaben. Die junge Frau versucht, sich gegen diesen Eindruck zu wehren:

FRAU: Er hat nur versucht, mich anzumachen.
VERTEIDIGER: Und Sie haben ihn nicht einfach ignoriert, stimmt's?
FRAU: Doch, das habe ich.
VERTEIDIGER: Nun, ich dachte, Sie hätten uns erzählt, Sie seien stehengeblieben, hätten mit ihm geredet und ihm sogar einen Namen und eine Telefonnummer gegeben.
FRAU: Nein, ich habe ihm nur einen Namen genannt und bin weitergegangen.
VERTEIDIGER: Nun, ich will eine direkte Frage stellen. Als zwei fremde Männer, die Sie Ihren Worten zufolge noch nie im Leben gesehen hatten, mit dem Auto neben Ihnen herfuhren und versuchten, Sie anzumachen, haben Sie sie nicht ignoriert und sind einfach weitergegangen. Sie haben nicht gesagt: »Verschwindet«. Sie sind stehengeblieben und haben mit Ihnen geredet, stimmt's?«
FRAU: Nein.
VERTEIDIGER: Ma'am.
FRAU: Das ist nicht wahr.
VERTEIDIGER: Was ist nicht wahr, Sie sind nicht stehengeblieben, oder Sie haben sich nicht mit ihnen unterhalten?
FRAU: Ich bin nicht stehengeblieben.
VERTEIDIGER: Aber Sie haben sich mit ihnen unterhalten.
FRAU: Ja, wenn Sie das als Unterhaltung bezeichnen wollen.

Man kann hören, wie die Frau versucht, ihre Version zu verteidigen: Dadurch, daß sie den Männern einen falschen Namen und eine falsche Telefonnummer nannte, wollte sie eine Unterhaltung vermeiden, nicht eine führen. Doch durch die Regeln des Kreuzverhörs ist sie gezwungen, sich an die Bedingungen zu halten, die der Anwalt festlegt, so daß sie letztendlich eine Frage mit »ja« beantwortet, auf die sie ursprünglich mit »nein« geantwortet hatte. Indem sie sagt: »Wenn Sie das als Unterhaltung bezeichnen wollen«, impliziert sie, daß ihre Antwort vom Sinn her immer noch »nein« lautet, obwohl sie sie in »ja« umgeändert hat – es wurden Worte ausgetauscht, aber es war keine Unterhaltung.

Nachdem der Anwalt die Frau dazu gebracht hat, ihre Antwort von »nein« zu »ja« zu ändern, kritisiert er ihre Formulierung:

VERTEIDIGER: Nun, ich habe Sie nicht aufgefordert, sich ausführlich über den Begriff »Unterhaltung« zu verbreiten. Haben Sie Informationen mit den Männern ausgetauscht?

Sie sitzt fest:

FRAU: Ja.

Dann bringt er sie dazu, zu sagen, wogegen sie sich anfangs gewehrt hat, weil es nicht ihrer Sichtweise des Sachverhalts entspricht:

VERTEIDIGER: Noch einmal, Sie haben die Männer nicht ignoriert, stimmt's?
FRAU: Nein.
VERTEIDIGER: Sie haben denen nicht gesagt, sie sollten verschwinden oder sich zum Teufel scheren oder irgendwas in der Richtung. Sie haben ihnen einen Namen genannt, ist das richtig?
FRAU: Ja.

Durch sein geschicktes Kreuzverhör suggeriert der Verteidiger nicht nur seine eigene Version des Sachverhalts, sondern bringt

die junge Frau auch wiederholt dazu, ihre Antwort von »nein«
zu »ja« zu ändern, was sie unzuverlässig erscheinen läßt. Beobachten wir, wie er die Frau als verwirrt – oder doppelzüngig –
hinstellt, indem er verwirrende Fragen stellt. Über die unbekannten Männer fragt er:

VERTEIDIGER: Haben Sie einen oder beide dieser Männer an dem
    Abend in dem Nachtclub gesehen?
FRAU: Nein.
VERTEIDIGER: Haben Sie sie seitdem gesehen?
FRAU: Nein, nur hier.
VERTEIDIGER: Sie haben sie also hier gesehen?
FRAU: Ja.

Wieder muß sie schließlich ihre Antwort von »nein« zu »ja« ändern, was sie als verwirrt, unzuverlässig oder Schlimmeres erscheinen läßt.

Die Lektüre dieses Transkripts ist erschreckend, weil es zeigt,
wie leicht Details verzerrt werden können, so daß der Sachverhalt ganz anders wirkt, als er unseres Wissens nach war. Ich
glaube der Version dieser jungen Frau und denke, daß der Verteidiger den Versuch machte, die Wahrheit zu verzerren, um seine
Mandanten freizubekommen – und genau das ist unter der adversativen Verhandlungsmaxime seine Aufgabe. Zu diesem Schluß
kamen auch die Geschworenen: Die Männer wurden für schuldig befunden. Aber das Ergebnis macht die leidvollen Erfahrungen der Frau während des Kreuzverhörs nicht ungeschehen. In
jedem Fall muß man nicht dieser einen Frau Glauben schenken,
um zu sehen, worauf ich hinauswill. Selbst wenn diese Frau
gelogen und es sich so abgespielt hätte, wie der Anwalt es dar-
stellte – sie hat willig mitgemacht, sich bezahlen lassen und sich
dann entschlossen, die unschuldigen jungen Männer anzuzei-
gen –, zeigt das Transkript, wie leicht ein Anwalt, der seinen
Mandanten verteidigen will, die Wahrheit verzerren kann (und
wie normal das ist). Der entscheidende Punkt für unser Thema
ist, daß es in unserem Rechtssystem Anwälten nicht nur erlaubt
ist, auf diese Weise vorzugehen, sondern daß es von ihnen ver-

langt wird. Es ist unbestreitbar, daß sie oft genug Erfolg damit haben. Der Prozentsatz der angezeigten Vergewaltigungen, bei denen der Prozeß mit einem Schuldspruch endet, ist verschwindend gering.

Wenn man das Sitzungsprotokoll und Magenaus Analyse liest, sehnt man sich nach einem Rechtssystem, in dem Tatsachen ermittelt und nicht erstritten werden, nach einem System, in dem Experten sich daranmachen könnten, den wahren Sachverhalt so gut wie irgend möglich aufzuklären. Für den Verteidiger in einem Vergewaltigungsfall ist es zweifellos die sicherste Methode, wenn er versucht, den erzwungenen Verkehr als einvernehmlichen Sex darzustellen. Aber das Wesen der Vergewaltigung macht auch besonders deutlich, wie grausam diese Strategie für das Opfer ist. David Luban illustriert durch ein Beispiel, das er Stephan Landsman zuschreibt, wie in einem anderen Prozeßtyp die potentielle Grausamkeit des Kreuzverhörs deutlich wird:

In Kanada gab es einen berüchtigten Prozeß gegen einen Angeklagten, der öffentlich den Holocaust geleugnet hatte und wegen Aufwiegelung zum Rassenhaß und Volksverhetzung vor Gericht stand. Sein Verteidiger nahm Überlebende von Konzentrationslagern, deren Eltern in den Lagern umgekommen waren, als Zeugen ins Kreuzverhör. Er griff sie mit äußerster Brutalität an, fragte, ob sie wirklich mit eigenen Augen gesehen hätten, wie ihre Eltern vergast wurden (was natürlich nicht der Fall war, schließlich hatten sie überlebt). Als die Zeugen einräumten, daß sie es nicht gesehen hatten, legte der Verteidiger nahe, daß ihre Eltern vermutlich am Leben seien und einfach nichts mehr mit ihren Kindern zu tun haben wollten.

Luban kommentiert: »Der Anwalt brachte die einzigen Argumente vor, die er vorbringen konnte, um die Zeugen zu diskreditieren« – was seine Aufgabe ist.

Ein System, das von Anwälten verlangt, alles in ihrer Macht Stehende zu tun, um Tatsachen zu manipulieren und Eindrücke zu verzerren, damit ihre Mandanten den Prozeß gewinnen, untergräbt in vielerlei Hinsicht unsere Gesellschaftsordnung. Es trägt zu der Verachtung bei, mit der viele Bürger Anwälte und damit unsere Justiz betrachten. Es kann vorkommen, daß diejenigen, die in die Mühlen der Justiz geraten sind, sich mißbraucht fühlen und den Glauben daran verlieren, daß die Welt ein sicherer Ort ist. Deshalb kann die Teilnahme an einem gerichtlichen Verfahren einen Menschen zynisch und bitter werden lassen. Und die ganze absichtliche Tatsachenverdrehung, von der das Verfahren erfüllt ist, erschwert die Wahrheitsfindung, wenn es sie glücklicherweise auch nicht völlig unmöglich macht.

Leistungsbeurteilung

Genau wie Journalisten einander nach der Härte der Fragen beurteilen, die sie ihren Interviewpartnern stellen, beurteilen Prozeßanwälte einander nach der Härte ihres Kreuzverhörs. Und die Berichterstattung in den Medien folgt oft demselben Prinzip. Als die Anklage die Beweisführung im Fall Timothy McVeigh abschloß, der letztendlich für den Bombenanschlag auf das Verwaltungsgebäude in Oklahoma City verurteilt wurde, wandte sich die Berichterstattung der nächsten Phase des Prozesses zu – und der Leistung des Verteidigers Stephen Jones. So berichtete beispielsweise *Newsweek*: »Jones' glanzloser Auftritt vor Gericht steht in deutlichem Kontrast zu seinen weit erfolgreicheren Bemühungen vor Prozeßbeginn, als er McVeigh als intelligenten, ja sogar liebenswerten Jungen von nebenan hinzustellen versuchte, indem er eine Reihe von ›Exklusivinterviews‹, einschließlich einer *Newsweek*-Titelgeschichte, lancierte und geschickt getimte Informationen durchsickern ließ.« Das Magazin zitiert juristische Experten, die nicht den Fall kommentieren, sondern die Leistung des Verteidigers kritisieren:

> »Von den 125 Zeugen, die wir gehört haben, wurden nur ungefähr zehn ernsthaft ins Kreuzverhör genommen«, erklärte Andrew Cohen, Anwalt in Denver. »Und von diesen zehn Kreuzverhören waren vielleicht ein oder zwei erfolgreich… Von Stephen Jones hätte ich wirklich ein bißchen mehr erwartet.«

Das Wort »erfolgreich« hat in diesem Fall nichts damit zu tun, daß man erfolgreich Tatsachen ermittelt, den Sachverhalt aufklärt oder den Missetäter zur Rechenschaft zieht. »Erfolgreich« bezieht sich hier auf das Unterminieren und Diskreditieren von Zeugen, selbst wenn sie die Wahrheit sagen. Der Artikel untermauert diese Definition:

> Der Fairneß halber muß man sagen, daß Jones durchaus ein paar Erfolge erzielt hat. Am 8. Mai konnten wir miterleben, wie Eric McGown, ein junger Motelangestellter aus Kansas, einem mörderisch scharfen Kreuzverhör unterzogen wurde. Jones zwang ihn mehrmals, sich in Widersprüche zu verwikkeln, was bei den Geschworenen den Eindruck hinterließ, McVeigh könnte durchaus zwei Ryder-Trucks besessen haben.

Dieses »mörderisch scharfe Kreuzverhör« hat den Motelangestellten bestimmt sehr mitgenommen, aber hatte es etwas mit der Frage zu tun, ob McVeigh schuldig war oder nicht? Nicht viel. Der Artikel fährt fort: »...der Kernpunkt – daß es vielleicht zwei Trucks gegeben hat – entlastet McVeigh nicht.« Warum also sich die Mühe machen? Sinn und Zweck des Kreuzverhörs war zweifellos derselbe wie bei den meisten Kreuzverhören, nämlich nicht die Ermittlung von Tatsachen, sondern das Diskreditieren des Zeugen.

Tatsachen manipulieren, um zu gewinnen

Wenn man sieht, wie Rechtsanwälte mit voller Absicht versuchen, Vergewaltigungsopfer, Überlebende des Holocaust oder einen unseligen Zeugen zu diskreditieren, fragt man sich, wie ein anständiger Mensch es nur über sich bringen kann, so grausam mit anderen umzuspringen. Die Antwort ist in dem Konzept des unbedingten Eintretens für den Mandanten zu finden – dem Grundsatz, daß ein Anwalt alle gesetzlich erlaubten Möglichkeiten ausschöpfen muß, um das Beste für seinen Mandanten herauszuholen. Monroe Freedman, früher Dekan der juristi-

198

schen Fakultät der Hofstra University und Professor für Rechtsethik, zitiert so weit zurückliegende Quellen wie die Standesregeln der Anwälte von 1908, die von einem Anwalt »vollständige Hingabe an die Interessen des Mandanten [und] leidenschaftliches Bemühen zum Erhalt und zur Verteidigung seiner Rechte« fordern, und neuere Quellen wie die Richtlinien zum anwaltlichen Standesrecht von 1983, die den »unbedingten Einsatz für die Rechte des Mandanten« als »fundamentales Prinzip des Anwaltsberufs« einfordern.

Freedman warnt, daß das derzeitige Bestreben nach mehr Höflichkeit gegen die primäre Verpflichtung eines Anwalts, das unbedingte Eintreten für den Mandanten, verstoßen könnte. Er erzählt von einem jungen Anwalt, der entdeckte, daß seine Kanzlei den Fall eines Mandanten aus rein verfahrensrechtlichen Gründen gewinnen konnte, weil der Anwalt der Gegenpartei eine gesetzlich vorgeschriebene Frist versäumt und ein entscheidendes Dokument zu spät eingereicht hatte. Aber der für den Fall zuständige Anwalt lehnte es ab, auf dieser Basis einen Prozeß zu gewinnen. »So gehen wir in dieser Kanzlei nicht vor«, erklärte der Anwalt gegenüber seinem jungen Kollegen – der jetzt Richter ist und das Verschwinden der Höflichkeit beklagt. Freedman betrachtet dies jedoch nicht als einen Triumph der Höflichkeit, sondern als Verstoß gegen den Grundsatz des unbedingten Eintretens für den Mandanten: Die Kanzlei opferte die Interessen des Mandanten einer falsch verstandenen Höflichkeit gegenüber einem Standeskollegen. (Obwohl dies auch, so möchte ich hinzufügen, als Respekt vor der Gerechtigkeit verstanden werden könnte: Wenn ein Fall nicht aufgrund des vorliegenden Tatbestands gewonnen werden kann, sollte er nicht aufgrund einer formalen Spitzfindigkeit gewonnen werden.)

Wenn man sich in die Rolle des Mandanten versetzt, wird Freedmans Standpunkt klarer: Vom eigenen Anwalt, den man dafür bezahlt, daß er einen vertritt, erwartet man, daß er jede Chance nutzt, um den Fall schnell und rechtlich einwandfrei zu gewinnen. Aus Sicht des Mandanten sind Anwälte, die die Interessen eines Kollegen über die ihrer Mandanten stellen, ungefähr so anziehend wie Ärzte, die zusammenhalten, um Kunstfehler zu vertuschen, oder dafür sorgen, daß inkompetente Chirurgen genauso viel Gelegenheit erhalten, an ahnungslosen Patienten herumzuoperieren wie fähige Ärzte. Aber aus Sicht der Gesamtgesellschaft ist es verständlich, daß viele Menschen anfangen, die Ethik einer adversativen Rechtsordnung im allgemeinen und des Prinzips des unbedingten Eintretens für den Mandanten im besonderen in Frage zu stellen – weil es häufig eher zur Wahrheitsverschleierung als zur Wahrheitsfindung beiträgt, weil es unmenschlich gegenüber den Opfern der Kreuzverhöre ist und weil es von allen beteiligten Juristen verlangt, daß sie ihr Gewissen und ihre natürliche Neigung zu Humanität und Mitgefühl beiseiteschieben. Genau wie es Orville Schell Sorgen macht, daß sich seine Journalistenkollegen bei der Arbeit zu einem Verhalten gezwungen fühlen, das sie im Privatleben verurteilen würden, glaubt David Luban, daß etwas nicht stimmen kann, wenn von Anwälten verlangt wird, in ihrer Rolle als Rechtsbeistand Dinge zu tun, die sie im Privatleben für moralisch fragwürdig halten würden.

Und das ist nach Lubans Überzeugung die natürliche Folge, wenn man das unbedingte Eintreten für den Mandanten zum obersten Prinzip erklärt. Mit der Ausnahme von Strafrechtsfällen, bei denen die Macht des Staates gewöhnlich ungleich höher ist als die des Beschuldigten, hält er den Grundsatz des unbedingten Eintretens für den Mandanten für moralisch nicht vertretbar, besonders wenn er mit dem Grundsatz der moralischen Nichtverantwortlichkeit einhergeht. Laut diesem Grundsatz müssen Anwälte nicht glauben, was sie zugunsten ihrer Mandanten vorbringen, und sie sind nicht verantwortlich für Schäden, die als Folge ihrer juristischen Wortgewandtheit entstehen. Luban zitiert einen berühmten Ausspruch: »Ein Anwalt, der seine Pflicht erfüllt, kennt nur einen einzigen Menschen auf der ganzen Welt, und dieser Mensch ist sein Mandant«, sagte Lord Henry Brougham 1920. »Bei der Ausübung dieser Pflicht darf er der Angst, den Qualen oder der Zerstörung, die er über andere bringen mag, keine Beachtung schenken.« Wenn man die populäre Kultur als Indikator auffaßt, dann tendiert die Gesamtgesellschaft eher zu Lubans Sichtweise. In dem Film *Devil's Ad-*

vocate verkauft ein Anwalt, der geschickt Zeugen manipuliert, um Freisprüche für schuldige Angeklagte zu erzielen, buchstäblich seine Seele an den Teufel.

Befürworter des adversativen Rechtssystems vergleichen es mit den Methoden der naturwissenschaftlichen Forschung, durch die, mit Lubans Worten, »jede Hypothese harter Kritik unterworfen wird, mit dem Ziel, sie gründlich auf Schwächen abzuklopfen, nach Gegenbeweisen Ausschau zu halten und damit sicherzustellen, daß keine Behauptungen, die auf reinem Wunschdenken basieren, in den Korpus naturwissenschaftlicher Lehre aufgenommen werden«. Aber Naturwissenschaftler, so Luban, sind nicht gezwungen, Beweise aufgrund von Formalien auszuschließen oder Prozesse zu verschleppen, in der Hoffnung, daß wichtige Zeugen wegziehen oder vergessen werden; sie müssen auch nicht versuchen, das Labor an Standorte zu verlegen, die ihren Hypothesen wohlgesonnener sind oder Vorschriften mißbrauchen, um den Gegner zu erschöpfen oder zu schikanieren – alles Taktiken, die vom adversativen Rechtssystem gutgeheißen werden. Man könnte hinzufügen, daß das Ziel der Wissenschaft zumindest theoretisch das Aufspüren der Wahrheit ist, wohingegen es das Ziel von Anwälten ist, den Fall zu gewinnen.

Der Prozeß gegen O.J. Simpson war zwar in vielerlei Hinsicht anomal, aber in einer Hinsicht war er typisch. Fast alle Beschuldigten, die der Strafgerichtsbarkeit zugeführt werden, sind schuldig, erklärt Alan Dershowitz, Juraprofessor in Harvard, so daß die meisten seiner Bemühungen, wie die der meisten Strafverteidiger, darauf abzielen, Schuldige freizubekommen. »Ich entschuldige mich nicht dafür, daß ich Mördern zu einem Freispruch verhelfe, und ich fühle mich auch nicht schuldig deswegen«, schreibt er, denn seine Aufgabe sei nicht, der Gerechtigkeit zu dienen, sondern seinem Mandanten. Das adversative System, wie Stephan Landsman uns erinnert, wurde nicht eingeführt, um die Wahrheit aufzudecken (was, wie Landsman betont, sowieso ein schwer zu erreichendes Ziel wäre), sondern um die Rechte des einzelnen zu schützen. Monroe Freedman erklärt den Unterschied folgendermaßen:

Bevor wir dem Staat gestatten, irgendeinen Menschen seines Lebens, seiner Freiheit oder seines Eigentums zu berauben, verlangen wir die Einhaltung bestimmter Verfahren, die gewährleisten, daß die Würde des Individuums gewahrt bleibt, ungeachtet der Auswirkung dieser Verfahren auf die Wahrheitsfindung.

Es sei nicht so, erläutert Freedman, daß die Rechtsordnung keinen Wert auf die Wahrheit lege, aber die Würde des Individuums sei für sie ein höherer Wert.

Der Verlust an Menschlichkeit

Obwohl Schuld oder Unschuld – und die Suche nach der Wahrheit – nicht das sein mögen, worum es in unserem Rechtssystem geht, geht es den meisten Bürgern sehr wohl darum. Viele Menschen finden es zutiefst beunruhigend, daß man die Frage nach Schuld, Unschuld und Wahrheit zugunsten des Gesetzes ignorieren soll.

Angenommen, Sie fahren ganz langsam über den Parkplatz eines Einkaufszentrums und mustern die Schaufenster, weil Sie auf der Suche nach einem ganz bestimmten Laden sind. Plötzlich spüren Sie einen heftigen Ruck, hören ein Krachen und stellen fest, daß Sie mit einem anderen Wagen zusammengestoßen sind. Da Sie auf die Schaufenster geachtet haben und nicht auf die Straße, haben Sie nicht bemerkt, daß Sie über die Reihe der geparkten Fahrzeuge hinaus waren und auf die kreuzende Fahrspur gerollt sind. Sie wissen, daß der Zusammenstoß Ihre Schuld ist; am liebsten würden Sie aussteigen und sich bei dem anderen Fahrer entschuldigen, aber Sie wissen, daß Sie das nicht tun sollten. Viele Male hat man Ihnen erzählt: »Wenn du in einen Verkehrsunfall verwickelt bist, gib nie zu, daß du Schuld hast.« Dies ist einer der Nachteile einer adversativen Rechtsordnung, vielleicht sogar derjenige, der am meisten Schaden anrichtet: Sie untergräbt den spontanen Impuls zur Ehrlichkeit und korrumpiert die Beziehungen zwischen den Menschen. Sie verletzt menschliche Gefühle.

Entschuldigungen sind vielen Menschen ungemein wichtig. Ich habe schon über dieses Thema geschrieben, und dennoch war selbst ich verblüfft über das folgende Beispiel, das beweist, wieviel Gewicht eine Entschuldigung für einen Menschen haben kann, dem ein Unrecht widerfahren ist. Eine Frau hatte eine Schadensersatzklage gewonnen, eine Gruppenklage: Sie hatte sich zur Empfängnisverhütung den sogenannten Dalkon-Shield einsetzen lassen; die Folge war, daß sie sich einer Hysterektomie unterziehen mußte, daß ihr sehnlicher Kinderwunsch für immer unerfüllt bleiben würde und daß sie ständig unter schrecklichen Schmerzen litt. Und doch war sie mehr an einer Entschuldigung interessiert als an der finanziellen Entschädigung. Ronald Bacigal, Autor eines Buches, in dem dieser Prozeß geschildert wird, schreibt: »Sie will, daß die Robins-Manager ›sich bei mir entschuldigen. Das wäre mir Millionen wert.‹«

Die Anthropologin Susan Philips führte eine Untersuchung über Amtsgerichtsprozesse auf der polynesischen Insel Tonga durch. Die Fakten über das rechtliche Prozedere auf Tonga, die Philips als Hintergrundmaterial für den von ihr analysierten Fall anführt, sind sehr aufschlußreich: Die überwältigende Mehrheit der Angeklagten bekennt sich schuldig. Von denen, die sich nicht schuldig bekennen, werden die meisten für schuldig befunden. Wenn Fälle vom Gericht abgewiesen werden, dann für gewöhnlich deswegen, weil der Kläger die Klage zurückzieht, bevor der Fall vor Gericht kommt. Das kann geschehen, weil der Angeklagte sich in aller Form beim Opfer entschuldigt oder das Opfer für den entstandenen Verlust entschädigt hat. »Bei diesen Fällen gibt es selten Kontroversen, und selbst wenn, besteht gewöhnlich keine Uneinigkeit über ›das, was passiert ist‹ oder über die eigentlichen Fakten.« Bei dem von Philips untersuchten Fall ging es um einen Mann, der seine Frau geschlagen hatte. Er leugnete nicht, daß er sie geschlagen hatte, bekannte sich aber »nicht schuldig«, weil sie ja seine Frau war. Der Richter erkannte das als Grund an, den Fall abzuweisen – warnte den Mann aber auch, daß er im Wiederholungsfall ins Gefängnis wandern würde.

Am bemerkenswertesten an Philips' Bericht fand ich den Umstand, daß die Angeklagten auf Tonga sich fast immer schuldig bekennen und nicht bestreiten, was vorgefallen ist; es geht nur darum, wie diese Vorfälle zu bewerten sind. Das kontrastiert stark mit unserem System, in dem Angeklagte sich nie schuldig bekennen, wenn sie denken, sie könnten ungeschoren davonkommen, oder aber sich schuldig bekennen, damit die Anklage auf einzelne Punkte beschränkt wird, was durch eine Absprache zwischen Anklage und Verteidigung vorher geklärt wird. (Der frühere Vizepräsident Spiro Agnew bekannte sich beispielsweise der Steuerhinterziehung schuldig, um einer fast sicheren Verurteilung wegen Bestechung zu entgehen.) Es kontrastiert auch mit dem Versuch von Anwälten, Zeugenaussagen zu diskreditieren oder etwas zu unterstellen, das so nie geschehen ist. Wer an Gerichtsverfahren teilnimmt, findet es häufig besonders beunruhigend, daß andere etwas in Zweifel ziehen oder verdrehen, von dem er weiß, daß es wahr ist. Die Menschen scheinen ein tiefsitzendes Bedürfnis danach zu haben, daß Missetäter ihre Schuld eingestehen. Nach dem Zivilrechtsprozeß gegen O.J. Simpson, bei dem die Geschworenen der Familie von Ron Goldman eine große Geldsumme zusprachen, verkündete Goldmans Vater, er würde auf den gesamten Betrag verzichten, wenn Simpson zugeben würde, die Morde begangen zu haben.

Wenn man in alltäglichen zwischenmenschlichen Beziehungen die Sache wieder in Ordnung bringen will, ist der erste Schritt, daß man seine Schuld eingesteht oder die Verantwortung übernimmt. Ob sich Angeklagte in unserem Strafrechtssystem schuldig bekennen, hat weniger mit ihrer Schuld oder Unschuld zu tun als mit ihren Chancen, den Prozeß zu gewinnen.

Anwälte unterliegen der Schweigepflicht. Wenn ein Mandant seinem Anwalt gegenüber ein Verbrechen gesteht und der Anwalt die Wahrheit preisgibt, kann er wegen Verletzung seiner Sorgfaltspflicht angeklagt werden (obwohl Anwälte keine Zeugenaussagen zulassen dürfen, von denen sie wissen, daß sie falsch sind). Ein Fall, der die Kluft zwischen dieser Vorschrift einer adversativen Rechtsordnung und dem, was die meisten Bürger für Recht halten, deutlich macht, ereignete sich im nördlichen Teil des Bundesstaates New York. Er wird von einem der beteiligten Anwälte in einem 1984 erschienenen Buch geschildert. Über die Schuld des

Angeklagten Robert Garrow bestand kein Zweifel, weil es drei Augenzeugen für die Tat gab. Garrow hatte vier Jugendliche, drei Jungen und ein Mädchen, bei einem Campingausflug überfallen. Er fesselte seine Opfer einzeln an einen Baum mit der Absicht, erst die Jungen zu töten, damit er in aller Ruhe das Mädchen vergewaltigen und foltern konnte, bevor er sie ebenfalls ermordete. Aber während er den ersten Jungen folterte und tötete, gelang es einem anderen Jungen zu fliehen und Hilfe zu holen.

Während Garrow auf den Prozeß wartete, erzählte er seinen Pflichtverteidigern, daß er zwei weitere Mädchen vergewaltigt, gefoltert und ermordet hatte – und verriet ihnen, wo er die Leichen vergraben hatte. Die Anwälte verifizierten seine Geschichte, indem sie die Leichen aufspürten und fotografierten. Nicht mit dem Ziel, die Behörden oder die Angehörigen der Opfer zu informieren, sondern um die Chancen ihres Mandanten auf Strafminderung durch Absprache zwischen Anklage und Verteidigung zu erhöhen. (Die Verteidiger machten der Staatsanwaltschaft das Angebot, der Polizei bei der Aufklärung der anderen Morde zu helfen. Als Gegenleistung forderten sie, daß ihr Mandant seine Strafe in einer Nervenheilanstalt anstatt in einem Gefängnis absitzen durfte; der Staatsanwalt lehnte das Angebot ab.) Die Polizei ermittelte weiterhin in den anderen Mordfällen, die Eltern suchten weiterhin nach ihren vermißten Kindern. Die Eltern eines der Mädchen suchten sogar Garrows Anwalt auf und fragten ihn, ob sein Mandant etwas über den Tod ihrer Tochter wisse; er sagte, davon sei ihm nichts bekannt.

Als diese Tatsachen ans Licht kamen (der Mörder gestand im Zeugenstand, und einer der Anwälte verriet später gegenüber Journalisten, daß die Verteidiger es vorher gewußt hatten), kam es zu einem allgemeinen Aufschrei der Empörung. Die Anwälte wurden mit haßerfüllten Briefen und Morddrohungen bombardiert. Aber sie hatten nur getan, was das Berufsethos von Anwälten fordert. Monroe Freedman erklärt: »Die beiden Anwälte haben sich nicht nur korrekt verhalten, sondern sie hätten sich eines ernsthaften Pflichtverstoßes schuldig gemacht, wenn sie die Information weitergegeben und damit den Interessen ihres Mandanten geschadet hätten.«

Heute ist es ein »totaler Krieg«

Diese beunruhigenden Aspekte sind in das adversative Rechtssystem eingebaut. Aber viele Juristen sind der Ansicht, daß die Rechtspraxis in den Vereinigten Staaten heute sogar noch haßerfüllter und giftiger ist als früher. Als ein Teilnehmer der *U.S.-Business-Litigation*-Diskussionsrunde bemerkte, ein Prozeß sei wie Krieg, fügte ein anderer Diskussionsteilnehmer, der Anwalt Joseph Cotchett, hinzu: »Heute ist es der ›totale Krieg‹.«

Es gibt strenge Richtlinien, die verhindern sollen, daß das Parteigängertum außer Kontrolle gerät. Aber in der Praxis und in ihrem Denken, stellt David Luban fest, umgehen, mißbrauchen, ignorieren und mißachten amerikanische Anwälte manchmal diese Richtlinien, die dazu gedacht sind, die adversative Natur des Systems in Grenzen zu halten. Beispielsweise besagt Richtlinie 3.3(a)(3), daß ein Anwalt, dem ein anwendbares Gesetz bekannt ist, von dem die andere Seite profitieren würde, gesetzlich verpflichtet ist, die Anwälte der Gegenseite davon in Kenntnis zu setzen. Luban hat immer wieder festgestellt, daß seine Studenten sich schlicht weigern zu glauben, daß diese Richtlinie existiert. Wenn er es ihnen schwarz auf weiß zeigt, können sie sich nicht vorstellen, daß es so gemeint sein könnte. Sie wenden ein: »Aber das widerspricht dem adversativen Rechtssystem« – und dieser Einwand ist derart vernichtend, daß die Richtlinie in ihren Köpfen quasi annulliert wird.

Der Wert eines Systems kann nicht daran gemessen werden, ob und wie es mißbraucht wird. Aber Mißbräuche können ein Licht auf Probleme werfen, die im System angelegt sind. Ich werde einige Beispiele von Mißbrauch anführen, die mir von Anwälten genannt wurden. Damit will ich nicht etwa andeuten, daß diese Mißbräuche typisch wären, sondern ich will aufzeigen, daß die Lage sich verschlimmert hat und, vielleicht noch wichtiger, daß diejenigen, die das System mißbrauchen, in Fallen tappen, die im System angelegt sind.

Ein beliebtes Schlachtfeld von Prozessen ist die erzwingbare Bekanntgabe von für den Rechtsstreit bedeutsamen Tatsachen und Urkunden an die Gegenpartei, eine Verfahrensregel, die Anwälten auch gestattet, potentielle Zeugen zu befragen, bevor der Fall vor Gericht kommt. Die Aufklärungspflicht ist von entscheidender Wichtigkeit, damit jede Seite die Argumente der Gegenseite einschätzen und sich entsprechend vorbereiten kann. Aber, wie ein Richter es ausdrückt: »Anwälte ... pflegen diese Verfahrensregel derart zu verdrehen, daß sie zu einer der mächtigsten Waffen im Arsenal derjenigen geworden ist, die die adversative Rechtsordnung mißbrauchen.«

Ein Rechtsstreit zwischen Philip Morris und dem Fernsehsender ABC vermittelt eine Vorstellung von der »Kriegsführung«, die die Aufklärungspflicht nach sich ziehen kann. Das Unternehmen Philip Morris reichte eine Klage über zehn Millionen Dollar gegen ABC ein, weil in der ABC-Sendung *Day One* behauptet worden war, der Tabakkonzern hätte seinen Zigaretten bewußt Nikotin zugesetzt, um sicherzustellen, daß die Raucher abhängig wurden und das auch blieben. Die Anwälte von ABC reichten 1995 Beschwerde gegen die Anwälte von Philip Morris ein. Sie trugen vor, daß der Tabakkonzern ihnen zwar 25 Kisten mit den angeforderten Urkunden zugestellt hatte – aber auf dunkelrotem Papier, so daß man sie kaum lesen, unmöglich kopieren und auch nicht in den Computer einscannen konnte. Bei über einer Million Seiten hieß das, daß die Dokumente überhaupt nicht ausgewertet werden konnten. Zudem behauptete ABC, das Papier ströme ungesunde chemische Dämpfe aus, wodurch Mitarbeiter, die mit den Dokumenten gearbeitet hatten, krank geworden seien.

Hierbei scheint es sich um den offensichtlichen Versuch zu handeln, der Pflicht zur Auskunfterteilung pro forma nachzukommen, ohne es wirklich zu tun. Aber dies war lediglich das letzte Manöver einer »in die Länge gezogenen Urkundenvorlageschlacht«, wie die *Legal Times* es formulierte. Als die Anwälte von ABC die Urkunden zum erstenmal anforderten, fochten die Anwälte von Philip Morris die Forderung mit der Begründung an, die Urkunden enthielten Betriebsgeheimnisse. Ein Richter verhängte Sicherheitsauflagen und ordnete die Urkundenvorlage an. Nach insgesamt vier solcher richterlicher Anordnungen hatten die Anwälte von ABC die Unterlagen noch immer nicht in der Hand.

Schande über Philip Morris, werden Sie sagen. Aber nach Aussage des Tabakkonzerns war die Anforderung »ausufernd und unzumutbar« – das heißt, die Anwälte von ABC forderten die Vorlage von mehr Urkunden, als wirklich benötigt wurden, um die Gegenpartei zu schikanieren. Die Anwälte von Philip Morris behaupteten, ihr Mandant habe ABC bereits eine Million Seiten der relevantesten Urkunden zur Verfügung gestellt, und Gegenstand dieser jüngsten richterlichen Anordnung seien »die marginalsten Unterlagen, die man sich vorstellen kann«. Dennoch, sagten sie, seien sie wirklich bemüht, der richterlichen Anordnung Folge zu leisten: Sie hätten 30 Anwälte und Anwaltsassistenten eingesetzt, die rund um die Uhr arbeiteten, um die Unterlagen in den Archiven aufzustöbern, und die ihre Familien überhaupt nicht mehr zu Gesicht bekämen.

Schande über ABC, werden Sie sagen. Und in der Tat stellte eine gerichtliche Entscheidung später fest, die auf rotem Papier gedruckten Unterlagen seien zwar nicht so »bequem« zu lesen wie die übliche schwarze Schrift auf weißem Grund, aber sie seien »durchaus lesbar«. Das Gericht bemerkte auch nichts von dem giftigen Geruch, über den ABC sich beklagt hatte. Dennoch nahm der Fall symbolische Bedeutung an und wurde von Charles Yablon, Juraprofessor an der Benjamin N. Cardoza School of Law, in einem Artikel mit dem Titel »Dämliche Anwaltstricks« diskutiert. Laut Yablon erklärten einige Prozeßanwälte die von ihm so bezeichnete »Masche mit dem stinkenden Papier« als »unvermeidliches Resultat des gegenwärtigen Prozeßklimas, in dem übergroße Aggressivität mit bedingungslosem Einsatz gleichgesetzt und von Anwälten verlangt wird, um jeden Preis zu gewinnen«. Andere »wollten nur wissen, woher sie dieses stinkende Papier beziehen könnten«.

Verfahrensregeln können auf vielerlei Weise mißbraucht werden – und werden es auch gelegentlich. Anwälte können, wie es jenen von Philip Morris vorgeworfen wurde, die Auskunfts- und Vorlagepflicht als Mittel zur Schikane nutzen und zahllose Unterlagen anfordern, weit mehr, als wirklich gebraucht werden.

Wenn Anwälte andererseits selbst zur Bekanntgabe prozeßwichtiger Urkunden aufgefordert werden, können sie der Gegenseite so viele zur Verfügung stellen, daß diese enorme Geldsummen und sehr viel Zeit aufwenden muß, um die Urkunden auszuwerten oder dazu überhaupt nicht in der Lage ist. Das Gesetz sieht die Möglichkeit vor, ein Ersuchen um Urkundenvorlage anzufechten, wenn es für unbegründet gehalten wird. Aber Anwälte haben die Möglichkeit, um den Gegner zu schikanieren oder um den Prozeß hinauszuzögern, jedes Ersuchen um Urkundenvorlage anzufechten, ob es nun begründet ist oder nicht. Andere Taktiken sind beispielsweise die Festsetzung des Termins an Heiligabend oder an jüdischen Feiertagen oder die glatte Lüge gegenüber einem Richter, daß man den gegnerischen Anwalt über den Termin informiert habe, obwohl das nie geschehen ist.

Die Anwältin Susan Popik erzählt ein weiteres Beispiel. In einem Zivilprozeß verlangte eine Seite von der Gegenpartei die Vorlage der Steuererklärungen, wogegen diese unter Berufung auf den Schutz der Privatsphäre Einspruch erhob. Es folgten anderthalb Jahre kostspieliger Anträge und Anhörungen, Urkundenvorlagen wurden angeordnet und verweigert, die Gegenseite legte Berufung gegen die richterliche Anordnung ein. Die Sache ging bis zum Obersten Bundesgericht Kaliforniens. Zum Schluß war der Anwalt gezwungen, die Steuererklärungen vorzulegen, und gab preis, was er die ganze Zeit über gewußt hatte: Die Unterlagen existierten gar nicht; der Mandant hatte in dem Jahr überhaupt keine Steuererklärung eingereicht. Und anstatt dies von Anfang an zuzugeben, zog der Anwalt es vor, die Gegenseite (und die Öffentlichkeit, die die Gerichte bezahlt) zu einem kostspieligen und zeitaufwendigen Windmühlenkampf um nicht existierende Dokumente zu zwingen.

Derartige Taktiken fordern ihren Tribut von den Anwälten. Michael Gottesman war Seniorpartner einer der führenden amerikanischen Kanzleien für Arbeitsrecht, aber er beschloß, den Anwaltsberuf an den Nagel zu hängen und zur juristischen Fakultät der Georgetown University zu wechseln. Wie die erfahrenen, talentierten Senatoren, die freiwillig von ihrem Amt zurücktraten, nannte Gottesman als einen Grund für seine Ent scheidung, daß die Ausübung des Anwaltsberufs derart antagonistisch geworden sei, daß es einfach keinen Spaß mehr mache. Ich habe mit Gottesman darüber gesprochen, wie er diese Veränderung bewertet. Die folgenden Absätze basieren auf unserem Gespräch.

Früher ging man unter Anwälten von der Annahme aus, daß zwar die Mandanten Gegner seien, die Anwälte jedoch nicht; die Anwälte kooperierten im allgemeinen miteinander. Wenn sie beispielsweise eine Fristverlängerung beantragten, dann weil sie aus Gründen, auf die sie keinen Einfluß hatten, wirklich mehr Zeit brauchten, obwohl sie ihr Bestes gegeben hatten. Sie konnten sich im allgemeinen darauf verlassen, daß sie mit den gegnerischen Anwälten zu einer Übereinkunft gelangen würden. Jetzt wird das Spiel anders gespielt. Viele Anwälte halten es heute für selbstverständlich, daß man bei einem Prozeß versucht, dem Gegner eins auszuwischen. So beantragt ein Anwalt vielleicht eine Fristverlängerung, vorgeblich mit gutem Grund, aber in Wirklichkeit einfach, um die Gegenseite hinzuhalten oder zu ärgern. Und aus denselben Gründen lehnt der gegnerische Anwalt die Fristverlängerung dann vielleicht ab. Mittlerweile sind die Anwälte selbst Gegner, nicht nur die Mandanten, was manchmal sogar so weit geht, daß es zu einem Austausch von Beleidigungen und Drohungen kommt.

Gesetze, die dazu gedacht waren, die benachteiligte Seite zu schützen, werden jetzt benutzt, um die ärmere Gegenpartei zu schikanieren. Beispielsweise kann ein Anwalt darauf bestehen, Unmengen von Zeugen unter Eid aussagen zu lassen, nicht weil ihre Aussage wichtig ist, sondern weil das Zeit und damit Geld kostet. Richtlinien und Verfahrensweisen, die geschaffen wurden, um Rechte zu schützen, werden mißbraucht, um den Prozeß zu verschleppen und der Gegenseite ganz allgemein das Leben zur Hölle zu machen. Das Ziel all dieser Taktiken ist es, den Prozeß so frustrierend, kostspielig und quälend zu machen, daß die Gegenpartei genötigt ist, vorzeitig einer Einigung zuzustimmen, bei der so wenig wie möglich für sie herausspringt. (Jonathan Haar beschreibt beispielsweise in seinem Buch *A Civil Action* einen solchen Fall, der wirklich passiert ist. Ein Anwalt hatte eine

Gruppenklage eingereicht und wollte den Beweis erbringen, daß in Woburn, Massachusetts, viele Kinder an Leukämie erkrankt waren, weil in der Stadt ansässige Chemiefabriken ihren Giftmüll dort deponierten. Entschlossen, den Prozeß trotz aller Hindernisse fortzusetzen, wurde er mittellos, verlor sein Haus und mußte schließlich im Büro schlafen.) Letztendlich schafft es die reichere Seite häufig, die ärmere Seite kaputtzumachen.

Es gibt eine Richtlinie – Richtlinie elf – die bestimmt, daß Anwälte irgendeine Basis für ihre Klagen, Anträge und Hilfsanträge haben müssen. Wenn eine Seite das Gefühl hat, daß die andere aus bloßer Schikane bestimmte Verfahren oder Anträge auf den Weg bringt, kann sie sich auf diese Richtlinie berufen. Aber Richtlinie elf kann auch als Mittel der Schikane mißbraucht werden: Manche Anwälte reichen regelmäßig Anträge nach Richtlinie elf ein und zwingen dadurch die Gegenseite zu einer Reaktion, für die sie Zeit und Geld aufwenden muß, die sie vielleicht nicht hat. Das hat zu einer weiteren Variante des paradoxen Schutz-als-Schikane-Spiels geführt: Man beantragt die Abweisung eines Antrags gemäß Richtlinie elf mit einem Antrag gemäß Richtlinie elf!

Bei der Befragung von Zeugen der Gegenseite stellen Anwälte manchmal Fragen, die für die Betreffenden so unangenehm wie möglich sein sollen. Die Dalkon-Shields-Gruppenklage ist ein gutes Beispiel dafür. Die Anwälte des Herstellers hatten das Recht, die Frauen, die nach dem Einsetzen der Spirale unter Entzündungen im Beckenraum litten, vor dem Prozeß unter Eid zu befragen. Den Frauen wurden unter anderem folgende Fragen gestellt: In welchem Alter wurden Sie zuerst sexuell aktiv? Hatten Sie Orgasmusprobleme, bevor Sie sich den Dalkon-Shield einsetzen ließen? Haben Sie oralen oder analen Verkehr ausgeübt, und wie oft? Haben Sie Ehehilfen wie Vibratoren und Dildos benutzt? Wie lauten die Namen der Sexualpartner, die Sie neben Ihrem Ehemann hatten? Wenn Sie zur Toilette gehen, wischen Sie dann von vorne nach hinten oder von hinten nach vorn? Die vorgebliche Rechtfertigung für diese Fragen war die Behauptung des Unternehmens, die Entzündung könne auch durch bestimmte sexuelle und hygienische Praktiken hervorgerufen werden; der wahre Grund war die Demütigung potentieller Zeuginnen und das Bestreben, sie davon abzubringen, vor Gericht auszusagen.

Laut Gottesman kann so ungefähr jede normale Interaktion zwischen Anwälten zur Schikane mißbraucht werden. Sagen wir, die Anwälte Smith und Winston führen ein Telefonat, in dessen Verlauf es zu einer Einigung in verschiedenen Fragen kommt. Smith läßt auf das Telefonat einen Brief folgen, in dem er mit Absicht unrichtige Angaben über die getroffenen Vereinbarungen macht. Wenn Winston das nicht merkt und die Sache nicht sofort schriftlich richtigstellt, kann Smiths Brief später dazu benutzt werden, Winstons Position falsch darzustellen: ein Punkt für Smith. Mindestens aber muß Winston Zeit und Geld seines Mandanten investieren und einen Brief diktieren, in dem er die Irrtümer richtigstellt.

All diese Taktiken führen zu Kosten und Verzögerungen, was eine wirkungsvolle Waffe sein kann. Es ist durchaus möglich, daß ein Mandant, der einen finanziellen Anspruch einklagt, dringend auf das Geld angewiesen ist und nicht ewig darauf warten kann, daß der Fall vor Gericht kommt oder eine faire Einigung erzielt wird. Aber der Schaden für diejenigen, die auf dem Weg über die Justiz Genugtuung suchen, geht über den finanziellen Aspekt hinaus. Häufig ist der größte Schaden psychologischer Natur; Gottesman weist darauf hin, daß Menschen dazu neigen, erst mit ihrem Leben weiterzumachen, wenn ein anhängiger Rechtsstreit abgeschlossen ist. Wie so oft in der Streitkultur wird letzten Endes der eigentliche Preis durch menschliches Leid bezahlt.

Rhetorisches Sperrfeuer im Kampfgebiet

Ist wirklich alles schlimmer geworden, oder ermöglicht die Technik lediglich ausgeklügeltere Formen uralten Verhaltens? Wenn die Klagen über Anwälte ein Hinweis auf deren Verhalten sind, dann ist dieses Verhalten nicht neu: Die Feindseligkeit gegenüber Anwälten ist so alt wie der Anwaltsberuf selbst. Zu diesem Ergebnis kommt jedenfalls Jonathan Rose, Juraprofessor am Arizona State University College, der Dokumente untersucht hat, die bis ins 13. Jahrhundert zurückreichen. Er hat in alten Unterlagen dieselben Vorwürfe gegenüber Anwälten gefunden, die heute noch zu hören sind: es gibt zu viele Prozesse, die schädlich für die Gesellschaft sind, es gibt zu viele schlecht ausgebildete oder unehrliche Anwälte – es gibt einfach zu viele Anwälte, Punktum; allein dadurch, daß es so viele gibt, wird exzessiv prozessiert, auch wenn vielleicht gar nicht prozessiert werden müßte. (Erinnern wir uns an Charles Dickens' Roman *Bleak House*, in dem ein Rechtsstreit sich über Jahrzehnte hinschleppt, bis das strittige Vermögen gänzlich durch Anwaltshonorare aufgebraucht ist.)

Rose weist auch darauf hin, daß die Einstellung gegenüber Anwälten nicht ausschließlich von Feindseligkeit geprägt war und ist, weder damals noch heute. Auch will er nicht behaupten, das Ausmaß der Feindseligkeit sei unverändert; das war nicht Gegenstand der Untersuchung. Aber seine Forschungen beweisen, daß die Probleme nicht neu sind. Dennoch haben manche Juristen das Gefühl, daß Mißbräuche häufiger werden und daß das Ausmaß an Feindseligkeit zunimmt.

Arthur Gilbert, beisitzender Richter am obersten kalifornischen Berufungsgericht, stellt fest, daß die Urteilsbegründungen der Richter und die Plädoyers von Rechtsanwälten und Staatsanwälten gehässiger geworden sind – eher ein Austausch gegenseitiger Beleidigungen als ein Austausch von Argumenten. Er schreibt (und fängt dabei mit seiner Kriegsmetaphorik den Zeitgeist sehr gut ein):

Im neunten Gerichtsbezirk haben zwei fähige Berufungsrichter, die sich am entgegengesetzten Ende des philosophischen und politischen Spektrums befinden, zahlreiche Raketen aufeinander abgeschossen. In einem noch nicht lange zurückliegenden Fall haben die verbalen Explosionen das Terrain im Umkreis von mehreren Meilen verwüstet. Tödliche Geschosse wie »lachhaft«, »grotesk«, »gefährlich« und »Aktivist« werden über den feindlichen Linien abgefeuert.

Auch wenn es Richtern vielleicht Spaß mache, so Richter Gilbert, in solchen rhetorischen Exzessen zu schwelgen, ebenso wie es dem Publikum vielleicht Vergnügen bereite, sich das Spektakel anzusehen, sei es gefährlich, wenn Beobachter sich auf den Kampf konzentrierten anstatt auf die Sachfragen. »Die peinlich genaue Betrachtung des Drecks, mit dem die Wände beworfen werden, erregt größeres Interesse als der Inhalt einer richterlichen Stellungnahme, die Auswirkungen auf Millionen von Menschen haben kann.«

Richter Gilbert steht mit seiner Besorgnis nicht allein da. Laut Roger Abrams, dem Dekan der Rutgers Law School, hat »der Mangel an Höflichkeit und Liebenswürdigkeit unter Anwälten die Ausübung unseres Berufs unterminiert«. Der Präsident der US-Bundesanwaltskammer, N. Lee Cooper, führte »eine landesweite Umfrage bei den gewählten Präsidenten der bundesstaatlichen und regionalen Anwaltskammern durch«. Er berichtet, daß eine überwältigende Mehrheit, nämlich »90 Prozent derjenigen, die geantwortet haben, der Ansicht waren, daß es in ihrem Zuständigkeitsbereich ein Problem mit der Höflichkeit gebe«.

Verhalten, das unter der Rubrik »Höflichkeit« zusammengefaßt wird, ist oft weit ernster, als der Begriff vermuten läßt. Es reicht von Unhöflichkeit über Schikane gegnerischer Anwälte bis zum Gesetzesbruch, wie in folgendem von Cooper aufgeführten Beispiel:

Ein Anwalt, der in seiner Kanzlei eine Zeugenbefragung durchführte, weigerte sich, angeforderte Urkunden vorzulegen, verletzte Richtlinie 30(c) der Bundesverfahrensregeln für den Zivilprozeß, ignorierte eine richterliche Anordnung und bedrohte dann massiv den Anwalt der Gegenseite, als der versuchte, den Richter anzurufen, obwohl es ein einverständlich festgelegtes Verfahren war, sich bei solchen Kontroversen an den zuständigen Richter zu wenden.

Coopers Essay hat den Titel »Courtesy Call«, aber der Begriff »Höflichkeit« scheint mir hier eine ziemliche Untertreibung zu sein.

Wenn man mit jemandem streitet, der einem Beleidigungen an den Kopf wirft, konzentriert man sich im allgemeinen auf die Beleidigungen und achtet nicht mehr darauf, was sonst noch vorgebracht wird – folglich sinkt die Wahrscheinlichkeit, daß der Streit beigelegt werden kann. Genauso können auch aggressive Taktiken bei einem Rechtsstreit eine gütliche Einigung erschweren. In der *U.S.-Business-Litigation*-Diskussionsrunde erinnerte sich John McGuckin, der Firmenanwalt einer Bank, an einen Fall, bei dem er zu einer Einigung bereit war, bis der Anwalt der Gegenseite die Forderung erhob, daß er und der geschäftsführende Direktor der Bank sich zu einer Zeugenbefragung zur Verfügung stellen sollten. »An dem Punkt«, sagte er, »machte ich die Schotten dicht.« Diskussionsteilnehmer Jerome Falk bemerkte: »Es ist schwierig, über eine gütliche Einigung zu verhandeln, wenn die Anwälte nicht mehr miteinander reden.« In manchen Situationen, so Falk weiter, erreiche die Animosität zwischen den Anwälten solche Ausmaße, daß man unbeteiligte Anwälte der Kanzlei oder des Unternehmens hinzurufen müsse, um »mit kühleren Köpfen« zu verhandeln.

»Unsere Mandanten zwingen uns dazu«

Warum geht es im Bereich des Rechts immer aggressiver zu? Auch das Rechtssystem ist einigen der Faktoren unterworfen, die jeden Aspekt des öffentlichen Lebens prägen: Kleine Organisationen werden durch immer größere verdrängt, alte Bindungen zerbrechen, und mit dem Zustrom immer größerer Geldmengen wird sozusagen ein extrem leicht entzündlicher Stoff ins System eingeführt.

Wenn große Institutionen kleinere ersetzen, schafft die Anonymität einen fruchtbaren Boden für aggressive Schaukämpfe. Die Anwältin Susan Popik bemerkt: »Man trifft nicht mehr ständig auf dieselben Leute. Früher hat man sich bemüht, gut mit dem Richter auszukommen, weil man wußte, daß man wahrscheinlich spätestens in sechs Monaten wieder mit ihm zu tun haben würde. Jetzt sind es immer andere.« Arthur Garwin von der US-Bundesrechtsanwaltskammer vertritt eine ähnliche Meinung: »In kleinen Städten, wo die Anwälte ständig miteinander zu tun haben, scheint das Benehmen besser zu sein. In Chicago, wo sich die Anwälte oft nur ein einziges Mal vor Gericht begegnen, ist die Wahrscheinlichkeit eines rüden Umgangs viel größer.«

Professor Menkel-Meadow erinnert sich, daß es 1974, als sie an der juristischen Fakultät der University of Pennsylvania ihren Abschluß machte, üblich war, daß Unternehmen ein Leben lang bei derselben Anwaltskanzlei blieben und Anwaltskanzleien ihre Anwälte beschäftigten, bis sie in den Ruhestand gingen. Jetzt sehen sich die Unternehmen um und zögern nicht, die Kanzlei zu wechseln, wenn sie unzufrieden sind; Kanzleien sagen sich von Anwälten los, die nicht genug Geld bringen, und Anwälte wechseln ständig den Arbeitsplatz und nehmen oft ganze Abteilungen mit, um ein Konkurrenzunternehmen aufzumachen. Das Resultat ist mehr Konkurrenzkampf und weniger Kollegialität. Nach Aussage des Anwalts Joseph Cotchett steigen zweifelhafte Taktiken »exponentiell an«, und junge Leute fühlen sich zu einem immer bösartigeren Verhalten gezwungen, um konkurrieren zu können.

Auch steigende Studiengebühren tragen dazu bei, daß Berufsanfänger unter starkem finanziellen Druck stehen: Viele frischgebackene Anwälte wanken unter der Last enormer Schulden aus den Universitäten, weil sie ihre DAG-Darlehen zurückzahlen müssen. Das macht es schwer für sie, an moralischen Überzeugungen festzuhalten, die sie ihren Job kosten könnten. Cotchett erinnert sich, daß er einmal einen Anruf von einem Freund erhielt, dessen Tochter nach Ansicht von Vater und Tochter vor einem ziemlichen Dilemma stand: Die Tochter, die vor kurzem ihr Jurastudium abgeschlossen hatte und gerade eine exzellente Position bei einer bedeutenden Anwaltskanzlei in Los Angeles ergattert hatte, war auf Dokumente gestoßen, die ihren eigenen Mandanten belasteten. Laut Gesetz war es ihre Pflicht, diese Beweise aufzudecken, aber ihr Chef hatte ihr gesagt, sie solle sie unter dem Stein der anwaltlichen Schweigepflicht begraben – womit sie aus ihrer Sicht einen Betrug begehen würde. Cotchett war schockiert, daß sein Freund überhaupt überlegte, was er seiner Tochter raten sollte, und sagte ihm das auch. Aber der Freund »fing an, mir von den ganzen Schulden zu erzählen, die sie abzahlen mußte, und was für eine wundervolle Stelle sie bekommen hatte. Und eins war klar, wenn sie nicht tat, was ihr Chef wollte, würde sie diesen Job verlieren.« Professor Joan Williams vom American University's Washington College of Law weist darauf hin, daß die Studienabgänger durch die hohen Studienschulden auch gezwungen sind, sich nach den Stellen mit den höchsten Gehältern umzusehen und, einmal eingestellt, so lange zu arbeiten, wie es irgend geht. Der dadurch hervorgerufene Zustand körperlicher Erschöpfung führe schon aus sich heraus zu einer erhöhten Reizbarkeit.

Genau wie Journalisten, die es der sensationslüsternen Öffentlichkeit anlasten, daß sie ständig über Skandale berichten, geben auch Anwälte dem Mandanten die Schuld an ihren »Pitbull-« oder »Rambo-Taktiken« – Worte, die beklagenswerterweise eine positive Konnotation haben, jedenfalls nach Aussage des Moderators der *U.S.-Business-Litigation*-Diskussionsrunde. John Mc-Guckin, Hausanwalt einer Bank, zitiert Anwälte, die erklären: »Unsere Mandanten wollen Rambo-Methoden. Sie befehlen uns, Verbrannte-Erde-Methoden einzusetzen. Wir liefern nur, was unsere Mandanten bestellt haben.« Aber McGuckin ist skeptisch: »Von uns, einer Gruppe von 85 juristischen Beratern hier in San Francisco, würde niemand zugeben, Rambo-Prozeßanwälte anzuheuern.« Natürlich, es zugeben und es tun sind zweierlei. Aber sogar wenn die Mandanten solche Taktiken fordern, muß man ihnen geben, was sie wollen?

Ja, glauben viele, wenn sehr viel auf dem Spiel steht. Das ist eine weitere häufig vorgebrachte Erklärung für den Anstieg extremer Taktiken: Wenn Unternehmen in Prozesse verwickelt sind, geht es häufig um Riesensummen, und ein Großteil der beschriebenen Mißbräuche findet auf diesem Schlachtfeld statt. Das bedeutet auch, daß für Rechtsstreitigkeiten Riesensummen zur Verfügung stehen, genau wie die schmutzigen Tricks in der Politik zum Teil von den Riesensummen herrühren, die für politische Kampagnen bereitgehalten werden.

Das sind Einflüsse, durch die die Reichen reicher und die Armen ärmer werden. Da es Gerechtigkeit nur geben kann, wenn beide Parteien von einem Anwalt vertreten werden, sagt David

Luban, ist es eine notwendige Voraussetzung für Gerechtigkeit, daß mittellosen Beschuldigten ein Verteidiger gestellt wird. Aber in jüngster Zeit ist es zu drastischen Kürzungen der öffentlichen Mittel für Rechtshilfe und Pflichtverteidiger gekommen. Das bedeutet weniger Gerechtigkeit für alle, die nicht reich genug sind, einen guten Anwalt zu engagieren. Luban weist darauf hin, daß die Lage durch die enorm kostspielige Verteidigung bekannter Beschuldigter wie Timothy McVeigh oder Theodore Kaczinski noch verschlimmert wird. Denn dies geschieht auf Kosten unzähliger mittelloser Beschuldigter, weil die Haushaltsmittel für Pflichtverteidiger nicht erhöht worden sind, um diese zusätzlichen Kosten aufzufangen. (Im Mai 1997 soll McVeighs Verteidigung den Steuerzahler bereits zehn Millionen Dollar gekostet haben.)

Warum ein Wandel? Und wie ihn bewerkstelligen?

Roger Abrams, der Dekan der Rutgers Law School, hat darauf hingewiesen, daß die Zahl der Studienbewerber an den juristischen Fakultäten landesweit zurückgegangen ist. Seiner Ansicht nach liegt das nicht nur an den abnehmenden Chancen auf dem Arbeitsmarkt, sondern zeigt auch, daß »Berufe im juristischen Bereich weniger attraktiv geworden sind, weil vielen Anwälten ihr Beruf nicht mehr besonders viel Spaß macht. Für viele ist es keine reine Freude mehr, als Rechtsanwalt tätig zu sein.«

Eine Anwältin bei der US-Bundesrechtsanwaltskammer, Cornelia Honchar, stimmt dem zu: »Anwälte als Berufsgruppe sind gestreßt und unzufrieden mit ihrer Arbeit«, erklärt sie. »Es ist nicht leicht, jeden Tag aufzustehen und zu kämpfen.« Mit der anekdotenhaften Ausnahme von Prozeßanwälten, die sich durch die Aufregung der Schlacht wie elektrisiert fühlen (Marcia Clark beispielsweise, die führende Anklagevertreterin im Prozeß gegen O.J. Simpson, hatte die Zurückversetzung von einer höherbezahlten Verwaltungsstelle beantragt, weil ihr der Adrenalinschub ihrer Arbeit als Staatsanwältin fehlte), ist die berufliche Unzufriedenheit unter Rechtsanwälten groß – und breitet sich immer mehr aus. Nach Aussage von Mary Ann Glendon berichteten

Anwälte »aus allen Berufsbereichen, daß in den sechs Jahren zwischen 1984 und 1990 ihre Zufriedenheit mit ihrer Arbeit um 20 Prozent abgenommen habe«, und »fast jeder vierte Anwalt gibt an, er würde sich nicht noch einmal für diesen Beruf entscheiden, wenn er die Wahl hätte«.

Die berufliche Unzufriedenheit der Anwälte allein wird kaum zu einem Wandel führen. Wenn Pitbull- oder Rambo-Taktiken zum Erfolg führen und geschätzt werden, warum sollte dann irgend jemand auf sie verzichten? Es gibt Hinweise darauf, daß diese Methoden hoch im Kurs stehen, aber weniger Hinweise dafür, daß sie zum Erfolg führen. Der Anwalt Bartlett McGuire behauptet, daß Rambo-Methoden in einem Rechtsstreit häufig nach hinten losgehen. Die Folge kann eine heftige Gegenreaktion von Richtern und Geschworenen sein, und der Ruf ganzer Kanzleien kann besudelt werden. Taktiken, die mit der Absicht eingesetzt werden, den Gegner durch Schikanen zum Einlenken zu bewegen, können Rachegelüste wecken und die Gegenseite dazu anspornen, es dem anderen mit gleicher Münze heimzuzahlen. Da es in den meisten Fällen zu einer außergerichtlichen Einigung der beiden Parteien kommt, gefährdet das Anstacheln von Animositäten den Einigungsprozeß. McGuire weist darauf hin, daß »Höflichkeit und Anstand, die oft mit Schwäche verwechselt werden, einen Wettbewerbsvorteil bieten können«. Wenn die Gegenseite weiß, daß sie es mit einem aggressiven Anwalt zu tun hat, ist sie auf der Hut, aber wenn sie glaubt, es mit einem laschen Anwalt zu tun zu haben, ist sie vielleicht nachlässiger.

Daß dem so ist, wird von Mona Harrington dokumentiert. Sie hat Anwältinnen interviewt, die berichten, daß sie ihre Mandanten am besten vertreten, indem sie nicht etwa so aggressiv wie möglich auftreten und gleich auf Konfrontationskurs gehen, sondern der Gegenseite zuhören, sie beobachten, in ihr »lesen«. Bei Zeugenbefragungen nehmen sie eine »ruhige, mitfühlende Haltung« ein und lassen ihren ganzen Charme spielen, damit der Zeuge vergißt, daß die Anwältin eigentlich die Gegenseite vertritt. Mit dieser Methode erzielen sie wesentlich bessere Ergebnisse als wenn sie die Zeugen in die Mangel nehmen und angreifen. Rechtsanwalt Falk bestätigt: »Ein rüdes, lärmendes, anstößiges Verhalten ist selten förderlich, wenn man einen Prozeß gewinnen will, ganz im Gegenteil. Und es trägt garantiert nicht dazu bei, einen Fall auf kostengünstige Weise durch eine außergerichtliche Einigung beizulegen.«

Nach Ansicht von Roger Abrams wird der Markt für die Lösung des Problems sorgen, das er zum Teil mitgeschaffen hat: »Es ist keine Frage, daß Höflichkeit und Anstand den Mandanten Zeit und Geld ersparen«, denn es sind die Mandanten, die für die Zeit bezahlen, die ihre Anwälte darauf verwenden, einander gegenseitig Stolpersteine in den Weg zu werfen – und darauf, sie mühsam wieder wegzuräumen. »Durch ein solches unprofessionelles Verhalten wird das Geld der Mandanten verschwendet«, sagt Abrams. Da viele Unternehmen heute kostenbewußter geworden sind und weniger schnell bereit, Unsummen für einen Rechtsstreit auszugeben, müßten wirtschaftliche Überlegungen eigentlich dazu beitragen, daß kostenintensive Taktiken eingeschränkt werden.

Das Gewicht, das aggressiven Methoden beigemessen wird, hängt eher mit ihrem Unterhaltungs- als mit ihrem praktischen Wert zusammen. Charles Yablon glaubt, daß junge Prozeßanwälte die Rambo-Haltung lernen, weil sie von den Kriegserzählungen der etablierten Anwälte beeinflußt werden. Diese Anwälte berichten von »den Heldentaten, die sie vollbracht haben, und über die glorreichen Siege, die sie im Kampf um Urkundenvorlagen im Vorverfahren errungen haben – in Fällen, die letztendlich mit einem Vergleich endeten«. Aber das bedeutet nicht zwangsläufig, daß die Taktiken erfolgreich waren – sie müssen nicht einmal so beinhart gewesen sein, wie es sich im späteren Erzählen darstellt. Viele erfahrene Prozeßanwälte, sagt Yablon,

finden Befriedigung in ihrer Arbeit, indem sie kleinere Streitigkeiten um die Bekanntgabe prozeßwichtiger Urkunden zu titanischen Kämpfen umdichten. Jüngere Anwälte, die überzeugt sind, daß ihre Karriere davon abhängt, wie beinhart sie zu sein scheinen, können durchaus zu dem Schluß kommen, daß es wichtiger ist, sich wild und grimmig zu gebärden als sich kooperativ zu zeigen, selbst wenn all dieses Aufgeblähe ihrer Sache eher schadet als nützt.

Falls das so ist, dann könnten die großen alten Männer des Rechts aber auch eine wichtige Rolle bei der Schaffung neuer Werte für die jüngere Generation spielen.

Die Kriegsmetaphorik, mit der das Recht beschrieben wird, hat zur Folge, daß alle kriegsmüde werden. Und es schadet selbst denen, die den Kampf genießen, ihnen vielleicht sogar hauptsächlich, sagt die Juraprofessorin Elizabeth Thornburg. Sie schlägt die Einführung neuer Metaphern vor, die die Ausübung des Anwaltsberufs erweitern und humanisieren und dazu beitragen könnten, daß auf konstruktivere Weise mit Konflikten umgegangen wird. Anstatt Anwälte ausschließlich als Gladiatoren zu betrachten, die im Turnier gegeneinander antreten, schlägt Thornburg vor, sie als Baumeister zu sehen, die ein Haus errichten, als Lehrer in einem Erziehungsprozeß, als Reiseleiter, als Köche, die ein Mahl zubereiten oder (mein Favorit, was kaum überraschen wird) als Teilnehmer eines Gesprächs, nicht einer Auseinandersetzung.

Charles Yablon stellt fest, daß nur die schlimmsten Fälle unethischen Verhaltens geahndet werden. Seiner Ansicht nach könnte man eher etwas an der Situation ändern, wenn die Richter auch kleinere Verstöße schnell ahnden würden. Yablon:

Heutzutage wird nur das widerwärtigste und verabscheuungswürdigste Verhalten in einem Prozeß überhaupt geahndet. Dadurch, daß die Richter die Sache in kleinen Dingen schleifen lassen, werden sie schließlich mit einem so beleidigenden, ausfallenden Verhalten konfrontiert, daß eine wirklich große, dramatische Atombombe von einer Reaktion erforderlich ist. ...

Weil nur die schlimmsten Übertritte geahndet werden, nehmen Anwälte an (im allgemeinen zu Recht), daß sie mit ungehobeltem und destruktivem Verhalten davonkommen werden, solange es weniger abstoßend ist als das, was sie in den Sanktionsbegründungen nachlesen können.

Das klingt sehr nach dem Ansatz von William Bratton, dem früheren Polizeipräsidenten von New York. In seiner Amtszeit ging die Zahl der Morde und Schießereien in der Stadt um 60 Prozent zurück. Zu seiner Politik gehörte ein hartes Vorgehen gegen geringfügige, aber hochgradig sichtbare Gesetzesübertretungen wie zum Beispiel Graffitisprühen, aggressives Betteln oder das Verhalten jener Leute, die in New York als »squeegee men« bezeichnet werden: Sie bieten Autofahrern an roten Ampeln an, ihnen für ein Trinkgeld die Windschutzscheibe zu waschen – werden aber manchmal tätlich oder beschimpfen die Fahrer, wenn diese ihr Angebot ausschlagen. Obwohl oft bezweifelt wird, daß diese Politik tatsächlich für das Absinken der Kriminalität verantwortlich ist, sind andere überzeugt, daß ein Ignorieren solcher geringfügiger Übertretungen eine Atmosphäre der Rechtlosigkeit schafft, die schwerere Verbrechen begünstigt.

John Langbein, Juraprofessor in Yale, glaubt, daß amerikanische Anwälte und Richter dem kontinentaleuropäischen Rechtssystem größere Aufmerksamkeit schenken sollten, insbesondere der Untersuchungsmaxime, die bestimmt, daß den Richtern und nicht den Anwälten die Aufgabe obliegt, den relevanten Sachverhalt zu ermitteln. Nach der Festnahme der Fotografen, die den Wagen von Prinzessin Diana verfolgt hatten, bevor es zu dem tödlichen Unfall kam, erschien ein Artikel in *USA Today*, in dem darauf hingewiesen wurde, daß man diesen Fall in den USA ganz anders behandeln würde als in Frankreich. Einige der Unterschiede werden Amerikanern als außerordentlich gefährlich erscheinen, andere aber als durchaus vernünftig: Die Fotografen wurden zwei Tage lang festgehalten, ohne daß Anklage erhoben wurde und ohne sich mit einem Anwalt beraten zu dürfen. Ob die Fotografen ein Verbrechen begangen hatten oder nicht, wurde von einem Ermittlungsrichter untersucht. Wenn der Fall vor Gericht kommt, wird er von einem Richtergremium entschieden, nicht von Geschworenen, und Kameras sind im Gerichtssaal nicht erlaubt. Die Richter führen den Großteil der Befragungen durch; obwohl die Anwälte auch Fragen stellen können, dürfen sie kein Kreuzverhör durchführen. Die Schuld des Angeklagten muß schließlich auch nicht »über jeden vernünftigen Zweifel hinaus« bewiesen sein, sondern schlicht durch die *conviction intime du juge* – die innerste Überzeugung des Richters.

Der Rechtsethiker Paul Spiegelman zeigt sich besorgt darüber, daß durch das adversative Rechtssystem die wettbewerbsorientierten Seiten der menschlichen Natur betont und kooperative Impulse unterdrückt werden. Als Folge davon werde im Jurastudium ein »ethisch und emotional unsensibler, amoralischer und oft zynischer« Blick auf zwischenmenschliche Beziehungen gefördert. Laut Derek Bok, früher Dekan der juristischen Fakultät von Harvard und jetzt Unipräsident der Harvard University, gibt es Hoffnung auf einen Wandel. »Ich sage voraus«, erklärt er, »daß die größten Chancen für die Gesellschaft darin liegen werden, die menschliche Neigung zur Zusammenarbeit und zum Kompromiß auszunutzen, anstatt unseren Hang zu Konkurrenzkampf und Rivalität weiter anzustacheln.« Er ruft die Anwälte auf, eine führende Rolle bei der »Verbreitung eines kooperativen Geistes zu übernehmen und Mechanismen zu entwickeln, durch die er sich entfalten kann«.

Vor Jahren ermahnte ein anderer prominenter Anwalt seine Kollegen, ihre Aufmerksamkeit in erster Linie auf ihre Rolle als Friedensstifter zu richten. Es war das Jahr 1850, und der Anwalt hieß Abraham Lincoln:

> Raten Sie von einem Rechtsstreit ab. Überreden Sie Ihre Nachbarn zum Kompromiß, so oft es Ihnen möglich ist. Weisen Sie darauf hin, daß der nominelle Gewinner oft ein echter Verlierer ist – an Honoraren, Auslagen und verschwendeter Zeit. Als Friedensstifter hat der Anwalt eine hervorragende Gelegenheit, ein guter Mensch zu sein. Er wird trotzdem noch genug zu tun haben.

Das mag für uns heute überraschend klingen. Aber mein Vater erinnert sich, daß er Anfang der 30er Jahre im Jurastudium gelernt hat, die oberste Verpflichtung eines Anwalts sei, von einem Rechtsstreit abzuraten. (Er nahm sich diesen Ratschlag zu Herzen. Als ein Verwandter, der die Scheidung einreichen wollte, ihn bat, den Fall zu übernehmen, überzeugte mein Vater ihn, sich wieder mit seiner Frau zu versöhnen – was dazu führte, daß der Verwandte jedesmal, wenn er unter seiner schlechten Ehe zu leiden hatte, meinem Vater die Schuld daran gab.) Heute wird die friedenstiftende Rolle von Anwälten im Jurastudium weniger oft betont. Professor Adrienne Davis vom American University's Washington College of Law teilte mir mit: »Ich versuche, meinen Studenten Verhandlungsfertigkeiten beizubringen, die Fürsprache, Mediation und Schlichtung umfassen«, aber das Angebot wird von den Studenten nicht angenommen.

Um der Komplexität dieser Fragen gerecht zu werden, könnten juristische Fakultäten zum Beispiel besonderen Wert darauf legen – viele tun es bereits –, daß die Studenten sich mit veröffentlichten juristischen Artikeln befassen, in denen erörtert wird, ob Anwälte an dem neutralen Parteigängertum des unbedingten engagierten Eintretens für den Mandanten festhalten oder aber auch berücksichtigen sollten, wie ihre Handlungen sich auf andere Menschen oder die Gesamtgesellschaft auswirken. Der Rechtsethiker Rob Atkinson beispielsweise stellt diese beiden konkurrierenden ethischen Visionen anhand von Kazuo Ishiguros Roman *Was vom Tage übrigblieb* zur Diskussion. Der Butler, dem sein britischer Dienstherr befiehlt, zwei treuen, tüchtigen Hausmädchen zu kündigen, nur weil sie Jüdinnen sind, hält es für seine Pflicht, diese Befehle auszuführen, obwohl er sie für moralisch verwerflich hält. Die Haushälterin hingegen glaubt, daß sie sich durch ein solches Verhalten schuldig mache. Nach Ansicht von Atkinson hätte der Butler seinem Arbeitgeber besser gedient, wenn er ihm aufgezeigt hätte, wie falsch seine Wünsche sind, anstatt sie auszuführen.

Ein problemlösender Ansatz

Manche Anwälte versuchen, dem Berufsstand die Anwendung kooperativer Ansätze wie die sogenannte »alternative dispute resolution« (alternative Konfliktlösung) nahezubringen. Selbst in der Wirtschaft wird diese alternative Konfliktlösung als eine Möglichkeit betrachtet, Kosten zu sparen.

Nach Ansicht der Professorin Carrie Menkel-Meadow liegt unsere größte Hoffnung in der Abkehr von einem adversativen

Rechtssystem, das die Gegnerschaft der Parteien betont, und der Hinwendung zu einem problemlösenden Ansatz, der die eigentlichen Bedürfnisse der Disputanten und die Stärke ihrer Gefühle berücksichtigt. Wenn sich beispielsweise zwei Kinder um ein Stück Kuchen streiten, so Menkel-Meadow, scheint die selbstverständliche Lösung des Konflikts darin zu bestehen, den Kuchen in zwei Teile zu schneiden und jedem Kind die Hälfte zu geben. Aber wenn ein Kind den Kuchen will und das andere eigentlich nur den Zuckerguß, ist das nicht die beste Lösung. Die Kinder wären mit einer Jack-Sprat-Lösung besser bedient, die beiden den Teil, den sie eigentlich haben wollen, zur Gänze zuspricht.

Den Schlüssel zum Erfolg eines solchen Ansatzes finden wir, wenn wir die aggressive Haltung, die den anderen nur als Gegner wahrnimmt, aufgeben. Wenn wir davon ausgehen, daß nur ein einziges strittiges Objekt vorhanden ist, dann ist der Gewinn einer Partei gleichbedeutend mit dem Verlust der anderen. Menkel-Meadow weist darauf hin, daß dieses Kompromißverständnis grundlegend adversativ ist und auf der Annahme basiert, beide Parteien würden anfänglich mehr von dem Streitobjekt verlangen, als sie wirklich brauchen, um dann die Differenz untereinander aufzuteilen. In diesem Geist gilt es als grundlegendes Verhandlungsprinzip, daß Anwälte nicht preisgeben sollten, was ihre Mandanten wirklich wollen, weil dieses Wissen der anderen Seite zu viel Macht geben würde.

Sogar bei Unterhandlungen, zeigt Menkel-Meadow, kann eine aggressive Haltung, die den anderen nur als Gegner wahrnimmt, Probleme schaffen, indem sie die Parteien »in Angriffs- und Verteidigungspositionen zwingt, die dann unter Umständen eine kreative Lösungsfindung verhindern«. Wenn eine Seite nachgibt, geschieht das möglicherweise nur widerstrebend und grollend, was dazu führt, daß entweder die Vereinbarung nicht eingehalten wird oder die Gegenpartei bei der nächsten Gelegenheit Rache übt. Menkel-Meadow weist darauf hin, daß Handbücher für Verhandlungstaktiken voll sind mit »Ratschlägen, wie man die andere Seite bezwingt und übervorteilt«. Aber diese Taktiken sind nutzlos, wenn beide Seiten dieselben Tricks gelernt haben –

beispielsweise, niemals zuerst ein Angebot zu machen und stets die endgültige Vertragsversion selbst aufzusetzen.

Nach dieser Sichtweise wäre das System auch durch eine gründliche Beseitigung der Mißbräuche nicht in Ordnung zu bringen. Selbst wenn jeder höflich ist und niemand beleidigend oder ausfallend wird, betont Menkel-Meadow, führt die adversative Struktur des Systems, die nur zwei Seiten kennt und bei der eine Partei gewinnt und die andere verliert, zu unbefriedigenden Lösungen. Komplexe menschliche Probleme werden auf lediglich zwei Seiten reduziert, jeder muß entweder auf seiten des Klägers oder des Beklagten stehen. Durch einen Problemlösungs- oder Mediationsansatz, der die Beteiligung von mehr als zwei Seiten vorsieht, könnte man diese Nachteile überwinden.

Viele Rechtsanwälte denken, sie müßten Verbrannte-Erde-Taktiken anwenden, weil die andere Seite es auch tut, genau wie Journalisten es für erforderlich halten, über eine Sensationsgeschichte zu berichten, weil die Konkurrenz es ja auch tut. Gregory Bateson nennt das »symmetrische Schismogenese« – jeder legt als Reaktion auf das Verhalten des anderen immer noch einen drauf. Eine Illustration in einem Buch über Kommunikationstheorie zeigt zwei Menschen in einem kleinen Segelboot, die jeweils an einem Ende eines Taus ziehen, das am Mast festgemacht ist, und sich dabei zu beiden Seiten des Bootes hinauslehnen. Wenn einer fester an dem Tau zieht, muß der andere sich weiter zur anderen Seite hinauslehnen, damit das Boot nicht kentert. Dies veranlaßt den ersten, sich ebenfalls weiter hinauszulehnen, und so weiter, bis beide auf ihren entgegengesetzten Seiten gefährlich weit über die Reling hinausragen. Wieviel besser wäre es doch, meinen die Autoren, wenn beide einfach ein bißchen lockerließen. Wenn der eine ein Stückchen nachgibt, muß der andere ebenfalls ein Stückchen nachgeben, damit das Boot nicht umkippt – bis beide schließlich bequem im Boot sitzen, anstatt weit über die Reling hinauszuhängen. Dieses Bild könnte auch als Modell für ein neues Verhalten bei Rechtsstreitigkeiten dienen. Irgend jemand könnte den Anfang machen und der anderen Seite ein Stück entgegenkommen, anstatt daß beide Seiten immer mehr Aggressionen entwickeln. Wir werden uns alle sehr viel sicherer fühlen – und sicherer sein –, wenn wir bequem im juristischen Boot sitzen können und nicht mehr gefährlich weit über der Bordkante hängen müssen.

In seinem kurzen historischen Abriß der adversativen Methode erläutert Stephan Landsman, daß im frühen Mittelalter in Nordeuropa das »Gottesurteil durch Zweikampf« ein übliches juristisches Verfahren war: Die gegnerischen Parteien beziehungsweise die von ihnen engagierten »Kämpen« traten buchstäblich im Kampf gegeneinander an. Der Sieger war im Recht, da nach damaliger Ansicht göttliche Intervention über den Ausgang des Zweikampfs entschied. Wir haben seitdem einen langen Weg zurückgelegt, aber das adversative Rechtssystem hat Spuren dieser Ethik beibehalten. Wenn es das Ziel ist, einen Kampf zu gewinnen, gehen Wahrheit und Gerechtigkeit manchmal verloren. Wenn wir uns von der Gegnerbetonung des Rechtssystems entfernen oder sie zumindest abmildern, könnten wir diesen Zielen näher kommen und dazu beitragen, daß die Bürger wieder mehr Vertrauen in das Rechtssystem gewinnen.

6.

Jungs sind nun mal so:
Geschlecht und Opposition

Besteht ein Zusammenhang zwischen Geschlecht und Agonismus? Neigen Männer eher dazu, in ritualisierten Konkurrenzkämpfen gegeneinander anzutreten, einander im übertragenen Sinn anzugreifen? Neigen sie eher dazu, eine oppositionelle Haltung gegenüber anderen Menschen und der Welt im allgemeinen einzunehmen? Neigen sie eher dazu, den Kampf gegen einen Opponenten unterhaltsam zu finden – es zu genießen, einem guten Kampf zuzusehen oder einen auszufechten?

Die kurze Antwort lautet: Ja.

Die lange Frage lautet: Warum?

Bevor ich diese Frage untersuche, indem ich aufzeige, welche unterschiedliche Rolle das Streiten in den sozialen Beziehungen von Jungen und Mädchen und später von Frauen und Männern spielt, möchte ich mit ein paar Worten zur Vorsicht mahnen.

Warnung Eins: Was ich gerade sagte, klingt vielleicht wie eine Anklage, doch so ist es nicht gemeint. Wer Streit für etwas Schlechtes hält, versteht es als Vorwurf, wenn ich sage, daß Männer und Jungen aggressiver sind als Frauen und Mädchen. Aber Streit, Kampf und Aggression an sich sind nicht schlecht. Indem ich aufzeige, welchen Zweck sie für Jungen und Männer erfüllen, will ich diesen Zusammenhang nicht anprangern, sondern ihn erklären.

Warnung Zwei: Muster können als Normen interpretiert werden. Nur ein kurzer Schritt liegt zwischen den Behauptungen, »Männer und Jungen neigen zu einem aggressiveren Verhalten«, und »jeder kleine Junge oder erwachsene Mann, der sich nicht aggressiv benimmt, ist nicht normal, nicht maskulin genug«, beziehungsweise zwischen den Aussagen, »Frauen und Mädchen neigen zu einem weniger aggressiven Verhalten«, und »jedes kleine

Mädchen und jede erwachsene Frau, die sich aggressiv benimmt, ist nicht normal, nicht feminin genug«. Ein kurzer Schritt – aber ein falscher. Die Bandbreite der Normalität ist sehr groß und wird nicht vom Durchschnitt definiert.

Warnung Drei: Die weiblich-männliche Polarität, obschon real genug, gleicht eher den Enden eines Kontinuums als einem konkreten Dualismus. Wenn Sie an die Männer und Frauen denken, die Sie kennen, werden Sie eine riesige Bandbreite von Verhaltensweisen, Persönlichkeiten und Gewohnheiten vorfinden. Dennoch höre ich von Lesern meines Buchs *Du kannst mich einfach nicht verstehen* immer wieder, wie verblüfft und erleichtert sie waren, als sie feststellten, daß Verhaltensweisen, die sie für persönliche Fehler des Partners – oder einen Mangel an Liebe – gehalten hatten, beim anderen Geschlecht weitverbreitet sind. Ich erfahre auch von Lesern, daß sie (oder ihre Partner) in mancher Hinsicht Züge aufweisen, die eher mit dem anderen Geschlecht in Verbindung gebracht werden. Der Einfluß des sozialen Geschlechts ist weit komplexer, als eine simple männlich-weibliche Dichotomie nahelegt. Es gibt zahlreiche Varianten, die von Kultur, Geographie, sozialer Schicht, sexueller Orientierung und der Persönlichkeit des Individuums geprägt werden. Da ich mit diesem Buch der Tendenz entgegenwirken möchte, daß wir in polaren Gegensätzen denken, könnte man sich fragen, ob eine Beschreibung der geschlechtstypischen Gesprächsmuster überhaupt die Mühe wert ist.

Sie ist die Mühe wert, weil diese Muster existieren und sogar für diejenigen relevant sind, die nicht in die Schablonen passen. Wenn Frauen und Männer ein Verhalten zeigen, das eher mit dem jeweils anderen Geschlecht assoziiert wird, stoßen sie häufig auf Ablehnung und harsche Kritik. Allein das Wort »aggressiv« hat unterschiedliche Konnotationen, je nachdem, ob es auf einen Mann oder eine Frau gemünzt ist.

Die Einstellung gegenüber Opposition und Kampf und der Einsatz von Aggression gehören zu den wichtigsten Verhaltensmustern, die für eine Unterscheidung zwischen Mann und Frau benutzt werden. Wenn wir also die Streitkultur verstehen und zu einem umfassenden Verständnis der Faktoren gelangen wollen, die den Wettkampf in Öffentlichkeit und Privatleben steuern, müssen wir den Einfluß des sozialen Geschlechts in Betracht ziehen.

Kinder beim Spiel: »Du bist das Monster und jagst mich«

Eine Mutter kaufte ihrem dreijährigen Sohn ein Spielzeug, mit dem sie selbst als Kind gern gespielt hatte: eine gelbe Plastiktonne voller leuchtendroter Plastikaffen mit langen Armen, die einander einhaken konnten. Die Mutter nahm an, ihr Sohn würde auf die gleiche Weise damit spielen, wie sie es getan hatte – die Arme ineinanderhaken und eine lange Kette von Affen bilden. Aber er hatte ganz andere Vorstellungen. Er packte mit jeder Hand einen Haufen Affen, stellte sie so auf, daß sie einander gegenüberstanden, und verkündete: »Dies sind die netten Affen und dies sind die bösen« – und ließ die beiden Gruppen aufeinander losgehen.

Beobachten Sie mal kleine Kinder beim Spielen. Zuerst wird Ihnen auffallen, daß Mädchen und Jungen, wenn sie die Wahl haben, häufig in gleichgeschlechtlichen Gruppen spielen. Und meistens spielen Jungen und Mädchen ganz unterschiedliche Spiele. Die Mädchen verbringen viel Zeit damit, zusammenzusitzen und sich zu unterhalten: »Laß uns so tun als ob«, hören wir, und »Willst du ein Geheimnis wissen?« Die meisten Jungen toben viel herum, prügeln sich, nehmen sich gegenseitig das Spielzeug weg, bedrohen einander mit Spielzeugwaffen oder hauen sie sich gegenseitig auf den Kopf. Diese unterschiedliche Art des Spielens erklärt teilweise, warum Kinder es vorziehen, mit Angehörigen desselben Geschlechts zu spielen. Die Jungen finden die Spiele der Mädchen langweilig, und die Mädchen finden die Spiele der Jungen zu grob. Gelegentlich finden die Mütter der Jungen das auch.

Nur wenige Mädchen benutzen ihr Spielzeug, um Schlachten zwischen Monstern und Helden zu inszenieren. Damit will ich nicht andeuten, daß kleine Mädchen sich nicht streiten; natürlich tun sie das. Sie streiten sich darüber, wer ein bestimmtes Spielzeug haben darf, und sie tragen Machtkämpfe aus, bei denen es darum geht, wer beliebt ist und wer nicht. Aber viele Mädchen streiten sich in erster Linie (wenn auch sicher nicht ausschließlich) mit Worten und versuchen seltener, ihren Willen durchzusetzen, indem sie raufen oder sich prügeln. Sie neigen nicht so sehr dazu, alles, was gerade zur Hand ist, aufzusammeln und in eine Waffe umzufunktionieren. Die Mutter, die ihrem Sohn die roten Plastikaffen kaufte, drückt es so aus: »Meine Freundin hat ein kleines Mädchen, das ebenso alt ist wie mein Sohn. Wenn ihre Tochter spielen möchte, sagt sie: ›Du bist das Baby und ich die Mutter.‹ Wenn mein Sohn spielen möchte, sagt er: ›Du bist das Monster und jagst mich!‹«

Wer in einen Kindergarten geht, kann häufig folgende typische Szene beobachten: Zwei oder mehrere kleine Mädchen sitzen zusammen und bauen etwas mit Holzklötzen. Dann stürzen sich zwei oder mehrere kleine Jungen auf sie und machen kaputt, was die Mädchen gebaut haben. Die Jungen halten das für einen Riesenspaß, die Mädchen sind ernsthaft verärgert, ja sogar wütend. Die Mädchen finden es gemein, daß die Jungen ihre Schöpfung zerstört haben. Aber die Jungen wollen die Mädchen unter Umständen gar nicht ernsthaft angreifen, sondern versuchen nur, sie ins Spiel miteinzubeziehen.

Wenn ich ein Seminar über soziales Geschlecht und Sprache abhalte, fordere ich die Studenten immer auf, eine Art Tagebuch über Erfahrungen zu führen, die mit dem Thema zu tun haben. Ein junger Mann, Anthony Marchese, beschrieb, wie er mit zwei Freunden »Jenga« spielte, ein Gesellschaftsspiel mit Holzklötzen:

Wir machten ungefähr drei oder vier Spiele, und dann fingen wir an, mit den Holzklötzen etwas zu bauen. Es machte wirklich Spaß, weil wir uns wieder wie kleine Kinder vorkamen. Wir waren zu dritt, zwei Typen und ein Mädchen, Alicia, und jeder errichtete seine eigenen kleinen Bauwerke. Wir hatten jeder eine einmalige Konstruktion hingestellt, als der andere Typ plötzlich einen Bauklotz auf mein Bauwerk warf, um es zum Einsturz zu bringen. Es wurde aber nur gestreift und blieb stehen. Daraufhin schmiß ich einen Klotz auf sein Bauwerk, was ihn veranlaßte, einen gegen Alicias zu werfen. Sie legte die Arme um ihr Bauwerk, um es vor den herumfliegenden Holzklötzen abzuschirmen. Mein Freund und ich machten uns gegenseitig unsere Konstruktionen kaputt, aber an ihre kamen wir nicht heran, weil wir Alicia nicht treffen wollten. Ein anderer Typ fragte sie: »Warum bewirfst du die beiden nicht auch mit Holzklötzen?« Sie sagte, sie habe keine Lust zu dieser Art von Spiel und finde es nicht besonders amüsant. Ehrlich, es muß mindestens zehn Jahre her sein, daß ich irgend etwas mit Holzklötzen gebaut habe, und ich bin sicher, bei meinem Freund war es genauso lange her. Aber ich weiß noch, daß meine Brüder und ich, wenn wir früher mit Holzklötzen spielten, unsere Bauwerke immer gegenseitig kaputtmachten. Letzten Freitag habe ich einfach so gespielt, wie ich es gewohnt war. ... Ich wollte nicht, daß mein Bauwerk zerstört wurde, aber es hat echt Spaß gemacht, das meines Freundes mit Holzklötzen zu bewerfen und es kaputtzumachen.

Anthonys Sichtweise wirft ein neues Licht auf die Szene im Kindergarten. Es ist nicht so, daß die kleinen Jungen notwendigerweise destruktiv, unsensibel und gemein sind, auch wenn die kleinen Mädchen das vielleicht denken. Für die Jungen ist es ein Spiel – es macht Spaß. Aber weil die kleinen Mädchen so entsetzt reagieren, stehen die Jungen schließlich als Rabauken da. Damit will ich nicht sagen, daß Jungen nie gemein sind: Sowohl Jungen als auch Mädchen können überaus grausam zu anderen Kindern sein. Aber manchmal ist das, was als Gemeinheit aufgefaßt wird, einfach der Versuch, auf eine Art zu spielen, die das andere Kind nicht versteht oder nicht schätzt – und zwischen Jungen und Mädchen ist diese Dynamik besonders wahrscheinlich.

Ich hatte die Gelegenheit, diesen Gegensatz an einem Frühlingsnachmittag zu beobachten – und einen flüchtigen Eindruck von der fröhlichen Ausgelassenheit, die einem scheinbar aggressiven Verhalten zugrunde liegen kann, zu gewinnen. Mein Mann und ich aßen auf der Terrasse eines Fast-food-Restaurants, das an einen großen Picknickplatz direkt am Ozean angrenzt. Es war Sonntag, einer der ersten warmen Frühlingstage. Viele Kinder rannten herum und spielten, während ihre Eltern picknickten. Ein kleines Mädchen von ungefähr vier oder fünf Jahren, ganz auf das Verspeisen einer Eiswaffel konzentriert, stand etwas abseits, umgeben von einer Horde Jungen unterschiedlichen Alters. Ein kleiner Junge, kleiner als sie, war besonders ausgelassen, er hüpfte, rannte herum und wedelte mit den Armen: Seine Freude war spürbar. Einmal lief er zu dem kleinen Mädchen, das er offenbar kannte, und umklammerte seine Hüften. Es war nicht einmal ein richtiger Schubs, aber sie war erschrocken, und es dauerte ein, zwei Sekunden, bis sie reagierte – ihr Gesicht wurde lang, sie begann zu weinen und lief zu ihrem Vater, der nicht weit entfernt saß. Das Mädchen hörte bald auf zu weinen und aß weiter ihr Eis. Der Junge tobte weiter herum, denselben Ausdruck aufgeregter Freude im Gesicht, und dann rannte er zu einem größeren Jungen und packte ihn auf genau dieselbe Art und Weise, wie er das Mädchen gepackt hatte. Der ältere Junge ignorierte ihn zuerst, ließ sich aber bald ins Spiel ziehen. Kurz darauf balgten sie sich, zogen sich gegenseitig an der Jacke, schubsten und knufften sich und hatten einen Mordsspaß. Es war so klar wie der warme Frühlingstag, daß der Junge, als er zu dem kleinen Mädchen hingelaufen war und sie gepackt hatte, nur mit ihr hatte spielen wollen – auf eine Art und Weise, die sie nicht als Spiel, sondern als Angriff interpretierte.

Das Austragen von Konflikten bei Kindern: »Wir tun so, als ob ein anderer Tag wäre«

Jungen balgen und prügeln sich eher als Mädchen, aber unter Mädchen gibt es ebensoviele Konflikte, bei denen es um Spielzeug, Territorium oder die Durchsetzung des eigenen Willens geht. Die unterschiedliche Art der Konfliktaustragung bei Jungen und Mädchen im Kleinkindalter ist ein Forschungsschwerpunkt der Linguistin Amy Sheldon. Die beiden folgenden Beispiele und meine Erörterung dieser Beispiele sind Sheldons Studie über Dreijährige in einer Kindertagesstätte entnommen. Beide, Jungen und Mädchen, streiten sich um den Besitz eines Spielzeugs, und in beiden Fällen verliert das Kind, das das Spielzeug ursprünglich hatte, es schließlich an das andere Kind. Aber während der Streit der Jungen kurz, durch physische und verbale Aggressivität gekennzeichnet und leicht als Kampf zu erkennen ist, kommt es bei den Mädchen zu längeren Unterhandlungen, die offenbar darauf abzielen, das Gewünschte zu bekommen und gleichzeitig einen Streit zu vermeiden. Die folgende Erörterung ist meine freie Wiedergabe von Sheldons Analyse.

Der Streit der Jungen

Tony sitzt in einem großen Schaumstoffsessel und dreht an der Wählscheibe eines Spielzeugtelefons. Er hat das Telefongehäuse zwar auf dem Schoß, aber der Hörer liegt unbeaufsichtigt neben ihm. Charlie ergreift die Gelegenheit, eignet sich den Hörer an und behauptet: »Nein, das ist mein Telefon!« Tony packt die Telefonschnur und versucht, Charlie den Hörer wieder wegzunehmen. Tony protestiert:

TONY: Nein, das – äh, es lag auf MEINEM Sofa. Auf MEINEM Sofa, Charlie. Auf MEINEM Sofa. Es lag auf MEINEM Sofa.

Tony begründet seinen Besitzanspruch territorial: Das Telefon gehört ihm, weil es auf »seinem« Sessel liegt (den er als »Sofa« bezeichnet) – und der Sessel gehört ihm, weil er darauf sitzt. Er konstruiert keine komplexe Argumentationskette, sondern wiederholt mehrmals seinen Anspruch, während er versucht, erneut in den Besitz des Telefonhörers zu gelangen. Obwohl seine Begründung in den Ohren von Erwachsenen sehr simpel klingt und sich ständig wiederholt (»Es lag auf MEINEM Sofa«), darf man nicht vergessen, daß die Argumente von physischer Gewalt begleitet werden. Charlie ist auf derselben Wellenlänge: Er diskutiert nicht über Tonys Beweisführung, sondern ignoriert seine Worte, hält den Telefonhörer fest und spricht in ihn hinein, während Tony weiter das Telefongehäuse auf dem Schoß hält.

Dann begibt sich Charlie hinter Tonys Sessel, während er weiter in den Telefonhörer hineinspricht. Tony steht auf, stellt das Telefongehäuse auf den Boden und versucht, im Besitz des Telefons zu bleiben, indem er den Sessel umkippt, so daß das Telefon darunter begraben wird. Er erklärt, was er tut: »Ich schieb das Sofa um, so.« Charlie versucht, an das unter dem Sessel liegende Telefon heranzukommen. Wieder protestiert Tony: »Nicht! Das ist mein Telefon!« Charlie, der ihn immer noch ignoriert, schiebt den Sessel vom Telefon weg und zerrt das Telefon zu sich heran, wobei er erklärt: »Ich muß telefonieren.« Charlie hat gewonnen. Sheldon beschreibt, daß Tony sich geschlagen gibt – er »hockt sich hin und schaut zu, wie Charlie mit dem Telefon spielt. Bei diesem Konflikt«, zeigt sie auf, »versuchen beide Kinder, das andere mit physischer Gewalt zu überwältigen, um das Telefon benutzen zu können.«

Der »Streit« der Mädchen

Beachten Sie, wie anders der Konflikt der Mädchen verläuft. Auch bei ihrem Streit geht es darum, wer ein Spielzeug in Besitz hat und darüber verfügen kann. Aber während es ganz offensichtlich ist, daß die Jungen sich streiten – um das Telefon rangeln – und der kurze Kampf endet, als einer von ihnen gewinnt, kommt es bei den Mädchen zu längeren Verhandlungen.

Elaine spielt mit einem Arztkoffer. Arlene will die medizinischen Spielzeuginstrumente haben – und bekommt sie. Aber sie grapscht sich nicht einfach das, was sie haben will. Sie fragt zunächst nach dem Spielzeugthermometer: »Kann ich das haben – das Dings da? Ich will bei meinem Baby Fieber messen.« Elaine lehnt die Bitte nicht ab; sie gibt nach, aber mit Einschränkungen, die klarstellen, daß die Verfügungsgewalt über das Thermometer bei ihr bleibt. Sie sagt: »Du kannst es benutzen – du kannst meine Temperatur benutzen. Aber wenn du was anderes haben willst, mußt du mich erst fragen, sonst darfst du es nicht.«

Als nächstes will Arlene die Spielzeugspritze haben. Sie beginnt, indem sie fragt: »Darf ich?« Elaine weigert sich, dem Wunsch nachzukommen, gibt aber einen Grund an: »Nein, ich brauche sie in ein paar Minuten.« Arlene akzeptiert die Weigerung nicht. Sie tut, was Charlie getan hat: Sie nimmt sich den Gegenstand. Aber während sie das tut, schlägt sie einen bittenden Ton an, auf den Elaine eingeht, während sie gleichzeitig noch einmal klarstellt, daß die Verfügungsgewalt bei ihr liegt:

ARLENE: [bittend] Aber ich – ich brauche sie aber.
ELAINE: [fest] Gut, aber du darfst sie nur einmal benutzen.

Arlene nimmt sich die Spielzeugspritze, widersetzt sich aber Elaines Anspruch auf die Verfügungsgewalt und nimmt sich das Recht heraus, die Spritze mehr als einmal zu benutzen. Elaine versucht wieder, ihren höheren Rechtsanspruch auf das Spielzeug geltend zu machen:

ARLENE: Nein, ich werd ihr eine Spritze in den…
ELAINE: He, ich bin die Krankenschwester. Ich bin die Schwester. Arlene, vergiß nicht, ich bin die Krankenschwester, und die Krankenschwestern geben die Spritzen, weißt du.
ARLENE: Aber ich kann auch ein paar geben.

Elaine gestattet Arlene, die Spielzeugspritze mehr als das eine Mal zu benutzen, das sie ihr ursprünglich zugestanden hatte: »Nur ein paar Mal, okay?« Arlene, die soweit Erfolg mit ihren Forderungen hatte, wird jetzt kühner:

ARLENE: Ich muß noch mehr Sachen machen. Also, vergiß nicht – Also rühr das Baby nicht an, bis ich zurück bin, weil das MEIN BABY IST!

Die Machtdynamik verschiebt sich; jetzt ist es Arlene, die Befehle erteilt. Sie nimmt sich ein weiteres Instrument, erklärt aber wieder, warum sie es braucht, und bittet zum Schluß scheinbar um Elaines Zustimmung: »Ich guck mir mal ihre Ohren an, okay?« Arlene legt die Spritze hin und nimmt sich den Ohrenspiegel. Elaine greift sich die Spritze, die Arlene hingelegt hat, und tut ihre Absicht kund, sie zu benutzen. Jetzt ist es Arlene, die Elaines Handlungen einzuschränken versucht. Sie sagt: »Du darfst nur EIN Teil – das – NEIN, sie braucht nur eine SPRITZE.« Elaines Entgegnung ist ein Triumph der Kompromißfähigkeit: »Na gut, tun wir so, als ob heute ein anderer Tag ist, und gucken wir zusammen in ihre Ohren.« Aber der Kompromiß ist für Arlene nicht annehmbar:

ARLENE: Nein, nein, ja, aber ich guck in die Ohren. Nein, NICHT SPRITZEN! [Senkt die Stimme, beharrt aber darauf.] SPRITZ SIE NICHT! Ich geb ihr alle Spritzen, weil es mein Baby ist!

Mit diesen Sätzen beharrt Arlene auf der Verfügungsgewalt, aber es fallen zwei Dinge auf, wie Sheldon betont: Arlene zeigt das nicht durch Brüllen, sondern dadurch, daß sie ihre Stimme senkt. Und sie gibt einen Grund für ihre Rechte an: Es ist ihr Baby. Elaine, die sich immer noch gegen Arlenes Übergriffe zur Wehr setzt, protestiert – aber im Flüsterton, und sie gibt ebenfalls einen Grund an: »Also – ich bin die Krankenschwester, und Krankenschwestern geben die Spritzen.«

Was als nächstes kommt, ist ziemlich seltsam, scheint aber Arlenes Art zu sein, Elaine ihre Überlegenheit unter die Nase zu reiben:

ARLENE: [spricht sehr eindringlich] Und ich – und Männer – na, Männer können auch Spritzen geben, weil Männer auch Krankenschwestern sein können. [Hänselnd, in leichtem Singsang:] Aber du kannst mein Baby nicht spritzen.

Elaine: gibt ihr Recht aufs Spritzengeben nicht auf, aber sie gesteht Arlene eine gewisse Vorrangstellung zu:

ELAINE: Ich muß ihr eine Spritze geben, nachdem – nachdem du in die Ohren gehört – nachdem du in die Ohren geguckt hast.

Arlene bleibt widerspenstig und kommandiert: »Du wirst sie überhaupt nicht spritzen!« Als sie antwortet, senkt Elaine die Stimme – sie spricht leiser als Arlene, aber gleichermaßen ener-

237

gisch – und fordert sie auf: »Hör auf, das zu sagen!« Nach einer Pause kommt der vernichtende Schlag, der allen vertraut ist, die einmal mit kleinen Mädchen zu tun hatten – oder selbst eins waren: »Sonst lade ich dich nicht zu meinem Geburtstag ein!« Vertraut klingt auch Arlenes Erwiderung: »Ich will überhaupt nicht zu deinem Geburtstag kommen!«

In vielerlei Hinsicht zeigen diese beiden Beispiele, wie ähnlich Jungen und Mädchen sich sind. In beiden Fällen wollte ein Kind ein Spielzeug haben, das sich im Besitz eines anderen Kindes befand, und bekam es. Beide Vorfälle könnten als Konflikt bezeichnet werden. Aber die Beispiele zeigen auch, daß die Jungen und die Mädchen die Konflikte sehr unterschiedlich ausgetragen haben. Bei Charlie und Tony entscheidet sich durch eine Rangelei, wer das Spielzeugtelefon bekommt. Im Gegensatz dazu führen Elaine und Arlene, wie Sheldon aufzeigt, komplexe verbale Verhandlungen. Bei jedem Schritt versucht Elaine, ihre Verfügungsgewalt über das Spielzeug zu behalten, macht Arlene aber gleichzeitig ein Zugeständnis. Sheldon nennt das »zweistimmigen Diskurs«, weil die Mädchen Sprache einsetzen, um zu bekommen, was sie wollen, während sie gleichzeitig versuchen, den Bedürfnissen anderer Rechnung zu tragen (ein Verhalten, das bei den untersuchten Mädchen allgemein verbreitet war). Im Gegensatz dazu führen die Jungen (wie die Jungen in der Studie es häufig taten) einen »einstimmigen Diskurs«, wie Sheldon es nennt, weil sie »einzig auf die Verfolgung ihrer eigenen Interessen ausgerichtet sind, ohne sich an der Perspektive des Gesprächspartners zu orientieren«. Als Arlene nicht aufhört, Elaine zu erzählen, daß sie ihr »Baby« nicht »spritzen« darf, äußert Elaine eine Drohung, die illustriert, was für Mädchen eine harte Strafe ist: die Ausgrenzung aus der sozialen Gruppe.

Sheldon weist darauf hin, daß die Forschung, wenn derartige Unterschiede beschrieben wurden, bisher zu dem Schluß kam, die Jungen seien »durchsetzungsfähiger« – und die Mädchen müßten lernen, sich zu behaupten. Sheldon macht jedoch deutlich, daß die Mädchen nur dann als weniger durchsetzungsfähig erscheinen, wenn man das Verhalten der Jungen als Norm ansieht. Verzichtet man auf diese Sichtweise, dann erscheinen die

Mädchen auf ihre eigene Weise ebenso stark und selbstbewußt. Sie setzen ihre Willenskraft ein, um ihre und die Bedürfnisse anderer ins Gleichgewicht zu bringen.

Mädchen und Jungen beim Spiel

Wenn man Mädchen und Jungen beim Spielen zusieht, kann man tagtäglich Interaktionen dieser Art beobachten. Meine Studenten haben viele ähnliche Beispiele gefunden. Ich führe hier nur einige wenige auf.

Maria Kalogredis paßte auf ihre vierjährige Cousine Rebecca auf. Rebecca wollte ihr Lieblingsspiel »Mutter und Kind« spielen. Maria beschloß, Sheldons Ergebnisse zu testen. Sie wußte, daß Rebecca immer die Mutter sein wollte, und erklärte also, sie wolle diesmal die Mutter sein. Es folgt eine Beschreibung von Rebeccas Reaktion:

> Rebecca wirkte ziemlich aus der Fassung gebracht. Sie sagte: »Aber… aber…« und setzte sich auf einen Stuhl. Sie wollte keinen Streit anfangen, aber sie wollte gewinnen. Schließlich sagte sie: »Bist du sicher, daß du die Mutter sein willst? Es macht aber mehr Spaß, das Kind zu sein.«

Wie die kleinen Mädchen in Sheldons Studie ging Rebecca in ihrer Argumentation darauf ein, was gut für Maria sein würde, nicht darauf, was sie selbst wollte.

Eine andere Studentin beobachtete ein ähnliches Muster. Elizabeth Cooper hielt sich längere Zeit in einem Spielzeuggeschäft auf:

> Ich hörte, wie ein kleines Mädchen ihrer Mutter erzählte, sie müsse unbedingt die Hello-Kitty-Filzschreiber haben, weil die Farben viel hübscher seien als die der Filzschreiber, die sie in der Schule benutzten. Sie fügte hinzu, sie habe in der Freistunde eigentlich ein Bild für ihre Mutter malen wollen, dann aber Abstand von dem Plan genommen, weil ihrer Mutter die

Farben bestimmt nicht gefallen hätten. Im Gegensatz dazu erzählten die von mir beobachteten Jungen ihren Eltern, daß sie ein bestimmtes Spielzeug haben müßten, weil einer ihrer Freunde es hatte oder weil sie es unbedingt mit in die Schule nehmen wollten, um es ihren Freunden zu zeigen.

Die Jungen in dem Spielzeuggeschäft argumentierten auf der Basis dessen, was gut für sie selbst wäre, nämlich entweder auch so ein Spielzeug zu besitzen wie ein anderer Junge oder um vor ihren Freunden mit einem außergewöhnlichen Besitz prahlen zu können (woraufhin die Eltern der Freunde dann vermutlich so lange von ihren Sprößlingen genervt werden, bis sie ihnen auch so was kaufen). Das Mädchen hingegen versuchte (ebenso wie andere Mädchen, laut Aussage der beobachtenden Studentin), ihre Mutter zu überzeugen, indem sie die Vorteile für die Mutter in den Vordergrund stellte, wenn sie das gewünschte Spielzeug kaufte: Die Tochter würde ihr mit den neuen Filzstiften hübschere Bilder malen können.

Ein weiteres Beispiel zeigt eine ähnliche Dynamik in einer ganz anderen Situation. Igor Orlovsky hatte in der »Discovery Zone« gearbeitet, einem öffentlichen Vergnügungspark für Kinder:

An einem Samstag beschloß ich, eine Kongakette zu organisieren. Ich holte Rasseln, Tamburins und ähnliches heraus. Die Kinder wühlten in dem Spielzeughaufen herum und suchten sich ein Instrument aus. Die Rasseln gingen zuerst weg, und das verursachte Probleme. Die älteren Jungen, die keine abbekommen hatten, gingen dazu über, sie anderen Kindern wegzunehmen. ...Sie setzten Körperkraft und Einschüchterung ein, um die begehrten Rasseln zu bekommen. Die Mädchen, die keine Rassel abbekommen hatten, aber auch gern eine haben wollten, wandten eine andere Taktik an. Sie suchten sich ein anderes Instrument aus, gewöhnlich ein Tamburin, und erläuterten, wieso ein Tamburin besser sei. Sie versuchten, Kinder, die eine Rassel hatten, zu überzeugen, sie gegen ein Tamburin einzutauschen.

Obwohl die Taktik der Jungen insofern effektiver war, als sie schneller zum Besitz einer Rassel führte, war sie auf lange Sicht nicht unbedingt erfolgreicher, jedenfalls nicht in dieser Situation: Wenn Igor sah, wie ein Junge gewaltsam einem anderen Kind sein Spielzeug wegnahm, mußte er es zurückgeben – was ein interessantes Licht auf die Neigung von Erwachsenen wirft, zwar verbale Manipulationen stillschweigend zu billigen, nicht aber physische Gewalt.

In all diesen Beispielen waren die Mädchen ebenso erpicht darauf wie die Jungen, den gewünschten Gegenstand zu bekommen, aber sie versuchen, ihr Ziel mit Argumenten durchzusetzen und einen Streit zu vermeiden. Dennoch kommt es auch bei Mädchen gelegentlich zu körperlichen Auseinandersetzungen. Eine Studentin beobachtete, wie ein Mädchen ein anderes Mädchen angriff – obwohl das angegriffene Mädchen nicht zurückschlug, sondern versuchte, die Angreiferin zu besänftigen. Es war die Wut darüber, nicht mitspielen zu dürfen, die den Angriff auslöste – eine für die soziale Welt der Mädchen bezeichnende Provokation.

Bei einer Familienfeier konnte Laura Dunphy ihre kleine Cousine Alexandra und zwei Freundinnen, Alice und Emily, beobachten. Alle waren knapp drei Jahre alt. Alice war eifersüchtig, weil Emily und Alexandra sie außen vor ließen: Emily spielte mit Alexandras Haarschleife und Alexandra mit Emilys Halskette. Also rächte Alice sich: Sie »packte Emily bei den Beinen und zog so kräftig, daß sie flach auf den Rücken fiel«. Es gab Tränen, dann, nachdem Emily sich erholt hatte, spielten alle drei wieder zusammen, nur daß Emily diesmal bemüht war, Alice zu besänftigen:

Alice machte eine Bemerkung zu einem ein Meter zwanzig großen Mickymaus-Luftballon. Sie erklärte: »Diese Mickymaus ist größer als ich!« Emily erwiderte ziemlich altklug mit erwachsener Stimme: »Ja, du hast recht. Du hast recht, das ist sie!« Sie bezog Alice auch in die Spiele mit ein, die sie mit Alexandra spielen wollte, und sagte: »Alexandra und ich wollen jetzt mit der Mundharmonika spielen. Willst du mitmachen?«

Emily verhindert weitere Attacken, indem sie der Aussage von Alice zustimmt und sie zum Mitspielen einlädt. Aber durch die Aufforderung wahrt sie ihre Position als dominante Partnerin. Sie macht Alice Zugeständnisse und behält gleichzeitig etwas für sich selbst.

Ein letztes Beispiel aus den Beobachtungen meiner Studenten zeigt vergleichbare Muster bei älteren Jungen und Mädchen, die an einer gemischten Geburtstagsfeier teilnahmen (aber voneinander getrennte Gruppen bildeten). Aiyana Hoffman nahm mehrere andere Seminarteilnehmer zur Geburtstagsfeier ihrer zwölfjährigen Cousine mit. Dort herrschte große Aufregung, weil ein Mädchen (ich nenne sie Mary) etwas gesagt hatte, das die Gefühle eines anderen Mädchens verletzt hatte (ich nenne sie Sue). Sue zog sich weinend ins Badezimmer zurück. Die anderen Mädchen fingen an, im Badezimmer ein und aus zu gehen, um herauszufinden, was mit Sue los war, und um sie zu trösten. Sues beste Freundin Kate schien die Verantwortung zu haben, sie sprach unter vier Augen mit allen anderen Mädchen, berichtete über Sues Gefühle und redete sogar unter vier Augen mit Mary, dem Mädchen, das Sues Gefühle verletzt hatte.

Während die Mädchen völlig mit diesem Drama beschäftigt waren, spielten die Jungen Videospiele und (wie ein anderer beobachtender Student, Cortney Howard, es ausdrückte) »gammelten rum«. Ein Junge (ich nenne ihn Jason) piesackte einen anderen Jungen (Joe), und zwei weitere Jungs machten mit. Ihre Unterhaltung, wie Cortney sie aufschrieb, verlief folgendermaßen:

JASON: Also, was läuft da mit Karen? Bist du verknallt oder was?
JOE: Nee, Kumpel, sie ist nur irgendso'n Mädchen, nichts Besonderes. Ich bin doch nicht verknallt.
JASON: Doch, du hast sie angerufen, und ich hab gesehen, wie du letzte Woche nach der Schule mit ihr geredet hast.
JOE: Quatsch. Ich hab sie nur nach den Mathehausaufgaben gefragt, das ist alles.
JASON: Red doch keinen Scheiß. Sie gefällt dir!
SAM: Guck mal, Mann, der wird ja ganz rot! Du wirst rot! Haha!

BOBBY: Du Schlappschwanz, dein häßliches Gesicht wird ja ganz
rot!

Diese Unterhaltung unterscheidet sich in vielerlei Hinsicht von
jener der Mädchen. Zunächst einmal beleidigt Jason Joe vor anderen. Als Mary eine Äußerung macht, mit der sie Sue treffen
will, tut sie es unter vier Augen, und die anderen Mädchen müssen erst herausfinden, was sie denn verletzt hat. Zweitens, als die
anderen Jungen (Sam und Bobby) hören, wie Jason Joe beleidigt,
machen sie mit. Sie verhalten sich völlig anders als die Mädchen,
die versuchen, Sue zu trösten.

Ein weiterer Unterschied ist die Reaktion auf den Ausdruck
von Gefühlen. Sue macht keinen Versuch, die Tatsache zu verbergen, daß sie unglücklich ist, im Gegenteil, das Weinen im
Badezimmer verleiht ihr eine Art Macht. In gewisser Weise wird
sie dadurch zur Hauptperson und das Badezimmer zu ihrem
Hauptquartier. Als Joe als Reaktion auf die Fopperei rot wird,
gibt er dadurch den anderen Jungen eine Gelegenheit, ihn weiter
herunterzumachen. Sie nennen ihn »Schlappschwanz«. Und als
er versucht, es Jason heimzuzahlen, indem er ihm eine vergleichbare Anschuldigung an den Kopf wirft, weicht Jason dem
Angriff aus – und benutzt Joes Rotwerden als Munition gegen
ihn:

JOE: Also … ich hab letzte Woche gesehen, wie du mit Sally geredet hast. Hä? Hä? Hast du dazu irgendwas zu sagen?
JASON: Ja, sie mag mich. Sie kann einfach die Finger nicht von
meinem Luxuskörper lassen. Was soll ich machen? Zumindest
bin ich nicht überall rot.

Vom Transkript her läßt sich unmöglich beurteilen, ob die
Neckerei ernsthaft aggressiv oder nur spaßig gemeint war oder
beides. Wie dem auch sei, diese Beispiele belegen, daß Jungen und
Mädchen sehr unterschiedlich mit Konflikten umgehen und daß
Konflikte in ihrem Interaktionsverhalten eine sehr unterschied-
liche Rolle spielen.

Phantasiespiele kleiner Jungen:
Eine hochgehende Zeitbombe

Vor einigen Jahren führte ich ein Experiment durch: Ich lud Kinder unterschiedlichen Alters ein, sich in ein Zimmer zu setzen und mit ihren besten Freunden zu reden, während eine Videokamera die Unterhaltung aufzeichnete. Ich saß mit dem Kamerateam außerhalb des Raums und verfolgte die Aufzeichnung auf einem Monitor.

Einer der drastischsten Unterschiede, der mir von Anfang an auffiel, war, daß die Mädchen sich mit dieser Aufgabe relativ wohl fühlten: Sie setzen sich einfach auf die Stühle und fingen an, sich zu unterhalten. Aber Jungen jeden Alters schien es großes Unbehagen zu bereiten, daß sie sich einfach hinsetzen und reden sollten. Die Kleinsten zappelten auf ihrem Stuhl herum und knallten mit den Füßen dagegen, dann sprangen sie auf und rannten im Zimmer herum. Die Älteren zeigten eine entgegengesetzte, aber verwandte Reaktion: Sie saßen sehr steif und starr da, als ob sie zwar gelernt hätten, nicht herumzuzappeln, sich aber trotzdem beim Stillsitzen unbehaglich fühlten. Vielleicht lag es an diesem Unbehagen, daß die Jungen eher dazu neigten, Feindseligkeit gegenüber dem Experimentator auszudrücken, der Person, die ihnen gesagt hatte, was sie tun sollten. Aber ihre Oppositionshaltung gegenüber den Wissenschaftlern war nur eine von vielen Varianten eines oppositionellen Verhaltens, das die Unterhaltung der Jungen kennzeichnete, nicht aber die der Mädchen.

Die kleinsten Jungen, Fünfjährige, schmiedeten Fluchtpläne – und trugen sich mit dem Gedanken, den Raum in die Luft zu sprengen. Ryan zog eine kleine imaginäre »Bombe« hervor und fing an, mit dem »Zeitzünder« herumzuspielen. Rick setzte noch einen drauf:

RICK: Weißt du, Ryan, ich wünschte, wir hätten eine echte Bombe, dann könnten wir das ganze Haus in die Luft jagen.

Ryan war jedoch praktischer veranlagt; es gab in dem Haus etwas, mit dem er gern spielte:

RYAN: Nicht dieses Haus. Es gibt hier einen Nintendo.

Rick wollte einen Unterschied klarstellen: Der Nintendo stand unten, aber der Raum, wo sie saßen und sich unterhalten sollten, lag im Obergeschoß:

RICK: Nein, nicht das Erdgeschoß, den oberen Stock.

Aber Ryan kam mit der enttäuschenden Botschaft, daß das nicht klappen würde:

RYAN: Wenn eine Zeitbombe das Obergeschoß in die Luft jagt, ist das Erdgeschoß auch hin.

Die Logik dieser Aussage leuchtete Rick ein:

RICK: Ja, weil es dann ein Loch gibt, und dann fällt alles sofort nach unten durch.

Ryan blieb bei der Phantasievorstellung, daß es schön wäre, den Raum in die Luft zu sprengen, und machte sich Gedanken über Schwächen in Ricks Plan:

RYAN: Und wir auch.
RICK: Richtig.
RYAN: Deshalb wollen wir auch gar keine echte Zeitbombe.
RICK: Was ist, wenn wir eine Bombe auf jemanden werfen …
RYAN: Und wenn wir dann von hier runterfallen, sterben wir.
RICK: Ja.
RYAN: Nee.
RICK: Ich will nicht sterben.
RYAN: Ganz ruhig, mir wird schon was einfallen. Laß uns die Bombe unter den Teppich legen.
RICK: Geht nicht.

RYAN: Die Zeitbombe wird unten alles in die Luft jagen.

RICK: Sie wird uns in die Luft jagen.

RYAN: Nee, wird sie nicht.

[*Ryan legt die Bombe unter den Teppich.*]

Sie tickt. Komm, wir verschwinden von hier.

RICK: Wie sollen wir ...

RYAN: Wir springen aus dem Fenster.

RICK: Das können wir nicht.

RYAN: Laß mal sehen, wie hoch es ist.

RICK: Komm, wir gucken, wie hoch es von diesem hier ist. Ziemlich hoch, und das ist mein Ernst.

RYAN: Zu hoch.

RICK: Sieh dir das an ...

RYAN: Verdammt, das ist blöde. Wir müssen doch wieder nach unten kommen. Gut, laß uns gehen.

RICK: Wie sollen wir ...

RYAN: Jetzt hat die Bombe aufgehört zu ticken. Das Haus wird nicht hochgehen. Wir können jetzt gehen.

Die Unterhaltung der Zehnjährigen, David und Allan, war ebenfalls angefüllt mit aggressiven Bemerkungen. Indem sie Geräusche aus Actionfilmen imitierten, verursachten sie eine aufgeregte Stimmung:

ALLAN: Erinnerst du dich an diesen fliegenden Typen YYYEE-EEEEEEERRRRRRRRR.

DAVID: YEEERRR dann fällt er pfffttt knall aggghh spritz.

ALLAN: Aggghhh spritz ouuchh umm platt wie ein Pfannkuchen.

Auch sie bezeichneten die Linguisten als ihre Feinde und erklärten uns zu russischen Spionen. (Vielleicht erinnerte die Videokamera sie an Spionagefilme, die sie mal gesehen hatten.) An einem Punkt fragten sie sich, ob wir sie hören könnten und berieten sich, wie sie sich gegen uns bewaffnen könnten:

DAVID: Ich frage mich, ob sie uns hören können.

ALLAN: Wer, die?

DAVID: Die!

ALLAN: [*Titelmelodie aus* Twilight Zone – Unbekannte Dimensionen] Da da da da da da.

DAVID: [*Titelmelodie aus* Twilight Zone – Unbekannte Dimensionen] Da da da da da da agggh.

ALLAN: Mit was bewaffnen?

DAVID: Hehe a duh einem Stuhl.

ALLAN: Einer Jalousie.

DAVID: He he eh aha.

ALLAN: Aha, die Stühle!

In der Unterhaltung der Mädchen gab es nichts Vergleichbares. Zwei kleine Mädchen (eine Sechsjährige und eine Fünfjährige) redeten darüber, wie aufregend es doch sei, gefilmt zu werden. Dies führte zu einer Form der Opposition, die charakteristisch für Unterhaltungen von Mädchen ist: Sie taten sich zusammen, um zu diskutieren, warum sie eine dritte Person nicht mochten – in diesem Fall eine Lehrerin:

STEPHANIE: Ich bin schon mal gefilmt worden, meine ... Mrs. Smith hat uns auf Video aufgenommen.

LIZA: Mrs. Smith.

STEPHANIE: Das ist meine Werklehrerin. Ich hasse sie.

LIZA: Ich kenn sie. Ich hasse sie auch.

STEPHANIE: Warum?

LIZA: Ich weiß nicht. Ich mag ihre Einstellung nicht.

STEPHANIE: Also, ich mag sie.

LIZA: Es ist nur ihre Einstellung. Ich mag sie, aber es ist einfach ihre Einstellung, uugggghh.

Dieser kurze Austausch ist komisch, weil die Mädchen quasi Purzelbäume zu schlagen scheinen, um einander zustimmen zu können. Stephanie sagt, daß sie Mrs. Smith haßt, also erklärt Liza, daß sie sie auch haßt. Aber dann erklärt Stephanie, daß sie die Lehrerin mag. Liza findet einen Weg, dem zuzustimmen, ohne ihre vorige Position aufzugeben: »Ich mag sie, aber es ist einfach ihre Einstellung, uugggghh.« Am auffallendsten an der Unterhaltung der Mädchen ist der extreme Gegensatz zu den Gesprächen der Jungen. Während die Mädchen sich hinsetzen und über sich und andere Leute reden, die sie kennen, schaffen die Jungen eine komplizierte Phantasie, bei der es um Bombenlegen und das Sprengen von Gebäuden geht.

Warum sollten Jungen sich zum Vergnügen raufen und balgen wollen? Zum einen scheinen sie wildes körperliches Austoben zu genießen. Eine Mutter berichtete, daß ihr Mann sich gern auf dem Fußboden mit ihrem vierjährigen Sohn herumbalge. Sie macht das nicht. Statt dessen versucht sie, ihn in ein Gespräch zu verwickeln – beispielsweise, indem sie ihn fragt, was er in seiner Spielgruppe erlebt hat. Eine nicht ernstgemeinte Keilerei macht Spaß, weil man mit der Gefahr spielen kann, ohne ein echtes Risiko einzugehen. Jungen zetteln manchmal eine Rauferei an, um in Interaktion mit anderen Jungen zu treten – eine Rauferei, die schnell zum Spiel wird. Das steckt möglicherweise auch dahinter, wenn ein kleiner Junge ein kleines Mädchen mag und dies zeigt, indem er sie an den Zöpfen zieht und sie schubst. Anstatt sich zur Wehr zu setzen und danach mit ihm zu spielen, läuft das kleine Mädchen weg. Der Junge bleibt zurück und fragt sich verwundert, warum sein Eröffnungszug nicht funktioniert hat.

Ein Dreijähriger erzählt seiner Mutter, was in der Spielgruppe passiert ist: »Bobby hat mich gehaun! Ich hab ein Aua!« Das ist keine Klage, sondern ein Bericht darüber, wieviel Spaß er hatte. »Ich hab zurückgehaun!« verkündet er fröhlich. Die Mutter hakt nach: »Aber du hast ihn noch gern?« – »Ja!« – »Willst du wieder mit ihm spielen?« – »Ja!« Wenn ein Junge einen anderen Jungen schubst, endet es eher damit, daß sie sich abwechselnd jagen und zusammen Spaß haben. Mitunter können die unterschiedlichen Annahmen über das, was Spaß macht, auch zwischen Mütter und Söhne treten. Diese Mutter sagte mir, sie habe ihrem kleinen Sohn erklären müssen, daß das Prinzip von Hauen und Lachen bei ihr »nicht funktioniere«.

Spielerische Beleidigungen:
»Was zum *#!% weißt du schon?«

Jungen in der Pubertät sieht man gewöhnlich nicht beim Raufen (obwohl sich manche liebevoll in den Schwitzkasten nehmen oder sich gegenseitig Schläge auf Arme und Brustkorb versetzen). Aber das heißt nicht, daß sich das Muster total geändert hat. Bei männlichen Jugendlichen wird die Balgerei durch verbales Aufziehen und den Austausch von gutmütigen Beleidigungen ersetzt – eine Form von verbalem Scheinangriff. Da solche Späße nur mit guten Freunden möglich sind, kann man damit zum Ausdruck bringen, daß man sich nahesteht.

Mädchen sind oft überrascht über die spielerischen Beleidigungen, die Jungen sich an den Kopf werfen, weil Mädchen dazu neigen, diese Beleidigungen wörtlich zu nehmen und mit einem echten Streit zu verwechseln. Auch hier liefert die Beobachtung einer Studentin ein gutes Beispiel für eine solche Fehldeutung. Rachel Grant fuhr mit dem Bus und saß »zwei Jungen im Collegealter« gegenüber, die sich freundlich über Sport und Frauen unterhielten. Eben tauschten sie noch Statistiken und andere Informationen über Baseball aus, und im nächsten Moment kam es zu einem »plötzlichen Ausbruch«:

Einer der Typen rief aus: »Das war doch nur wegen Strawberry! Ohne ihn wären die Mets schon längst so saumäßig schlecht gewesen wie jetzt!« Der andere Typ beugte sich vor und knurrte zurück: »Was zum *#!% weißt du schon, du kommst doch aus Cleveland!« Der erste junge Mann, jetzt gründlich erbost, verkündete: »Vor dem Streik waren die Indians...« Bevor er seinen Satz zu Ende sprechen konnte, schafften die beiden es irgendwie, einen Ringkampf anzufangen, mitten im Bus, die Rücklehne des Sitzes zwischen sich. Nach ein paar Augenblicken wüsten Tumults setzten sich die Jungen wieder auf ihre Plätze, und es folgten ein paar Minuten Schweigen. Ich dachte schon, daß sie ernsthaft böse aufeinander wären, als der erste Typ sich zu dem anderen umdrehte und sagte: »Schau dir mal den scharfen Hasen in dem blauen Auto da unten an!« Die beiden schielten in schönster Eintracht lüstern aus dem Fenster ... und ich war verblüfft, daß sie nach der Schlägerei nicht wütend aufeinander waren.

Der Austausch von Beleidigungen war Teil des freundschaftlichen Gesprächs dieser jungen Männer, ebenso wie der Ringkampf: Es ist ein spielerischer Kampf. Da die junge Frau selten zum Spaß kämpfen würde, hielt sie das Ganze irrtümlich für eine wirklich erbitterte Auseinandersetzung. (Ein weiterer Aspekt ist, daß die jungen Männer ihr freundschaftliches Verhältnis wiederaufnehmen, als sie sich zusammentun, um einer Frau nachzusehen – und dadurch ihre Gemeinsamkeiten gegenüber dem anderen Geschlecht bekräftigen.)

Bei manchen Männern hält das Beleidigen als Zeichen der Zuneigung bis ins Erwachsenenalter an. Steve, der jüngste von drei Brüdern, stand vor der Hochzeit mit Marian, die im Zimmer war, als er telefonierte. Zuerst rief er seinen Bruder Bill an, um ihn zu fragen, ob er ihm bei der Hochzeit »beistehen« würde (mit anderen Worten, an der Zeremonie teilnehmen würde):

STEVE: Ich möchte gern, daß du und Rob mir beisteht und meine Trauzeugen seid.
BILL: Ach, weißt du, ich hab doch dieses Cocktailparty-Bein.
STEVE: Och, halt bloß die Klappe!

Die Anspielung auf das »Cocktailparty-Bein« war nicht nur eine humorvolle Art, so zu tun, als lehne er ab, es war auch ein Familienwitz. Die Mutter der Brüder hatte den Ausdruck »Cocktailparty-Bein« geprägt. Er bezog sich auf eine Ausrede, die der Vater immer auf Cocktailpartys vorbrachte, wenn er sich hinsetzen oder früher gehen wollte – während er beim Golfspielen ohne weiteres lange stehen konnte.

Steve rief dann seinen zweiten Bruder Rob an:

STEVE: Ich hab vor ein paar Minuten mit Bill gesprochen, und ich möchte, daß ihr beide meine Trauzeugen seid.

ROB: Was ist, wenn ich mich weigere?
STEVE: Scheißkerl!

Daraufhin brüllten beide vor Lachen. Steve sonnte sich in dem
warmen Glücksgefühl, zwei Brüder zu haben, denen er sich nahe
fühlte, drehte sich zu Marian um und übersetzte: »Er sagt, er
macht es wahnsinnig gern.«

Auch Frauen können einander spaßeshalber beschimpfen – mit Vorsicht

Damit will ich keineswegs behaupten, daß Frauen ihre Zuneigung für Schwestern oder Freundinnen nie durch spielerische
Beleidigungen zum Ausdruck bringen. Es gibt in dieser Hinsicht
starke individuelle Unterschiede, ebenso wie kulturelle und
schichtenspezifische. Unter Mädchen und Frauen der Arbeiterschicht ist es üblicher, sich spielerisch Beleidigungen an den Kopf
zu werfen, wie die Soziologin Donna Eden und die Soziolinguistin Kristine Hasund herausfanden. Eder untersuchte beispielsweise die Gespräche von Unterstufenschülerinnen und stellte
fest, daß Mädchen aus der Mittelschicht sich häufig gegenseitig
wegen irgendwelcher Jungen neckten, während Mädchen, die
aus der Unter- oder Arbeiterschicht stammten, oft Beleidigungen austauschten. Die Mädchen teilten sich auf diese Weise mit,
welche Verhaltensweisen akzeptabel waren und welche nicht.

Man findet leicht Beispiele dafür, daß Mädchen und Frauen
Beleidigungen oder Streit benutzen, um Nähe zu schaffen oder
zu demonstrieren, aber sie riskieren dabei, andere Mädchen und
Frauen, die dieses Verhalten nicht nachvollziehen können, vor
den Kopf zu stoßen. Das kommt manchmal überraschend für
Frauen, die in eine andere Region ziehen, aus einem anderen
Land in die Vereinigten Staaten kommen oder einfach in einer
Familie aufwachsen, deren Kommunikationsstil sich von dem
der Nachbarn oder Freunde unterscheidet.

Sandra Petronio, eine auf Long Island aufgewachsene Soziologin, erinnert sich, daß in ihrem großen italienisch-amerikani-

schen Familienclan der Austausch von herabsetzenden Bemerkungen und bissigen Erwiderungen ein wesentlicher Bestandteil der freundschaftlichen Unterhaltung war. Wenn man sich nicht an den Neckereien beteiligte, fragte garantiert irgend jemand: »Geht's dir nicht gut?« Aber als sie in den Mittelwesten zog, stellte sie fest, daß ihre freundlich gemeinten Feindseligkeiten auf wenig Gegenliebe stießen: »Wenn ich so was in Minnesota machte«, sagt sie, »mußte ich ständig erklären, daß es nur ein Scherz gewesen war.«

Eine Griechin, die zum Studium in die Vereinigten Staaten kam, fing an, ihre Mitbewohnerinnen im Studentenwohnheim mit spielerischen Beleidigungen zu necken, als sie sich besser kennengelernt hatten – und mußte erstaunt feststellen, daß die anderen sich ernsthaft gekränkt fühlten. Dasselbe passierte einer japanischen Collegestudentin, da »persönliche Neckereien«, wie die Soziolinguistin Haru Yamada es nennt, auch in der japanischen Kultur unter engen Freunden gang und gäbe sind. In einem Buch, in dem sie den japanischen und den amerikanischen Kommunikationsstil miteinander vergleicht, zitiert Yamada eine Amerikanerin, die über etwas klagte, was sie als Bedrohung ihrer Freundschaft ansah: »Wir waren so gute Freundinnen«, sagt sie von ihrer japanischen Zimmergenossin, »aber jetzt macht sie mich dauernd runter.« Yamada ist sicher, daß die Japanerin sie eben deswegen »runtermachte«, weil die Freundschaft sich vertiefte – weil es für die Japanerin ein Zeichen zunehmender Nähe war, die Freundin in spielerischer Absicht aufzuziehen und zu necken.

Verschiedene Studentinnen in meinem Seminar erzählten ähnliche Geschichten. Jackie Dinella beispielsweise schrieb: »Ich glaube/habe festgestellt, daß ich mich nur mit Leuten streiten/eine Auseinandersetzung haben kann, in deren Nähe ich mich wohlfühle, zum Beispiel mit meinen Eltern, meiner Zwillingsschwester und meinen engsten Freundinnen. Meine Schwester und ich streiten uns oft sehr hitzig über die trivialsten Sachen, und trotzdem ist sie von allen Menschen auf der ganzen Welt meine liebste Freundin.« Aber Jackie hat das Risiko erkannt:

Mich mit anderen so zu streiten, wäre unpassend, weil uns die Nähe fehlt, die das Streiten mit sich bringt. Außerdem fürchte ich, daß Leute, die mich nicht kennen, mich dann bald nicht mehr mögen würden. Unter Bekannten muß daher eine (Art) nicht-konfrontativer Stimmung gewahrt bleiben.

Eine andere Studentin, Julie Sweetland, entdeckte ebenfalls, daß andere junge Frauen sich durch Streiten und Diskutieren befremdet fühlen können – obwohl es für Julie Nähe bedeutet:

Ich bin in einer sehr konfrontativen Familie aufgewachsen (meine Mutter ist prinzipiell gegen alles!), und ich habe mehrere Jahre in einer Gegend gelebt, in der vor allem Afroamerikaner wohnten. Durch diese beiden Faktoren bin ich wahrscheinlich ziemlich streitlustig geworden, aber nur unter guten Freunden. Ich habe festgestellt, daß dieser Stil bei den (überwiegend weißen) Studierenden in Georgetown zu Problemen führt. Ein Mädchen, dem unsere Wohnung zugewiesen wurde, ist beispielsweise nach einem Semester wieder ausgezogen. Ich hatte mein Bestes getan, mich mit ihr anzufreunden, aber dazu gehörte nun mal, daß ich oft anderer Meinung war. Als sie ging, sagte sie, sie hätte sich häufig durch mich eingeschüchtert gefühlt. Ich sagte: »Ich bin einsfünfundsechzig groß und wiege fünfzig Kilo! Wie um alles in der Welt soll ich dich eingeschüchtert haben?« Sie antwortete: »So wie gerade jetzt!«

Zu Julies Methode der Freundschaftsanbahnung gehörte offenbar nicht nur, daß sie offen aussprach, wenn sie anderer Meinung war, sondern auch, daß sie aktiv nach Streitpunkten suchte. Denn für Julie ist die Fähigkeit, sich streiten zu können, ein Beweis für Freundschaft – und schafft Freundschaft. Wie so oft bei unterschiedlichen Gesprächsstilen waren es genau die Verhaltensweisen, mit denen Julie Freundschaft schließen wollte, die ihre Zimmergenossin vertrieben.

Eine dritte junge Frau, Memy Hwang, drückte eine ähnliche Ansicht aus:

Ich glaube wirklich, daß Konflikte notwendig sind, um einander kennenzulernen. Ein guter Streit pro Woche reicht, um sich näherzukommen.

Aber Memy hat auch gelernt, daß diese Sichtweise nicht unbedingt von anderen geteilt wird:

> In der High-School habe ich gern und viel argumentiert ... Jeden Tag hatte ich eine Debatte mit einer anderen Freundin. Ich habe wohl gar nicht begriffen, daß ich mich seltsam benahm oder anders, weil ich mich zu Hause oft mit meinen Geschwistern streite. Aber meine Freundinnen ärgerten sich und waren bestürzt. Ich habe gestritten, getobt und gewettert, und dann, wenn ich merkte, wie lächerlich ich mich aufführte, habe ich es mit einem Lachen abgetan. Aber manchmal fühlten sich meine Freundinnen gekränkt, das Gespräch wurde ernst und ich fühlte mich miserabel. Einige meiner Freundinnen haben einfach allem zugestimmt, was ich sagte, um eine Konfrontation zu vermeiden. Jetzt bin ich vorsichtiger geworden.

Diese Anekdoten zeigen, daß Frauen ebensogut wie Männer Streit für ein Zeichen von Nähe halten können. Aber viele dieser Frauen bekamen Probleme, als sie diesen Stil im Umgang mit anderen Frauen einsetzten. Ihre Erfahrungen machen also auch deutlich, daß Menschen, die sich nicht so verhalten, wie es von Angehörigen ihres Geschlechts erwartet wird, auf negative Reaktionen stoßen können.

Viele Männer und ein paar Frauen halten es eben deshalb für ein Zeichen von Nähe, wenn sie mit jemandem streiten, debattieren oder Beleidigungen austauschen können, weil ein solches Verhalten im allgemeinen als untragbar gilt. Es ist eine Art Regel über das Brechen von Regeln: Die Tatsache, daß Menschen übereinkommen, die normalen Regeln höflichen Verhaltens zu brechen, zeigt, daß sie durch eine besondere Beziehung miteinander verbunden sind, daß sie ein ausgezeichnetes Verhältnis zueinander haben. Das ist nur eine der vielen Funktionen, die Meinungsverschiedenheiten, Streit und Konfrontation in zwischenmenschlichen Beziehungen übernehmen können. (Sport, Spiele und alle Formen des Wettbewerbs sind Beispiele für eine ritualisierte Gegnerschaft, die zu nützlichen Ergebnissen führen kann – vom Erlernen neuer Fähigkeiten über eine Steigerung der Produktivität und Kreativität bis hin zu einer guten Kameradschaft.) Ein scheinbar feindseliges Geplänkel kann nicht nur ein Ausdruck von Freundschaft, sondern auch ein Merkmal des Flirts sein – was man im Leben ebenso wie in der Kunst häufig beobachten kann. In Filmen gibt es die Standardszene, daß ein Mann und eine Frau spielerisch miteinander kämpfen – sich mit Kissen bewerfen oder sich balgen – und schließlich im Bett landen, nachdem die spielerische Balgerei in ernsthafte Küsse und Umarmungen übergegangen ist. Ein Kampf bringt Menschen in intimen Kontakt, der dann als Intimität neu geeicht werden kann. In einem der Handlungsstränge von Shakespeares *Viel Lärm um nichts* wirken Beatrice und Benedick anfangs wie Feinde und tauschen giftige Beleidigungen aus, heiraten dann aber am Ende des Stücks. Der Austausch von Beleidigungen war das erste Anzeichen für ihr intensives Interesse aneinander.

Aushandeln des Status und Schmieden von Banden: Rituelle, alltägliche Angriffe gegen die »Füchse«

Der Linguist Scott Kiesling war auf dem College Mitglied einer Studentenverbindung. Als Jungakademiker nutzte er seine Beziehungen und bekam die Erlaubnis von seiner alten studentischen Verbindung, Gespräche der jetzigen Mitglieder mit dem Kassettenrecorder aufzuzeichnen. Kieslings Transkripte von den Unterhaltungen zeigen, welche Funktion Beleidigungen in einer aus jungen Männern bestehenden Sozialordnung erfüllen können.

Ein durchgängiges Muster ist zum Beispiel der beleidigende Stil, den die älteren Verbindungsbrüder untereinander an den Tag legen, aber auch gegenüber jungen Männern, die in die Verbindung aufgenommen werden wollen, den sogenannten »Füchsen«. Ein Gespräch über die Füchse ist besonders aufschlußreich, weil zufällig auch eine Freundin eines der Mitglieder anwesend war, und ihre Reaktion die jungen Männer dazu veranlaßte, ihr Tun in Worte zu fassen. Walt, eins der älteren Mitglieder, erzählt eine Geschichte über Geschehnisse, in die mehrere Füchse verwickelt waren. Daraufhin entwickelt sich folgendes Gespräch:

LARS: Dämliche Füchse!
WALT: Ich mein, das sind doch Trottel!
TINA: Das ist aber nicht nett.
LARS: Warum?
SCOTT: Warum?
WALT: Warum?
[*Scott lacht.*]
LARS: Wir machen das schon seit Jahren.
TINA: Aber ich mag… Manche der Füchse sind doch wirklich nett.
LARS: Absolut. Da stimme ich dir uneingeschränkt zu.
SCOTT: Wir haben nicht gesagt, daß sie nicht nett sind.
LARS: Sie sind einfach dämlich.
WALT: Nee. Sie sind einfach unter aller Sau. [*Scott lacht wieder.*]
WALT: Sie sind so nett, daß sie echt für'n Arsch sind. [*unhörbar*]
SCOTT: Ich glaube, sie versteht es nicht.
LARS: Das ist ein Ritual. Es ist einfach üblich, gehässig über die Füchse herzuziehen.

Die älteren Verbindungsmitglieder haben offensichtlich Spaß daran, gemeinsam über die Füchse zu lästern. Das Mädchen, Tina, versteht es einfach nicht. Für sie sind Beleidigungen eben Beleidigungen – feindselig und nicht nett. Sie nimmt sie wörtlich: Weil die Füchse nette Leute sind, sollten sie nicht schlechtgemacht werden. Als Scott (der Linguist) das Offensichtliche ausspricht (»Ich glaube, sie versteht es nicht«), erklärt Lars im Klartext, daß die Beleidigungen »ein Ritual« sind – es ist »einfach üblich«, die Füchse schlechtzumachen.

Diese Unterhaltung ist ein harmloses, verbales Beispiel für die in studentischen Verbindungen übliche Praxis des »Schikanierens« – ein in die Länge gezogenes Aufnahmeritual, bei dem die jungen Füchse gedemütigt und gelegentlich auch körperlich verletzt werden. Auch Studentenverbindungen für Frauen verlangen von neuen Anwärterinnen, daß sie sich von den älteren Semestern demütigen lassen, aber die Praktiken scheinen im allgemeinen zahmer zu sein als die Prüfungen, denen die jungen Männer unterzogen werden. Da ich keine Forschungsarbeiten oder Bücher über das Schikanieren unter Studentinnen finden konnte (auch nicht über das »Spießrutenlaufen« genannte Initiationsritual), schickte ich eine informelle E-Mail-Anfrage los. Ich erhielt Beschreibungen von Aufnahmeritualen, in denen von Erstsemestern verlangt wurde, »das griechische Alphabet und unser Motto auswendig zu lernen und den geheimen Handschlag zu lernen«, an bestimmten Wochentagen bestimmte Farben zu tragen, ständig Tüten mit Süßigkeiten (oder Kondomen oder Zigaretten) mit sich herumzutragen, aus denen sich die Verbindungsmitglieder jederzeit bedienen konnten, Informationen über alle Verbindungsmitglieder auswendig zu lernen und zu tun, was immer die älteren Semester von ihnen verlangten (doch wenn den Anwärterinnen der Befehl zu extrem vorkam, konnten sie sich bei der Präsidentin beschweren). Nichts von all dem schien von der Intensität her dem Schikanieren in männlichen Studentenverbindungen gleichzukommen.

Die extremen Praktiken, denen Erstsemester, die in eine Studentenverbindung eintreten wollen, unterworfen werden, sind ein Grund ständiger Sorge für Universitätsverwaltungen und Eltern. In regelmäßigen Abständen tauchen die Initiationsrituale in den Nachrichten auf, wenn junge Männer dabei ernsthaft verletzt oder sogar getötet wurden. Einige der zahmeren Schikanierungsrituale – Dinge, die Anwärter tun müssen, wenn sie der Verbindung beitreten wollen – beschreibt die Journalistin Anne Murray in einem Artikel. Unter anderem müssen die Anwärter »im Entengang über den Campus watscheln; rohe, mit Tabak bestreute Hot Dogs essen; sich die Hoden mit Ben-Gay-Salbe einreiben.« Das ist harmlos im Vergleich zu den gefährlichen Ritualen: »Den Campus-Krankenstationen und Sanitätern graut vor der Zeit, wenn wieder nackte Füchse an Bäume gebunden, im Kofferraum von Autos eingeschlossen und in Flüsse geworfen werden oder durch brennendes Benzin rennen müssen.«

Christopher Darden beschreibt in seinen Memoiren die Schikanen, die er als Studienanfänger an der San José State University ertragen hat. So wurde er unter anderem gezwungen, auf Sphinxköpfe aufzupassen, die die älteren »Brüder« zu stehlen versuchten, mußte die Geschichte der Verbindung sowie die persönlichen Lebensgeschichten von Brüdern auswendig lernen, war »ständigen Prügeln und Quälereien« ausgesetzt, wurde von älteren Semestern herumgeschubst und bedroht und wäre in der abschließenden »Höllenwoche« beinahe ertrunken. Er wurde mit verbundenen Augen und gefesselten Händen in einen Swimmingpool geworfen, was für die anderen Füchse eher demütigend als gefährlich war, aber Darden, der nicht schwimmen konnte, sank auf den Boden des Beckens und kam nicht wieder hoch. Als Höhepunkt der Initiation »fuhren sie uns aus der Stadt, zogen uns bis auf die Unterwäsche aus und begossen uns mit Melasse, Sirup, Hafergrütze, Mehl, Reis und Spaghettisauce. Anschließend bedeckten sie uns mit Pferdedung, und wir mußten ganze, rohe Zwiebeln verzehren. Dann fuhren sie weg«, und ließen die Füchse nackt, stinkend und ohne einen Pfennig Geld 25 Meilen von der Stadt entfernt zurück.

Auf Außenstehende (Männer und Frauen) wirkt das alles grausam und völlig sinnlos. Aber Darden schreibt: »In gewisser Hinsicht ist die Initiation der eigentliche Zweck des Eintritts in eine Verbindung.« Er erklärt: »Ich mußte mich unterwerfen, Disziplin lernen und mich mit anderen jungen Männern zusammenwerfen lassen, damit ich mich gegenüber anderen Menschen öffnen konnte.« Dies ist ein ganz wesentlicher Aspekt. Das Leben in der Verbindung, sagt Darden, zwang ihn, »geselligen Umgang zu pflegen und Kompromisse einzugehen. Aber das Beste, was ich in der Verbindung gewonnen habe, war eine Gruppe lebenslanger Freunde.« Die Basis für die Freundschaft war das gemeinsame Durchstehen der Torturen. Darden schreibt: Das waren »Freunde, wie ich sie nie zuvor gehabt hatte, Freunde, die einen gesehen haben, als man schwach und verwundbar war«. So betrachtet dient das Schikanieren einem ähnlichen Ziel wie die Problemgespräche, in denen Mädchen und Frauen einander ihre Schwächen offenbaren, um Nähe herzustellen.

Nicht alle, die diese Schikanen erlebt haben, stehen dem Ritual so positiv gegenüber wie Darden. Ein Mitglied einer College-Studentenverbindung, das die Höllenwoche überstand, sieht die Sache weniger schwärmerisch. Anne Mathews zitiert einen ehemaligen Fuchs: »Das Schikanieren gestattet tiefe Einblicke in die menschliche Natur. Die nettesten und höflichsten Leute, die regelmäßig den Gottesdienst besuchen, erweisen sich als unglaublich niederträchtig und zornig. Sobald man ihnen ein bißchen Macht gibt, zeigt sich, wie grausam sie sind.« Es gibt zahlreiche Hinweise darauf, daß das Schikanieren auch eine finstere Seite haben kann. Wäre Dardens Freunden nicht früh genug aufgefallen, daß er nicht wie die anderen wieder zur Wasseroberfläche hochschnellte, hätte er weder Staatsanwalt werden noch seine Memoiren schreiben können. Die Journalistin Susan Faludi beschreibt grauenhafte Beispiele von Schikanen, die in der Citadel – einer im militärischen Stil geführten höheren Lehranstalt – stattfanden und einer breiteren Öffentlichkeit bekannt wurden, als eine gerichtliche Entscheidung die Männerbastion zwang, auch Frauen aufzunehmen. Es folgt nur eines der vielen Beispiele, die Faludi anführt:

Der Anführer einer Einheit der Kadetten-Schwertträger sprang von einem einsfünfzig hohen Umkleideschrank auf den Kopf eines auf dem Bauch ausgestreckt daliegenden Kadetten und ließ ihn dann in einer Blutlache im Kasernenraum liegen. Nach Aussage eines Kadetten stolperte ein Mitglied des Lacrosse-Teams, das um drei Uhr morgens von einem Auswärtsspiel zurückkehrte, über das bewußtlose Opfer. Dessen Gesicht war aufgerissen, Kiefer und Nase waren gebrochen, und durch die fehlenden Zähne glich der Mund einem Halloween-Kürbis.

Faludi zeigt auf, daß das Aufnahmeritual während des Zweiten Weltkriegs in der Citadel so gut wie verschwand, weil das Schikanieren bei der Vorbereitung der Kadetten für den Militärdienst störte. Aber während des Vietnamkriegs (diesem immer wieder auftauchenden Wendepunkt der amerikanischen Geschichte) kehrte das Aufnahmeritual mit neuer Kraft zurück. 1979 bezeichnete ein Citadel-Präsident diese Schikane als »böse und unkontrollierbar«. Faludi legt zahlreiche Beweise dafür vor, daß das Ritual in den letzten Jahren einen neuen Höhepunkt erreicht hat. In diesem Sinn ist es ein klassisches Beispiel für das, wovon dieses Buch handelt – es ist eine Form ritueller Opposition, die eine lange Tradition hat, ihre eigene Logik besitzt und gut funktionieren kann, aber in den letzten Jahren zu weit getrieben wurde und außer Kontrolle geraten ist.

Das Schikanieren ist eine Form von rituellem Wettkampf und wird von derselben grundlegenden Logik gesteuert wie spielerische Beleidigungen gegenüber leiblichen Brüdern. Darden drückt es so aus: Es ist »einfach eine Gelegenheit, der natürlichsten aller Beschäftigungen nachzugehen: jemanden zu quälen, den man mag«. (Noch einmal, was den Mitgliedern der einen Gruppe als »natürlich« erscheint, kann Mitgliedern einer anderen Gruppe ziemlich unnatürlich vorkommen.)

Darden berichtet auch über ein gemäßigtes Schikaneritual, das an seiner ersten Arbeitsstelle von einer Gruppe erwachsener Männer vollzogen wurde – junge Staatsanwälte, die einer rauhen Ecke von Los Angeles zugeteilt waren. Darden und seine Kollegen dachten sich eine Bewährungsprobe für ein neues Gruppenmitglied aus: Sie fuhren ihn zu einem Pornoladen und ließen ihn eine sechsspurige Straße überqueren, um den größten Dildo zu kaufen, den er finden konnte. Dann fuhren sie weg und ließen ihn mit dem Riesendildo in der Hand stehen (obwohl sie nur schnell einmal um den Block fuhren und ihn dann wieder aufsammelten). Nach Dardens Beschreibung war die Stimmung in dieser Gruppe vergleichbar mit der unter »Soldaten im Krieg«. Dieser Kommentar enthält vielleicht eine wahre Erkenntnis. Das ans Militär erinnernde Schikanieren in Studentenverbindungen und in halbmilitärisch geführten Männerbastionen wie der Citadel ist darauf angelegt, dem geteilten Leid und der daraus resultierenden Bindung zwischen Männern, die in einem Krieg kämpfen, annähernd nahezukommen.

Die Grundausbildung beim Militär ist eine Form des Schikanierens, bei der die Rekruten extremem Streß und extremer Demütigung ausgesetzt sind. Solche Praktiken sind jedoch nicht auf die Grundausbildung beschränkt. Ein kürzlich veröffentlichter Pressebericht enthüllte, daß Fallschirmjäger des Marineinfanteriekorps für zehn erfolgreiche Absprünge mit einer Goldnadel belohnt werden – die ihnen direkt ins Fleisch geheftet wird. Diese Anerkennung krönt ihre Leistung mit einem weiteren Ritual geteilten Schmerzes.

Die intensivste Form der Bindung durch Opposition aber ist vielleicht das Band, das in einem wirklichen Krieg zwischen den Männern geschmiedet wird.

Bindung durch Krieg

Im Juni 1996 fuhr ich meinen Onkel Norman zum 53. Veteranentreffen des Bataillons, in dem er im Zweiten Weltkrieg gedient hatte, des 563. Flugabwehrartillerie-Veteranenverbandes. Mein Onkel war 87 Jahre alt und nicht bei bester Gesundheit. (Er war eingezogen worden, als er 30 war, und gehörte daher zu den Ältesten in seinem Bataillon; die meisten hatte man mit 18, direkt nach der Schule, eingezogen.) Ich sollte ihn in Washington, D.C., am Flughafen abholen und zum Veteranentreffen fahren, das in Williamsburg, Virginia, stattfand. Ich wußte, wenn ich es nicht täte, würde er nicht hingehen. Und ich wußte auch, daß er seit Kriegsende kaum ein Veteranentreffen versäumt hatte. Ich sagte, ich würde ihn sehr gerne hinfahren – zum Teil ihm zuliebe, aber auch, damit ich teilnehmen konnte. Wie die Filmemacherin Aviad wollte ich verstehen, was eine Gruppe von Männern, die aus den verschiedensten Teilen des Landes kamen, bewog, sich über ein halbes Jahrhundert lang jedes Jahr einmal zu treffen.

Als ich mit meinem Onkel über das Veteranentreffen sprach und ihn fragte, wieviele Männer denn daran teilnehmen würden, sagte er: »Es werden jedes Jahr weniger. Dieses Jahr haben wir sechs Jungs verloren.« Ich staunte über seine Wortwahl; wie wunderbar war doch die schmerzliche Bitterkeit des »verloren«, die Gruppenidentität des »wir« und der Zeitsprung rückwärts – »Jungs« aus dem Mund eines Siebenundachtzigjährigen. Mein Onkel sprach auch über seine Freundschaft mit »den Jungs«. Er beschwerte sich über einen von ihnen, der sich nach dem Krieg 1000 Dollar von ihm geliehen und das Geld dann über mehrere Jahre hinweg kleckerweise zurückgezahlt hatte. »Es hat vielleicht gedauert, bis ich mein Geld zurück hatte«, schimpfte er. »Der Mann hat nie was getaugt.« – »Warum hast du ihm dann Geld geliehen?« fragte ich. »Was sollte ich machen?« antwortete mein Onkel. »Wir hatten doch drei Jahre lang zusammen gedient.«

Die Männer des 563. FAA-Bataillons waren nicht in der Schußlinie gewesen; sie hatten sich nicht in unmittelbarer Lebensgefahr befunden. Aber das Band, das durch die gemeinsam verbrachte Zeit geschmiedet worden war, hatte über Jahrzehnte hinweg Männer sehr unterschiedlicher Herkunft zusammengehalten. (Die jungen Männer im Bataillon stammten aus dem ländlichen North Carolina und aus New York City.)

Wir kamen gerade rechtzeitig zum ersten Programmpunkt an, einem Barbecue. Wenn die Männer sich vorstellten, nannten sie ihre Artillerieabteilung: »Ich war ›C‹«, stellte einer fest, und ein anderer entgegnete: »Ich war ›A‹«, um zu erklären, warum sie sich nicht mehr so furchtbar gut aneinander erinnerten. Als wir an der Schlange grauhaariger Männer vorbeigingen, die darauf warteten, sich den Teller mit gegrilltem Hähnchen, Schweinefleisch in weißer Soße und Maiskolben zu füllen, rief ein ehemaliger New Yorker Polizist: »Hey, Rosey! Sanitäter! Gib mir 'ne Spritze!« Er beugte sich in der Taille vor und rieb sich das Hinterteil. Er redete meinen Onkel mit dem Spitznamen an, den sie damals gebraucht hatten – Rosey, abgeleitet von seinem Nachnamen Rosen. Genau wie sie immer noch die »Jungs« für ihn waren, war er für sie immer noch Rosey, der Sanitäter.

Ein israelischer Dokumentarfilm mit dem Titel *Schon mal jemanden erschossen?* begleitet eine Gruppe israelischer Männer, die an der jährlichen Übung ihrer Reserveeinheit teilnehmen. Der Film wurde von einer Frau gedreht, Michal Aviad, die eingangs erklärt, daß sie wissen wollte, was unter Männern beim Militär vor sich geht, weil ihr kleiner Sohn nur an Kriegen und Schlachten interessiert sei – ein Interesse, das sie nicht nachvollziehen konnte. Es gelingt ihr einzufangen, was es für Männer mittleren Alters so reizvoll macht, jedes Jahr für einen Monat ihre Arbeit und ihre Familien zu verlassen, um mit ihrer Reserveeinheit zusammenzukommen. Der Film zeigt, daß die Antwort in der Verbundenheit liegt, die die Männer in diesem Kontext empfinden – eine Bindung, die bei manchen sogar stärker ausgeprägt ist als die an Freunde und Familie.

Einer der Männer der Einheit sagt zu der Filmemacherin: »Sie können nicht verstehen, wie nahe wir uns einander nach einem Kampf fühlen.« Ein anderer erklärt: »Es geht hier um Freundschaft, ums Zusammensein.« Und ein weiterer: »Meine wirklichen Freunde sind alle aus dieser Truppe.« In einer Szene fragt Aviad ein Mitglied der Truppe, warum er sich entschieden hat, an der Reserveübung teilzunehmen, obwohl seine Frau sich einer schweren Operation unterziehen mußte und ihn zu Hause brauchte. Seine Teilnahme sei ein Beweis dafür, räumt er ein, daß ihm die Bedürfnisse seiner Armeekumpel wichtiger seien als die seiner Frau.

Aviad erfährt im Verlauf der Dreharbeiten auch, daß »Freundschaft« für diese Männer etwas anderes bedeutet als für sie. Die Männer zeigen ihre Zuneigung füreinander, indem sie Beleidigungen austauschen – beispielsweise über ihre Kochkünste. Sie konkurrieren auch miteinander – so geht es beispielsweise darum, wessen Frau besser kochen kann. Aviad sagt, daß sie vergeblich auf die Art Unterhaltung gewartet hat, die für sie ganz selbstverständlich zur Freundschaft gehört – die Art von selbstenthüllendem, vertraulichem Gespräch, das ich in meinem Buch *Du kannst mich einfach nicht verstehen* als wesentlich für die Freundschaften der meisten Frauen beschrieben habe. In einem Kommentar aus dem Off sagt sie: »Nach zwanzig Tagen warte ich immer noch auf Gespräche« über die Familie, Frauen, Kinder, Gefühle. »Gibt es denn nichts anderes als Witze und Nostalgie?« (Die Männer erinnern sich ständig gegenseitig an frühere gemeinsame Erfahrungen: »Weißt du noch, wie…«) Zwar entdeckt Aviad, was einer der Männer »Inseln der Nähe« nennt, doch stellt ein Mitglied der Gruppe treffend fest: »Es geht bei dieser Freundschaft nicht um Nähe.« Es geht um geteilte Erfahrungen, die Freude an der Gesellschaft der anderen und die glühende Loyalität, die alle jedes Jahr wieder zusammenkommen läßt, trotz aller Unterschiedlichkeit.

Das Zustandekommen von Bindung durch Kampf, Krieg oder strukturierte Opposition ist vielleicht auch unter dem Aspekt zu sehen, daß Bindungen bei Jungen und Männern gewöhnlich durch Aktivität – gemeinsames Tun – entstehen, während sie bei Mädchen und Frauen gewöhnlich durch Gespräche bewirkt werden. Für viele Frauen ist es undenkbar, Menschen als Freunde zu betrachten, von deren Privatleben sie wenig wissen – wenn also die vertraulichen Gespräche fehlen, die die Filmemacherin Aviad vergeblich bei den israelischen Reservisten suchte. In einer Kurzgeschichte beschreibt David Margolis, wie durch das gemeinsame Tun eine Freundschaft zwischen zwei Männern entsteht, die allem Anschein nach sehr unterschiedlich sind: »Vielleicht lernt man einen anderen Mann auf ganz tiefe Weise kennen, wenn man Tag für Tag mit ihm zusammenarbeitet; die Rhythmen der Arbeit verschmelzen mit den persönlichen Rhythmen, und das macht sie zu Freunden.«

Margolis' Erwähnung der »Rhythmen« der körperlichen Arbeit, durch die ein Gefühl von Freundschaft entsteht, weist auf einen weiteren Aspekt hin – die Verbundenheit, die als Folge synchronisierter Bewegung entsteht. Warum wird in der militärischen Ausbildung solches Gewicht auf Drill und Marschieren gelegt? Natürlich müssen Soldaten in der Lage sein, Befehle zu befolgen und sich als Einheit zu bewegen. Aber der Historiker William H. McNeill zeigt auf, daß gleichgeschaltete rhythmische Bewegung ein Gefühl von Gemeinschaft hervorruft, »ein warmes Gefühl kollektiver Solidarität«, ein »alles durchdringendes Wohlgefühl«, eine »Art Selbsterweiterung«, was damit zusammenhängt, daß man an etwas teilhat, das größer ist als man selbst, ein »euphorisches Zusammengehörigkeitsgefühl«, das McNeill »muskuläre Bindung« nennt. Allein das gemeinsame Marschieren läßt schon eine Bindung entstehen, genau wie im Privatleben das gemeinsame Tanzen ein Gefühl der Verbundenheit hervorrufen kann.

Das Paradox männlichen und weiblichen Konfliktverhaltens

Der Anthropologe Melvin Konner weist darauf hin, daß die männliche Tendenz zu größerer Aggressivität eins der wenigen menschlichen Verhaltensmuster ist, das erwiesenermaßen quer durch alle bekannten Kulturen läuft. Die Anthropologen Alice Schlegel und Herbert Barry haben weltweite Untersuchungen über Heranwachsende aus 175 Kulturen verglichen und ausgewertet; sie kommen zu dem Schluß, daß Jungen in Gruppen von Gleichaltrigen eher zur Aggressivität neigen (und öfter mit Gleichaltrigen zusammenstecken) als Mädchen und daß ihre Aggressivität weit öfter dazu veranlaßt, ihre Männlichkeit in Kämpfen unter Beweis zu stellen. Was mich hier interessiert, ist, daß Männer eher dazu neigen, sich auf agonistische rituelle Verhaltensweisen einzulassen. Anthropologen, die in ganz unterschiedlichen Teilen der Welt gearbeitet haben, in Kulturen, zwischen denen keinerlei Verbindung besteht, beschreiben übereinstimmend von Männern ausgeführte Rituale, die man durchaus als Krieg der Worte bezeichnen könnte: ein Wettstreit, in dem es darum geht, sich die geistreichsten Beleidigungen auszudenken und sich gegenseitig sowohl in der Heftigkeit der Schmähungen als auch in Wortkunst und Wortgewalt zu übertreffen. Ich will nur einige der Kulturen nennen, in denen dieses Genre anzutreffen ist: in der Türkei, auf Kreta, Zypern, in Mexiko, Indonesien – und in amerikanischen High-Schools. Unter afroamerikanischen Männern beispielsweise gibt es ein verbales Ritual, das »playing the dozens« genannt wird und bei dem die Männer sich mit ihrer sexuellen Potenz brüsten und den Gegner beleidigen, indem sie die sexuelle Reinheit seiner Mutter in Zweifel ziehen.

Es kommt durchaus vor, daß Frauen sich an solchen Ritualen beteiligen, aber es wird als ungewöhnlich empfunden. (Typischerweise gibt es andere verbale Rituale – wie rituelle Klagelieder – mit denen Frauen ihre Kreativität und Kunstfertigkeit beim Verseschmieden demonstrieren.) Michael Herzfeld führt ein Beispiel für den Austausch beleidigender Reime im kretischen Dialekt zwischen einer Frau und einem Mann an, aber der Mann berichtete Herzfeld eben deswegen von dieser Begebenheit, weil es so ungewöhnlich war, daß es sich bei seinem Gegner um eine Frau gehandelt hatte.

Noch einmal, es geht hier darum, daß Frauen sich weniger häufig am zeremoniellen Agonismus beteiligen. Das bedeutet nicht, daß sie es niemals tun, und es heißt ganz gewiß nicht, daß Frauen nicht kämpfen, wenn sie es für notwendig halten. Wenn Männer in ihrem Alltagsleben häufiger als Frauen eine oppositionelle Haltung einnehmen und stärker auf Streit ausgerichtet sind, könnte man sich in der Tat fragen, warum dann häufig Frauen diejenigen sind, die verbale Auseinandersetzungen mit Ehemännern oder Lebensgefährten heraufbeschwören, indem sie Beziehungsprobleme ansprechen – so oft, daß der Kummer der Männer darüber schon zum Klischee geworden ist.

Eine Karikatur zeigt einen gestreßten Mann, der einem Freund erzählt: »Ich hab geträumt, ich hätte einen Harem – und alle Frauen wollten mit mir über die Beziehung reden!« Das spiegelt das Widerstreben vieler Männer gegen Diskussionen über »die Beziehung«, aber auch gegen das offene Austragen von Konflikten in der Partnerschaft wider – Konfrontationen, die Frauen nach Ansicht der Männer geradezu suchen. Der scheinbare Widerspruch klärt sich, wenn man das Wesen der Auseinandersetzung bedenkt. Die Agonismustheorie behauptet nicht, daß Frauen allen Konflikten aus dem Weg gehen, sie behauptet nur, daß sie weniger dazu neigen, einen Kampf als Selbstzweck, als eine Art Spiel zu genießen. Sind sie jedoch ernsthaft über etwas verärgert, dann sind sie durchaus bereit, es auszukämpfen. Das erklärt das scheinbare Paradox, daß Frauen häufig bestrebt sind, Probleme in der Beziehung offen anzugehen, während Männer bestrebt zu sein scheinen, eine Konfrontation zu vermeiden. Eine Studie über 54 holländische Ehepaare beispielsweise kam zu dem Ergebnis, daß die Frauen eher als die Männer dazu neigten, einen Streit vom Zaun zu brechen – meistens, weil die Frau das Gefühl hatte, daß sie einen überproportionalen Anteil der Hausarbeit erledigte.

Konflikte im Beruf: »Wie kannst du nur so tun, als hätte dieser Streit niemals stattgefunden?«

Die Einstellung gegenüber Konfrontationen und der Umgang damit gehören zu den bei Männern verbreiteten Interaktionsstilen, die Frauen häufig Rätsel aufgeben. Im Berufsleben drücken Frauen oft ihre Verwunderung darüber aus, wie Männer nach einer Auseinandersetzung weitermachen können, als ob nichts geschehen sei. Männer sind häufig ähnlich erstaunt, wenn Frauen nach einer verbalen Attacke tief verletzt reagieren – wenn sie persönlich nehmen, was für die Männer einfach Teil der Arbeit ist. Es ist wie bei dem jungen Mann, für den es ein Teil des Spiels war, die Holzklotzkreationen seines Freundes zum Einsturz zu bringen, während seine Freundin der Ansicht war, daß man die Bauwerke anderer Leute in Ruhe lassen sollte.

Man kann häufig beobachten, daß Männer rituelle Opposition einsetzen, um eine ganze Reihe von Zielen zu erreichen, die mit Kampf im buchstäblichen Sinne nichts zu tun haben, zum Beispiel um jemanden aufzuziehen, einander spielerisch zu beleidigen oder Ideen auszuloten, indem sie den »Advocatus Diaboli« spielen. Bei Frauen hört man diese Art von Gespräch weit seltener; viele Frauen vermeiden offene Meinungsverschiedenheiten, sogar wenn sie tatsächlich anderer Meinung sind. Deborah Kolb untersuchte, wie Konflikte am Arbeitsplatz beigelegt werden und stellte fest, daß Frauen sich häufig hinter den Kulissen als Friedensstifterinnen betätigen; sie reden unter vier Augen mit den streitenden Parteien und versuchen, den Streit zu schlichten, bevor er überhaupt bekannt wird. Die Frauen erklärten ihr Verhalten Kolb gegenüber mit ihrem Abscheu vor Konflikten. Aufgrund dieser unterschiedlichen Vorlieben kann es geschehen, daß Frauen und Männer in Berufen, in denen von ihnen verlangt wird, sich auf Konfrontationen oder Konflikte einzulassen, unterschiedlich reagieren.

Ich wurde einmal von einer Journalistin zu einer Frau interviewt, die im öffentlichen Leben steht und häufig als zu aggressiv, zu hart bezeichnet wird. Die Journalistin erzählte mir, daß sie

267

auch die Frau selbst nach ihrer Reaktion auf diese Kritik befragt hatte. Die Frau hatte geantwortet, es gebe viele Männer in vergleichbaren Positionen, die genauso redeten wie sie, aber bei den Männern komme niemand auf die Idee, sie als »zu hart« zu bezeichnen, weil dieses Verhalten bei ihnen als ganz normal gelte. Ich ergriff die Gelegenheit und interviewte die Journalistin. Ich fragte sie, ob diese Frage an die prominente Zeitgenossin ein Beispiel für die journalistische Praxis sei, die Interviewpartner herauszufordern, indem man sie mit einer Kritik konfrontiere. Sie sagte, ja, das sei so, und fügte dann hinzu, daß es der schwerste Teil ihrer Arbeit sei, etwas, das ihr im höchsten Grade mißfalle. »Ich fühle mich unwohl dabei«, erklärte sie. »Ich tu so, als ob ich jemand anders wäre, und zwinge mich dazu.« Sie habe mit einem männlichen Kollegen darüber gesprochen, fuhr sie ungefragt fort, der ganz anderer Meinung gewesen sei: »Mir macht das unheimlich Spaß. Das ist doch das Beste an dem Job!« Ihrer Ansicht nach war die Begeisterung ihres Kollegen, der andere liebend gern mit negativen Kritiken von Dritten konfrontierte, ein »Machtding«. Aber ich frage mich, ob hier nicht auch der reine Nervenkitzel eines Regelverstosses eine Rolle spielt, die schiere Freude daran, daß man als Teil der Arbeit aggressiv gegen andere sein darf.

Ich fragte die Journalistin, welche Reaktionen sie ernte, wenn sie diese Taktik anwende, und sie antwortete: »Gute. Ich mach es einfühlsam, verständnisvoll.« Sie fügte noch hinzu, daß es ihr überhaupt nichts ausmache, Interviewpartner herauszufordern, die sich eines Verhaltens schuldig machten, das sie für falsch hielt. Als Beispiel nannte sie einen Gesprächspartner, bei dem sie den Eindruck gehabt hatte, daß er »Rassismus nicht verurteilt«. In dem Fall, sagte sie, »hatte ich keinerlei Schwierigkeiten damit, aggressiv zu sein. Die Aggression war echt.« Eben das ist der Unterschied zwischen Agonismus – konventionalisiertem, aggressivem Wettkampf, Streitlust als Selbstzweck – und Aggression im buchstäblichen Sinn, als Kampf um etwas, an das man wirklich glaubt. Laut Walter Ong sind Frauen ebenso schnell wie Männer zum Kampf bereit, wenn sie es ernst meinen; sie empfinden nur kein Vergnügen am Kampf um des Kampfes willen. Ich bezweifle keine Sekunde, daß es viele Männer gibt, die sich bei Konflikten ebenfalls unwohl fühlen und daß die Zahl der Journalisten groß ist, denen es ebenfalls mißfällt, ihre Interviewpartner herauszufordern oder sie mit Kritik von Dritten zu konfrontieren. Ich bezweifle auch nicht, daß es viele Journalistinnen gibt, die das genießen. Aber es ist wahrscheinlicher, daß Frauen ein solches Verhalten als extrem unangenehm empfinden, als »das Schlimmste« an ihrer Arbeit.

Während amerikanische Mädchen der Mittelschicht lernen, offene verbale Auseinandersetzungen zu vermeiden und dazu neigen, bei einem Streit nicht handgreiflich zu werden, gibt es viele Kulturen, in denen Schlägereien unter Frauen vorkommen. Amerikanische Mädchen der Arbeiterschicht sind ein Beispiel dafür. Ein weiteres finden wir in einer Kultur, die außerordentlich friedliebend ist: die Insel Bali in Indonesien, wo aggressives Verhalten starken kulturellen Beschränkungen unterliegt. Doch erinnert sich der Linguist A.L. Becker, daß er eine Balinesin, eine Tänzerin und Lehrerin, einmal fragte, wie es denn zur Heirat mit ihrem Mann gekommen sei. Und sie antwortete, sie habe mit vier oder fünf Frauen um ihn kämpfen müssen. Überrascht fragte er: »Wie denn?« Als Erwiderung, sagt er, »versetzte sie mir einen schwungvollen Boxhieb«. Die Heirat mit dem Mann, den sie wollte, war eine ernste Sache – und wert, darum zu kämpfen.

Zum Spaß bei Kämpfen zuschauen

Wie wir gesehen haben, nimmt der Journalismus an, daß es Spaß macht, anderen beim Kämpfen zuzusehen. Diese Annahme spiegelt eine Weltsicht wider, die unter Männern verbreiteter ist als unter Frauen.

Im Januar 1995 wurde in der Literaturbeilage der *New York Times* ein Leserbrief veröffentlicht, in dem der Schreiber die Herausgeber aufforderte, künftig darauf zu verzichten, Briefe von Autoren, die mit den Rezensionen ihrer Bücher unzufrieden waren, und die Antworten der Rezensenten zu veröffentlichen. Einige Wochen später erschienen in der Literaturbeilage drei Briefe, die sich gegen diesen Vorschlag aussprachen. Die Schreiber gaben unterschiedliche Gründe dafür an, weshalb der Briefwechsel weiterhin veröffentlicht werden sollte. Eine Leserbriefschreiberin, Judy Siegel, erklärte, sie finde Briefe von Autoren wichtig, um das Bild zu vervollständigen. Ihrer Ansicht nach bilden diese Reaktionen

ein faszinierendes Gegengewicht zu dem klugscheißerischen, faulen, sich im Irrtum befindlichen, blöden, parteiischen oder sonstwie verbohrten Rezensenten – wobei wir manchmal den Verdacht nicht unterdrücken können, daß es sich dabei um einen unerfahrenen Anfänger handelt, der eine jahrelange Arbeit mit ein, zwei glatten Sätzen abtut. Wenn auch die Antwort des Rezensenten veröffentlicht wird, haben wir einen echten Gedanken- oder zumindest Meinungsaustausch.

Die beiden anderen Leserbriefschreiber, die den Brauch verteidigten, beriefen sich auf den Unterhaltungswert. Einer pries die »befreiende Komik« des Briefwechsels und erklärte: »Es ist immer wunderbar, wenn man zuschauen kann, wie pompöse Autoren und ebenso pompöse Rezensenten ihre schmutzige Wäsche in der Öffentlichkeit waschen.« Der andere Briefschreiber würdigte die »großartigen Kämpfe«, wie er es nannte, und bat, die Literaturbeilage möge »die Ringkampfarena nicht schließen«. Er führte weiter aus:

Die coole Fassade der Fachkenntnis bröckelt, wenn der Autor, der trotz jahrelanger Recherchen bei irgendeinem Schnitzer ertappt wurde, sich verzweifelt verteidigt, während der Rezensent sich abmüht, den vollständig unverdienten Anschein anmaßender Objektivität aufrechtzuerhalten. Im Idealfall werden Bundesgenossen mobilisiert, und es folgt ein Ringkampf zwischen zwei Mannschaften.

Aus der Sichtweise der beiden letzten Leserbriefschreiber sind die Autor-Rezensenten-Briefwechsel ein Sport für die Zuschauer.

Ich konnte nicht umhin zu bemerken, daß der Leserbrief, der diesen Austausch zwischen Rezensent und Autor wichtig fand, weil er für ein Gegengewicht sorgte, von einer Frau stammte, während die beiden Briefschreiber, die die Lektüre als Unterhaltung betrachteten – und denen es Spaß machte, einem Kampf zuzusehen –, Männer waren.

Wo immer man auch hinsieht, überall finden sich Hinweise darauf, daß viele Frauen es weniger unterhaltsam finden als Männer, einem Kampf zuzusehen. Auch das geht bis in die Kindheit zurück. In einem Gespräch, das ich vor Jahren aufgenommen habe, kam das Thema Comics auf. Ich war eine der anwesenden Frauen und kommentierte, daß ich als Kind keine Comics mochte, in denen Figuren geschlagen, verletzt und zerquetscht wurden; sie hatten mich immer irgendwie beunruhigt. Die andere anwesende Frau stimmte mir zu: Sie hatte diesen Aspekt von Comics auch nie ausstehen können. Aber die vier anwesenden Männer (von denen übrigens drei schwul waren und sich als Kinder nicht gern geprügelt hatten) waren überrascht. »Ich fand das witzig!« sagte einer. »Mir war doch klar, daß es nicht echt war.« Das wußten die andere Frau und ich offensichtlich auch. Aber wir fanden es trotzdem nicht komisch.

Genauso wie Comics für das »typische« – ein männliches – Kind gezeichnet wurden, sind auch Computerspiele bis vor kurzem vor allem für diese Zielgruppe entwickelt worden. Laut Justine Cassell vom Medienlabor des Massachusetts Institute of Technology sind Computerspiele für Kinder überwiegend actionorientiert, spielen in Phantasiewelten – und werden in der überwältigenden Mehrzahl von Jungen genutzt. Erst seit kurzer Zeit haben einige wenige Firmen angefangen, Computerspiele zu entwickeln, die eher Mädchen ansprechen. Bei den ersten Versuchen in diese Richtung verzichtete man auf Gewalt, führte Protagonistinnen ein und fügte rosafarbene oder purpurrote Rahmen hinzu. Diese Veränderungen bewirkten wenig, sagt Cassell, weil das Angebot immer noch keinen Bezug zum Spiel der Mädchen hatte, das sich an realen Alltagssituationen und an der sozialen Interaktion ausrichtet und ziel- bzw. problemlösungsorientiert ist. Heutige Computerspiele berücksichtigen diese Vorlieben. Der größte Hit war der Barbie-Modedesigner (schon in den ersten zwei Monaten nach der Markteinführung wurde das Spiel 500 000mal verkauft), mit dem Mädchen Kleidung am Computer entwerfen, die sie dann ausdrucken und ihren Puppen anziehen können. Mädchen scheint es eher Spaß zu machen, den Computer als Handwerkszeug einzusetzen, während ihnen die kampfzentrierte Action der meisten Computerspiele weniger liegt.

Es gibt viele Hinweise darauf, daß nicht nur Jungen, sondern auch erwachsene Männer eher dazu neigen, eine zur Schau gestellte Gegnerschaft als unterhaltsam zu empfinden. Von Sportpsychologen wurde dies experimentell dokumentiert. Jennings Bryant und Dolf Zillman zeigten Testzuschauern Hockeyspiele, die mal mehr und mal weniger gewalttätig waren, und stellten fest, daß es den Zuschauern in der Tat mehr Spaß machte, sich die gewalttätigeren Spiele anzusehen (das heißt, solange die Gewalttäter der eigenen Mannschaft angehörten) – doch dieses Ergebnis gilt ausschließlich für männliche Zuschauer, nicht für weibliche.

Daß Männer es eher genießen, sich einen guten Kampf anzusehen, erklärt zahlreiche Phänomene in unserer Kultur. Während des Präsidentschaftswahlkampfes von 1996 war viel vom »Geschlechterunterschied« und »Fußballmamis« die Rede. Einer der Unterschiede zwischen männlichen und weiblichen Wählern, wie Umfragen zeigten, war der, daß Frauen sich eher als Männer von aggressiver Wahlwerbung und Schmutzkampagnen abgestoßen fühlten. Das überraschte mich nicht. Einige Jahre zuvor, während des Golfkrieges, hatte ich an Radiodiskussionen teilgenommen, bei denen es um die Reaktionen von Männern und Frauen auf die Kriegsberichterstattung der Fernsehsender ging. Ich war nicht die einzige, der auffiel, daß es für Männer häufiger einen Kick bedeutete, die Bombenangriffe im Fernsehen zu verfolgen. Live gezeigt wurde das Anpeilen des Ziels im Visierkreuz, das Abwerfen der Bombe und die anschließende Explosion. Mehrere Männer riefen an und erklärten, sie müßten sich immer wieder in Erinnerung rufen, daß es hier um einen wirklichen Krieg ging, in dem wirkliche Menschen getötet wurden, und nicht um ein unterhaltsames Videospiel. Mehrere Frauen riefen an und erklärten, sie seien entsetzt, weil ihre Männer reagierten, als würden sie ihr Team bei einem Footballspiel anfeuern.

Es erklärt auch die zunehmende Gewalt in Fernsehen und Kino und die starke Zunahme von Filmen, in denen alles explodiert, in die Luft fliegt oder zusammenstößt. Jungen unterhalten sich oft über Dinge, die in die Luft fliegen und explodieren. Es macht ihnen Spaß, genau wie den kleinen Jungen in meinem Experiment, die planten, das Zimmer in die Luft zu jagen, in dem sie sich unterhalten sollten. In ihrer Studie über das Kinderfernsehen kam Amy Jordan zu dem Ergebnis, daß die Experten der Industrie glauben, die größten Einschaltquoten zu erreichen, wenn Unterhaltung für sechs- bis elfjährige Jungen angeboten wird: action- und abenteuerorientierte Sendungen, in denen männliche Superhelden jede Menge Gewalt ausüben. Die Experten sind zu dem Schluß gekommen, daß Mädchen sich auch Sendungen ansehen, die für Jungen gemacht werden, Jungen aber nichts mit Beiträgen anfangen können, deren Produktion auf weibliche Konsumenten ausgerichtet ist.

Gleiches gilt für erwachsene Kinogänger, was ohne Zweifel zur Erklärung des Überangebots an actionorientierten Filmen voller Explosionen beiträgt. Wenn ein Paar überlegt, was es im Kino gemeinsam ansehen will, werden Frauen oft mit in Filme gehen, die sie nicht mögen, während Männer sich in der Regel weigern, für sie uninteressante Filme anzusehen. Oft ist eine solche Weigerung gar nicht erforderlich, weil viele Frauen nachgeben, da sie ihren Ehemännern, Lebensgefährten oder Freunden nicht ihre eigenen Vorlieben aufzwingen wollen. Wenn er sagt, daß er einen bestimmten Film nicht sehen will, wird sie das Thema sehr wahrscheinlich fallenlassen. Aber wenn sie sagt: »Ich mag solche Filme eigentlich nicht, aber wenn du ihn gern sehen möchtest, komm ich mit«, wird er sehr wahrscheinlich antworten: »Schön, gehen wir.«

In der Öffentlichkeit das Wort ergreifen: Ein Griff nach den Hosen

Wenn rituelle Opposition Männer mehr anspricht als Frauen, ist es nicht überraschend, daß der öffentliche Diskurs dazu neigt, eine kämpferische Form anzunehmen – mit anderen Worten, einem Muster folgt, das in unserer Kultur eher mit Männern assoziiert wird. Schon in der Öffentlichkeit das Wort zu ergreifen, war lange Zeit die alleinige Domäne der Männer, von der Frauen ausgeschlossen blieben.

Vor nicht allzulanger Zeit war allein schon die Vorstellung, daß eine Frau in der Öffentlichkeit aufstehen und das Wort an eine Versammlung richten könnte, undenkbar. Laut David Noble war es Frauen im England des 16. Jahrhunderts nicht einmal gestattet, ihren eigenen Familien zu Hause laut aus der Bibel vorzulesen. Ein 1573 verabschiedetes Gesetz trennte strikt nach Geschlecht und Klasse:

Den Aristokraten, Männern und Frauen, war es immer noch gestattet, privat die Bibel zu lesen, aber nur Männer durften vor dem versammelten Haushalt laut daraus vorlesen. Den Männern der Kaufmannsklasse blieb es freigestellt, die Heilige Schrift privat zu lesen, aber ihren Frauen und Töchtern wurde dieses Privileg verweigert. Den unteren Gesellschaftsschichten, Männern und Frauen gleichermaßen, wurde das Recht verwehrt, die Bibel zu lesen.

Das war vor langer Zeit und an einem weit entfernten Ort. Aber es ist nicht ganz so lange her, daß es auch Frauen in den Vereinigten Staaten nicht erlaubt war, in der Öffentlichkeit zu sprechen, weder in einem kirchlichen noch in einem politischen Rahmen.

Zu den ersten Frauen, die in der Öffentlichkeit das Wort ergriffen, gehörten die Gegnerinnen der Sklaverei wie beispielsweise die Grimké-Schwestern Angelina und Sarah. Anfangs (1836) wandten sie sich in Privathaushalten an andere Frauen, aber dann gingen sie dazu über, in Kirchen zu sprechen, an öffentlichen Orten, wo auch Männer ihre Vorträge hören konnten. Die Kommunikationswissenschaftler Karlyn Korrs Campbell und E. Claire Jerry zitieren einen Hirtenbrief aus der damaligen Zeit, der sich scharf gegen diese Entwicklung wendet:

Die der Frau angemessenen Pflichten, wie sie im Neuen Testament genannt werden, sind »unauffällig und privat.

... [W]enn sie sich den Platz und die Haltung des Mannes als öffentlicher Reformator anmaßt, wird ihr Charakter unnatürlich. Wenn der Wein, dessen Stärke und Schönheit es ist, sich an das Spalier zu lehnen und seine Trauben halb zu verbergen, sich die Unabhängigkeit ... der Ulme anmaßen will, wird er nicht nur aufhören, Frucht zu tragen, sondern in Schande und Unehre in den Staub fallen.«

Die frühen Suffragetten und Abolitionistinnen schockierten die Gesellschaft nicht nur durch die von ihnen erhobenen politischen Forderungen, sondern schon durch die bloße Tatsache, daß sie in der Öffentlichkeit das Wort ergriffen.

1852 war es Clarina Howard Nichols, die als erste Frau in der gesetzgebenden Versammlung des Staates Vermont eine Rede hielt. Ihr Ersuchen, sich im Parlament für ein Gesetz auszusprechen, das es Frauen ermöglichte, in Schulbezirksversammlungen ihre Stimme abzugeben, wurde damals als »Gerangel um die Breeches« bezeichnet; für uns ein Hinweis darauf, warum es die Leute so aufbrachte, wenn Frauen in der Öffentlichkeit das Wort ergriffen: Sie wollten »die Hosen anhaben«.

Diese historische Tatsache wird von Madeleine Kunin, der ersten Gouverneurin von Vermont (später Ministerialdirigentin im Bildungsministerium und dann amerikanische Botschafterin in der Schweiz), in ihrer Autobiographie zitiert. Der wichtigste Faktor bei ihrer Wandlung von der Privatbürgerin zur Politikerin – und das, was ihr am schwersten fiel –, war laut Kunin, daß sie lernen mußte, in der Öffentlichkeit zu reden. Ihre Erklärung dafür ist eloquent:

Die angsteinflößende Vorstellung, daß ich nicht länger ein braves Mädchen sein würde, wenn ich das Wort ergriff, daß meine Worte die Zuhörer gegen mich aufbringen könnten, war tief in mir verwurzelt. Wenn ich zur falschen Zeit das Falsche sagte, riskierte ich es, bestraft zu werden: Möglicherweise würde ich nicht mehr gemocht werden. Schlimmer noch, ich würde nicht mehr geliebt werden.

Gouverneurin Kunin benennt hier die miteinander verwobenen Zusammenhänge: die Erwartung, daß ein braves Mädchen nicht lauthals ihre Meinung kundtut, und die Angst vor einer agonistischen Reaktion. In den Köpfen vieler Frauen ist beides untrennbar miteinander verknüpft.

Kunin gewöhnte sich allmählich an das Sprechen in der Öffentlichkeit, aber dazu, so erklärt sie, mußte sie lernen, mit Konflikten umzugehen: »Egal, wie geschickt man sich auf dem politischen Parkett auch verhält, Kontroversen sind unvermeidlich …Die eigene Meinung laut auszusprechen, hat immer seinen Preis.« Was sie schließlich bewog, ihre Angst zu überwinden und klar ihre Meinung zu vertreten, war ihr leidenschaftlicher Glaube an das, was sie zu sagen hatte: »Welche Überraschung, als ich entdeckte, daß ich frei und spontan sprechen konnte, wenn meine Überzeugungen mich beflügelten.« Es ist wieder das gleiche Bild: Sie wurde nicht von dem Adrenalin motiviert, das in der Hitze des Gefechts ausgeschüttet wird, nicht von dem wettbewerbsorientierten Drang, über den Rivalen zu triumphieren, sondern von ihrem tiefen Engagement für das, woran sie glaubte.

Kunins anfängliche Scheu davor, in der Öffentlichkeit zu sprechen, wird von vielen Frauen (und natürlich auch von vielen Männern) geteilt. Die soziale Interaktion von Kindern kann uns einen Hinweis darauf geben, woher diese Scheu stammt. Denken Sie an die Geburtstagsfeier der Zwölfjährigen zurück, auf der meine Studenten beobachteten, wie ein Mädchen, das von einem anderen gekränkt worden war, von ihren Freundinnen getröstet wurde, während der Junge, der sich von einem anderen hatte in Verlegenheit bringen lassen, von seinen Freunden verspottet wurde. Meinen Studenten fiel noch ein weiterer Unterschied auf. Als sie zufällig auf Kate und Mary stießen, die in der Waschküche miteinander flüsterten, verstummten die Mädchen augenblicklich. Aber als sie dem Gespräch der Jungen zuhörten, machten die (mit den Worten von Cortney Howard) »ein Riesentheater um ihre Emotionen, als würden sie ein Schauspiel vor einem wichtigen Publikum aufführen«. Diese unterschiedlichen Reaktionen auf anwesende Zuschauer entsprechen dem Muster des unterschiedlichen Konfliktverhaltens: Bei den Mädchen vollzieht sich der Konflikt in einer Reihe privater Gespräche, bei den Jungen ist er eine Art öffentliche Aufführung.

Weil Jungen daran gewöhnt sind, ihre Rivalitäten in der Öffentlichkeit auszutragen, ist es wahrscheinlich für Männer weniger unangenehm und unakzeptabel als für Frauen, sich bei einer Sitzung gegen jemanden zu stellen. Und Gouverneurin Kunins Erfahrungen sind ein Beweis dafür, wie nützlich es ist, so etwas früh einzuüben.

Diese unterschiedlichen Muster – die Neigung der Mädchen, ihren Konflikt zu verstecken, und die der Jungen, ihn zu einer Art Performance zu machen – könnten erklären, warum viele Mädchen aus der Mittelschicht nur ungern vor anderen reden (in der Schule beispielsweise), und warum es vielen erwachsenen Frauen so schwerfällt, in einer Sitzung das Wort zu ergreifen. In der Schule konkurrieren viele Jungen aggressiv darum, von den Lehrern aufgerufen zu werden: Sie melden sich, fuchteln sogar mit den Armen oder rufen. Sie wollen drankommen, ob sie nun die Antwort wissen oder nicht. Mein neunjähriger Neffe gab mir einen Tip, als er sagte: »Weißt du, das ist so. Du fuchtelst mit den Händen rum, damit du drankommst, und wenn du dran bist, mußt du dir ganz schnell überlegen, was du sagen willst.« Die meisten Mädchen melden sich offenbar nur, wenn sie bereits darüber nachgedacht haben, was sie sagen wollen.

Noch einmal, wir dürfen nicht vergessen, daß es hier kulturelle und schichtenspezifische Unterschiede gibt. Die Anthropologin Marjorie Harness Goodwin stellte fest, daß unter Latina-Mädchen (vor allem Mittelamerikanerinnen der zweiten Generation) beim Himmel-und-Hölle-Spiel häufig offener Streit ausbricht. Sie zeigt, daß die Mädchen manchmal sogar absichtlich die Regeln brachen, um eine lebhafte Auseinandersetzung auszulösen, die allen Freude bereitete. Sie konnte auch afroamerikanische Mädchen in einem Viertel von Philadelphia beobachten, die komplizierte Streitgespräche führten: Bei diesem sogenannten »Er sagte, sie sagte«-Disput stellt ein Mädchen eine Freundin herausfordernd zur Rede, wenn sie hinter ihrem Rükken über sie getratscht hat. Trotzdem unterscheidet sich dieses Ritual von denen der Jungen, unter denen Auseinandersetzungen typischerweise sofort ausgetragen werden. Diese frühen Erfahrungen beim offenen Umgang mit Konflikten könnten etwas mit der Tendenz mancher Frauen zu tun haben, als Erwachsene offen zu streiten, wobei sie das Risiko eingehen, gelegentlich als zu aggressiv abgestempelt zu werden.

Eine Gesellschaft aus adoleszenten Männern

Der öffentliche Agonismus wird immer gefährlicher. Wenn zwei Männer sich wütend anbrüllen, kann es zu einer Schlägerei kommen oder auch nicht, aber wenn sie ihrer Wut Ausdruck verleihen, während sie auf der Autobahn unterwegs sind, steigen die Risiken für sie selbst und andere ins Unermeßliche. So etwas geschah im April 1996 auf einer Straße außerhalb von Washington, D.C. – und das Resultat war ein Zusammenstoß, bei dem nicht nur einer der Streithähne umkam, sondern auch unschuldige Opfer, die zu der Zeit zufällig ebenfalls auf der Autobahn unterwegs waren. Zu den Opfern gehören ein Mann, der eine Frau und zwei Söhne zurückläßt, und eine Frau, die gerade zwei Tage zuvor ins Berufsleben zurückgekehrt war, nachdem sie sich mehrere Jahre lang um ihre drei kleinen Kinder gekümmert hatte. Laut Dr. Ricardo Martinez, dem Leiter des Bundesamtes für Verkehrssicherheit auf den Highways, werden schätzungsweise ein Drittel aller Verkehrsunfälle und zwei Drittel aller Verkehrsunfälle mit tödlichem Ausgang durch aggressives Fahren verursacht: zu dichtes Auffahren, unvermittelter Spurwechsel, Ausscheren und anderes bedrohliches Verhalten hinter dem Steuer. Wenn die Mehrzahl der Bürger im Besitz von Zerstörungswaffen wie Autos und Lastwagen ist, wird die öffentliche Zurschaustellung von Aggressionen zur tödlichen Bedrohung.

Alle Menschen zeigen gelegentlich ein aggressives Verhalten – bekämpfen einander, um zu bekommen, was sie haben wollen, oder um feindliche Attacken anderer abzuwehren. Aber aggressives Verhalten dient noch einem anderen Zweck, nämlich dem Aushandeln des individuellen Status. Adoleszente Jungen und junge Männer neigen stärker zur rituellen Opposition als andere

Bevölkerungsgruppen, weil Statuskämpfe in einer Zeit, in der die jungen Männer versuchen, ihre Position in der Welt zu finden und sich gegen das aggressive Verhalten ihrer Altersgenossen verteidigen müssen, einen großen Teil ihres Lebens ausmachen.

Hinweise darauf, daß unser kulturelles Ethos übermäßig von den Normen aggressiver junger Männer beeinflußt wird, fanden sich in einem Interview mit dem großen Basketballspieler Kareem Abdul-Jabbar, das nach Erscheinen seines Buchs *Black Profiles in Courage* stattfand. Mit 49 Jahren hatte Abdul-Jabbar eine andere Sichtweise von bewunderungswürdigem Verhalten als in jüngeren Jahren. Als Jugendlicher, erinnert er sich, hatten ihn nur die aggressivsten Gestalten des öffentlichen Lebens angesprochen; Menschen, die Mitleid predigten, nicht Aggression, und ein freundliches, sanftes Verhalten an den Tag legten, waren ihm schwach erschienen. Über eine Begegnung mit dem Tennisspieler Arthur Ashe sagt er: »Arthur war sehr höflich, und er zeigte seine Wut nicht. Deshalb hatte ich keine hohe Meinung von ihm – bis ich ihn besser kennenlernte.« Ein vergleichbares Motiv erklärt, warum er früher Malcolm X mehr schätzte als Martin Luther King, der »unerschrocken Widerstand leistete, aber nicht versuchte, jemanden umzubringen. …Ich hielt Dr. Martin Luther King für zu entgegenkommend. Ich mußte erst 35 Jahre alt werden, bevor ich Dr. King richtig würdigen konnte.«

Dieses Alter, 35, erinnert an etwas. Dr. Ricardo Martinez stellt fest, daß gefährlich aggressive Fahrer gewöhnlich junge Männer zwischen 18 und 35 sind.

In vielen Kulturen der Welt gibt es Initiationsriten, bei denen junge Männer für eine Zeitlang von der Gemeinschaft getrennt werden und sich durch persönliche Prüfungen und Heldentaten bewähren müssen. Diese Initiationsriten bieten nicht nur ein Ventil für ihre aggressiven Impulse, sondern dienen auch dazu, die jungen Männer in einer Zeit ihres Lebens, in der diese Impulse gefährlich sein können, vom Rest der Gesellschaft fernzuhalten. Im Gegensatz dazu haben wir in unserer Kultur die jungen Männer ins Zentrum unserer Gesellschaft gestellt: Bei Einstellungen und in öffentlich sichtbaren Positionen wird immer mehr Wert auf Jugend gelegt. Die angestrebte Einführung von Amtszeitbegrenzungen für gewählte Beamte ist ebenfalls ein Hinweis auf diesen Impuls: Jagt die Alten raus und macht Platz für die Jüngeren (obwohl Kongreßabgeordnete immer noch über 35 sein müssen). Es ist ausgesprochen beängstigend, sich ein Land vorzustellen, das ohne den mäßigenden Einfluß Älterer von aggressiven jungen Männern regiert wird.

Veranlagung und Erziehung

Jede Diskussion über die Unterschiede zwischen männlich und weiblich wirft die Frage auf: Was sind die Ursachen der unterschiedlichen Verhaltensmuster? Bei der Tatsache, daß Männer häufiger agonistische Verhaltensweisen zeigen, spielt sicher auch eine biologische Komponente eine Rolle, doch kulturelle Einflüsse können das biologische Erbe überlagern oder aufheben. Die Anthropologen Beatrice und John Whiting haben in sechs ganz verschiedenen Teilen der Welt Kinder beim Spielen beobachtet. Die Studien kamen übereinstimmend zu dem Ergebnis, daß Jungen jeden Alters wesentlich aggressiver waren als Mädchen, quer durch alle Kulturen. Dies scheint zu bestätigen, daß es eine biologische Basis für das aggressivere Verhalten des männlichen Geschlechts gibt. Aber die Anthropologen stellten auch fest, daß in allen sechs untersuchten Kulturen Mädchen häufiger die Verantwortung für jüngere Geschwister aufgetragen bekamen, mehr Zeit daheim bei ihrer Mutter zubrachten, mehr Hausarbeit erledigen und öfter kochen mußten. In Kenia erwiesen sich Jungen, die Haushaltspflichten übernehmen mußten, weil sie keine Schwestern hatten, als weniger aggressiv als andere Jungen. Dies unterstützt das Argument, daß Menschen zu einem aggressiven Verhalten konditioniert werden. Für unsere Belange spielt es kaum eine Rolle, zu welchem Prozentsatz das Verhalten kulturabhängig und zu welchem es angeboren ist; wichtig ist nur, daß die Verhaltensmuster existieren und daß wir sie verstehen müssen, um dann zu entscheiden, ob wir bereit sind, sie zu fördern, oder ob wir versuchen wollen, sie zu modifizieren.

Eltern und Pflegepersonen bestimmen maßgeblich, welche

Impulse Kinder zu entfalten und welche sie zu vermeiden lernen. Stellen Sie sich ein amerikanisches Kind vor, das seinen Eltern berichtet: »Billy haut mich immer.« Es ist nicht ungewöhnlich, daß die Eltern erwidern: »Dann hau doch zurück.« Noch häufiger hört man von Eltern, die ihre kleinen Söhne beim Karate- oder Boxunterricht anmelden, damit sich ihre Sprößlinge bei Prügeleien besser behaupten können. Laut Margery Wolf würden chinesische Eltern Aggressivität bei ihren Kindern niemals unterstützen; tatsächlich, sagt sie, könne sich ein Kind bei einem anderen Kind revanchieren, indem es einfach dessen Eltern über das aggressive Verhalten informiert. Man könne sich darauf verlassen, daß die Eltern das Kind bestrafen. Eine andere Studie kam zu ähnlichen Ergebnissen. Universitätsstudenten aus fünf verschiedenen Kulturen wurden gefragt, ob sie aggressives Verhalten bei ihren Kindern zulassen würden. Der höchste Prozentsatz bejahender Aussagen kam von Amerikanern (61 Prozent), der niedrigste von Chinesen aus Taiwan (19 Prozent) und Thais (5 Prozent). Bei der Frage, ob sie je aggressives Verhalten konkret ermutigen würden, ging der amerikanische Prozentsatz auf immer noch beträchtliche 29 Prozent herunter, der chinesische auf 6 Prozent, der der Thais blieb bei 5 Prozent.

Diese Studien berichten nur, wie potentielle Eltern ihrer eigenen Aussage nach reagieren würden, sie zeigen nicht, wie Eltern sich tatsächlich verhalten. In einer anderen Studie wurden taiwanesische und amerikanische Mütter aufgefordert, Buch über konkrete Vorkommnisse zu führen, bei denen ihre Kinder aggressives Verhalten gezeigt hatten. Niem und Collard, die von der Annahme ausgingen, daß die Ursache für die Unterschiede zwischen den Kulturen nicht in erster Linie bei den Impulsen der Kinder zu suchen ist, sondern eher bei den Reaktionen der Eltern, stellten tatsächlich fest, daß die Eltern ungefähr über dieselbe Anzahl aggressiver Episoden berichteten, aber nur zwei der chinesischen Kinder bekamen eine Tracht Prügel, von den amerikanischen aber elf. Mit anderen Worten, es scheint, daß amerikanische Eltern nicht nur physische Aggression eher tolerieren oder unterstützen, sondern auch eher ein Vorbild dafür liefern, indem sie ihre Kinder schlagen. (Daß bei chinesischen Kindern physische Aggressionen unterbunden werden, zeugt davon, daß körperliche Auseinandersetzungen durchaus vorkommen – sonst gäbe es nichts zu unterbinden, und es soll keineswegs angedeutet werden, daß chinesische Kinder sich nicht auf verbale Aggressionen einlassen.)

Die Verhaltensmuster, die den Stil von Frauen und Männern beim Umgang mit Opposition und Konflikten kennzeichnen, sind also ebenso biologisch bedingt wie kulturabhängig. Es ist unmöglich, diese Einflüsse auseinanderzudividieren. Wichtig für uns ist nur, daß das Muster existiert. Wie Eltern, die mit den unvermeidlichen Konflikten ihrer Kinder konfrontiert werden, müssen wir uns entscheiden, ob und unter welchen Umständen wir aggressive Reaktionen fördern, ihnen entgegenwirken oder sie kanalisieren wollen. Sind wir bereit, einander ständig aufzufordern: »Hau doch zurück!«, oder wollen wir manchmal auch nach anderen, konstruktiveren Wegen der Konfliktbewältigung suchen?

7.

Was sind die Alternativen?
Auf andere Kulturen hören

Wir neigen zu der Ansicht, daß unsere Art zu handeln, zu reden und zu denken absolut logisch ist, vom gesunden Menschenverstand diktiert wird, eben der menschlichen Natur entspricht. Das Maß an Aggression, das wir als angemessen empfinden, und unsere Art, Übereinstimmung oder Uneinigkeit auszudrücken, erscheinen uns als völlig selbstverständlich und natürlich – als einzig mögliche Ausdrucksform von Gefühlen und Absichten. Aber Menschen, die in unterschiedlichen Kulturen aufwachsen, haben sehr unterschiedliche Vorstellungen von dem, was natürlich ist, und gehen von sehr unterschiedlichen Annahmen über die menschliche Natur aus. Wenn wir einen Blick darauf werfen, wie Menschen in anderen Kulturen mit Konflikten, Meinungsunterschieden und Aggressionen umgehen, können sich neue Perspektiven für unser Bemühen eröffnen, mit Konflikten zurechtzukommen und Opposition auf konstruktive, nicht destruktive Weise einzusetzen. Die interkulturelle Sichtweise vermittelt uns eine Ahnung von alternativen Möglichkeiten und zeigt uns, wie man vergleichbare Ziele mit anderen Mitteln erreichen kann. Sie hilft uns bei der Beantwortung der Frage, welche anderen Ansätze es gibt, wenn die Streitkultur zu Problemen führt. Und sie kann auch unser Verständnis für die positiven Funktionen des Agonismus, des zeremoniellen Kampfes, vertiefen.

Die Stirn bieten, ohne vor den Kopf zu stoßen

Eine Amerikanerin europäischer Abstammung (ihre Mutter war Italienerin, ihr Vater ungarischer Jude), die in New York City aufgewachsen war, lebte eine Zeitlang in den Niederlanden. Sie war bestürzt, als sie entdecken mußte, daß die Niederländer sie häufig als viel zu feindselig und streitsüchtig einstuften. Zeitweise hatte sie das Gefühl, für so etwas wie ein Monster gehalten zu werden. Aber genau derselbe Interaktionsstil brachte ihr in Israel die entgegengesetzte Reaktion ein: Hier fanden die Leute, sie sei viel zu sehr Dame. Sie beschwerten sich: »Wir wissen überhaupt nicht, wo du stehst.« Ihr Stil hatte sich nicht verändert; er wirkte nur im Vergleich mit den kontrastierenden Normen der niederländischen und der israelischen Kultur völlig unterschiedlich. Das von den Niederländern als normal betrachtete Konfrontationsniveau war niedriger als das, mit dem sie aufgewachsen war, und das von den Israelis als angemessen erachtete Niveau war höher.

Die jüdische Tradition verlangt, daß die Leute den Mund aufmachen und protestieren, wenn sie anderer Meinung sind, und viele Menschen osteuropäischer Herkunft (ebenso wie solche mediterraner, armenischer, afrikanischer oder südamerikanischer Abstammung, um nur ein paar Beispiele zu nennen) genießen freundschaftliche Streitlust, lebhafte Debatten und den Austausch scherzhafter Beleidigungen. In Indien und Sri Lanka wird häufig erwartet, daß man die Konfrontation sucht; in Bali ist es im allgemeinen nicht gestattet. Ein Linguist, der viele Jahre auf Bali gelebt hat, weist darauf hin, daß emotionale Auseinandersetzungen dort fast unbekannt sind, so daß Balinesen, die bei einem Aufenthalt in den Vereinigten Staaten einen Streit miterleben, es häufig mit der Angst bekommen. Amerikaner für ihren Teil fühlen sich häufig, wenn nicht verängstigt, so doch abgestoßen von dem Konfrontationsniveau, dem sie in manchen europäischen Ländern begegnen – oder in den Häusern anderer Amerikaner.

»Wenn wir uns streiten können, stehen wir uns nahe«

Menschen vieler Kulturen halten Streit für ein Zeichen von Nähe. Das kann alarmierend auf Amerikaner wirken, die europäische Länder wie Deutschland, Frankreich, Italien oder Griechenland besuchen. So kritisieren beispielsweise viele amerikanische Studenten, die eine Zeitlang in Frankreich gelebt haben, die Grobheit ihrer französischen Gastfamilien und ihrer französischen Freunde sowie deren Vorliebe für temperamentvolle Auseinandersetzungen. In Frankreich, wie in vielen anderen Ländern, gilt Übereinstimmung als langweilig; um die Sache interessant zu gestalten, muß man widersprechen – vorzugsweise mit viel Feuer und Lebhaftigkeit. Viele Studenten aus meinen Seminaren haben Berichte aus eigener Erfahrung beigesteuert. Joanna Repczynski beispielsweise erinnerte sich an das Jahr, das sie in Frankreich verbracht hatte:

> Bei einem Abendessen schnitt meine Gastmutter zig verschiedene Themen an, denn sobald ich ihr zustimmte oder allgemeine Übereinstimmung herrschte, wechselte sie sofort den Gesprächsgegenstand. Sie brachte ein kontroverses Thema nach dem anderen auf den Tisch und sorgte dafür, daß beim Essen eine hitzige intellektuelle Debatte aufkam.

Deutschland ist ein weiteres Land, in dem lebhafte Debatten geschätzt werden. Ein Amerikaner, der Politikwissenschaften mit dem Schwerpunkt Mittelamerikapolitik studierte, verbrachte sein Auslandsstudienjahr in Deutschland. Noch Jahre später erinnerte er sich frustriert an Gespräche mit deutschen Kommilitonen, die bereits kurz nach dem Kennenlernen ihre Überzeugung zum Besten gaben, daß die amerikanische Mittelamerikapolitik eigennützig, destruktiv und generell korrupt sei, was noch dadurch verschlimmert werde, daß die Amerikaner ständig hehre Motive vorheuchelten. Der amerikanische Student war anderer Meinung als seine ihn verbal attackierenden deutschen Kommilitonen, und ihm waren zahlreiche präzise Fakten bekannt, mit denen er ihre Behauptungen hätte widerlegen können. Er stellte jedoch fest, daß er unfähig war, etwas zu erwidern, nicht wegen mangelnder Sprachkenntnisse (er sprach fließend Deutsch), sondern weil er den Stil seiner deutschen Gesprächspartner abstoßend fand: Ihre aggressive Herangehensweise wirkte auf ihn feindselig und rüde. Um ihren Anklagen etwas entgegenzusetzen, hätte er es ihnen mit gleicher Münze heimzahlen müssen, was ihm widerstrebte, weil er nicht sein wollte wie sie.

Die in Deutschland geborene Linguistin Heidi Byrnes erzählt diese Geschichte, um zu erklären, wieso Amerikaner und Deutsche negative Klischeevorstellungen voneinander haben. Deutsche neigen zu der Ansicht, daß man seine Intelligenz und sein Wissen durch eine aggressive Argumentation und ein energisches Bestreiten der Gegenargumente beweisen sollte. Dieses Verhalten führt bei amerikanischen Studenten zu dem Eindruck, daß die deutschen Studenten selbstherrlich und stur sind, zu einfachen Richtig/Falsch-Dichotomien neigen und generell bestrebt sind, andere in die Defensive zu treiben und öffentlich bloßzustellen. Umgekehrt läßt die Weigerung der Amerikaner, sich auf derartige Diskussionen einzulassen, die Deutschen zu dem Schluß kommen, amerikanische Studenten seien oberflächlich, unengagiert, unwissend und nicht bereit (oder, wahrscheinlicher noch, unfähig), Stellung zu beziehen.

Eine israelische Professorin, die zu Besuch in den Vereinigten Staaten war, machte die entgegengesetzte Erfahrung. Als sie die Bekanntschaft einer auf ihrem Fachgebiet sehr bekannten amerikanischen Geisteswissenschaftlerin machte, setzte sie fast augenblicklich zu einer ausgedehnten Kritik an und zählte alle Punkte auf, in denen sie anderer Auffassung war. Sie wollte der Amerikanerin damit zeigen, wie gründlich sie ihr Werk gelesen hatte – und hoffte auf einen fruchtbaren Ideenaustausch. Aber die amerikanische Professorin fühlte sich durch den Sturmangriff gekränkt: Sie hielt es nicht für angemessen, jemanden, den man gerade kennengelernt hat, mit Kritik zu überhäufen. Sie ging der Besucherin aus Israel für den Rest ihres Aufenthalts beharrlich aus dem Weg, weil sie nicht darauf erpicht war, sich nochmals anfeinden zu lassen – genau das Gegenteil von dem, was die Besucherin zu erreichen gehofft hatte.

Man muß nicht in ein fremdes Land reisen, um diese kulturellen Unterschiede zu erleben. Sich mit einem Menschen anderer ethnischer Herkunft anzufreunden, reicht aus. Nachdem im Seminar über dieses Thema diskutiert worden war, schrieb Andrea Talarico:

Ich fand es witzig, wie das letzte Mädchen, das sich heute im Seminar gemeldet hat, beschrieb, wie in der italienischen Familie eine hitzige Diskussion geführt wurde, alle herumbrüllten und Gegenstände warfen, obwohl es nur darum ging, welches Fernsehprogramm eingeschaltet werden sollte, während in dem britischen Haushalt eine ernsthafte Auseinandersetzung geführt wurde, ohne daß es zu einem erkennbaren Ausdruck von Emotionen oder Ärger kam. Meine italoamerikanische Familie ist genauso wie die italienische Familie. Meine Freundinnen schleichen oft ängstlich in mein Zimmer hoch, wenn das Gebrüll anfängt, und verstehen nicht oder glauben mir nicht, wenn ich betone, daß es keine große Sache ist.

Andrea erkennt durchaus die Vorzüge des Interaktionsstils ihrer italoamerikanischen Familie: »Wir wissen jederzeit voneinander, wie wir uns fühlen.«

Eine glücklich mit einem Franzosen verheiratete Japanerin erinnert sich, daß sie in den ersten beiden Jahren ihrer Ehe fast ständig geweint hat. Ihr Mann brach häufig einen Streit vom Zaun, was sie so schrecklich fand, daß sie sich immer nach Kräften bemühte, ihm beizupflichten und möglichst versöhnlich zu sein. Aber das brachte ihn nur dazu, ein anderes Thema zu suchen, über das er sich streiten konnte. Schließlich verlor sie die Selbstbeherrschung und brüllte zurück. Anstatt wütend zu werden, war er überglücklich. Einen Streit zu provozieren, war seine Art, sein Interesse an ihr zu zeigen, sie wissen zu lassen, wie sehr er ihre Intelligenz respektierte. Für ihn war die Fähigkeit, eine angeregte Auseinandersetzung zu führen, ein Zeichen für eine gute Beziehung.

Nicht nur das Streitprinzip an sich, sondern auch die Form, die der Streit annimmt – der Grad an Opposition und die Art, wie sie ausgedrückt wird – sorgt für Überraschung, Verwirrung oder Bestürzung, wenn Angehörige verschiedener Kulturen aufeinandertreffen und Meinungsunterschiede oder Widersprüche zum Ausdruck bringen. Ich möchte bezweifeln, daß es irgendeine Kultur gibt, die nicht irgendeine Form von Gegnerschaft auch als Zeichen von Nähe deutet.

Sogar in Japan kann die Fähigkeit, miteinander zu streiten, als Beweis von Nähe angesehen werden. Kimberley Jones machte die Beobachtung, daß Japaner manchmal Konflikte positiv bewerten, auch wenn Bezugnahmen auf Harmonie häufiger sind. Ein von ihr angeführtes Beispiel veranschaulicht, wie ein Konflikt Solidarität zwischen denen schaffen kann, die auf derselben Seite stehen. Zwei Männer, Nakamura und Watanabe, unterhalten sich über die Schule, die beide zu unterschiedlichen Zeiten besucht haben. Nakamura erwähnt zwei Mitschüler, die vor dem Abschluß abgegangen sind. Auf die Frage, warum sie das getan hätten, erklärt er, sie hätten sich nie so richtig in die Gemeinschaft eingefügt. Wenn die anderen sich gegenseitig Mut machten oder über die Lehrer herzogen, hatten sie sich nie beteiligt, deshalb fehlte ihnen die Unterstützung durch die Gruppe, von der die anderen Schüler profitierten. Mit anderen Worten, das Herziehen über die Lehrer war notwendig, um Solidarität zwischen den Schülern zu schaffen.

Schlecht über Lehrer zu reden, ist etwas ganz anderes als eine Auseinandersetzung mit einem Menschen, der direkt vor einem steht, aber die positive Bewertung von Konflikten war nicht auf die Kritik an Abwesenden beschränkt. Im Verlauf des Gesprächs fragte Nakamura, ob es irgendwie anders gewesen sei, als Watanabe die Schule besuchte. Watanabe erwiderte, nein, zu seiner Zeit habe es keine Splittergruppen gegeben, alle Schüler hätten eine geschlossene Einheit gebildet. Daraufhin fragte Nakamura: »Alle sind gut miteinander ausgekommen?« Humorvoll entgegnete Watanabe: »Niemand ist mit niemandem ausgekommen!« und fügte hinzu: »Alle haben sich ständig gestritten und gezofft.« Hier, erklärt Jones, ist die Fähigkeit, offen miteinander zu streiten, ein Zeichen von Nähe: Die Gemeinschaft war so gut, weil die Schüler offen miteinander streiten konnten.

All diese Beispiele zeigen, daß Streiten eine Möglichkeit sein kann, Nähe herzustellen, obwohl der Grad, die Art und Weise und der Kontext, in dem das geschieht, von Kultur zu Kultur variieren können.

Aggression in einer harmonieliebenden Kultur

Angehörige asiatischer Kulturen wie Japaner, Chinesen, Thailänder oder Vietnamesen legen großen Wert auf Harmonie und vermeiden die offene Austragung von Meinungsverschiedenheiten und Konflikten. Asiatische Kulturen sind auch extrem hierarchisch aufgebaut, was aus unserer Sicht zunächst wie ein Widerspruch aussieht. Amerikaner neigen dazu, Harmonie mit ebenbürtigen Beziehungen zu assoziieren und Animosität mit hierarchischen Beziehungen. Sie gehen von der Annahme aus, daß diejenigen, die auf der niedrigeren Hierarchiestufe stehen, notwendigerweise Ressentiments gegenüber den über ihnen Stehenden entwickeln. Aber asiatische Kulturen sind auf ganz anderen Annahmen aufgebaut. Aus asiatischer Sicht ist eine strenge Hierarchie alles andere als eine Bedrohung der Harmonie, sondern dient im Gegenteil ihrer Bewahrung: Die Machtverhältnisse stehen fest, und feste Beziehungen sichern die Einbindung in die Gruppe, was wiederum die gegenseitige Nähe fördert.

In jeder Kultur gibt es Mittel und Wege, Uneinigkeit und Konflikte auszudrücken. Die Ausdrucksmöglichkeiten in Kulturen, die großes Gewicht auf Harmonie legen, können für Kulturen, die großes Gewicht auf Opposition legen, überraschend – und aufschlußreich – sein. Wieder bietet Japan ein Beispiel.

1992 gab es in Japan einen politischen Skandal. Dem früheren Premierminister Noboru Takeshita wurde vorgeworfen, die Hilfe des organisierten Verbrechens in Anspruch genommen zu haben, um einer von einer Oppositionspartei angezettelten öffentlichen Zermürbungskampagne gegen ihn ein Ende zu machen. Diese »Schmutzkampagne« stellte den damaligen Premierminister laut der japanischen Soziolinguistin Haru Yamada »als großen politischen Führer von nicht zu übertreffender Integrität und Ehre dar«.

Häh? Dieses Lob soll eine Schmutzkampagne sein? Yamada erläutert, daß die Antwort auf diese Frage in den gegensätzlichen Bräuchen von Japanern und Amerikanern beim Spenden von Lob liegt. Für Amerikaner ist es absolut üblich, übertriebenes Lob zu spenden, sowohl öffentlich (bei Preisverleihungen und ähnlichen

Zeremonien) als auch privat (mit Ausdrücken wie »Super!«, »Tolle Leistung!« oder »Phantastisch!«). Wenn dies in den Augen von Amerikanern auch ganz offenkundig positiv zu sein scheint (wir gehen davon aus, daß Lob eine natürliche Motivationshilfe ist – und meine Forschungen zeigen, daß das für die meisten Amerikaner auch zutrifft), neigen Japaner dazu, solche Zurschaustellungen als unangemessen und peinlich zu empfinden. Laut Yamada ist in Japan die kleinste menschliche Einheit nicht das Individuum, sondern die Gruppe. Wenn man also jemanden lobt, der einem in Privatleben oder Beruf nahesteht, klingt es, als würde man sich selbst loben – mit anderen Worten, angeberisch. (Dieser Unterschied trägt zu der japanischen Klischeevorstellung von Amerikanern als unreifen Prahlhänsen bei: Nicht nur, daß wir stärker dazu neigen, unsere eigene Leistung hervorzuheben, sondern auch unsere Gewohnheit, Freunde, Verwandte und Kollegen mit Lob zu überhäufen, vermittelt diesen Eindruck.)

Weil von Japanern nicht erwartet wird, massiv Lob zu spenden, wird es als Sarkasmus interpretiert, wenn sie es doch tun. Da zudem jeder weiß, daß Kritik nicht direkt geäußert wird, sind Japaner auf indirekte Methoden des Kritisierens eingestimmt. Ein von Yamada genanntes Beispiel ist ein Kommentar wie »Was bist du doch für ein gesundes, properes kleines Mädchen!« – gegenüber einem offensichtlich übergewichtigen Kind. In diesem Geist vorgebracht, führen lobpreisende Kommentare über einen Politiker natürlich dazu, daß alle zu dem Schluß kommen, das Gegenteil sei wahr. Das ist die Logik, durch die das Überhäufen mit übertriebenem Lob einer Schmutzkampagne gleichkommen kann. Die Kampagne wurde von der japanischen Presse homegoroshi genannt, »durch Lob töten«. Die Oppositionspartei machte den Versuch, den politischen Gegner zu Tode zu loben.

Die verbale Strategie des »Totlobens« ist keine isolierte Ausnahmeerscheinung. Die Bedeutung von Wörtern wird nicht durch ihre Definition im Wörterbuch festgelegt, sondern ergibt sich aus ihrem Gebrauch durch die Menschen einer Sprachgemeinschaft. Da Japaner großen Wert auf Harmonie legen, ist es nicht überraschend, daß japanische Beleidigungen oft ironische

Abwandlungen von im buchstäblichen Sinn positiven Äußerungen sind. Nicholas Kristof, der Tokioter Korrespondent der *New York Times*, war erstaunt, als er das englische Wort »jerk« mitten in einer japanischen Unterhaltung hörte. Er fragte nach dem japanischen Ausdruck für Blödmann, Arsch oder Saftsack – und erfuhr, daß es keinen gibt. Darauf dachte er über die wörtliche Bedeutung einiger besonders giftiger japanischer Beleidigungen nach. Eines der Worte lautet übersetzt »dein ehrenwertes Selbst«, eins der Schimpfwörter für Frauen »Nonne«. Er weist darauf hin, daß Frauen wahrscheinlich lieber als Nonnen denn als Nutten (engl. »bitches«) bezeichnet werden, aber ich vermute, das hängt davon ab, in welcher Kultur die Frauen aufgewachsen sind. Worte sind mit den Emotionen befrachtet, die sich aus ihrem üblichen Gebrauch ergeben.

Damit will ich keineswegs andeuten, daß in den asiatischen Kulturen Aggressionen nie direkt ausgedrückt werden. Das taiwanesische Parlament beispielsweise ist dafür bekannt, derart streitwütig zu sein, daß es zwischen Abgeordneten schon zu Handgreiflichkeiten gekommen ist. In den amerikanischen Abendnachrichten wurde einmal ein kurzer Bericht über zwei Abgeordnete des chinesischen Parlaments gezeigt, einen Mann und eine Frau, die wild aufeinander einschlugen, während ihre Kollegen sich bemühten, sie auseinanderzuzerren. Die chinesische Tradition kennt kein direktes Ausfechten politischer Meinungsverschiedenheiten in der Öffentlichkeit; in einer linguistischen Studie, die sich mit den Auseinandersetzungen im taiwanesischen Parlament beschäftigt, kommt Sai-hua Kuo zu dem Schluß, daß das parlamentarische System, dessen Voraussetzung die offene Opposition ist, den Chinesen daher als ein System erscheint, in dem alles erlaubt ist. Mit anderen Worten, wenn es keine allgemein anerkannten kulturellen Regeln oder Rituale für den Ausdruck und den Umgang mit Opposition gibt, gerät sie besonders leicht außer Kontrolle.

Alles rauslassen: Rituelle Schmähungen

Viele traditionelle Gesellschaften haben Methoden der Konfliktbewältigung entwickelt und bewahrt: Ritualisierte Formen bieten ein Ventil für Aggressionen, ohne daß es zu Gewaltausbrüchen kommt. Ein solcher Stil ist beispielsweise in einem traditionellen chinesischen Dorf beobachtet worden. Michael Bond und Wang Sung-Hsing stellten fest, daß ein schon 1900 von einem Ethnologen erwähnter Brauch 1983 immer noch weitverbreitet war. Das »Schmähen der Straße« ist ein verbaler Stil, der es den Menschen erlaubt, feindselige Emotionen auszudrücken. Entscheidend ist seine rituelle Natur. 1900 wurde der Brauch folgendermaßen beschrieben:

> Sobald ein Streit ausbricht, ergießen sich Beleidigungen in einem unflätigen Wortschwall, der mit nichts in der englischen Sprache vergleichbar wäre … Die Sprache der Frauen ist noch vulgärer als die der Männer, und sie halten länger durch … Oft frönen Frauen dem Brauch des »Schmähens der Straße« – sie steigen auf das Flachdach ihres Hauses und kreischen stundenlang vor sich hin. … Wenn es ein heißer Tag ist, brüllen die Schmähenden so lange, wie ihr Atem reicht, dann erfrischen sie sich durch eine Runde Fächeln und kehren danach mit erneuerter Wut zu ihren Attacken zurück.

Der Beschreibung nach hat das »Schmähen der Straße« große Ähnlichkeit mit einem vergleichbaren Brauch in einer ganz anderen Kultur: Der Anthropologe Don Kulick beobachtete in Gapun auf Papua-Neuguinea, daß Frauen, die sich über Ehemänner, Verwandte oder andere Dorfbewohner geärgert haben, so laut Beleidigungen und Obszönitäten brüllen, daß es im ganzen Dorf zu hören ist. Das wird *kros* genannt. Die Dorfbewohner unterbrechen ihre Beschäftigungen, um zuzuhören oder näherzukommen. Die wütend brüllende Frau bleibt in der Nähe ihres Hauses oder (vorzugsweise) im Haus und wartet auch häufig, bis der Übeltäter sich in einiger Entfernung befindet oder sogar das Dorf verlassen hat. Wenn sie sich weiter von ihrem Haus entfernen oder den Übeltäter direkt anschreien würde, bestünde das Risiko einer gewalttätigen Eskalation. Obwohl das Schauspiel einen rituellen Aspekt hat (es folgt Regeln und Strukturen, die von Kulick beschrieben werden), wird es durch echten Zorn ausgelöst.

In grundverschiedenen Kulturen existieren oft vergleichbare verbale Rituale. Der nigerianische Anthropologe Tope Omoniyi beschreibt den Brauch des »Liedgeißelns«, das viel mit den eben erwähnten Beispielen gemeinsam hat, obwohl es auch erhebliche Unterschiede gibt. Ausgeübt wird es vor allem (aber nicht ausschließlich) von Mädchen im Teenageralter, die in ländlichen, traditionellen nigerianischen Dörfern leben. Die Schmähgesänge können aus bekannten Sprichwörtern oder selbst erdachten Versen bestehen, in jedem Fall aber wird ein Zuhörer oder Lauscher mit Beleidigungen überhäuft. Wie der erwähnte *kros*-Brauch scheint das Liedgeißeln auf den ersten Blick ein sehr aggressives verbales Verhalten für Mädchen zu sein, aber anders als das *kros*-Ritual ist es relativ indirekt: Gewöhnlich wird nicht offen ausgesprochen, wer Zielscheibe der Schmähungen ist, sondern nur versteckt darauf angespielt. Aus diesem Grund gilt das Liedgeißeln als zu schwaches Ausdrucksmittel für Männer, von denen erwartet wird, daß sie ihre Gegner direkt konfrontieren. Das Liedgeißeln ist nicht obszön; Lieder, die tabuisierte Wörter enthalten, werden gewöhnlich von Jungen gesungen. Auch hier spielen die Zuschauer eine entscheidende Rolle. Das Publikum genießt das Schauspiel als eine Form der Unterhaltung (fähige Liedgeißlerinnen werden wegen ihrer Wortkunst und Wortgewalt bewundert) und übt gleichzeitig eine milde Kontrollfunktion aus: Wenn ein Ausbruch echter Gewalt droht, greifen die Zuschauer ein und verhindern das.

All diese Monologformen – Schmähen der Straße, *kros* und Liedgeißeln – sind eben deshalb wirksam, weil es kulturell verankerte, ritualisierte Formen für den Ausdruck von Wut und Opposition sind. Alle haben ihre eigenen Strukturen und Regeln, werden in einem bestimmten Kontext eingesetzt und bieten allgemein anerkannte, kulturell festgelegte Beteiligungsmöglichkeiten für andere Mitglieder der Gemeinschaft. Die Zuhörerschaft gibt den Sprechenden die Befriedigung, daß sie gehört werden, dient aber auch als Vorsichtsmaßnahme: Die Zuschauer verhindern, daß der verbale Ausdruck von Aggression in physische Gewalt ausartet.

Ausgleichen von Gegensätzen

Die Japanerin, die einen Franzosen geheiratet hatte, erzählte mir einmal von ihrer Hochzeit. Als sie erwähnte, daß die Zeremonie von einem katholischen Priester durchgeführt worden war, fragte ich, wie denn die jeweiligen Familien die Eheschließung mit einem Partner aufgenommen hätten, der einer anderen Religion angehörte. Aber ihr Mann und sie gehörten derselben Religion an, erwiderte sie. Sie seien beide im katholischen Glauben aufgewachsen, und der Katholizismus sei etwas, das sie gemeinsam hätten. Ich war überrascht. »Ich dachte, die meisten Japaner sind Buddhisten oder Schintoisten«, sagte ich. »Na ja«, meinte sie, »das bin ich außerdem.« Nach dem Zweiten Weltkrieg ging ihre Mutter bei katholischen Nonnen aus den USA zur Schule, die den Schülern neben dem Lehrstoff auch ihre Religion einflößten. Ihre Mutter konvertierte, aber die Familie gab deshalb die buddhistischen und schintoistischen Bräuche nicht auf. Meine Freundin erinnert sich, daß sie nicht nur Jesus anbetete, sondern auch an einem buddhistischen Schrein zu ihrem Großvater betete und ihm regelmäßig Geschenke brachte, beispielsweise seine Lieblingszigaretten. (Als allgemein bekannt wurde, daß Tabak gesundheitsschädlich ist, strichen die Familienmitglieder die Zigaretten von der Gabenliste.)

Für Amerikaner versteht es sich fast von selbst, daß man nur einer Religion angehören kann: Wenn man eine neue annimmt, gibt man die alte auf. Aber Schintoismus und Buddhismus haben nicht diesen Ausschließlichkeitsanspruch – und sind daher nicht so polarisierend. Die amerikanische Kultur ist voll von Gegensätzen, die asiatischen Kulturen nicht.

Das Ich gegen die Gesellschaft

Am fundamentalsten ist vielleicht die westliche Annahme, daß das Individuum sich ständig in Opposition zur Gesellschaft befindet. Man kann diese Ansicht in ganz gewöhnlichen Alltagsgesprächen hören, wenn die Leute darüber reden, daß man lernen müsse, sich selbst treu zu bleiben und nicht dem Druck gesellschaftlicher Erwartungen nachgeben dürfe. Donal Carbaugh hörte sich stundenlang die Phil Donahue Talkshow an und stellte fest, daß der Konflikt zwischen der Gesellschaft und dem individuellen Ich ein durchgängiges Thema war, das die Kommentare von Gästen und Publikum durchzog. Beispielsweise drückte ein Gast die Hoffnung aus, daß Frauen lernen würden, »ihre ganz eigenen Entscheidungen zu treffen, ohne Rücksicht darauf, was die Gesellschaft oder sonst jemand sagen mag«. Die Gesellschaft wird als der Feind des Individuums betrachtet, die ihm Zwänge auferlegt und damit seiner Selbstverwirklichung im Wege steht. Das Konzept eines individuellen Ichs, das im Gegensatz zur Gesellschaft steht, ist sowohl den Mitgliedern der meisten asiatischen als auch denen vieler anderer Kulturen der Welt (wenn nicht sogar den meisten) fremd. Für die Mehrheit der Afrikaner existiert das Ich beispielsweise nur in Beziehung zu anderen – zu Familienmitgliedern, Klanmitgliedern, anderen Dorfbewohnern und so weiter. Nach dieser Sichtweise wird die Identität durch den Platz im sozialen Netzwerk bestimmt.

Die Neigung der Amerikaner, das Ich als individuelles und nicht als soziales Phänomen anzusehen, zeigt sich auch in der Unabhängigkeitserklärung. Ich hatte das Glück, an einer Führung durch die Library of Congress teilnehmen zu können, bei der wir auch die Restaurierungsabteilung besuchten, in der Restauratoren sich bemühen, alte und zerfallende Bücher von historischem Wert zu erhalten. Unser Führer lenkte unsere Aufmerksamkeit auf ein Buch, das aufgeschlagen auf einem Tisch lag. In diesem Buch, teilte er uns mit, habe Thomas Jefferson den Ausdruck »Streben nach Glück« gefunden. Fasziniert blieb ich etwas zurück, um nachzulesen, in welchem Kontext der Ausdruck auftaucht. Zu meiner Verblüffung stellte ich fest, daß er nicht in dem Sinn verwendet wurde wie in der Unabhängigkeitserklärung – als das Recht des einzelnen, nach persönlichem Glück zu streben –, sondern in einem ganz anderen Zusammenhang stand, nämlich in der Wendung »gleichermaßen nach dem Glück aller streben«.

Der Autor des 1751 erschienenen Werkes, Henry Home, stellt die Behauptung auf, nur »Handlungsgrundsätze«, die »unserer Natur angepaßt sind«, könnten Menschen zum Handeln bewegen. »Die menschliche Natur«, schreibt er, »ist, soweit es das Handeln betrifft, aus Gelüsten, Leidenschaften und Neigungen zusammengesetzt.« Das »Gefühl für das Sittliche« oder »Gewissen« kann als Bremse dienen und uns davon abhalten, unseren Impulsen nachzugeben, aber es kann nicht die primäre Veranlassung zum Handeln sein. Die Wendung »Streben nach Glück« taucht in dem Beispiel auf, das Home zur Erläuterung dieses Punktes anführt:

Wenn es beispielsweise als elementares Naturgesetz niedergelegt wäre, daß wir der strengen Verpflichtung unterliegen, das Wohlergehen aller zu fördern und unser eigenes Interesse nur insoweit zu berücksichtigen, als es ein Teil des allgemeinen Glücks ist, können wir solch ein Gesetz ruhig als unvereinbar mit unserer Natur ablehnen, es sei denn, daß ein ursprünglicher Grundsatz der Güte und Menschenliebe im Menschen angelegt ist, der ihn veranlaßt, gleichermaßen nach dem Glück aller zu streben.

Mit anderen Worten, Home sagt, daß es sinnlos wäre, von den Menschen zu verlangen, nur dann im eigenen Interesse zu handeln, wenn dieses Eigeninteresse auch gut für die Gesamtgesellschaft ist, es sei denn, es sollte sich herausstellen, daß es in unserer Natur liegt, das Glück anderer auf eine Ebene mit unserem eigenen zu stellen. Home erwähnt an dieser Stelle nicht, ob er glaubt, daß dieser Impuls in unserer Natur liegt oder nicht, aber der Zusammenhang, in den er den Ausdruck »Streben nach Glück« stellt, ist das Glück aller. Bei Jefferson bezieht sich der Begriff auf das Recht des einzelnen, nach seinem eigenen Glück zu streben. Dies, scheint mir, ist eine Widerspiegelung unserer amerikanischen Sicht der Welt als einer Ansammlung von Individuen, deren persönliche Rechte im Mittelpunkt stehen. Das steht im Gegensatz zur Auffassung vieler anderer Kulturen, die das individuelle Ich nur in Beziehung zu anderen sehen und in denen das Recht des einzelnen, nach seinem persönlichen Glück zu streben, nicht so viel zählt wie seine Verpflichtung gegenüber der Familie.

Dualismen und Nondualität

Wir können durchaus von anderen Kulturen lernen, ohne sie auf unrealistische Weise zu romantisieren. Derk Bodde hat in seinen Schriften über die traditionelle chinesische Philosophie versucht, ohne Idealisierung die signifikanten Implikationen einer Kultur einzufangen, die Harmonie ebenso hoch schätzt wie die westliche Kultur die Opposition. Die Chinesen haben durchaus Kriege geführt. Der Unterschied ist, schrieb Bodde 1953, daß sie den Krieg nie glorifiziert haben, wie es die westliche Kultur tat. Die chinesische Philosophie kennt zweifellos Dualismen wie Mensch und Natur, »Ruhe und Bewegung«, das oft erwähnte Yin und Yang. Aber man betrachtet diese Polaritäten als »sich ergänzende Partner, die beide notwendig sind und durch deren Zusammenspiel eine höhere Synthese entsteht, und nicht als unvereinbare, sich ewig bekriegende Gegensätze«. Ähnlich stellte die Soziolinguistin Linda Young fest, daß die Yin-Yang-Figur »im steten Wandel begriffen ist« und daß »das Dunkle und das Helle ... jeweils ein kleines Teil des anderen enthalten«. Dieser Aspekt der chinesischen Philosophie ist »Nondualität« genannt worden, weil er im Gegensatz zur westlichen Tendenz steht, in polarisierten Gegensatzpaaren zu denken.

Ein Problem der polarisierten Dualismen ist, daß Bereiche, die sich überschneiden oder einander ähneln, nicht mehr wahrgenommen werden, weil wir ausschließlich nach Gegensätzlichem suchen. Andere Aspekte einer Sache – oder eines Menschen –, die sich nicht ohne weiteres in die eine oder andere Polarität einfügen, werden unsichtbar oder gelten als inakzeptabel. Ein drastisches Beispiel ist die Art, wie in Amerika mit »intersexuellen« Babys umgegangen wird. Das sind Säuglinge, die weder eindeutig männlich noch eindeutig weiblich sind – ein kleiner, aber signifikanter Prozentsatz aller Geburten. Einige Kinder werden mit uneindeutigen Genitalien geboren (beispielsweise mit einem Phallus, der größer ist als die durchschnittliche Klitoris, aber kürzer als der durchschnittliche Penis), andere haben Geschlechtschromosomen oder innere Fortpflanzungsorgane, die nicht ihrem genitalen Erscheinungsbild entsprechen.

Cheryl Chase, die Gründerin der Intersex Society of North America, stellt fest, daß bei allen Spezies (nicht nur dem Menschen), die männliche und weibliche Formen kennen, auch Zwischenformen vorkommen. Aber in der amerikanischen Kultur darf es nur zwei Geschlechter geben. Und unsere Entschlossenheit, es dabei zu belassen, führte zu drastischen Maßnahmen: Seit Ende der 50er Jahre sieht der übliche Lösungsweg in den Vereinigten Staaten so aus, daß man intersexuelle Kinder »in Ordnung bringt«, sie chirurgisch in die Form des einen oder anderen Geschlechts preßt. Mit diesen Eingriffen wird so früh wie möglich nach der Geburt begonnen, und in der Regel sind mehrfache Operationen erforderlich. Die meisten Kinder werden zu Mädchen gemacht, wenngleich oft zu Mädchen ohne sexuelle Funktion, da der kleine Penis (oder die große Klitoris) entfernt werden, gewöhnlich, weil es chirurgisch leichter zu machen ist. Wie ein Chirurg es ausdrückte: »Man kann ein Loch graben, aber keine Stange bauen.«

Die Weisheit dieser Vorgehensweise ist in jüngster Zeit von Erwachsenen in Frage gestellt worden, an denen als Kinder eine solche Operation durchgeführt wurde. Sie bezeugen jetzt, daß die verheerenden Probleme, denen sie sich in ihrem Leben ausgesetzt sahen, nicht von der Intersexualität herrührten, sondern von den Qualen und Komplikationen der operativen Eingriffe und der Heimlichtuerei und Scham, die das, was ihnen angetan wurde, umgab.

Die breite Akzeptanz, die diese chirurgische Herstellung eines Geschlechts genießt, ist ein Beweis für die Hingabe unserer Kultur an eine dualistische Vorstellung von sexueller Identität. Andere Kulturen zeigen eine alternative Sichtweise: Anthropologen haben Kulturen beschrieben, in denen intersexuelle Menschen akzeptiert werden, ja manchmal wird ihnen sogar besondere Wertschätzung entgegengebracht. So beschreibt Gilbert Herdt indianische Kulturen, die ein »drittes Geschlecht« kennen. Will Roscoe stellte fest, daß bei den Zuni, einem nordamerikanischen Stamm, der Tod eines/r »Mann-Frau der Zuni« allgemeines Bedauern und Kummer auslöste. In der Tradition der Navajo werden Menschen, die weder eindeutig männlich noch eindeutig weiblich sind, *berdache* genannt. Sie galten als göttlich gesegnete Menschen, die den anderen Glück und Segen brachten. Ein Navajo sagte 1935 zu dem Anthropologen W.W. Hill: »Sie sind Führer, genau wie Präsident Roosevelt« – und ohne sie wären die Navajos verloren.

Wenn schon die reine männlich-weibliche Polarität, eines der Fundamente unserer westlichen Hingabe an den Dualismus, eher eine Widerspiegelung unserer kulturellen Sichtweise ist als eine Widerspiegelung der natürlichen Welt, wie viele andere Phänomene könnten dann wohl ebenfalls auf weniger dualistische Art und Weise begriffen werden?

Sieger ohne Besiegte

Die asiatische Kultur bietet eine Alternative zu der westlichen Tendenz, viele Situationen ausschließlich als eine Frage von Sieg oder Niederlage zu deuten: Wer nicht gewinnt, verliert, und zwar ganz und gar, so daß man das Verlieren um jeden Preis vermeiden muß. Aber in der japanischen Tradition haben sowohl Gewinner als auch Verlierer ihren Platz, es wird erwartet, daß sie koexistieren, und dem Verlierer wird immer noch ein großes Maß an Respekt entgegengebracht. Ein Anthropologe, der sich mit der japanischen Kultur beschäftigt hat, Ben-Ami Shillony, nennt dies ein System von »Siegern ohne Besiegte« – ein System, das seiner Aussage nach dazu beigetragen hat, Japan vor inneren ethnischen und religiösen Konflikten mit katastrophalen Auswirkungen zu bewahren.

Wie kann es Sieger ohne Besiegte geben? Laut Shillony zeigen die Geschichte und Natur von Konflikten und Kämpfen in Japan, beginnend mit den ersten bekannten großen politischen und religiösen Kämpfen vor mehreren tausend Jahren, ein Muster, das sich durch das feudale, das kaiserliche und das Japan der Nachkriegszeit fortsetzt: Bei jeder größeren historischen Auseinandersetzung »gewann« eine Partei, aber die andere verlor nicht – das heißt, sie verlor nicht alles, sondern konnte weiterbestehen. 1868 wurden beispielsweise nach einer großen Revolution Reformen durchgeführt, die eher am westlichen als am chinesischen Modell ausgerichtet waren. Aber diejenigen, die für das alte Regime gekämpft hatten, wurden nicht bestraft, sondern aufgefordert, sich der neuen Regierung anzuschließen (was die meisten auch taten). Nach Überzeugung von Shillony spiegelt dieses Muster eine lange Tradition des Ausgleichs in inneren Angelegenheiten wider, auch wenn man berücksichtigen muß, daß diese Herangehensweise an Konflikte nicht auf die Außen- oder Kolonialpolitik übertragen wurde.

Dieses Muster des Ausgleichs ist laut Michael Ashkenazi auch der Grund, daß es in Japan zu keinen größeren religiösen Konflikten gekommen ist. Das erinnert an meine japanische Freundin, die als Katholikin erzogen wurde, aber auch in buddhistischen Schreinen betete. Ashkenazi zeigt, wie potentielle Konflikte im religiösen Bereich in einer japanischen Stadt »vermieden, abgeschwächt, gedämpft oder gelöst werden«. Zwei Religionen – Buddhismus und Schintoismus – führen in der Stadt eine friedliche Koexistenz. Von Priestern beider Religionen wird erwartet, daß sie gelegentlich an den Zeremonien der anderen Religion teilnehmen. Da Religion eher als private denn als öffentliche Angelegenheit betrachtet wird, können Japaner am öffentlichen Ritual einer Religion teilnehmen, der sie nicht angehören, und dann nach Hause gehen, um das Ritual auf ihre eigene Weise durchzuführen. In einem Geist, der an das Prinzip des »Siegers ohne Besiegte« erinnert, führte eine Zusammenlegung von Schinto-Kirchen dazu, daß eine der Kirchen ihren Rang verlor – aber als Entschädigung bekam sie später einige wirtschaftliche Vorteile zugesprochen.

Die asiatische Philosophie und Kultur zeigt also Alternativen zu der Polarisierung auf, die typisch für die westliche Kultur ist: Es gibt Platz für mehr als eine Religion, rigide Dualismen werden vermieden, und es wird eine Ethik des Siegens ohne Besiegte statt der Devise befürwortet, laut der der Gewinner alles kriegt. All dies sind auch Wege, das angestrebte Harmonieideal in die Tat umzusetzen, das im Gegensatz zum westlichen Schwerpunkt der polarisierten Opposition steht.

Das Prinzip der Harmonie geht auf Konfuzius zurück und ist vorherrschend in der chinesischen Kultur, was nicht heißen soll, daß keine Konflikte auftreten. Ganz im Gegenteil; der soziale Druck zur Aufrechterhaltung der Harmonie kann sogar Konflikte auslösen. Die Beziehungen zwischen Menschen werden von zwei hauptsächlichen Triebkräften bestimmt: der Machtdimension (Wer hat die Macht, andere zum Gehorsam zu zwingen?) und der Beziehungsdimension (Wie nahe oder wie fern bist du mir?). Diese beiden Dimensionen sind untrennbar miteinander verknüpft. Macht über jemanden zu haben oder jemandem gehorchen zu müssen, bringt eine Art Nähe mit sich; die größte Distanz hat man zu Personen, mit denen man in überhaupt keiner Beziehung steht. Und die Nähe zu einem Menschen bringt Macht mit sich, weil jemand, der einem nahesteht, Forderungen an einen stellen kann, die andere nie stellen dürften. Die daraus resultierenden Anforderungen verursachen Konflikte.

Die japanische Anthropologin Takie Sugiyama Lebra weist denn auch darauf hin, daß Menschen, die größeren Wert auf soziale Interdependenz, Kooperation und Harmonie legen, eher dazu neigen, sich in die Handlungen anderer einzumischen – und diese Einmischung führt zu mehr Konflikten, nicht zu weniger. Lebra zitiert Ronald Dore, der darauf hinweist, daß »die Konkurrenz innerhalb einer Gruppe, in der theoretisch Harmonie und Einigkeit herrschen, oft schärfer und emotionaler abläuft als in einer Gruppe, in der Konkurrenz als normal gilt«. (Dies erklärt vielleicht auch, warum, im amerikanischen Kontext, Konflikte in Frauenfreundschaften oft länger andauern und emotional aufwühlender sind als Konflikte in Männerfreundschaften.) Die Menschen, die einen am tiefsten verletzen können, sind oft die, die einem am nächsten stehen, und es sind die engsten Beziehungen, in denen sich mit der Zeit oft tiefe Feindseligkeit und Spannungen entwickeln.

»Steck deine Nase in meine Angelegenheiten!«: Um Streitigkeiten beizulegen, ist ein ganzes Dorf nötig

Für viele Amerikaner ist es fast eine Glaubenssache, daß Auseinandersetzungen von den streitenden Parteien selbst beigelegt werden sollten, ohne Einmischung von außen. Oft schicken Eltern ihre Kinder mit der Anweisung zurück ins Spielzimmer oder auf den Spielplatz, die Sache selbst zu klären. Verwandte oder Freunde sagen häufig: »Das ist eine Sache zwischen euch beiden. Ich misch mich da nicht ein.« Die westliche Sichtweise von Vermittlern zeigt sich in Mercutios Schicksal in Shakespeares Romeo und Julia: Als er versucht, einen Schwertkampf zwischen seinem Freund Romeo und dessen Feind Tybalt zu beenden, wird Mercutio versehentlich aufgespießt und getötet. Er lebt gerade noch lange genug, um den mittlerweile berühmten Fluch »Hol die Pest Eurer Häuser beide!« auszustoßen. Selbst Psychologen neigen dazu, es als Zeichen von Reife aufzufassen, wenn jemand einen Streit ohne Vermittlung durch Dritte beilegt, deren Intervention oft als unzuträgliche und unpassende Verstrickung angesehen wird.

Aber für viele Völker der Welt ist es ganz selbstverständlich, daß Konflikte durch Vermittler beigelegt werden. Dies spiegelt das große Gewicht wider, das auf Harmonie und gegenseitige Abhängigkeit gelegt wird: Es zeigt die Tendenz, das Individuum nur im unauflöslichen Zusammenhang mit einem sozialen Netzwerk zu sehen, im Gegensatz zur amerikanischen Tendenz, Unabhängigkeit zu glorifizieren und das Individuum als grundlegende menschliche Einheit zu betrachten. So wie wir zum Beispiel bestimmte Vorstellungen von einem fairen Kampf oder dem korrekten Ablauf eines juristischen Prozesses haben, entwickeln sich in allen Kulturen bestimmte ethische Grundsätze und formale Verfahrensweisen für den Umgang mit Streitigkeiten, die von privaten Familienangelegenheiten bis zu öffentlichen Konflikten zwischen Dörfern reichen können. In manchen Kul-

302

turen gibt es Methoden zur Beilegung privater Streitigkeiten, die die Teilnahme Dritter voraussetzen; es kann sich um formale, ritualisierte Vorgänge oder informelle Formen der Einbeziehung der Gemeinschaft in die Konfliktbereinigung handeln. Wir können nicht einfach die Rituale einer anderen Kultur übernehmen, aber das Wissen um sie könnte uns zu denken geben und uns vielleicht sogar auf neue Ideen für eigene Formen der Konfliktbewältigung bringen.

In der japanischen Kultur finden wir ein Beispiel. Agnes Niyekawa hat die Konflikte untersucht, die in einer populären japanischen Fernsehserie zum Vorschein kamen. Die Grundhandlung der Serie dreht sich um den Generationskonflikt zwischen einem Vater – einem Marineoffizier im Ruhestand mit veralteten Ansichten – und seinen beiden Söhnen. In diesen Familiendramen werden Konflikte stets durch die Intervention von Freunden und Verwandten gelöst.

In einer Folge beispielsweise hat der Vater Einwände gegen die zukünftige Frau seines Sohnes, weil sie als Bardame arbeitet. Um die Hochzeit zu verhindern, tut er so, als läge er im Sterben, ruft seine Freunde (zwei Ehepaare) an seine Seite und nimmt ihnen auf dem »Totenbett« das Versprechen ab, dafür zu sorgen, daß sein Sohn nicht eine Frau heiratet, die in einer Bar arbeitet. Aber kurz darauf trifft der Sohn mit Mariko, seiner Zukünftigen, ein, und die Frau einer der Freunde des Vaters enthüllt, daß sie vor der Ehe ebenfalls als Bardame gearbeitet hat, weil sie wie Mariko zum Unterhalt der Familie beitragen mußte und keine andere Möglichkeit sah, dieser Verpflichtung nachzukommen. Dies zwingt den Vater, seine unversöhnliche Haltung zu überdenken, die vollends dahinschmilzt, als er erfährt, daß Mariko ihren Job aufgegeben hat – auf die dringende Bitte ihrer eigenen Freunde und Verwandten hin. Der Freund des Vaters bietet ihr dann eine Stelle in seinem Restaurant an. Der Handlungsablauf in dieser Folge wird gänzlich vom sozialen Netzwerk bestimmt, nicht vom Willen des Individuums: Das gilt nicht nur für den Versuch des Vaters, seine Freunde einzuspannen, damit sie die Hochzeit seines Sohnes verhindern, sondern auch für Marikos Entscheidung, die Stelle als Bardame anzunehmen und schließlich aufzugeben – beides tut sie wegen ihrer Familie. Gelöst wird der Konflikt schließlich durch das Stellenangebot, das die Freunde des Vaters unterbreiten.

Takie Sugiyama Lebra erläutert die vielen Vorteile, die die Japaner darin sehen, Vermittler zur Konfliktbeilegung einzusetzen. Zum einen liefern die Vermittler ein Motiv für die Beilegung von Streitigkeiten, weil man durch sie das Gesicht wahren kann. Ein Vermittler kann die notwendige Entschuldigung vorbringen, ohne daß der Hauptakteur sein Gesicht verliert, und er kann eine Zurückweisung schlucken, ohne sie persönlich zu nehmen. Dieser Vorzug wird beim Einsatz von Heiratsvermittlern besonders deutlich, ein Brauch, der in vielen Kulturen der Welt üblich ist. Dadurch wird das Risiko vermieden, daß die potentielle Braut (oder ihre Familie) den Antrag des Freiers in seiner Gegenwart ablehnt. Schließlich können Vermittler Druck auf jemanden ausüben, sich anständig zu verhalten, ohne den direkten Konflikt zu riskieren, der entstehen kann, wenn man Forderungen im eigenen Interesse stellt. So können Nachbarn Druck auf einen Sohn oder eine Schwiegertochter ausüben, die die Eltern oder Schwiegereltern vernachlässigen. Mit anderen Worten, der Druck der Gemeinschaft tritt an die Stelle einer demütigenden Konfrontation unter vier Augen: »Nie rufst du mich an!«

Der Einsatz von Drittparteien zur Schlichtung eines Streits ist nicht auf asiatische Kulturen beschränkt. Auch viele pazifische Kulturen machen gewohnheitsmäßig Gebrauch davon, oft in Form eines Rituals, wobei Ritual in dem Sinn gemeint ist, daß man das Verhalten in konventionelle Formen gekleidet, ihm einen Namen gegeben hat und es nach bestimmten Standardstrukturen oder -regeln ausführt. Wie in der asiatischen Kultur wird oft die hierarchische Ordnung zur Bewahrung der Harmonie eingesetzt.

So gibt es in der hawaiischen Kultur ein Wort, *ho-oponopono* (»die Dinge in Ordnung bringen«), für eine Zeremonie, bei der Familienmitglieder einen Ältesten oder anderen hochrangigen Mediator einladen, damit er die Bereinigung eines familiären Konflikts überwacht. Nach der Beschreibung von Stephen Boggs und Malcolm Naea Chun fordert der Vermittler die Streitparteien auf, ihre Gefühle öffentlich darzulegen, und ermutigt sie, sich zu entschuldigen und einander zu vergeben. Zusätzlich wendet sich der Vermittler an eine höhere Macht – Gott und die Kirche – und erbittet auch deren Vergebung. Hierarchische Sozialbeziehungen spielen hierbei eine wesentliche Rolle, wie auch bei einem anderen Ritual, *ho-opapa*, einem verbalen Wettstreit schlagfertiger Bemerkungen und Beleidigungen, das entweder aus Spaß oder als ernsthafter Kampf durchgeführt werden kann. Das Ziel ist, zu klären, wer von zwei Rivalen der Überlegene ist. Aber im Fall des Konfliktlösungsrituals gibt es kein Konkurrieren um Überlegenheit, denn die Streitenden sind sich gleich in ihrer Unterordnung unter den Ältesten, der den Waffenstillstand vermittelt.

Karen Watson-Gegeo und David Gegeo beschreiben ein ähnliches Ritual unter den Kwara'ae auf den Solomon-Inseln. *Fa'amanata'anga* wird daheim, im privaten Kreis, innerhalb einer Familie durchgeführt, oft nach einer Mahlzeit. Auch hier ist die hierarchische Sozialordnung entscheidend: Das Ritual wird von einem älteren Familienmitglied geleitet, das das Gewicht seines hohen Ansehens in die friedensstiftende Mission einbringt. Dieser Vermittler betont sowohl den eigenen Rang als auch den Ernst der Situation, indem er eine formale Hochsprache verwendet, wenn er die Streitenden ernsthaft ermahnt, ihren Konflikt zu beenden.

Einer der faszinierendsten Berichte darüber, wie Streitigkeiten in diesem Teil der Welt beigelegt werden, stammt von Lamont Lindstrom. Auf der Insel Tanna im Südpazifik gibt es besondere Zusammenkünfte, die den ganzen Tag andauern und bei denen eine Gruppe erwachsener Männer öffentlich über Konflikte zwischen einzelnen Dorfbewohnern oder ganzen Dörfern diskutiert. Diese Treffen unterscheiden sich auffallend von unserer Vorstellung von Konfliktlösungen: Das Ziel ist nicht, die verschiedenen Darstellungen der Streitparteien miteinander in Einklang zu bringen und die Wahrheit über das Vorgefallene aus ihnen herauszuholen. Statt dessen gelangen alle Anwesenden, die Streitparteien ebenso wie die anderen, zu einer öffentlichen Übereinkunft über das, was geschehen ist und darüber, wie der Konflikt beigelegt werden sollte. Diese Zusammenkünfte werden nicht als Wettstreit oder Kampf zwischen gegensätzlichen

Interessen bezeichnet, sondern als Reisen durch den Raum, an denen alle teilnehmen – gemeinsame Reisen, bei denen alle am selben Ziel ankommen. Die Entscheidung wird nicht als Ausgleich zwischen konkurrierenden individuellen Interessen wahrgenommen, nicht einmal als Kompromiß, sondern als Konsens, der sich aus der Interaktion aller ergibt. Auch hier spielt Hierarchie eine Rolle, weil die Männer, die anfangen, das Gruppengefühl in Worte zu fassen, gewöhnlich die sind, die das höhere soziale Ansehen genießen. Nicht immer werden Konflikte durch diese Zusammenkünfte ein für allemal bereinigt, aber schon durch die Teilnahme der Streitparteien wird ein gewisses Maß an Antagonismus überwunden und die Bereitschaft bekundet, zu irgendeinem Konsens zu kommen.

Eine indianische Kultur auf den Fidschi-Inseln bietet noch eine weitere Vergleichsmöglichkeit. Laut Donald Brenneis ist es in dieser Kultur nicht üblich, daß Außenseiter zur Lösung von Konflikten hinzugezogen werden. Aber manchmal kommt es zwischen Männern zu Streitigkeiten, die nach Ansicht der übrigen Gemeinschaft so ernst sind, daß eine Intervention erforderlich wird. Dann wird ein Komitee gebildet, das die streitenden Parteien und die Zeugen vorher befragt, damit es ihre Aussagen vergleichen und Fragen formulieren kann, die bei der formalen Verhandlung, *pancayat* genannt, gestellt werden. Wie *nemawashi*, der japanische Brauch, strittige Fragen vor einer Sitzung unter vier Augen mit den Betroffenen zu besprechen, scheint dies ein viel besserer Weg der Informationsbeschaffung zu sein als der, Menschen zu zwingen, sich in der Hochdrucksituation einer öffentlichen Sitzung zu erklären. Typischerweise wird keiner Partei die alleinige Schuld zugewiesen; vielmehr wird aufgezeigt, daß beide Parteien sich kleinerer Irrtümer schuldig gemacht haben und niemand ernsthaft im Unrecht ist.

All diese Beispiele zeigen, daß die Intervention Dritter eine effektive Maßnahme der Konfliktbewältigung sein kann, besonders wenn die Intervention Teil eines kulturell ritualisierten Vorgangs ist.

Ritueller Kampf

So wie ein Blick auf andere Kulturen zeigt, daß Rituale wertvolle Mittel zur Beilegung von Konflikten sein können, treten auch die Vorteile des rituellen im Gegensatz zum echten Kampf deutlich hervor, wenn man sie vor dem Hintergrund einer fremden Kultur betrachtet. Die Komplexität dieser ganz unterschiedlichen Rituale hilft uns, die Rolle zu verstehen, die rituelle Opposition spielen kann. Sie dient nicht nur dazu, den sozialen Status zu bekräftigen, zur Schau zu stellen, zu erlangen oder herauszufordern, sondern auch zur Stärkung sozialer Bindungen und Bündnisse und als Sicherheitsventil für den Ausdruck von Opposition.

Die Beispiele Bali und Kreta zeigen, wie kulturell sanktionierte und strukturierte Opposition – ritueller Kampf – Bündnisse stärken und entstehen lassen kann. Clifford Geertz' Beschreibung der Hahnenkämpfe auf Bali und Michael Herzfelds Schilderung des Schafdiebstahls auf Kreta haben vieles gemeinsam. In beiden Fällen geht es um ein formales agonistisches System, das eine lange kulturelle Geschichte hat und von grundlegender Bedeutung für die soziale Struktur ist. In beiden Fällen wurde der Brauch von einer größeren politischen Einheit für gesetzwidrig erklärt.

Die Insel Bali gehört mittlerweile zu Indonesien, und die indonesische Regierung (wie auch die ihr vorangegangene niederländische Kolonialmacht) erklärte die Hahnenkämpfe für gesetzwidrig, weil die Elite den Brauch rückständig und peinlich fand. Aber Geertz und seine Frau Hildred, ebenfalls Anthropologin, hielten sich noch nicht lange in dem balinesischen Dorf auf, in dem sie ihre Feldforschungen anstellen wollten, als sie sich mitten in einem großen, vom Dorfoberhaupt organisierten Hahnenkampf wiederfanden, der auf dem Dorfplatz stattfand – bis die Veranstaltung von einer Überraschungsrazzia der Polizei kurzerhand aufgelöst wurde. Nach extensiver Feldforschung in dem Dorf erfuhr Geertz, daß die Teilnahme an Hahnenkämpfen untrennbar mit der Sozialstruktur Balis verknüpft ist.

Die Männer (der Hahnenkampf gehört zu den wenigen Bereichen der balinesischen Kultur, der auf Männer begrenzt ist) züchten Hähne, die sie liebevoll pflegen und regelmäßig in der öffentlichen Hahnenkampfarena gegen die Hähne anderer antreten lassen. (Das balinesische Wort für Hahn hat dieselbe Doppelbedeutung wie das englische Wort »cock«, bedeutet also auch »Schwanz«.) Während der Hahnenkämpfe werden komplizierte und formal strukturierte Wetten abgeschlossen. Aber bei diesen Wetten geht es nicht einfach darum, den Gewinner herauszupicken, um einen finanziellen Gewinn einzustreichen, wie für Amerikaner, die auf der Rennbahn wetten. Auf Bali ist das Wetten auf die Hähne eine Methode, existierende Statushierarchien und Sippenbündnisse im Dorf zu stärken oder in Frage zu stellen. (Auch hier gilt wieder, daß eine Handlung, die in den Vereinigten Staaten nur vom Individuum entschieden wird und nur Konsequenzen für das Individuum hat, in anderen Kulturen untrennbar mit einem komplexen sozialen Netzwerk verbunden ist.)

Es wird erwartet, daß die Männer Wetten auf die Hähne ihrer Verwandten abschließen und gegen die Hähne ihrer Feinde wetten. Aber wenn ein Hahnenkampf in einem anderen Dorf stattfindet, wird von jedem erwartet, daß er auf den Hahn des eigenen Dorfes setzt – was eine Möglichkeit ist, Solidarität zwischen früheren Feinden zu schaffen. Verfeindete Familien, die das Kriegsbeil begraben möchten, können auf die Hähne des früheren Feindes wetten und damit ihre Wiederannäherung öffentlich demonstrieren. Und wer sich weigert, an Hahnenkämpfen teilzunehmen, profiliert sich keineswegs als besonnener und kultivierter Bürger. Eine Weigerung gilt vielmehr als deutliches Zeichen von Arroganz, als Beweis dafür, daß ein Mann sich für besser hält als die anderen Dorfbewohner. Mit anderen Worten, das Wetten auf einen Hahn ist eine notwendige öffentliche Demonstration der Unterstützung für den Mann, auf dessen Hahn man wettet, und eine Bündnisdemonstration.

In den balinesischen Hahnenkämpfen spiegelt sich keineswegs eine hochgradig agonistische Gesellschaft wider; ganz im Gegenteil. Die Balinesen neigen im täglichen Leben zu einer fast zwanghaften Vermeidung von offenen Konfrontationen. Und die Hahnenkämpfe werden nach hochgradig kooperativen Regeln durchgeführt. Geertz merkt an, er habe nie gehört, daß irgend jemand die Entscheidung des Schiedsrichters in Zweifel zog, weder während des Hahnenkampfs noch danach, obwohl die Männer noch lange über andere Aspekte des Kampfes redeten. Ein bemerkenswerter Kontrast zu amerikanischen Sportereignissen, wo Spieler und Zuschauer lautstark die Schiedsrichter beschimpfen und wo Kommentatoren und Stammtische noch lange nach dem Spiel ihre Wut über vermeintlich falsche Schiedsrichterentscheidungen wiederkäuen.

Die balinesische Angewohnheit, im täglichen Leben jede Konfrontation zu vermeiden, bildet einen starken Gegensatz zur ausgesprochen konfrontationsfreudigen Kultur Griechenlands, und dennoch fand Michael Herzfeld auf der Insel Kreta eine Situation vor, die in mancherlei Hinsicht mit dem vergleichbar ist, was Geertz viele Jahre zuvor auf Bali erlebte. Als Herzfeld im Dorf eintraf, wurde ihm versichert, daß es dort so etwas wie Schafdiebstähle nicht gebe. Zum einen sei es illegal, von der griechischen Regierung für ungesetzlich erklärt. Davon abgesehen, so die Dorfbewohner, würden sie sich sowieso nie an einer derart primitiven, ungehörigen Aktion beteiligen. Aber Herzfeld machte die gleiche Erfahrung wie die Eheleute Geertz, die von den Dorfbewohnern plötzlich als ihresgleichen behandelt wurden, nachdem sie sich bei der überraschenden Razzia genauso verhalten hatten wie die Balinesen. Herzfeld entdeckte, daß er als Gruppenmitglied akzeptiert wurde, nachdem er den lokalen Dialekt erlernt hatte. Er begann immer öfter Geschichten von Schafdiebstählen zu hören (immer und ausschließlich im Dialekt erzählt), bis ihm klar wurde, daß dieser Brauch immer noch sehr lebendig war, und außerdem, genau wie die Hahnenkämpfe der Balinesen, hochgradig ritualisiert und von grundlegender Bedeutung für die dörfliche Sozialstruktur.

Herzfeld stellte fest, daß der Schafdiebstahl auf Kreta regelmäßig eine bündnis- und sogar ehestiftende Wirkung hatte. Wenn zwei Familien in einer Spirale gegenseitiger Schafdiebstähle gefangen waren, hatten die Anführer der sich bekriegenden Haushalte die Möglichkeit, die Fehde zu beenden, indem sie als Zeichen des Friedens ihre Kinder miteinander verheirateten – so als hätten die Capulets und die Montagues Romeo und

Julia zur Eheschließung gezwungen, um die Fehde zwischen den Familien zu beenden. Herzfeld berichtet über einen Schriftsteller aus der Region, Andreas Nenedakis, dessen Eltern auf diese Weise zusammenkamen: Zwischen der Familie von Nenedakis' Vater und der Familie seiner Mutter waren gegenseitige räuberische Streifzüge zur Regel geworden – seine Eltern wurden miteinander verheiratet, damit die Fehde ein Ende hatte.

Sowohl der Hahnenkampf auf Bali als auch der Schafdiebstahl auf Kreta sind agonistische Rituale, die sich eher verbindend als trennend auf die Mitglieder einer Gemeinschaft auswirken. Es ist besonders interessant, daß dies sowohl für Bali als auch für Kreta gilt, da diese beiden Kulturen sich in ihrer Einstellung gegenüber verbaler Aggression so stark voneinander unterscheiden. Auf Bali sind Konflikte und offene Konfrontationen selten; auf Kreta, wie im übrigen Griechenland und im ganzen Mittelmeerraum, wird Streitlust in der sozialen Interaktion erwartet und geschätzt. Dennoch besitzen diese ungeheuer unterschiedlichen Kulturen beide agonistische Rituale, die in vielerlei Hinsicht parallele Funktionen beim Aufbau von Bündnissen und beim Umgang mit Feindseligkeiten zwischen Mitgliedern der Gemeinschaft haben.

In beiden Fällen ist der rituelle Charakter der Konflikte der entscheidende Faktor. Das heißt, daß es für die Durchführung und Zügelung der zum Ausdruck gebrachten Opposition kulturell vorgeschriebene Wege gibt. Die beiden Beispiele zeigen auch, daß es sinnlos und sogar gefährlich sein kann, wenn man solche rituellen Kämpfe zu verhindern sucht, die von grundlegender Bedeutung für die Kultur sind und viele wichtige Funktionen erfüllen. Den indonesischen Behörden auf Bali und den griechischen auf Kreta ist es gelungen, daß die von ihnen mißbilligten Bräuche nur noch im verborgenen ausgeführt werden, aber ausgerottet haben sie sie nicht. Manchmal geschieht es, daß es zu echten Kämpfen kommt, wenn der rituelle Kampf unterbunden wird.

»Haltet mal meine Jacke!«: Rituelle Kämpfe in Irland

Kämpfe müssen nichts mit Schafen oder Vögeln zu tun haben, um rituell zu sein. Auch Kämpfe zwischen Menschen können rituell sein – nicht nur in der Box- oder Ringkampfarena, sondern auch in den Straßen eines Viertels oder auf der kleinen, abgeschiedenen, gälischsprachigen Insel Tory in Irland, die Robin Fox beschrieben hat. Während die Balinesen ihre Hähne für sich kämpfen lassen und die Griechen einander ihre Schafe stehlen, kämpfen die Inselbewohner auf Tory gegeneinander – aber ihre Kämpfe sind nicht weniger rituell. Fox, der auf dieser Insel gelebt hat, beobachtete, daß es häufig zu Schlägereien zwischen den Männern kam, aber selten jemand verletzt wurde. Obwohl es anfangs schien, daß der Streit völlig zufällig ausbrach, kam Fox zu dem Schluß, daß es nur unter bestimmten Umständen zu Schlägereien kam und dabei bestimmte Regeln befolgt wurden – nicht Regeln in dem Sinn, daß die Mitspieler sie im einzelnen aufzählen könnten, sondern Regeln in dem Sinn, daß ein Anthropologe sie erkennen konnte. Und auf der Insel Tory, wie auf den Inseln Bali und Kreta, waren diese Kämpfe eine Methode, demonstrativ Sippenbündnisse und Fehden anzukündigen und auszuhandeln.

Es kam nur zu Schlägereien, wenn eine kritische Masse von Zuschauern anwesend war, unter anderem Verwandte der beiden Streithähne und einige, die mit beiden verwandt waren (nicht allzu schwierig, vermute ich mal, auf einer Insel von dreihundert Einwohnern). Wenn diese Umstände gegeben waren, konnte ein Mann laut fluchen und Drohungen gegen einen anderen ausstoßen, der laut zurückfluchen und -drohen würde, und beide konnten sich darauf verlassen, daß ihre Verwandtschaft sie zurückhalten und daran hindern würde, sich gegenseitig zu verletzen. Der ganze Kampf war so strukturiert, daß die beiden Männer so tun konnten, als wären sie ganz wild auf einen Schlagabtausch, ohne je einen Schlag zu landen. Dieses Paradox wird in einer Geste verkörpert, die von Fox beschrieben wird: Wenn ein Mann die Drohung ausstößt, einen anderen zu schlagen, macht er viel Wirbel darum, seine Jacke auszuziehen, und ver-

kündet gegenüber seinen Anhängern: »Haltet mal meine Jacke!«
Oberflächlich betrachtet ist dies ein Auftakt für physische Gewalt. Aber in Wahrheit zog der Mann lediglich seine Jacke über
Rücken und Arme und hörte an dem Punkt auf, wo die halb-
ausgezogene Jacke wirkungsvoll die Bewegungsfähigkeit seiner
Arme einschränkte. In dem Moment wurde er durch eben die
Geste, die symbolisch seine Bereitschaft zum Kampf verkündete,
kampfunfähig. Seine Anhänger übernahmen den Rest, bemühten sich, ihm die Jacke wieder anzuziehen und ermahnten ihn,
einen kühlen Kopf zu behalten.

Die Handgemenge wurden beendet, wenn die Mutter eines
der Kombattanten (oder eine andere weibliche Verwandte, wenn
die Mutter nicht aufzutreiben war) ins Kampfgetümmel geführt
wurde. Die Zuschauer machten ihr Platz, und sie beschwor den
Streithahn, den Kampf zu beenden und nach Hause zu kommen.
Das gab dem Sohn die Möglichkeit, den Streit mit der Begründung abzubrechen, er könne seiner Mutter diese Bitte nicht ab-
schlagen. Abschließend bekräftigte er dann nochmals, daß seine
Mutter den Gegner vor unvermeidlichen Verletzungen bewahrt
hatte. Wie einer der Kombattanten es einmal ausdrückte: »Wenn
meine Mutter nich gekommen wär, hätt ich dich zu Brei geschlagen. Bedank dich bei ihr, daß du nicht in kleinen Fitzeln auf
der Straße liegst, du Abschaum.«

Da es nie tatsächlich zum Schlagabtausch kam, könnte man
durchaus bezweifeln, ob es sich bei dem Vorgefallenen tatsächlich um eine Schlägerei handelte. Aber die Inselbewohner haben
solche Zweifel nicht. Einmal drehte sich ein Mann zu Fox um,
nachdem die Streithähne getrennt worden waren, und bemerkte:
»Echt guter Kampf, was?«

Ein Außenseiter fragt sich vielleicht, was das Ganze eigentlich
soll, wenn nie jemand verletzt wird und es nicht zum Schlagabtausch kommt. Fox erläutert, daß diese Kämpfe zum einen eine
Form der Unterhaltung sind, die bei Beteiligten und Zuschauern
gleichermaßen für Aufregung sorgt. Zweitens lieferten sie Ge-
sprächsstoff: Alle Einzelheiten wurden noch lange danach in der
ganzen Stadt diskutiert, und bei jeder Wiedergabe wurde der
Kampf gewalttätiger und dramatischer. Die Schlägereien waren

zudem eine Möglichkeit für die Teilnehmer, ihre männliche Tapferkeit zu demonstrieren. Die Männer, die an einer Schlägerei teilgenommen hatten, wurden noch eine ganze Zeit danach mit gesteigertem Respekt betrachtet, stolzierten großspurig einher und traten mit ein bißchen mehr verbaler Aggression auf. Zudem lieferten sie Rollenvorbilder für die Jungen. Dies wird klar, wenn Fox das Verhalten der Kinder während dieser Raufereien beschreibt. Während »die meisten kleinen Mädchen ein Stück entfernt bei ihren Müttern standen, die sich zusammengeschlossen hatten, um leise über den Vorfall zu klagen«,

schwärmten überall kleine Jungen herum, die die Männer imitierten, fluchten, sich aufplusterten, großspurig auftraten, drohten. Es war besonders faszinierend mitanzusehen, wie die Kinder die gesamte Verhaltenssequenz lernten. Sie ahmten alles nach, was die Männer taten, brüllten dasselbe, stolzierten herum und traten großspurig auf.

Als ich das las, erinnerte ich mich, wie amüsiert ich selbst gewesen war, wenn ich während meines Aufenthalts in Griechenland zusah, wie kleine Jungen miteinander stritten. Sie ahmten genau die Gesten, Gesichtsausdrücke und ritualisierten Verwünschungen nach, die ich so oft bei streitenden griechischen Männern beobachtet hatte.

Wenn die Bedingungen für einen rituellen Kampf nicht mehr gegeben sind, kann eine Auseinandersetzung zu einem echten Kampf werden, und dabei kann es zu Verletzungen kommen. Laut Fox gab es Gelegenheiten, bei denen Inselbewohner in Schlägereien im wörtlichen Sinn verwickelt und schwer verletzt wurden. Das geschah in Londoner Kneipen, wo das Netzwerk von intervenierenden Verwandten fehlte.

All diese Beispiele für rituelle Kämpfe – der Hahnenkampf auf Bali, der Schafdiebstahl auf Kreta und die Schlägereien auf Tory Island – sind Aktivitäten, die ausschließlich den Männern vorbehalten sind. Fox kommentiert diesen Aspekt folgendermaßen: »Die ganze Sache ist eine den Männern eigene Angelegenheit. Auch die Frauen schlagen sich, aber nicht wegen der Ehre; ihre

Prügeleien sind grimmig und destruktiv und enden fast immer mit ernsthaften Verletzungen einer der Teilnehmerinnen.« Noch einmal, es ist nicht so, daß Frauen nicht kämpfen, sondern daß sie nicht dazu neigen, sich an zeremoniellen Kämpfen zu beteiligen, um ihren sozialen Status auszuhandeln und ihren Mut zu demonstrieren. Nicht das Kämpfen an sich wird öfter mit Männern assoziiert, sondern der Agonismus – der zeremonielle Kampf.

Rituelle Streiks

Nicht nur in der Welt des Sports kann durch rituelle Opposition ernsthafte, destruktive Feindseligkeit vermieden werden. Dasselbe Prinzip gilt für viele wichtige Bereiche in Wirtschaft und Politik. Wieder einmal bietet Japan ein aufschlußreiches Beispiel.

In den Vereinigten Staaten besteht die Klischeevorstellung von einer ungetrübten Harmonie zwischen japanischen Unternehmen und ihren Mitarbeitern. Aber überraschenderweise inszenieren japanische Arbeiter regelmäßig Streiks, bei denen Gewerkschafts- und Arbeitgebervertreter, mit den Worten des Anthropologen Eyal Ben-Ari, »militante Posen zeigen, äußerst harte Forderungen stellen und schwören, nie zu kapitulieren«. Gewerkschaftssprecher »geißeln die Konzerne, die Vereinigten Staaten und die herrschende Elite« und »betonen die landesweite Solidarität und Militanz der Arbeiter«. Die Lösung des Rätsels ist, daß diese regelmäßigen Streiks ritueller Natur sind. Die hochgradig aggressiven Demonstrationen von Entschlossenheit gegenüber den Arbeitgebern sind Teil des Rituals, denn gleichzeitig arbeiten Gewerkschaftsführer und Management hinter den Kulissen kooperativ zusammen, um eine Kompromißvereinbarung zu erzielen. Der Streik wird einfach beendet, wenn die ausgehandelte Vereinbarung bekanntgegeben wird.

Ben-Ari erläutert, daß die Vorbereitungen für die »Frühjahrsoffensive« im Oktober beginnen, wenn die Gewerkschaften der einzelnen Betriebe sich zusammenschließen, um ein »Kampfkomitee« zu ernennen. Dieses Komitee veröffentlicht ein »Weißbuch«, in dem angesetzte Arbeitskampfaktionen (die vom Management gutgeheißen wurden), Lohnforderungen (die auf firmeninternen Informationen basieren, die ihm vom Management zur Verfügung gestellt wurden) und andere Streikforderungen (wie Sozialleistungen) aufgelistet werden. Im Februar wird den Arbeitern ein detaillierter Streikplan ausgehändigt: keine totale, kompromißlose Arbeitsniederlegung, sondern eine Kombination halbtägiger, ganztägiger und zweitägiger Streiks in den Monaten März bis Mai, durchsetzt mit Arbeitstagen. Bald darauf wird ein großes Unternehmen ausgewählt, das eine Einigung bekanntgibt, andere Unternehmen folgen, die Arbeiter geben den Streik auf, und die Gewerkschaftsführer und Topmanager gehen wieder gemeinsam Golf spielen.

Eine andere Art von inszeniertem Streik wird »vorgesehener Streik« genannt. Bei diesem Ritual verlassen die Arbeiter nie wirklich ihren Arbeitsplatz, so daß es sich eher um eine »Demonstration« als um einen »Ausstand« handelt. Zu festgelegten Zeiten versammeln sich die Arbeiter und demonstrieren ihre Opposition gegenüber dem Arbeitgeber:

Die Gesamtversammlungen der Betriebsgewerkschaften werden von aggressiven Posen und dröhnendem Gebrüll begleitet. Das Ganze entspricht genau dem Gewerkschaftsklischee, das in der japanischen Presse präsentiert wird. Tapfere Slogans, farbige Banner, jedermann posiert in Hemdsärmeln und mit verschränkten Armen vor der Kamera... all diese Regeln werden strikt eingehalten.

Auch während dieser Streiks werden hinter den Kulissen Verhandlungen geführt, die in hohem Maße kooperativ sind:

Sowohl Betriebsgewerkschaften als auch Firmenleitungen tendieren dazu, den Verhandlungsprozeß nicht als ein Spiel anzusehen, bei dem eine Seite gewinnt, wenn die andere verliert, sondern als eine Unternehmung, die durch beiderseitige Beiträge zum erfolgreichen Joint-venture gestaltet wird. Dementsprechend sind die Gewerkschaftsführer einer Verbrüderung mit dem Management nicht abgeneigt (was sich beispielsweise in dem Brauch zeigt, gemeinsam etwas zu trinken), und sie sind nicht abgeneigt, Informationen an sie weiterzugeben. Auch die Firmenleitungen haben in den letzten Jahren die Vertreter ihrer Mitarbeiter zunehmend mit detaillierten und oft vertraulichen Informationen über Unternehmenspolitik und Unternehmensziele versorgt.

Sobald eine Übereinkunft erzielt wird, wird der Streik abgeblasen. Diese Beschreibung erinnert daran, wie die japanischen Parlamentarier lernten, mit politischen Konflikten zwischen den Parteien umzugehen: Zwar wurde weiterhin laut und giftig gegen die Oppositionsparteien gewettert, aber die Parteien begannen allmählich, informell das Arrangement mit der Opposition zu suchen und hinter den Kulissen nach dem Konsensprinzip zusammenzuarbeiten – genauso wie Gewerkschaften und Firmenleitungen gemeinsam einen Weg fanden, ein profitables Unternehmen zu führen und gleichzeitig die zwischen ihnen bestehende Opposition in Szene zu setzen – auf rituelle Weise.

Die rituelle Opposition bietet eine Möglichkeit, Polarität auszudrücken, ohne daß eine oder beide Parteien dadurch zerstört werden. Weil die Streiks einen rituellen Charakter haben, können die Streikenden Verhaltensweisen an den Tag legen, die sie normalerweise nie zeigen würden, einschließlich einer Zurschaustellung von Aggressivität, die die japanische Kultur im allgemeinen mißbilligt. Wie die Balinesen, die offene Konfrontation nur ausdrücken können, wenn sie sich in Trance befinden, ist der Streik eine Art Ausnahmezustand, in dem die streikenden Arbeiter sich so verhalten können, wie sie es sonst nie tun würden, weil sie in gewisser Weise nicht sie selbst sind. (Das erinnert an die Tendenz in vielen Kulturen, unter anderem der japanischen und in manchen Fällen der amerikanischen, das Verhalten eines Menschen, der betrunken ist, mit anderen Maßstäben zu messen.) Dieser Ausnahmezustand wird durch ihre Protestschilder, ihre Slogans und ihr bloßes Verhalten signalisiert, wenn sie sich zusammenschließen und ihre Opposition gegen die Firmenleitung öffentlich demonstrieren. Mit anderen Worten, wenn rituelle Formen der Opposition zur Verfügung stehen, können sie wie ein Sicherheitsventil wirken und zum Abreagieren von Aggressionen führen, ohne daß es zu Blutvergießen kommt. Das ist eine der wichtigsten Funktionen ritueller Opposition.

Die rituelle Tötung des Königs

Die Politik ist ein Bereich, der zwangsläufig Konflikt und Opposition mit sich bringt. Anthropologen, die sich mit afrikanischen Kulturen beschäftigen, beschreiben agonistische Rituale, die sich auf politische Führer beziehen und die auch uns ein aufschlußreiches Modell bieten können.

Vor Jahren wurde bei den Zulu ein Ritual beobachtet, bei dem die Bevölkerung ihren König attackiert. Der Anthropologe Edward Norbeck schreibt:

Es kann vorkommen, daß gewöhnliche Krieger aus den Reihen vorspringen, den König öffentlich anprangern, seine Taten tadeln und sie als niedrig und feige bezeichnen, was ihn verpflichtet, seine Handlungsweise zu erklären, woraufhin sie seine Erklärungen in Zweifel ziehen und ihm schließlich drohen und ihrer Verachtung für ihn Ausdruck verleihen.

Das klingt sehr nach der Art und Weise, wie wir unsere politischen Führer behandeln – nur daß es sich in den Augen der Zulu um eine klar definierte Zeremonie handelt, die als Ritual betrachtet wird. Es ist kein andauerndes, unaufhörliches, nichtrituelles Bombardement mit Kritik wie bei uns. Das Ritual verschafft dem Volk eine gesicherte, aber auch kontrollierte Gelegenheit, seiner Feindseligkeit gegenüber den politischen Führern Ausdruck zu verleihen.

Bei den Yao, einem anderen afrikanischen Stamm, gibt es einen vergleichbaren Brauch. Wenn ein Stammeshäuptling ins Amt eingesetzt wird, greifen die Yao ihn rituell an. Er bekommt einen symbolischen Schlag auf den Kopf versetzt, verliert das Bewußtsein, erhält eine Beerdigungsfeier und wird wiedergeboren. Norbeck interpretiert das als symbolischen Tod und symbolische Wiedergeburt, ein häufig wiederkehrendes Thema in afrikanischen Ritualen, die Veränderungen im sozialen Status markieren. Die Yao löschen die bisherige Existenz des Bürgers aus, der ihr neuer Anführer werden soll, und können ihn dann in seiner neuen Rolle als Stammesoberhaupt willkommen heißen. Und genau das tun sie. Die Zeremonie endet damit, daß der Stamm dem Häuptling rituell seine Unterstützung bekundet.

Diese Rituale des Angriffs auf einen politischen Führer erinnern in gewisser Weise an die automatische Neigung in unserer Kultur, gegen die Politiker zu opponieren, sie zu kritisieren und verbal anzugreifen. (Was würden politische Karikaturisten und Kabarettisten nur ohne Politiker anfangen, die als Zielscheiben ihres feindseligen Spotts dienen?) Die rituellen Attacken der afrikanischen Völker erinnern beispielsweise an die unaufhörlichen Anschuldigungen und Ermittlungsverfahren, mit denen in den Vereinigten Staaten jede Regierung seit Watergate überhäuft wurde. Letzteres hat seit dem Amtsantritt Clintons extrem zugenommen (und erstreckt sich auch auf Personen, die mit Präsident Clinton zu tun hatten, bevor er sein Amt antrat). Keiner der Angriffe hielt Clinton davon ab, wiedergeboren – das heißt, für eine zweite Amtszeit wiedergewählt – zu werden. Aber es gibt signifikante Unterschiede: Die »rituellen« Angriffe auf unsere politischen Führer finden unablässig statt, sie sind nicht auf eine bestimmte Zeremonie beschränkt. Und sie haben konkretere Auswirkungen als ein Ritual, weil die Untersuchungskommissionen Unsummen an öffentlichen Mitteln kosten und noch größere Mengen an öffentlicher Aufmerksamkeit und Energie in Anspruch nehmen. Und sie enden nicht mit einer Demonstration von Unterstützung. Statt dessen enden sie entweder nie (wie die Untersuchungen in der Whitewater-Affäre) oder es wird sofort die nächste Untersuchungskommission der Staatsanwaltschaft oder des Kongresses eingerichtet.

Alternativen zur Kriegsmetaphorik: Der Staatskörper

Wenn die Streitkultur an unserer Tendenz zu erkennen ist – und durch sie verstärkt wird –, über alles in Begriffen zu reden, die aus dem Bereich des Krieges entlehnt sind, können uns andere Kulturen vielleicht zu neuen Metaphern anregen und uns alternative Möglichkeiten aufzeigen, Informationen auszudrücken und mit Konflikten umzugehen. Kimberley Jones wollte herausfinden, wie man in einer Kultur, in der Harmonie betont und Konfrontation mißbilligt wird, mit Konflikten umgeht. Sie stellte fest, daß die Japaner in manchen Bereichen, beispielsweise unter Kollegen im Büro, offene Konflikte eher vermeiden, während in anderen Bereichen, so bei politischen Debatten im Fernsehen, ein streitbares Verhalten üblich ist. Aber der Konflikt wird auf eine Weise ausgetragen, die den meisten Amerikanern »weich« vorkommen würde; beispielsweise erreichen die Gegner stets schnell einen Konsens in weniger entscheidenden Fragen, so daß sie sich die stärkere Rhetorik für wichtigere Themen aufsparen können. Zudem sind die Begriffe, mit denen sie ihrer Opposition Ausdruck verleihen, möglicherweise anders als die, die wir für selbstverständlich halten.

Wenn wir uns anhören, wie Ideen in anderen Sprachen ausgedrückt werden, bekommen wir eine Vorstellung davon, wie anders eine Welt aus Worten sein kann. Im amerikanischen Englisch verwenden wir so häufig Metaphern, die aus der Kriegs- und Sportwelt entnommen wurden, daß wir uns kaum vorstellen können, daß man diese Dinge auch anders ausdrücken kann. Während Amerikaner häufig über Krankheit reden, als sei der menschliche Körper ein Schlachtfeld, können japanische Experten von der Wirtschaft reden, als sei sie ein menschlicher Körper – der »Staatskörper«.

In einer Fernsehtalkshow beispielsweise, die von dem japanischen Linguisten Atsuko Honda analysiert wurde, schätzten zwei Gäste die wirtschaftliche Lage Japans völlig unterschiedlich ein, ihre Meinungen gingen weit auseinander: Suzuki war optimistisch, Takahashi pessimistisch. Die medizinische Metapher wurde vom Moderator eingeführt; in seiner Frage an Suzuki, was die Rezession denn verursacht habe, benutzte er das Wort *yamu*, »schmerzen« (ein Verb, das »unter einer Krankheit leiden« bedeutet) und fragte nach Suzukis *shindan*, seiner »Diagnose«. Suzuki erwiderte, seiner Ansicht nach liege das Problem im Verdauungstrakt: »Die Verdauungsorgane wurden überstrapaziert, weil wir zu viel gegessen und getrunken haben. Sie müssen sich jetzt erst mal eine Weile ausruhen.« Dies impliziert einen Zustand, der nicht besorgniserregender ist als eine kleine Verdauungsstörung nach einem opulenten Mahl. Suzuki führte weiter aus: »Die Gesamtkonstitution ist in Ordnung; innere Organe wie die Leber oder die Niere sind nicht betroffen. Es ist nicht so, daß der Patient eine Zeitlang zu nichts taugt und ins Krankenhaus müßte.«

Takahashi akzeptierte die Metapher der Völlerei, benutzte sie aber, um zu erklären, wieso der Zustand des Patienten ernster sei: »Also sind die Muskeln sozusagen erschöpft. Mit anderen Worten, wegen des angegessenen Übergewichts hat die Funktion der Verdauungsorgane sehr stark nachgelassen.« Dies beschreibt eine Lage, die zu größerer Sorge Anlaß gibt und energischere Anstrengungen zur Genesung erfordert. Laut Takahashi ist »der Kreislauf in Mitleidenschaft gezogen«. Er blieb bei der medizinischen Metapher, als er einräumte, daß er keine Lösung parat habe – etwas, was Amerikaner ebenfalls überraschen wird: »Aber wenn Sie mich fragen, was wir tun könnten, um die Wirtschaft anzuregen – wir haben kein Rezept.«

Das haben wir auch nicht. Keines der in diesem Kapitel angeführten Beispiele ist ein Patentrezept, mit dem das Übel der Streitkultur kuriert werden könnte. Die Beispiele zeigen jedoch, daß es möglich ist, Aggression, Konflikte und Opposition kreativ einzusetzen, um eine große Bandbreite menschlicher Ziele zu erreichen, unter anderem den Aufbau von Solidarität. In manchen Fällen haben wir nicht genug Agonismus – das heißt, nicht genug ritualisierte Mittel zur Demonstration von Gegnerschaft, nicht genug gewohnheitsmäßige und kulturell sanktionierte Methoden, um unvermeidliche Konflikte zu bewältigen und zu kanalisieren. Die Gefahren der Streit- und Kritikkultur liegen weniger in dem offenen Ausdruck von Opposition als vielmehr in unserer Überstrapazierung des Agonismus: Wir setzen Opposition als notwendiges und allgegenwärtiges Mittel ein, anstatt darin einen von vielen möglichen Gesprächsansätzen zu sehen, die uns für den Umgang mit Fragen und Problemen zur Verfügung stehen. Die Beispiele aus anderen Kulturen zeigen Möglichkeiten auf, über die wir sonst vielleicht gar nicht nachdenken würden – zu nennen wären hier nicht nur neue Metaphern, sondern auch der Einsatz von Vermittlern, die Regulierung von Opposition durch das Vermeiden von Polarität und die kreative Anwendung kulturell verankerter und konventionalisierter Genres mit klaren Regeln und Grenzen. Wir werden die Kreislauf- und Verdauungsprobleme unseres Staatskörpers mit den Mitteln kurieren müssen, die unserem eigenen kulturellen Erbe entsprechen. Dieses Ziel sollten wir bei unserem weiteren Vorgehen anvisieren und dabei aus den Augenwinkeln beobachten, wie andere Kulturen mit Streit und Opposition umgehen.

8.

Alles geht schnell: Technologische Entwicklung und gesteigerte Aggressivität

Ich war die zweite Person in meinem Fachbereich, die einen Computer bekam. Die erste war mein Kollege Ralph. Man schrieb das Jahr 1980. Ralph erhielt einen Radio Shack TRS 80; ich bekam einen gebrauchten Apple 2-Plus. Ralph wies mich in die Benutzung ein, und bald half er mir auch im Umgang mit der elektronischen Post oder E-Mail, dem Vorläufer des Internet. Sein Zimmer lag direkt neben meinem, aber wir hatten uns nie ausführlich unterhalten, höchstens einmal über Fakultätsangelegenheiten. Ralph war etwas schüchtern und zurückhaltend und sprach so leise, daß ich ihn manchmal kaum verstehen konnte. Als wir dann per E-Mail kommunizierten, nutzten wir dieses (damals) ruhige Medium fast täglich. Wir konnten uns gegenseitig Nachrichten schreiben und mußten nicht fürchten, dem anderen zur Last zu fallen, weil der Empfänger darüber bestimmt, wann er einschalten, die Nachrichten lesen und sie beantworten will. Bald schickte mir Ralph lange Mitteilungen, in denen er ein wenig von sich preisgab. Mühelos wechselten wir die Themen; sie reichten von der Erörterung bestimmter Fachbereichsangelegenheiten bis zu Fragen, die unsere Arbeit und unser Leben betrafen. Über E-Mail freundeten wir uns an.

Kürzlich schickte mir Ralph eine Nachricht, die er von seiner Nichte, einem Erstsemester, erhalten hatte. »Wie schön, daß Du eine so enge Beziehung zu Deiner Nichte hast«, schrieb ich ihm. »Glaubst Du, Du würdest auch ohne E-Mail mit ihr Kontakt halten?« – »Nein«, antwortete er. »Ich kann mir nicht vorstellen, daß wir uns regelmäßig Briefe schreiben oder telefonieren würden. Bestimmt nicht.« Durch die elektronische Post können wir mit Verwandten, Bekannten oder Freunden kommunizieren und eine Beziehung herstellen, die es andernfalls gar nicht gäbe. Außerdem ermöglicht E-Mail eine intensivere und andere Form des Austauschs mit Menschen, die uns bereits vertraut sind. So stellte eine Frau fest, daß sie durch E-Mail ihrem Vater näherkam. Am Telefon war er (im Gegensatz zu ihrer Mutter) nie sehr gesprächig gewesen, doch seit beide online kommunizieren, sind sie sich sehr nahegekommen.

Überall werden zwischenmenschliche Beziehungen durch die elektronische Post intensiviert oder sogar grundlegend verändert. Eltern können regelmäßig Kontakt mit ihren Kindern im College halten, denen es nicht im Traum einfiele, jeden Tag zu Hause anzurufen. Als ich Ende der Sechziger anderthalb Jahre in Griechenland verbrachte, verkehrte ich mit meiner Familie ausschließlich per Post – es dauerte Stunden, die Briefe zu schreiben, und Wochen, bis sie eintrafen. Als meine Schwester Mitte der Neunziger ein Jahr in Israel lebte, hielten wir fast täglich Kontakt. Aber auch andere Familienangehörige nutzten das neue Medium. Angespornt durch die Abwesenheit meiner Schwester, fingen auch unsere dritte Schwester und meine Nichten an, E-Mail zu nutzen. Obwohl meine Schwester in so großer Entfernung lebte, stand sie in gewisser Weise in engerem Kontakt mit ihrer Familie, als wenn sie zu Hause geblieben wäre.

Und noch etwas überraschte mich: Meine andere Schwester, die im allgemeinen nicht gerade darauf brennt, über ihre Gefühle zu sprechen, öffnete sich, als sie per E-Mail kommunizierte. Einmal rief ich sie an, und wir sprachen am Telefon miteinander. Nachdem wir aufgelegt hatten, sah ich nach, ob ich elektronische Post bekommen hatte, und fand eine Nachricht von meiner Schwester. Darin gab sie Informationen preis, die sie während unseres Telefonats für sich behalten hatte. Als ich sie (per E-Mail) nach den Gründen fragte, erklärte sie: »Telefonieren ist so unpersönlich.« Zunächst erschien mir das absurd: Wieso sollte eine Stimme, die man deutlich durchs Telefon vernimmt, unpersönlicher sein als eine kurze, vom Schreibenden losgelöste Mitteilung auf dem Bildschirm? Auf diese Frage antwortete meine Schwester: »Die Kommunikation per E-Mail hat den großen Vorteil, daß man den Zeitpunkt und das Tempo selbst bestimmen kann. Das ist ganz anders als beim Telefon, das plötzlich klingelt und einen bei dem unterbricht, was man gerade tut.« Per E-Mail zu schreiben ist so, als würde man ein Tagebuch führen: Man ist allein mit seinen Gedanken und Worten und vor der aufdringlichen Anwesenheit einer anderen Person geschützt.

Die elektronische Post fördert die Aggressivität

Durch E-Mail – und heute durch das Internet und das World Wide Web – entstehen Netzwerke menschlicher Verbindung, die vor wenigen Jahren noch undenkbar gewesen wären. Aber die Fortschritte in der Kommunikationstechnik ermöglichen nicht nur eine noch nie dagewesene vertrauensvolle Verbindung zwischen den Teilnehmern, sondern fördern auch die Zahl feindseliger und besorgniserregender Mitteilungen. Über die Telefonnetze gelangen nicht nur die Stimmen von Familienangehörigen und Freunden in unser Zuhause, sondern auch die lästigen Anrufe von Vertretern, die etwas verkaufen wollen – im allgemeinen zur Abendbrotzeit. (Mein Schwiegervater verblüfft die Telefonverkäufer, indem er sagt: »Wir essen gerade zu Abend – ich rufe Sie später zurück. Wie lautet bitte Ihre Privatnummer?« Dem verdutzten Anrufer erklärt er: »Also, Sie haben mich zu Hause angerufen, und da habe ich mir gedacht, daß ich Sie ebenfalls zu Hause anrufe.«) Noch zermürbender ist es, wenn man mitten in der Nacht furchterregende, obszöne Anrufe bekommt oder unter falschem Vorwand angerufen wird. Hin und wieder erfährt die Öffentlichkeit mit Schrecken, daß auch hochangesehene Bürger manchmal der Versuchung der Anonymität erliegen, die das Telefon zu bieten scheint – so zum Beispiel der Gerichtspräsident am Obersten Gericht des Staates New York, der eine frühere Geliebte per Post und per Telefon belästigte, oder der Präsident der American University in Washington, D.C., der eine ihm völlig unbekannte Frau mit obszönen Anrufen schikanierte.

Aber Telefonverbindungen lassen sich zurückverfolgen (wie Präsident Richard Berendzen feststellen mußte), und Stimmen lassen sich identifizieren (wie Richter Sol herausfand). Das Internet steigert die Anonymität, weil es alle Nachrichten in identisch aussehende Schrift umwandelt und es fast unmöglich macht, die Mitteilungen bis zu jenem Computer zurückzuverfolgen, von dem sie versendet wurden. Der problemlose Zugang zum Internet hat nicht nur dafür gesorgt, daß sich immer mehr Menschen einschalten und Nachrichten an eine immer größere Zahl von Bekannten verschicken. Er hat auch dazu geführt, daß man immer mehr Nachrichten mit Unbekannten austauscht – und eben diese Anonymität hat das »Flaming« hervorgebracht: verunglimpfende Mitteilungen, die den Empfänger beleidigen und angreifen. Das »Flaming« resultiert nicht nur aus der Anonymität des Absenders, sondern auch aus der des Empfängers. Es fällt leichter, Feindseligkeiten gegenüber jemandem zu empfinden und auszudrücken, der in weiter Ferne ist und den man nicht persönlich kennt. Das zeigt beispielsweise die Wut, die manche Autofahrer gegenüber einem anonymen Verkehrsteilnehmer empfinden, der ihnen die Vorfahrt nimmt. Wenn sich der anonyme Fahrer, dem man erbost den Stinkefinger entboten hat, als ein Bekannter erweist, würden wir vor Scham am liebsten im Boden versinken, was beweist, daß die Anonymität ausschlaggebend für den Ausdruck – und das Empfinden – der Wut war.

Zu den wirksamsten Mitteln, wenn man die Feindseligkeit zwischen zwei Gruppen abbauen möchte, gehört, daß man Einzelpersonen aus diesen Gruppen die Möglichkeit gibt, miteinander zu sprechen und sich persönlich kennenzulernen. Das ist auch der Grund für die Entstehung von Austauschprogrammen, in deren Rahmen beispielsweise afroamerikanische und jüdische Jugendliche oder israelische und palästinensische Frauen zusammenkommen. Mit Hilfe dieser Methode konnte auch ein Vietnam-Veteran die schrecklichen Kriegserlebnisse schließlich überwinden: Er freundete sich mit einem der ehemaligen Feinde an, die er zu töten versucht hatte. Es handelte sich um einen vietnamesischen Offizier im Ruhestand, dessen Tagebuch der Amerikaner während des Krieges gefunden hatte und das er 25 Jahre später seinem Besitzer zurückgeben konnte. Lernt man Angehörige der »Feindgruppe« persönlich kennen, so fällt es schwer, sie zu dämonisieren und als »Untermenschen« anzusehen.

Inzwischen vollzieht sich in unserem Leben genau das Gegenteil: Unsere Kommunikation verläuft zu einem immer größer werdenden Teil nicht »von Angesicht zu Angesicht« und nicht zwischen Personen, die einander persönlich kennen. Die Verbreitung und die zunehmende, durch die neuen Technologien ermöglichte Mobilität isoliert die Menschen, so daß sie gleichsam in einer Luftblase leben. Als ich klein war, bekamen meine Eltern als erste in der Nachbarschaft einen Fernseher, und wir Kinder versammelten uns regelmäßig im Eßzimmer, um uns »Howdy Doody« anzusehen. Bald gab es in jeder Familie einen Fernsehapparat – aber jede besaß nur ein Gerät, also kamen alle Angehörigen der Familie zusammen, um fernzusehen. Heute ist es normal, daß es in Familien mehr als einen Fernsehapparat gibt. So können die Erwachsenen in einem Zimmer ansehen, was sie möchten, und die Kinder können sich ihr Lieblingsprogramm in einem anderen Raum anschauen. Vielleicht hat sogar jedes Kind seinen eigenen Fernseher. Die Verbreitung des Radios folgte einem ähnlichen Muster. Die ersten »Volksempfänger« ähnelten einem Möbelstück, um das sich die ganze Familie versammeln mußte, wenn sie Radio hören wollte. Heute haben die Zuhörer vielleicht in jedem Zimmer ein Gerät, eines im Auto und noch eines mit Kopfhörern zum Spazierengehen oder Joggen. In ihren Anfängen dienten Rundfunk und Fernsehen als Quellen von Informationen, die die Menschen an einem bestimmten Ort zusammenbrachten, auch wenn sie ihre Aufmerksamkeit nicht aufeinander richteten. Heute üben diese Technologien eine zentrifugale Kraft aus; sie entfernen die Menschen voneinander – und steigern so die Wahrscheinlichkeit, daß ihre Begegnungen agonistisch verlaufen.

Einweg-Kommunikation erzeugt Verachtung und Geringschätzung

Der Chef eines kleines Unternehmens stand bei seinen Angestellten in dem Ruf, eine Dr.-Jekyll-und-Mr.-Hyde-Mentalität zu haben. Im persönlichen Umgang war er stets freundlich und höflich. Aber wenn die Angestellten eine schriftliche Notiz von ihm in ihrer Post fanden, fuhr ihnen sofort ein Schreck in die

Glieder. Der Chef war berüchtigt für seine Vermerke, die so zornig, ja gehässig waren, daß er sie hinterher oft abmildern und um Entschuldigung bitten mußte. Die Gegenwart eines Menschen aus Fleisch und Blut schien seine feindseligen Regungen zu bremsen. Aber wenn er vor einer Schreibmaschine oder einem Computerbildschirm saß, staute sich seine Wut auf, bis er sie nicht mehr zurückhalten konnte. Eine Frau, die an einem kleinen geisteswissenschaftlichen College als Dekanin tätig war, sagte mir einmal, daß all die größeren Schwierigkeiten, die sie mit Angehörigen des Lehrkörpers oder mit Verwaltungskräften hatte, aus schriftlichen Vermerken und nicht aus der persönlichen Kommunikation »von Angesicht zu Angesicht« resultierten.

Auch wenn man eine Nachricht auf einem Anrufbeantworter hinterläßt, handelt es sich um eine Form von Einweg-Kommunikation. Craig, ein Klavierlehrer, war Präsident einer Klavierlehrervereinigung, die einen alljährlichen Wettbewerb sponserte. Craig hatte mit dem Wettbewerb nichts zu tun – jemand anderer hatte ihn organisiert und beaufsichtigt. Deshalb fühlte er sich hilflos und überrumpelt, als er beim Nachhausekommen eine Nachricht vorfand, in der die Anruferin in allen Einzelheiten ihre Unzufriedenheit über die Organisation des Wettbewerbs darlegte, und abschließend erklärte: »So kann man eine Vereinigung nicht leiten!« Peng! Noch während des Abhörens der Mitteilung dachte Craig: »Ich bin der Vorsitzende und reiß mir freiwillig ein Bein aus, um den ganzen Laden zusammenzuhalten, und dann greift man mich wegen etwas an, auf das ich überhaupt keinen Einfluß hatte. Wieso tu ich mir das eigentlich an?« Craig weigerte sich, ein zweites Mal zu kandidieren, und zwar größtenteils wegen derartiger Angriffe – obwohl sie selten waren und man ihn für seine Arbeit oft ausdrücklich gelobt hatte. Wenn man eine leitende Position bekleidet, mögen Angriffe unvermeidlich sein, aber in diesem Fall spielte auch die Technik eine Rolle. Es ist unwahrscheinlich, daß sich die Anruferin in eine so große Erregung hineingesteigert oder einfach den Hörer aufgeknallt hätte, wenn nicht der Anrufbeantworter, sondern Craig selbst am Apparat gewesen wäre – und in einem Gespräch von Angesicht zu Angesicht hätte sie sich ganz gewiß anders verhalten.

Wenn man in Rage gerät, greift man leicht zum Hörer, um seiner Wut Luft zu machen. Aber im direkten Gespräch mit einem Gegenüber verspüren die meisten Menschen den Drang, ihre Worte abzumildern. Sogar wenn nicht, wird die angegriffene Person nach der ersten heftigen Attacke reagieren – indem sie die Angelegenheit erklärt, sich entschuldigt oder zum Gegenangriff übergeht. Wie auch immer die Antwort aussieht – sie wird den Redefluß des Angreifers in neue Bahnen lenken, vielleicht den Zorn verstärken, vielleicht aber auch dämpfen. Wenn Sie wutentbrannt einen Brief schreiben, entschließen Sie sich möglicherweise später, ihn nicht abzuschicken oder den Tonfall abzumildern. Aber wenn Sie jemanden anrufen und Voice-Mail oder den Anrufbeantworter »dranhaben«, ist die Katastrophe vorprogrammiert: In der ersten Wut sprudeln die Worte nur so aus Ihnen heraus, Sie können das Gesagte weder zurücknehmen noch Fehlinterpretationen korrigieren und Sie werden durch keinerlei Reaktion »gebremst«. Während meiner Forschungen über die Kommunikation am Arbeitsplatz stellte ich fest, daß schwere Konflikte zum großen Teil durch Formen der Einweg-Kommunikation, wie zum Beispiel Mitteilungen und Vermerke, Voice-Mail und elektronische Post, ausgelöst worden waren.

So erfuhr beispielsweise ein erfahrener Zeitungsreporter davon, daß eine seiner Kolleginnen, die Features schrieb, an einer Geschichte über ein Thema arbeitete, in dem er sich gut auskannte. Da er im Rahmen der eigenen Berichterstattung über ein ähnliches Thema umfangreiche Recherchen durchgeführt hatte, glaubte er, der Kollegin helfen zu können: Er schickte ihr eine lange E-Mail, in der er sie vor möglichen Fallgruben warnte und auf bestimmte Aspekte hinwies, die sie besonders beachten sollte. Statt Dank bekam er eine gereizte Antwort, in der ihn die Kollegin darauf hinwies, daß sie sehr wohl auch ohne seine fachkundige Anleitung auf diese Fallstricke achtgeben könne und daß auch sie eine erfahrene Reporterin sei, selbst wenn sie noch nicht so lange bei der Zeitung arbeite wie er. Er las die wütende Antwort, schwieg und schickte eine Entschuldigung.

Ein Vorzug der E-Mail ist ihre Effizienz: Der Journalist konnte seine Ideen versenden und mußte sich nicht in ein anderes Stockwerk im Redaktionsgebäude begeben, um mit der Kollegin persönlich zu sprechen. Aber in einem direkten Gespräch von »Angesicht zu Angesicht« hätte er seine Ideen sicherlich auf andere Weise vorgebracht, und die Kollegin hätte die Geisteshaltung erkannt, aus der heraus er seine Ratschläge machte. Falls sie dennoch ablehnend reagiert hätte, wäre er vermutlich mit seinen Ratschlägen nicht so weit gegangen. Er hätte viel früher erkannt, daß seine Hilfe nicht willkommen war und seine Kollegin sich gekränkt fühlte. In diesem Fall hätte er einen »Rückzieher« machen und dem Gespräch eine andere Richtung geben können. Statt dessen trug er immer dicker auf und breitete sich weiterhin in einem Stil aus, der seine Kollegin immer mehr in Rage brachte. Noch wichtiger ist, daß sich durch regelmäßige persönliche Kontakte allmählich Freundschaften aufbauen, die das Fundament für die künftige Kommunikation legen. Per E-Mail und mit Vermerken und Notizen kann man das nicht so leicht erreichen.

Nicht so schnell!

Das Potential für Mißverständnisse und Malheurs bei der elektronischen Kommunikation steigert sich im Verhältnis zu den Möglichkeiten für einen positiven Meinungsaustausch. So kommunizierten beispielsweise zwei Angestellte per E-Mail über einen Bericht, den sie der Geschäftsleitung vorlegen mußten. Der eine Mitarbeiter schrieb, es sei besser, wenn ein Teil von einem Dritten bearbeitet würde – fügte jedoch eine wenig schmeichelhafte Bemerkung über diese Person hinzu. Der Adressat bekam die Nachricht zu einem Zeitpunkt, als er sehr beschäftigt war, bemerkte, daß Person drei etwas erledigen sollte – und leitete die Mitteilung, einschließlich der herablassenden Bemerkung, schnell und effizient an sie weiter. E-Mail macht es allzu leicht, Nachrichten weiterzuleiten, allzu leicht, in der ersten Wut zu reagieren, allzu leicht, Nachrichten an einen großen Personenkreis zu übermitteln, ohne daran zu denken, wie die einzelnen Sätze von jedem einzelnen Empfänger aufgenommen werden. Außerdem gibt es jede Menge Gelegenheiten für Irrtümer: Manchmal geschieht es, daß man eine Nachricht an die falsche Person schickt oder eine Mitteilung auf geheimnisvolle Weise auf dem Bildschirm eines Empfängers erscheint, der sie gar nicht erhalten sollte.

Jeder technische Fortschritt kann zu neuen und geradezu unheimlichen Arten von Irrtümern führen. So erstellte eine Führungskraft in einem Unternehmen eine Liste mit allen E-Mail-Nutzern, damit seine Nachrichten sofort alle Mitarbeiter der Abteilung erreichten und ihre Antworten ebenfalls an alle auf der Liste verteilt wurden. Aber mehrere Mitarbeiter schickten ihm vertraulich gemeinte Antworten, weil ihnen nicht bewußt war, daß alle im Büro die Nachrichten zu Gesicht bekommen würden. Wie bei einem vertraulichen Gespräch, das man zufällig mitanhört, wurden die Kollegen und Kolleginnen zu »Mitlesern« dieser privaten Botschaften. Sie empfanden diese »belauschten« Nachrichten an den Manager als Anbiederei, weil man gewöhnlich einen respektvolleren Ton anschlägt, wenn man sich an einen Vorgesetzten wendet. Die ganze Angelegenheit war peinlich – aber nicht so peinlich wie der Fall des Stellenbewerbers, der irrtümlich eine Nachricht mit seinem unzensierten Urteil über die Person, mit der er das Bewerbungsgespräch geführt hatte, an eben diese Person schickte.

Stoppen Sie dieses Gesetz!

Die Technologie spielt auch eine Rolle bei den zahlreichen Problemen, die den politischen Prozeß in den USA immer wieder erschweren. Nach Ansicht des Journalisten Robert Wright macht es die »Cyberdemokratie« unmöglich, daß Abgeordnete Entscheidungen treffen, die ihrer Einschätzung nach dem Wohl des Landes am besten dienen. Jeder Versuch, ein Gesetz zu verabschieden, das den Status quo grundlegend ändern könnte, löst einen heftigen Angriff von seiten aller Interessengruppen aus, die jene Bürger vertreten, die etwas zu verlieren haben. So suchte im Jahr 1986 der Kongreß nach Möglichkeiten, den Anstieg des Haushaltsdefizites durch die Abschaffung von Steuerbefreiungen zu verhindern. Wright zitiert den Politikwissenschaftler

James Thurber mit den Worten: Kaum habe man eine spezielle Möglichkeit zur Steuerbefreiung ermittelt, die man eingehender untersuchen wollte, da hätten die Lobbyisten, die bei den Anhörungen anwesend waren, schon ihre Handys gezückt und die Betroffenen benachrichtigt, die prompt per Fax, Telefon oder Post eine wahre Protestlawine lostraten. (Inzwischen würde noch E-Mail dazukommen.)

Heute bestehen viele solcher technischen Möglichkeiten – was bedeutet, daß alles, was wie ein Anschwellen des öffentlichen Protests erscheint, in vielen Fällen der technologisch gesteigerte Einspruch von wenigen ist. Wright erklärt das am Beispiel der Vorgehensweise eines Unternehmers: Sobald dieser Wind von einem schwebenden Gesetzgebungsverfahren bekommt, das die steuerliche Bevorzugung einer speziellen gesellschaftlichen Gruppe beseitigen oder einschränken würde, identifiziert er jene Kongreßmitglieder, die vielleicht mit dem politischen Gegner stimmen würden; dann sucht er per Computerdatenbank deren Wahlbezirke nach Wählern ab, die sich der Kürzung der Steuervorteile vermutlich entgegenstellen würden. Nachdem man diese Wähler angerufen und auf die »drohende Gefahr« hingewiesen hat, bietet man ihnen an, sie zum Büro des Kongresses durchzustellen, damit sie ihrem Protest »spontan« Ausdruck verleihen können.

Derartige künstlich produzierte Proteste verleihen diesen Gruppen eine disproportionale Repräsentation im Kongreß. Zudem raubt die Geschwindigkeit, mit der die Proteste ausgelöst werden, den Abgeordneten die Zeit zum Nachdenken. Auch noch in einer anderen Hinsicht hat das rasante Tempo, das die neue Technologie ermöglicht, Auswirkungen auf die Politik: Da Fernseh- und Radiosender rund um die Uhr Nachrichten bringen, erwartet man von Personen des öffentlichen Lebens, daß sie auf nationale und internationale Ereignisse sofort reagieren. Wenn sie warten, um weitere Informationen zu erhalten oder um sorgfältig über eine angemessene Antwort nachzudenken, so ist es wahrscheinlich, daß man sie im Geiste der Kritik, des Geschwafels oder der Heuchelei beschuldigt.

Unter dem Vergrößerungsglas

Der technische Fortschritt verstärkt auch den Einfluß der Kritikkultur, weil Politiker oder Journalisten heute vielfältige Möglichkeiten haben, um Ungereimtheiten in den Aussagen von Personen des öffentlichen Lebens aufzustöbern. Mit jedem Wort, das in den Datenbanken Nexis/Lexis festgehalten und archiviert wird, kann man eine Rede, die ein Jahr zuvor vor einer Gruppe gehalten wurde, mit Äußerungen vergleichen, die ein Jahr später gemacht wurden. Das ist so, als ob uns jemand auf Schritt und Tritt mit einem Tonbandgerät verfolgte, um zu vergleichen, was wir unserer Mutter, unserem besten Freund oder unserem Chef vom Urlaub erzählen. Unvermeidlich wird man auf genügend Unterschiede stoßen, die einen als unzuverlässig oder unaufrichtig erscheinen lassen.

Im juristischen Bereich förderte der technische Fortschritt bei Kopierern und Scannern die Nachfrage nach Millionen von Dokumentenseiten und die Gegentaktik des »roten Papiers«, die ebenfalls mit Hilfe der Technik ermöglicht wurde. Ähnlich den zunehmend schmutziger werdenden Tricks der Politiker bedeuten die »Tricks« der Rechtsanwälte (dieses Wort verwendet Charles Yablon in seinem Artikel) lediglich, daß man sich der fortgeschrittenen Technologie für etwas bedient, was man früher auf einfachere Weise erledigte. Dank des Computers, sagt Yablon, können Rechtsanwaltskanzleien heute lange Listen mit vorformulierten Beweisfragen erstellen (diese werden vor der Verhandlung gestellt und müssen schriftlich von der anderen Prozeßpartei beantwortet werden), die »sie dann Prozeß um Prozeß schnell wieder ausspucken«. Früher wurde der Eifer von Rechtsanwälten, solche Listen mit Beweisfragen zu produzieren, dadurch begrenzt, daß Menschen sie in dieser Fülle nicht zusammenstellen konnten; zudem wurden die Fragen eher auf das jeweils anstehende Verfahren zugeschnitten.

Zwischen einem Paar, Joe und John, kam es zu ständigen Auseinandersetzungen, weil John die Gewohnheit hatte, auf das Auto vor ihm zu dicht aufzufahren. »Du mußt einen größeren

Sicherheitsabstand einhalten«, ermahnte ihn Joe, »falls der Wagen vor dir plötzlich bremst.« John, der jüngere, verteidigte sich: »Heute sind die Bremsen besser als damals, als du Autofahren gelernt hast. Die heutigen Autos kommen viel schneller zum Stehen.« Diese Denkweise führte Edward Tenner in *Why Things Bite Back* zu der Überlegung, daß die Technik einen aggressiven Fahrstil verstärke: Da viele Autos heute mit einem ABS-System und mit Servolenkung ausgestattet seien, überschätzten viele Fahrer ihre Fähigkeit, einem Aufprall auszuweichen.

»Wer ist am Apparat? Warum rufen Sie hier an?«

Wo die Technik sowohl für Tempo als auch für Anonymität in der Kommunikation sorgt, entsteht ein Gefühlsgemisch, das Feindseligkeit und Angriffe auslösen kann. Ein Beispiel hierfür ist ein aggressiver Fahrstil, ein anderes die neue Telefontechnik. Ebenso, wie sich Autofahrer ärgern – oder wütend werden –, wenn ihnen jemand die Vorfahrt nimmt oder auf andere Weise die Unversehrtheit ihres persönlichen Raumes bedroht (wir empfinden unser Auto und die Fahrgastzelle als persönliches Territorium), so ist es auch verbreitet, daß man über einen aufdringlichen Anrufer in Rage gerät. Die neue Technologie macht es leichter, sich dieser Wut hinzugeben. Wenn man beispielsweise einen Telefonanschluß hat, der es ermöglicht, den Anrufer zu identifizieren, erscheinen die Nummer und manchmal auch der Name des Anrufers auf einem elektronischen Display am Telefon. So lassen sich Personen, die uns zu Hause anrufen und einfach auflegen (oder keine Nachricht auf dem Anrufbeantworter hinterlassen), anhand ihrer Telefonnummer und in vielen Fällen auch anhand ihres Namens ermitteln. Hat das Telefon dieses Ausstattungsmerkmal nicht, dann kann man eine Einrichtung namens »Rückruf« verwenden: Wählt man *69, wird automatisch die Nummer angerufen, von der der vorhergehende Anruf kam. Diese technischen Einrichtungen ermöglichen zornigen Telefonteilnehmern, sich an aufdringlichen Anrufern zu rächen. So wird in einem Artikel in der *Washington Post* von einer Frau,

Alexis Henderson, berichtet, die behauptet, ihr Ehemann sei von dieser Rückrufmöglichkeit besessen und benutze diese Technik als »Ventil für seine Feindseligkeiten«. Wenn jemand anrufe und auflege, bediene sich ihr Mann dieses Ausstattungsmerkmals an seinem Telefon, damit er den Betreffenden zurückrufen und ihn scharf zur Rede stellen könne. In dem Artikel heißt es:

Alexis Henderson rief kurz vor dem Hinausgehen noch eine Kollegin an. Die Kollegin nahm nicht ab, also legte sie auf, statt eine Nachricht zu hinterlassen, und verließ dann das Haus. Die Kollegin, die zu Hause war, verwendete »Rückruf« und rief zurück, und Hendersons Ehemann nahm ab.

»Mein Mann geht ans Telefon, und [die Kollegin] fragt: ›Wer ist da?‹«, erinnert sich Alexis Henderson. »Das hat ihn sofort wütend gemacht, so daß er antwortete: ›Ja, wer ist denn am Apparat?‹ Daraufhin legt sie auf. Daraufhin drückt er Sternchen 69, um sie zurückzurufen.«

Schließlich, so Alexis Henderson, hätten sich die beiden an der Stimme erkannt und laut lachen müssen.

Ausschlaggebend für den eskalierenden Zorn war, daß die beiden Telefonteilnehmer zunächst ihren Namen nicht nannten. Der Vorfall nahm nur deshalb ein glückliches und amüsantes Ende, weil die Anrufer einander an der Stimme erkannten. Wenn sich der Anrufer jedoch nicht als Freund oder Bekannter erweist, nimmt der Zorn manchmal eher zu statt ab. So bemerkte eine Frau, die eine falsche Nummer gewählt hatte, ihren Irrtum, ehe ihr jemand antwortete, und legte deshalb wieder auf. Aber ihr Name und ihre Nummer waren von dem Telefon des Teilnehmers bereits registriert. Er rief sofort zurück und brüllte: »Wer zum Teufel bist du, und warum rufst du mich an, du Miststück?« – und belästigte sie noch mehrere Wochen lang weiter per Telefon.

Unser Leben wird immer öfter von Fremden bevölkert, und immer seltener von Menschen, die wir kennen. Dies spielt sicher ebenso eine Rolle bei der zunehmenden Aggressivität und Feindseligkeit, die wir erleben, wie der technische Fortschritt, der neue Ausdrucksmöglichkeiten für diese Feindseligkeit bietet.

Wie unsere Kinder zum Töten »erzogen« werden

Der vielleicht beunruhigendste Aspekt der Anonymität in den elektronischen Medien besteht in den Auswirkungen der Videokriegsspiele auf jene Kinder, die damit spielen – und den daraus resultierenden Wirkungen auf die Gesellschaft. Laut Oberstleutnant Dave Grossman, ein ehemaliges Mitglied eines Sondereinsatzkommandos und Fallschirmjäger, der heute als Professor für Militärwissenschaft an der Arkansas State University lehrt, besitzt der Mensch eine natürliche Tötungshemmung gegenüber anderen Menschen. So ergab eine umfangreiche Erhebung unter Soldaten, die im Zweiten Weltkrieg gedient hatten, daß lediglich zwischen 15 und 20 Prozent der US-amerikanischen Infanteristen im Kampfgeschehen tatsächlich auf den Feind geschossen hatten. Die übrigen waren keine Feiglinge. Sie hielten die Stellung, lagen unter feindlichem Beschuß und riskierten ihr Leben, »um Kameraden zu retten, Munition herbeizuschaffen oder Nachrichten zu melden«. Aber sie wollten keine anderen Menschen töten. Grossman schreibt: »Die ganze Menschheitsgeschichte hindurch haben die meisten Soldaten auf dem Schlachtfeld nicht versucht, den Feind zu töten – nicht einmal, um das eigene Leben oder das Leben ihrer Kameraden zu retten.«

Das änderte sich im Vietnamkrieg, in dem 90 bis 95 Prozent der US-amerikanischen Soldaten schossen, um zu töten. Grossman zeigt, daß die militärische Führung diesen Wandel mittels wissenschaftlicher Methoden wie der sogenannten »operanten Konditionierung« und »Desensibilisierung« herbeiführte. Beide Methoden dienten dazu, den angeborenen Widerstand zu überwinden, den die meisten Menschen gegen das Töten ihrer Artgenossen empfinden. Als erstes wurden die Soldaten, die man nach Vietnam entsandte, systematisch »desensibilisiert«: Man lehrte sie, den Feind als nichtmenschlich zu betrachten und ihr natürliches Mitgefühl zu unterdrücken, wenn sie einen anderen Menschen leiden sahen. Ein besonders grausiges Beispiel stammt aus einem Bericht über Techniken, die ein Psychiater der Marine für die Schulung militärischer Attentäter entwickelt hatte. Diese wurden gezwungen, sich Filme anzusehen, »die speziell dazu dienten, Menschen zu zeigen, die auf grausame Weise getötet oder verletzt wurden. Indem man die Soldaten durch diese Filme an das Töten gewöhnte, sollten sie schließlich in die Lage versetzt werden, ihre Gefühle von einer solchen Situation zu trennen.« Grossman macht zwar nicht deutlich, ob dieses Verfahren tatsächlich in die Praxis umgesetzt wurde (allerdings beschreibt er viele andere, die Anwendung fanden). Dennoch gelangt er zu seinem eigenen Schrecken zu dem Schluß, daß genau diese Form der Desensibilisierung heute in Form von Kinofilmen und Fernsehen bei jugendlichen Amerikanern angewendet wird.

In einer Art Umkehrung der klassischen Konditionierung, wie sie der Film *Clockwork Orange* auf klassische Weise schildert, sehen amerikanische Jugendliche in Kinofilmen und in Fernsehsendungen die detaillierten, schrecklichen Leiden und das Töten von Menschen und gewöhnen sich zugleich daran, dieses Leiden und Morden mit Unterhaltung, Vergnügen, ihrem Lieblingssoftdrink, ihrem Lieblingssüßigkeitenriegel oder dem engen, innigen Kontakt mit ihrem Freund oder ihrer Freundin zu assoziieren.

In Grossmans Worten: »Man hat uns als Gesellschaft systematisch gegenüber dem Schmerz und dem Leid anderer unempfindlich gemacht.« Dies ist sicherlich ein Faktor, der zu der steigenden Zahl sinnloser und grausamer Morde beiträgt, die von immer jüngeren Kindern aus privilegierten ebenso wie aus sozial benachteiligten Familien begangen werden.

Kinofilme und das Fernsehen machen die Menschen gegen den natürlichen menschlichen Widerstand unempfindlich, anderen Menschen Leid zuzufügen; Videokriegsspiele wirken, wie Grossman ausführt, auf genau die gleiche Weise wie die operante Konditionierung, die in modernen Armeen bei der Ausbildung der Rekruten eingesetzt wird. Während die Soldaten im Zweiten Weltkrieg geschult wurden, zu schießen (ruhig, auf feststehende Ziele), wurden die Soldaten, die man nach Vietnam entsandte, ausgebildet, um zu töten – in Form einer konditionierten Reaktion.

Während der Ausbildung mußten sie, in voller Kampfausrüstung, sofort auf menschenförmige Gestalten schießen, die plötzlich vor ihnen auftauchten. Dies ähnelt durchaus der »Ausbildung«, die viele Kinder durch Videospiele erhalten, bei denen plötzlich lebensähnliche Figuren auftauchen und der Spieler spontan reagieren muß, indem er zielt und einen Abzug betätigt – und dann eine sofortige »Belohnung« erhält, wenn er das Ziel getroffen hat. Diese »Schulung« junger Menschen ist jedoch noch gefährlicher, schreibt Grossman, weil hierbei zwei für die militärische Ausbildung entscheidende Faktoren fehlen. Soldaten wird beigebracht, nur auf den Feind zu schießen, und auch nur dann, wenn eine anerkannte Autorität dies befohlen hat. Die »Ausbildung« anhand von Videospielen und durch Formen gewalttätiger Unterhaltung schließt derartige Sicherheitsvorkehrungen nicht ein: Man wird nicht bestraft, wenn man auf das falsche Ziel feuert, und es sind auch keine Autoritätsfiguren beteiligt oder erforderlich – die eingeflößten aggressiven Impulse unterliegen praktisch keiner Kontrolle.

Grossman zufolge werden heute auch in der Ausbildung von Polizisten diese modernen Methoden eingesetzt. So zitiert er beispielsweise den Polizeiexperten Bill Jordan, der behauptet, Polizisten würden dazu ausgebildet, ihre Tötungshemmung zu überwinden, indem man sie systematisch schult, sich ihre Gegner nicht als menschliche Wesen vorzustellen. Jordan bezeichnet diesen Vorgang als »künstlich produzierte Verachtung«. Man kann diese Äußerungen (in Grossmans Buch) kaum lesen, ohne daran zu denken, wie der heutige Journalismus den normalen Bürger dazu »erzieht«, eine verachtende Haltung gegenüber Personen des öffentlichen Lebens einzunehmen, und wie manche Akademiker lernen, eine ähnliche Einstellung gegenüber Wissenschaftlern zu entwickeln, deren Theorien von grundlegend anderen Prämissen ausgehen. Damit will ich nicht andeuten, daß der »kritische« Journalismus oder die »kritische« Wissenschaft uns im wörtlichen Sinn zu Mord und Totschlag aufwiegeln. Aber ich denke, daß der Aufstieg der Kritikkultur in allen Bereichen des öffentlichen Lebens mit Kräften in Zusammenhang steht, die in der Bevölkerung eine zunehmende Gewaltbereitschaft erzeugen. Beide – der Journalismus wie auch der Wissenschaftsbetrieb – haben die systematische Einprägung einer verachtungsvollen Einstellung gegenüber anderen Menschen zur Folge, sowie die Neigung, sie als nicht ganz menschlich anzusehen.

Wer soll das beurteilen?

Zu den wichtigsten Beiträgen des Internet gehört, daß es gewöhnlichen Menschen ermöglicht, Informationen auszusenden, deren Verbreitung früher von »Pförtnern« wie etwa Zeitungsredakteuren und Buchverlegern begrenzt worden wäre oder deren eigenständige Veröffentlichung enorm viel Zeit und Geld erfordert hätte. In naher Zukunft wird jeder, der über die erforderliche technische Ausstattung und das erforderliche Know-how verfügt, im World Wide Web Informationen versenden können, und jeder, der die nötige Ausrüstung und das nötige Know-how besitzt, wird sie lesen können. Das kann von unschätzbarem Wert sein – zum Beispiel, wenn Menschen unter seltenen Krankheiten leiden und ihre Angehörigen über den Weg spezieller Benutzergruppen Informationen und Erfahrungen austauschen können. Aber es gibt auch Gefahren. Denn Redakteure, Verleger und andere »Pförtner« begutachten – ob nun zum Guten oder zum Schlechten –, ob das von ihnen veröffentlichte Material den Tatsachen entspricht. Wer sich Informationen aus dem Internet herunterlädt, ist dagegen möglicherweise außerstande, die Richtigkeit und Verläßlichkeit einer Information zu beurteilen.

So wurde einer Professorin an einer staatlichen amerikanischen Universität ein studentischer Tutor zugeteilt, der über exzellente Computerkenntnisse verfügte. Der Tutor bot der Professorin an, Lektürestoff für das Seminar verfügbar zu machen und eine Seminar-Website einzurichten. Als erstes legte er auf dieser Website eine Liste derjenigen Primär- und Sekundärliteratur an, die die Professorin zur Pflichtlektüre gemacht oder empfohlen hatte. Doch ließ er es nicht dabei bewenden. Als nächstes durchforschte er das Internet nach allem, was mit dem Seminarthema im Zusammenhang stand, um es ebenfalls auf der Seminar-Website unterzubringen. Als die Professorin dies entdeckte, bat sie ihn, diese Materialien zu entfernen. Sie erklärte ihm, daß ihre Zeit zu knapp bemessen war, um all das, was er aus eigenem Antrieb eingefügt hatte, zu lesen und zu entscheiden, ob es sich für die Seminarteilnehmer eignete. Einige Materialien, so die Professorin, könnten für das Seminar irrelevant sein und die Studierenden gerade von jenen Texten ablenken, die sie für wichtig hielt. Einiges von dem Material könne sogar faktisch falsch sein. Der Gedanke, daß die Professorin das Material, das sie den Studierenden zur Verfügung stellte, erst lesen und hinsichtlich Genauigkeit und Eignung bewerten müsse, war dem studentischen Tutor völlig fremd. Er empfand diese Vorstellung sogar als beleidigend und argumentierte, sie, die Professorin, versuche, das Recht der Studierenden auf freien Informationszugang einzuschränken und verstoße damit gegen den ersten Zusatzartikel der amerikanischen Verfassung.

Dies ist eine dem Internet innewohnende Gefahr: Zwar werden dadurch, daß man Informationen sehr leicht in Umlauf bringen kann, enorme Mengen an nützlichen Informationen zugänglich. Gleichzeitig aber ermöglicht das Netz die Verbreitung nutzloser, falscher oder gefährlicher Informationen – und macht es schwieriger, zwischen beiden zu unterscheiden.

Gewiß, auch Verleger, Lektoren und Redakteure begehen oft Fehler: Sie veröffentlichen Material, dessen Publikation besser unterbliebe, und sie weisen Texte ab, die sie hätten akzeptieren sollen (wie jeder Autor weiß, dessen Arbeit abgelehnt wurde, und wie es die vielen erfolgreichen Bücher belegen, die von Dutzenden von Lektoren abgelehnt wurden, ehe sie schließlich eine verlegerische Heimat fanden). Doch die Leser angesehener Zeitungen und Zeitschriften und die Leser von Büchern etablierter Verlage wissen, daß das, was gedruckt erscheint, von professionellen Redakteuren und Lektoren als verläßlich und korrekt beurteilt wurde. Das Internet dagegen erschwert es dem Verbraucher, zu unterscheiden, welche der ihm vorgelegten Informationen richtig und verläßlich sind und welche nicht.

Das Internet kann wie eine riesige »Gerüchteküche« wirken oder zum Kanal für gefährliche Informationen werden, zum Beispiel für Bauanleitungen für Atombomben. Es kann auch ein aggressives Verhalten fördern, wie die Autorin Elaine Showalter anläßlich der Veröffentlichung ihres Buches *Hystories* feststellen mußte: Die Autorin beschreibt in ihrem Buch verschiedene Phänomene wie die Entführung durch Außerirdische oder Mißhandlungen im Rahmen »schwarzer Messen«, die sie als Ausdrucksformen kollektiver Hysterie deutet, und nennt dabei unter anderem das chronische Müdigkeitssyndrom. Daraufhin tauschten Personen, die am chronischen Müdigkeitssyndrom litten und die sich über die Bezeichnung »hysterisch« geärgert hatten, per Internet Informationen über die öffentlichen Auftritte der Autorin aus, damit sie in großer Zahl dort auftauchen und sie belästigen und sogar bedrohen konnten. Auch die Mitglieder der »Animal Liberation Front« kommunizieren größtenteils übers Internet miteinander und nicht in persönlichen Begegnungen; deshalb sind die Polizeibehörden bislang außerstande, jene Mitglieder zu identifizieren, die in ihrem Kampf gegen vermeintliche Tierquäler zu gewalttätigen und terroristischen Mitteln greifen.

Geschlecht im Internet

Die Kombination von Anonymität und Geschwindigkeit, die im Internet zum »Flaming«, das heißt zu verunglimpfenden Äußerungen, führt, ermöglicht den Vergleich der unterschiedlichen Kommunikationsweisen von Frauen und Männern. Nirgends zeigt sich deutlicher, daß Männer eher geneigt sind, sich auf heftige Kontroversen und rituelle Attacken einzulassen. Studie auf Studie kommt zu dem Schluß, den jeder, der häufig per Internet kommuniziert, bestätigen wird: Die verunglimpfenden Äußerungen stammen fast nur von Männern, selten von Frauen. Das heißt nicht, daß sich alle Männer an diesem »Flaming« beteiligen – überhaupt nicht. Aber unter den wenigen E-Mail-Nutzern, die solche verunglimpfenden Mitteilungen versenden, stellen die Männer die überwältigende Mehrheit. Zu diesem Ergebnis kommt jedenfalls die Linguistin Susan Herring, die zahlreiche Studien zu den Kommunikationsweisen von Frauen und Männern im Cyberspace durchgeführt hat.

So vergleicht die Forscherin beispielsweise in einer Studie E-Mail-Nachrichten, die zwischen den Abonnenten zweier »Mailing-Listen« – Gesprächsgruppen mit einem gemeinsamen Interesse an einem Thema, deren Mitglieder deshalb diese Liste abonniert haben – ausgetauscht wurden. (Jeder, der möchte, kann gratis teilnehmen.) Die Teilnehmer dieser elektronischen Diskussionsforen erhalten sämtliche, von allen Teilnehmern verschickten Nachrichten. Außerdem haben sie das Recht, selbst an den Diskussionen teilzunehmen und eigene E-Mails zu versenden. Die eine Mailing-Liste bestand aus Sprachwissenschaftlern. Auf ihr stellten Männer 64 Prozent der Abonnenten, die aber 85 Prozent oder mehr der Nachrichten versendeten. Die andere Gruppe, die Herring untersuchte, war ein elektronisches Gesprächsforum zu Fragen der Frauenforschung, bei der die Frauen 88 Prozent der Teilnehmer stellten und dieselbe Prozentzahl aller E-Mails verschickten.

Im Rahmen ihrer Untersuchung der Nachrichten stellte Herring fest, daß auf beiden Listen die Männer eine eher gegnerische Haltung gegenüber einer zuvor versendeten E-Mail einnahmen. Auf der Linguistikliste seien 68 Prozent der von Männern verschickten E-Mails adversativ gewesen: »Der Absender distanzierte sich von den anderen Teilnehmern, kritisierte und/oder verspottete sie.« Die Frauen auf der Frauenforschungsliste »stellten sich häufig auf die Seite der anderen Teilnehmer, sogar in den Fällen, in denen sie unterschiedliche Ansichten vertraten«. So lehnte eine Frau auf der Frauenforschungsliste eine Position ab, die diejenigen, die vor ihr geschrieben hatten, einnahmen:

Mich verwundert ein wenig die offenbar einhellige Meinung, es sei gefährlich/verwerflich, auch nur zu erwägen, daß einige Geschlechterdifferenzen eine biologische Grundlage haben könnten. Dies scheint als selbstverständlich vorauszusetzen, daß solche Unterschiede – falls es sie geben sollte – zwangsläufig ein starkes Argument für all jene Kräfte wären, die eine antifeministische beziehungsweise eine gegen Frauen und Homosexuelle eingestellte Agenda verfolgen. Dagegen würde ich behaupten, daß dies nicht der Fall ist und daß es die antifemi-

341

nistische usw. ... Sache gerade stärkt, wenn man diesen Zusammenhang als gegeben hinnimmt.

Ich schlage statt dessen vor, daß wir diese Verknüpfung angreifen und gleichzeitig die biologischen Fakten so lange ganz
unvoreingenommen betrachten, bis wir in der einen oder anderen Hinsicht mehr wissen. [Der Gedankengang wird über
mehrere Absätze fortgeführt.]

Entschuldigt bitte, daß ich so ausführlich war. Aber habt ihr
anderen denn nicht auch den Eindruck, daß die längeren Mai-
lings meistens die interessanteren sind? ...

Falls dies nicht der richtige Ort für diese Art Diskussion
ist – kann mir dann jemand einen Tip geben, wo sie sonst geführt werden könnte? Danke!

Herring verweist darauf, daß die Autorin ihre abweichende Meinung abmildert (»Mich verwundert ein wenig«) und daß sie Gemeinsamkeiten mit jenen Teilnehmern sucht, denen sie widerspricht, indem sie sich entschuldigt, sich bedankt und häufiger
»wir« benutzt (»Ich schlage ... vor, daß wir diese Verknüpfung
angreifen«). Darüber hinaus fragt sie ausdrücklich, ob die anderen ihre Meinung teilen.

Herring vermutete, daß die Nachrichten auf der Linguistikliste vielleicht deshalb oppositioneller waren als die E-Mails auf
der Liste zur Frauenforschung, weil das linguistische Thema
kontroverser war. Doch betrachten wir die strittigen Fragen
einmal etwas genauer. Die Sprachwissenschaftler diskutierten
über die Verwendung des Begriffs »kognitive Linguistik«, wohingegen die Teilnehmer der Frauenforschungsliste erörterten,
ob die Unterschiede zwischen Frauen und Männern ihrem Ursprung nach anlage- oder umweltbedingt seien. Gemeinhin gilt
letzteres als das kontroversere Thema, aber in dieser Diskussion
erschien es nicht kontrovers, weil alle Teilnehmer ähnliche Ansichten äußerten: daß nämlich die Geschlechterdifferenzen kulturell bedingt seien. Niemand wollte den Advocatus Diaboli
spielen oder dadurch Unruhe stiften, daß sie/er behauptete, die
Geschlechterunterschiede hätten genetische beziehungsweise
biologische Ursachen. Selbst die weiter oben zitierte Fragestel-

lerin sprach sich nur dafür aus, die Frage ganz unvoreingenommen zu betrachten. Herrings Beobachtungen zerstreuen überdies die irrige Annahme, Männer seien stärker an Informationen interessiert als Frauen. Ihrer Ansicht nach sind »die weiblichen Benutzer mehr am Austausch von reinen Informationen interessiert, während die männlichen Anwender ein größeres Interesse daran haben, über ihre Ansichten zu debattieren – ganz egal, welches Thema gerade zur Diskussion steht«.

Herring bemerkte, daß sich die Frauen nicht beteiligten, als eine erbitterte, kontroverse Debatte zwischen den Teilnehmern der Linguistikliste ausbrach. Herrings Neugier war geweckt, und so schickte sie einen Fragebogen an die Teilnehmer der Liste, bat um ihre Ansichten bezüglich der Diskussion und fragte, warum sie – falls dies der Fall sei – nicht daran teilgenommen hätten. Dabei ergab sich, daß 73 Prozent der Befragten – Männer wie Frauen –, die an der Debatte nicht teilgenommen hatten, als Grund hierfür Einschüchterung angaben. Die Teilnehmer »rissen einander förmlich die Lunge aus dem Leib«, antwortete beispielsweise eine Teilnehmerin. Auf die Tatsache, daß sie den scharfen Wortgefechten von außen »zuschauten«, reagierten die Männer und Frauen jedoch jeweils sehr unterschiedlich.

Die Männer nahmen ein solches Verhalten offenbar als normales Merkmal des Universitätslebens hin und machten Bemerkungen wie: »Im Grunde fand ich die Schärfen und Spitzen ganz unterhaltsam, aber sie zielten ja auch nicht auf mich ab.«

Obwohl Herring sich nicht zu diesem Aspekt des Kommentars äußert, erkennt man darin die Einstellung, daß »es Spaß macht, Kämpfen zuzuschauen«, die für amerikanische Männer weitaus typischer ist als für amerikanische Frauen. »Im Gegensatz dazu«, stellt Herring fest, »reagierten viele Frauen mit tiefempfundener Abneigung.« Eine Frau drückte ihre Aversion folgendermaßen aus:

Das ist genau die Art Interaktion, die ich ganz bewußt vermeide ... Es erschreckt mich, daß Menschen so miteinander umgehen. Die Welt wird dadurch zu einem gefährlichen Ort. Ich mag solche Leute nicht und möchte einen GROSSEN Bogen um sie machen.

In diesen Sätzen kommt deutlich zum Ausdruck, daß der Mann, den Herring zitiert, das »Flaming« nicht wörtlich nimmt; das erklärt auch, warum es ihm Spaß machte, den Verunglimpfungen »zuzuschauen«. Die Frau betrachtete die Angriffe hingegen als real – als echte persönliche Angriffe auf Kollegen.

Da die Teilnehmer an dieser Form der Kommunikation die Möglichkeit haben, ihre wahre Identität zu verbergen, können sich einzelne auch mühelos als Angehörige des anderen Geschlechts ausgeben. Hierdurch ergibt sich eine faszinierende Gelegenheit, zu beobachten, ob bestimmte Annahmen über geschlechtsspezifische Verhaltensweisen auf Erfahrung basieren, oder ob es sich lediglich um Stereotype handelt – um Verallgemeinerungen, die nicht auf Beobachtungen beruhen. Herrings Forschungen liefern Anhaltspunkte dafür, daß sich in den Erwartungen der Anwender hinsichtlich der Frage, wie Frauen und Männer Sprache verwenden, sowohl Stereotype als auch tatsächliche vorhandene Muster spiegeln.

So führt Herring das Beispiel eines Mannes an, der so tat, als wäre er eine Frau. Diesem Teilnehmer kam man jedoch auf die Schliche, weil er sich durch seine Haltung gegenüber agonistischen Debatten verriet: Unter Verwendung eines Frauennamens kritisierte er feministische Philosophinnen, weil sie »so taten«, als wären sie einer Meinung, und vertrat die Ansicht, offener Streit sei gut: »Es gibt nichts Besseres, als wenn man hin und wieder von Kollegen öffentlich getadelt wird. Auf diese Weise kommt das Blut so richtig in Wallung, man wird zu einem präziseren und differenzierteren Denken angespornt«, und »es löst eine lebhafte Debatte aus«. In ihrer Antwort bezweifelte eine Frau, ob diese E-Mail von einer Frau stammte. Das war tatsächlich nicht der Fall. Der Mann hatte zwar den Namen einer Frau benutzen können. Seine agonistische Haltung – die Überzeugung, es sei gut, abweichende Meinungen unmißverständlich zu äußern, weil man so, anstatt die Begeisterung der Teilnehmer zu dämpfen, einen nützlichen Adrenalinstoß bekomme (»kommt das Blut so richtig in Wallung«) – verriet jedoch, daß es sich in Wahrheit um einen Mann handelte.

Auf einer anderen Mailing-Liste verschickte eine Frau, die sich als Mann ausgab, »eine Nachricht, in der sie ihr Interesse an den anderen Teilnehmern und ihre Wertschätzung für sie ausdrückte, worauf andere bezweifelten, ob es sich bei ›ihm‹ wirklich um einen Mann handele«. Auch hier hatten die Zweifler recht. Aber Herring warnt vor der Vermutung, daß solche Verallgemeinerungen in allen Fällen zutreffen:

> In einem anderen Beispiel wurde eine Person, die sich als Frau ausgab, in einem nur für Frauen zugelassenen Forum aufgrund ihres konfrontativen Diskussionsstils beschuldigt, ein Mann zu sein. Eine andere Teilnehmerin verschickte jedoch eine Nachricht und sagte, sie habe die betreffende Person im wirklichen Leben kennengelernt, und fügte hinzu: »Sie war zwar unausstehlich, aber eine Frau.«

Diese Beispiele belegen nicht nur, daß das beschriebene Muster in gewissem Umfang auf Fakten beruht, sondern auch, daß Muster keine absolute Gültigkeit haben. Zwar ist die Wahrscheinlichkeit größer, daß Männer offenen Streit mit mehr Wohlwollen betrachten, doch gibt es nach wie vor viele Frauen und Männer, die aufgrund kultureller, regionaler oder schichtbedingter Unterschiede oder einfach wegen ihrer individuellen Persönlichkeit nicht in dieses Schema passen. Wer dem Stereotyp nicht entspricht, bekommt manchmal ganz unterschiedliche Reaktionen; manche Frauen, die mutig und aggressiv sind, und einige Männer, die zurückhaltend und nicht auf Konfrontation aus sind, erhalten gelegentlich ungewöhnlich positive Antworten und stehen in einem günstigeren Licht da als ein Angehöriger des anderen Geschlechts mit den gleichen Eigenschaften. Mitunter ernten jene, die den geschlechtsspezifischen Erwartungen entsprechen, allerdings auch harsche Kritik. Das zeigt das Beispiel der Teilnehmerin, die zwar bestätigte, daß es sich bei der Person, die auf Konfrontationskurs ging, um eine Frau handelte, aber gleichzeitig bekräftigte, daß sie deren Verhalten inakzeptabel fand und sie daher als »unausstehlich« bezeichnete.

Wie ein Ei dem anderen

Das »Flaming« ist nur ein Aspekt der elektronischen Kommunikation. E-Mail macht eine umfangreiche Interaktion zwischen Einzelpersonen möglich, die weit voneinander entfernt sind. Aber sie ermöglicht es auch, anonym zu bleiben. In einigen Fällen – beispielsweise bei jungen Leuten (meist Jungen), die sich zu »Computerfreaks« entwickeln – ersetzt sie sogar langsam den persönlichen Umgang. Nach einem tragischen Vorfall, bei dem ein 15 Jahre alter Jugendlicher einen elfjährigen Jungen, der zufällig an seiner Tür klingelte und Süßigkeiten und Geschenkpapier verkaufen wollte, um Geld für die Schule zu sammeln, erst sexuell mißbrauchte und dann ermordete, meinten viele Leute, das Internet trage eine Teilschuld, weil der Mörder selbst von einem Pädophilen sexuell mißbraucht worden war, den er durchs Internet kennengelernt hatte. Einem anderen Aspekt dieses erschütternden und bizarren Mordfalls widmete man weniger Aufmerksamkeit: daß sich nämlich der Junge, der vom Internet wie besessen war, immer mehr aus der sozialen Interaktion mit gleichaltrigen Freunden zurückgezogen hatte.

Die Fortschritte im Bereich der Technologie sind Teil eines umfassenderen Gefüges von Kräften, die bewirken, daß sich Menschen immer weiter von der persönlichen Interaktion und der direkten Erfahrung entfernen – vom Besuch eines Konzerts über das Anhören der Konzertaufnahmen bis zum Hören digitaler Neuaufnahmen von Konzerten, die nach Ansicht mancher Beobachter der aufgeführten Musik kaum noch ähneln; von Aufführungen eines Schauspiels in einem Theater über Stummfilme, die in Lichtspielhäusern gezeigt und von Live-Orchestern begleitet wurden, bis zu Tonfilmen und Videos, die man sich in der Abgeschiedenheit des eigenen Zuhauses ansieht; von lokalen Geschäften, die in Privatbesitz sind und vom Eigentümer geführt werden, zu Handelsketten, die von großen Konzernen in weit entlegenen Zentralen geleitet werden und deren Billiglohnangestellte nicht viel über die Waren wissen und wenig daran interessiert sind, ob der Kunde das Geschäft zufrieden oder unzufrieden verläßt.

All diese Trends haben vielschichtige Implikationen und Folgen – viele davon sind positiv, viele jedoch auch beunruhigend. Jeder neue Fortschritt macht nicht nur neue Grade der Verbundenheit möglich, sondern erzeugt auch ein neues Niveau an Feindseligkeit sowie ein verbessertes Instrumentarium, um diese feindliche Haltung auszudrücken. So finden Menschen, denen es nicht im Traum einfiele, sich in einer Warteschlange vorzudrängeln, nichts dabei, auf einer leeren Fahrspur mit hoher Geschwindigkeit an anderen Autos, die im Stau stehen, vorbeizufahren. Man vergißt leicht, daß in dem Auto oder vor dem Computerbildschirm ein empfindungsfähiger Mensch aus Fleisch und Blut sitzt.

Die zunehmende öffentliche Aggressivität in unserer Gesellschaft hängt offenbar direkt mit der wachsenden Isolation im Leben des einzelnen zusammen, die durch den technischen Fortschritt gefördert wird. Diese Vereinzelung – und die Technik, die sie verstärkt – ist Teil der Streitkultur. Wir sind offenbar sehr erfolgreich, was die Entwicklung von technischen Kommunikationsmitteln betrifft, aber weit weniger erfolgreich, wenn es darum geht, Wege zu finden, um die damit einhergehende Feindseligkeit zu mildern. Wir müssen größere Anstrengungen unternehmen, um solche Wege zu finden. Das ist die Herausforderung, vor der wir heute stehen.

9.

Die Ursprünge der Debatte in Erziehung und Bildung und die Hoffnung auf den Dialog

Zufrieden mit sich und ihren Schülern sitzt die Lehrerin vor der Klasse: Die Schüler sind in eine heftige Debatte verstrickt. Schon der Geräuschpegel versichert ihr, daß sich alle rege am Unterricht beteiligen und die Verantwortung für ihre Lernprozesse selbst übernehmen. So soll Schule sein. Der Unterricht ist ein Erfolg.

Aber sehen wir einmal genauer hin, warnt die High-School-Geschichtslehrerin Patricia Rosof, die einräumt, daß auch sie dieses Gefühl der Zufriedenheit mit sich und ihrer Arbeit kennt. Denn bei genauerem Hinsehen fällt auf, daß nur einige Schüler an der Debatte teilnehmen. Die meisten sitzen schweigend da; vielleicht hören sie aufmerksam zu, aber vielleicht sind sie auch desinteressiert oder haben einfach nur »abgeschaltet«. Außerdem gehen diejenigen, die mitdiskutieren, weder auf die Feinheiten noch die Nuancen oder Kompliziertheiten der Diskussionspunkte ein, die sie vorbringen oder anfechten. Diesen Luxus können sie sich auch gar nicht leisten, denn sie wollen als Sieger aus dieser Auseinandersetzung hervorgehen – und müssen sich daher besonders grobe und drastische Argumente ausdenken. Keinem Argument, das ein Gegenredner vorbringt, wird stattgegeben, und zwar auch dann nicht, wenn die Schüler erkennen, daß es stichhaltig ist, denn das würde ja ihre eigene Position schwächen. Und jeder, der versucht wäre, die unterschiedlichen Ansichten zusammenzufassen, würde sich nicht trauen, denn es sähe so aus, als wollte man einen »Rückzieher« machen und als wäre man unfähig, »Stellung zu beziehen«.

Viele Lehrerinnen und Lehrer verwenden die Form der Debatte, um die Beteiligung am Unterricht zu fördern, unter anderem auch deshalb, weil diese Methode vergleichsweise einfach umzusetzen ist und schnelle, offenkundige Erfolge bringt – einen hohen Geräuschpegel und die sichtbare Begeisterung der Kinder, die sich beteiligen. Schülern zu zeigen, wie man Ideen und Gedanken zusammenfaßt oder Feinheiten und komplexen Zusammenhängen auf die Spur kommt, ist dagegen viel schwieriger. Zudem ist der Erfolg zwar langfristiger, aber leiser.

Amerikanische Schulen und Universitäten und die Art und Weise, wie wir an ihnen Wissenschaft betreiben und Kenntnisse erwerben, sind zutiefst agonistisch. Wir alle durchlaufen das Bildungssystem, und in ihm wird die Saat für unsere adversative Kultur gesät. Ursprung und Entwicklung dieser Saat zu erkennen, ist nicht nur ein Schlüssel zum Verständnis der Streitkultur, sondern auch eine notwendige Voraussetzung, damit wir entscheiden können, welche Veränderungen wir vornehmen wollen.

Die Wurzeln des adversativen Erkenntnisansatzes

Die Streitkultur mit ihrer Tendenz, jedes Thema in Form einer polemischen Debatte anzugehen, sowie die Kritikkultur mit ihrer Neigung, Kritik und Angriff als beste, wenn nicht einzige Form genauen, strengen Denkens anzusehen, sind in der Geschichte des Abendlandes tief verwurzelt und gehen zurück auf die griechische Antike. Hierauf verweist Walter Ong, Jesuit und Professor an der Saint Louis University, in seinem Buch *Fighting for Life*. Ong zufolge waren die alten Griechen vom Gegeneinander im Sprechen und Denken fasziniert. Diese adversative Tradition führt er auf die griechischen Bildungseinrichtungen sowie auf die Tatsache zurück, daß in ihnen ausschließlich Knaben erzogen wurden. Die jungen Männer, die im frühen Mittelalter eine Universität besuchten, wurden von ihren Familien getrennt und einer klösterlichen Umgebung ausgesetzt, in der körperliche Züchtigungen, ja Gewalttätigkeit gang und gäbe waren. Das Leid, das man diesen jungen Männern zufügte, trieb sie dazu, sich gegen ihre »Hüter« – die Lehrer, die ihre symbolischen Feinde waren – zu verbünden. Dieser Geheimbund, dem die jungen Männer nicht entfliehen konnten, wies viele Gemeinsamkeiten mit den Pubertätsriten in traditionellen Kulturen auf und hatte auch eine eigene Sprache, nämlich Latein, in der die Schüler unter anderem Werke über bedeutende militärische Unternehmungen lasen. Wissen wurde in öffentlichen mündlichen Disputationen gesammelt und in angriffslustigen Live-Darbietungen auf die Probe gestellt, bei denen das Risiko der öffentlichen Demütigung bestand. Das Bildungsziel in diesen Ausbildungseinrichtungen bestand nicht darin, die Wahrheit aufzudecken, sondern die Fähigkeit zu erwerben, in einer Argumentation beide Seiten zu vertreten – mit anderen Worten: zu debattieren. Ong weist darauf hin, daß sich der lateinische Begriff für Schule, *ludus*, zwar auch auf »spielen« oder »Spiele« bezog, sich jedoch von der militärischen Bedeutung des Wortes herleitete – das Wort also Ausbildungsübungen für den Krieg bezeichnete.

Wer die Debatte für den einzig logischen oder sogar einzig möglichen Weg zu Wissen und Erkenntnis hält, sollte einmal über den ganz anderen Ansatz der Chinesen nachdenken, meint Ong. Im alten China wurden Disputationen abgelehnt, weil sie als »unvereinbar mit dem Anstand und der Harmonie galten, die der wahre Weise kultivierte«. Während des klassischen Zeitalters sowohl in China als auch in Indien war Robert T. Oliver zufolge die bevorzugte Form der Redekunst eher die Darlegung und weniger der Streit. Das Ziel war, »einen Fragenden aufzuklären«, nicht »einen Gegner zu überwältigen«. Überdies drückte sich in dem bevorzugten rhetorischen Stil die »Ernsthaftigkeit der Untersuchung« aus und nicht »der Eifer der Überzeugung«. Während Aristoteles der Logik vertraute und dem Gefühl mißtraute, galt im Asien des Altertums die intuitive Einsicht als das überlegene Mittel zum Erkennen der Wahrheit. Im Mittelpunkt der asiatischen Redekunst stand nicht das Ersinnen klar zusammenhängender, logisch geordneter Gedankengänge, sondern die Erläuterung weithin akzeptierter Lehrsätze. Außerdem ist das Streben nach abstrakter Wahrheit, das nach unserer Ansicht das Ziel allen Philosophierens zu sein habe und im Westen als selbstverständlich betrachtet wird, im Osten nicht anzutreffen, da es in der östlichen Philosophie um die Beobachtung und die Erfahrung ging.

Die aristotelische Philosophie betont die formale Logik und beruht auf der Annahme, daß man der Wahrheit durch Gegensatz und Widerspruch näherkommt; die chinesische Philosophie bietet eine alternative Sichtweise. Aufgrund ihrer Wertschätzung von Einklang und Harmonie, so die Anthropologin Linda Young, deutet die chinesische Philosophie das Universum als etwas Mannigfaltiges, in dem ein heikles Gleichgewicht herrscht, das durch Gespräche bewahrt wird. Dies führt zu Untersuchungsmethoden, die eher darauf zielen, Ideen zu verbinden und ihre Zusammenhänge zu erkunden, als Ideen gegenüberzustellen und darüber zu streiten.

Vorwärts, christliche Soldaten!

Auch der Historiker Noble hat die militaristische Kultur der frühen Universitäten untersucht und die jungen Männer, die diese mittelalterlichen Universitäten besuchten, mit marodierenden Soldaten verglichen: Die Studenten – allesamt Seminaristen – trugen Waffen und zogen durch die Straßen, überfielen Frauen und sorgten ganz allgemein für chaotische Zustände. Noble verfolgt die Geschichte der abendländischen Wissenschaft und der westlichen Universitäten bis zu ihren gemeinsamen Ursprüngen in den christlichen Gemeinden zurück. Den Anstoß zur wissenschaftlichen Revolution gaben, wie er nachweist, religiöse Eiferer, die klosterähnliche, dem Lernen gewidmete Einrichtungen gründeten. Diese frühen Universitäten waren Priesterseminare, und die ersten Wissenschaftler gehörten entweder dem Klerus an oder waren Strenggläubige, die wie Mönche lebten. (Noch 1888 erwartete man von den Fellows der englischen Universität Oxford, daß sie unverheiratet waren.)

Daß die westliche Wissenschaft in der christlichen Kirche wurzelt, hilft auch zu erklären, warum unsere Form des Wissenserwerbs nicht selten als metaphorischer Kampf wahrgenommen wird. Wie Noble zeigt, liegen die Ursprünge und frühen Formen der christlichen Kirche im Militärwesen. Und in der Tat hatten viele frühe Mönche als Soldaten gedient, bevor sie Mönche wurden. Nicht nur verlangte man von ihnen Gehorsam und eine strenge, beinahe soldatische Disziplin, sondern sie betrachteten sich auch selbst als Angehörige der »Ritterschaft Gottes«: als Krieger im Kampf gegen das Böse. In späteren Jahrhunderten brachten die Kreuzzüge kampferprobte Mönche hervor.

Die Geschichte der Wissenschaft im Christentum birgt den Schlüssel zum Verständnis unserer traditionellen Auffassung, daß sich das Streben nach Wahrheit im mündlichen Streitgespräch vollzieht, in dem – ganz unabhängig von der persönlichen Überzeugung des Debattierenden – Positionen vorgetragen, verteidigt und angegriffen werden. Diese Vorstellung von der Existenz einer objektiven Wahrheit, die sich am besten mit Hilfe der formalen Logik einfangen läßt, führt Ong auf Aristoteles zurück. Aristoteles betrachtete die Logik als das einzige vertrauenswürdige Instrument der menschlichen Urteilskraft; Emotionen seien da eher hinderlich. So schreibt Aristoteles, daß derjenige, der urteilt, seine Urteilskraft nicht durch denjenigen, der spricht und in ihm Zorn, Mißgunst oder Mitgefühl erregt, beeinträchtigen lassen dürfe. Denn täte man dies, könnte man ebensogut das Werkzeug eines Zimmermanns verbiegen, ehe man es als Maß benutzt.

Diese Auffassung erklärt, warum Platon alle Dichter aus dem Erziehungswesen seiner idealen Gemeinschaft verbannen wollte. Ich mag Gedichte sehr gern und kann mich noch gut an meine Überraschung und an meinen Kummer erinnern, als ich dies während meiner High-School-Zeit in Platons *Der Staat* las. Erst sehr viel später begriff ich, was sich hinter Platons Gedanken verbarg. Die Dichter im klassischen Griechenland waren nämlich Menschen, die von Ort zu Ort reisten, ihre Lieder oder Vers-Epen vortrugen und ihre Zuhörerschaft verführten, indem sie ihre Gefühle ansprachen. Heute würde man diese Sänger vielleicht als Demagogen bezeichnen: Menschen, die über die gefährliche Kraft verfügen, andere zu überzeugen, indem sie starke Emotionen aufrühren. Ong vergleicht dies mit unserer Abneigung gegen Reklame oder Werbung in der Schule, die wir als einen Ort betrachten, wo Kinder lernen sollen, logisch zu denken, und nicht von »Lehrern« beeinflußt werden dürfen, die Hintergedanken haben und sich unfairer Überredungsstrategien bedienen.

Von Erlebnissen berichten:
Frühe Erziehung und Bildung in der Schule

Bis heute gilt die feste Überzeugung, daß die formale Logik die wahrhaftigste Form geistigen Strebens sei. Unsere Verherrlichung der Opposition als dem Königsweg zur Erlangung von Wahrheit ist eng mit der Entwicklung der formalen Logik verbunden, weil diese die Denker anspornt, ihre Suche nach Wahrheit als schrittweisen, wechselseitigen Prozeß von Behauptung und Gegenbehauptung anzusehen. Diesem Schema zufolge ist die Wahrheit eine abstrakte Idee, die häufig losgelöst vom Kontext betrachtet wird. Auch heute noch wird in unseren Schulen diese Methode des Lernens, oft auf indirektem Wege, gelehrt.

So weist der Erziehungswissenschaftler James Wertsch nach, daß man an den Schulen großen Wert auf eine formale Darbietung des Wissens legt. Das zeigt sich unter anderem auch daran, daß auf der Grundschule die Methode des »Erlebnisberichts« weit verbreitet ist. In diesem Zusammenhang führt Wertsch das Beispiel eines Jungen namens Danny an, der einen Lavastein in den Vorschulunterricht mitbrachte. Seinen Klassenkameraden sagte Danny: »Meine Mami ist zu dem Vulkan hingegangen und hat mir den Stein mitgebracht.« Als die Lehrerin fragte, was er über den Stein erzählen wolle, antwortete Danny: »Ich hab ihn wie meinen Augapfel gehütet.« Damit stellte er den Stein ins Zentrum seiner Gefühle und seiner Familie: Für ihn war der Lavastein mit seiner Mutter verbunden, die ihm den Stein geschenkt hatte, und ein kostbarer Schatz, den er mit Aufmerksamkeit und Fürsorge förmlich überschüttete. Die Lehrerin stellte das kindliche Interesse am Stein in einen neuen Bezugsrahmen, indem sie auf den Informationswert einging: »Ist der Stein rauh oder glatt?« – »Oder ist er schwer oder leicht?« Außerdem schlug sie vor, im Wörterbuch die Bedeutung der Begriffe »Vulkan« und »Lava« nachzuschlagen. Das heißt nicht, daß die Lehrerin Danny schaden oder ihm wehtun wollte; sie ging von seiner persönlichen Zuneigung zu dem Stein aus, weil sie ihm zeigen wollte, wie er auf andere Weise über den Stein nachdenken konnte. Aber das

Beispiel zeigt, daß der Unterricht mehr auf ein formales und weniger auf ein Wissen im zwischenmenschlichen Bereich abzielt – auf Informationen über den Stein, die auch außerhalb des Kontextes Bedeutung haben, anstatt auf kontextgebundene Informationen über den Stein. Also: Wer hat den Stein für Danny besorgt? Wie hat seine Mutter ihn bekommen? Welche Beziehung hat Danny zu dem Stein?

Hier ist ein weiteres Beispiel, wie eine Lehrerin die »Erlebnisberichte« nutzt, um den Schülern beizubringen, wie sie in formalen Kategorien sprechen und denken können. Sarah Michaels beobachtete den Unterricht in einer ersten Klasse und zeichnete ihn auf. Während der Unterrichtsphase, in der die Schüler von ihren Erlebnissen berichten sollten, hielt ein kleines Mädchen namens Mindy zwei Kerzen hoch und sagte zu ihren Klassenkameraden: »Diese Kerzen haben wir in der Freizeitgruppe hergestellt. Ich hab's bei beiden mit unterschiedlichen Farben ausprobiert, aber nur eine Farbe ist richtig rausgekommen; diese Kerze ist blau geworden, aber was das hier für eine Farbe ist, weiß ich nicht.« Die Lehrerin antwortete: »Prima – und nun sage den Kindern, wie du's gemacht hast, von Anfang an. Tu so, als wüßten wir nichts über Kerzen. Also, was hast du als erstes getan? Was hast du dabei benutzt?« Und weiter soufflierte sie: »Was bewirkt, daß die Kerze ihre Form bekommt?« und: »Wer weiß, wozu der Docht da ist?« Indem sie Mindy ermunterte, Informationen in logischer Folge zu geben, auch wenn Mindy das vielleicht nicht als das Wichtigste vorkam und obwohl die Kinder möglicherweise schon einiges über das Thema wußten, brachte die Lehrerin ihr bei, konzentriert und unmißverständlich zu sprechen.

Die Neigung, formales, objektives Wissen höher als zwischenmenschliches, intuitives Wissen einzustufen, entsteht aus unserer Vorstellung von Bildung als einer Art Training im Debattieren. Diese Tendenz hat ihren Ursprung in unserem agonistischen Erbe. Aber es gibt noch zahlreiche weitere Überreste. So schreiben viele Promotionsordnungen noch heute die öffentliche »Disputatio« von Dissertationen oder Dissertationsprojekten und die mündliche Darbietung von Wissen in umfangreichen Examen vor. In allen Bereichen unseres Bildungssystems ist das

354

bedeutendste Vermächtnis die Überzeugung, daß jedes Thema zwei Seiten hat, daß man Wissen am besten durch Debatten erwirbt, daß Ideen mündlich vor einer Zuhörerschaft vorgetragen werden sollten, die sich nach Kräften bemüht, das Gedankengebäude zu durchlöchern und Schwachpunkte darin aufzuspüren, und daß man, um Anerkennung zu erhalten, »eine Stellung oder Position beziehen« müsse, die einer anderen widerspricht.

Die Eingliederung der Frauen in das Heer von Forschern

Wenn Ong recht hat, dann ist der adversative Wesensgehalt unserer Bildungsinstitutionen untrennbar mit ihrem ausschließlich männlichen Erbe verbunden. Ich habe mich gefragt, ob die Unterrichtstechniken auch heute noch überwiegend adversativ sind und ob dies – wenn es der Fall ist –, einen Hinweis auf das Dilemma liefern könnte, dem man in jüngster Zeit viel Beachtung geschenkt hat: daß nämlich Mädchen im Unterricht oft weniger Aufmerksamkeit bekommen und sich nicht so häufig zu Wort melden wie Jungen. Als ich in einem Semester vor 140 Studierenden eine Vorlesung hielt, beschloß ich, dieses »Heer von Forschern« zur Beantwortung dieser Fragen heranzuziehen. Als die Studierenden dann den eigenen Unterricht beobachteten, fanden sie vieles, was Ongs Gedanken unterstützte.

Ich bat die Studenten, einmal darauf zu achten, wie relativ adversativ die Unterrichtsmethoden in anderen Seminaren waren und wie die Teilnehmer auf Fragen des Dozenten antworteten. Die Schilderung, die Gabrielle DeRouen-Hawkins von einem Theologieseminar gibt, ist typisch:

In dem Seminar wurden Vorträge gehalten, dazu gab es Diskussionen im Plenum und Gruppenarbeit. 13 Jungen und elf Mädchen nahmen teil. In einer 50minütigen Seminarsitzung gab es acht Wortmeldungen von den Jungen und drei von den Mädchen.

…In den Büchern und Aufsätzen, die zur Seminarlektüre

gehörten, stellten Theologen ihre Theorien hinsichtlich Themen wie Gott und Tod, Leben, Spiritualität und Heiligkeit vor. Nachdem unser Professor die Hauptideen in diesen Texten skizziert hatte, stellte er Fragen wie: »Und inwiefern irrt Smith hinsichtlich ihrer Grundthese, daß das Heilige eine individuelle Erfahrung sei?« Nur die Studenten hoben die Hand. Keine einzige Studentin *traute sich*, die Thesen eines Autors anzufechten oder zu widerlegen. Bei den wenigen Fragen, die die Studentinnen stellten (ihre Wortmeldungen waren allesamt Fragen), ging es um inhaltliche Schwierigkeiten, die sie mit einem Text hatten. Die Studenten stellten die Texte in fünf voneinander unabhängigen Punkten offen in Frage, kritisierten und widerlegten sie. Bei den drei anderen Malen, als sich die Studenten zu Wort meldeten, sagten sie beispielsweise: »Smith ist ziemlich vage bezüglich ihrer Theorie über XX. Können Sie die Theorie einmal näher erläutern?« Die Jungen waren regelrecht streitsüchtig.

Aus dieser Beschreibung ergeben sich mehrere faszinierende Fragen. Erstens liefert sie einen konkreten Hinweis darauf, daß man zumindest im Hinblick auf den Unterricht am College davon ausgeht, daß der Bildungsprozeß adversativ zu sein habe: Der Lehrende forderte die Studierenden auf, den Seminartext zu kritisieren. (Im Fach Theologie, in dem man an der Georgetown University Pflichtveranstaltungen belegen muß, stießen die Studierenden am häufigsten auf adversative Methoden – ein interessanter Befund angesichts des Hintergrundes, den ich weiter oben geschildert habe.) Daß man solche Methoden verwendet, ist nicht an sich falsch, da sie in vielerlei Hinsicht äußerst erfolgreich und effizient sind. Zu den möglichen Nachteilen gehört jedoch das Risiko, daß sich die weiblichen Studierenden weniger an den Diskussionen im Seminar beteiligen, weil diese die Form eines Streits zwischen zwei gegnerischen Parteien – das heißt, einer Debatte – oder eines Angriffs auf die Autoren – das heißt, einer Kritik, annehmen. (Die Beobachtungen der Studierenden machten in ihrer überwältigenden Mehrheit klar, daß sich die Männer in den Seminaren tendenziell häufiger zu Wort meldeten als die Frauen – was nicht heißen soll, daß sich einzelne Frauen nicht öfter zu Wort meldeten als einzelne Männer.)

Gabrielle bemerkte dazu: Da die Beteiligung am Unterricht zu zehn Prozent auf die Seminarnote angerechnet wird, kann es gegenüber den weiblichen Studierenden unfair sein, daß der agonistische Diskussionsstil bei Männern mehr Anklang findet. Nicht nur könnten die Zensuren der Frauen darunter leiden, weil sie sich weniger oft zu Wort meldeten, sondern sie könnten auch als weniger intelligent oder als weniger gut vorbereitet beurteilt werden, weil sie – wenn sie sich denn zu Wort meldeten – Fragen stellten, statt die in den Seminartexten vertretenen Theorien anzufechten.

Mich faszinierte die Äußerung des Studenten: »Smith ist ziemlich vage bezüglich ihrer Theorie über XX. Können Sie die Theorie einmal näher erläutern?« Die Frage hätte man auch in folgende Worte kleiden können: »Ich habe die Theorie der Autorin nicht verstanden. Können Sie sie mir erklären?« Durch den Anfangssatz: »Die Autorin ist ziemlich vage bezüglich ihrer Theorie« gab der Student der Autorin die Schuld daran, daß er ihren Gedanken nicht verstanden hatte. Wer in einem Seminar eine Frage stellt, läuft Gefahr, als unwissend zu erscheinen. Der Frage einen solchen einleitenden Satz voranzustellen, bietet eine hervorragende Möglichkeit, dieses Risiko zu verringern.

In ihrer Kurzcharakteristik dieses Seminars schrieb Gabrielle, daß *sich* keine einzige Studentin *traute,* die Thesen eines Autors »anzufechten oder zu widerlegen«. Die Unterstreichung der Wörter »sich traute« stammt von Gabrielle. Als ich das las, fragte ich mich allerdings, ob »sich trauen« das treffende Verb ist. Es beinhaltet, daß die Studentinnen im Seminar die These der Autorin anfechten wollten, aber nicht den Mut dazu aufbrachten. Es ist jedoch auch möglich, daß keine einzige Studentin Interesse daran hatte, die Thesen der Autorin anzufechten. Etwas zu kritisieren oder anzufechten, könnte etwas sein, was den weiblichen Studierenden nicht zusagte oder was ihnen nicht der Mühe wert schien. Betrachtet man die Kindheit von Jungen und Mädchen, dann ist es wahrscheinlich, daß die Jungen von klein auf viel mehr Erfahrungen machten, die sie anspornten, Autoritätsfiguren herauszufordern und mit ihnen zu streiten, als die Mädchen.

Das soll nicht heißen, daß die vorherrschende Art des Unterrichts in jeder Hinsicht eher an den Bedürfnissen der Jungen ausgerichtet ist als an denen der Mädchen. Vor allem in den untersten Klassen ist die Forderung, still zu sitzen, für Mädchen offenbar leichter zu erfüllen als für Jungen; denn Mädchen sitzen beim Spielen häufig über einen längeren Zeitraum recht still da, während für die meisten Jungen zum Spielen gehört, daß sie zumindest umherlaufen, wenn nicht sogar herumtollen und raufen. Außerdem haben Forscher darauf hingewiesen, daß die zusätzliche Aufmerksamkeit, die Jungen erhalten, teilweise darauf abzielt, diesen ungestümen Bewegungsdrang unter Kontrolle zu halten. Der adversative Aspekt unserer Bildungstraditionen ist lediglich ein »kleines Stück des Kuchens«, aber dieser Teil scheint eher die Erfahrungen und Vorlieben von Jungen als von Mädchen widerzuspiegeln.

So äußerte ein Kollege, er habe es immer für selbstverständlich gehalten, daß die beste Methode für den Umgang mit Studentenkommentaren darin bestehe, die geäußerten Ansichten in Frage zu stellen. Für ihn bestand kein Zweifel daran, daß ein solches Vorgehen den Verstand schärft und den Studierenden hilft, ihre Debattierfähigkeiten zu entwickeln. Allerdings fiel ihm auf, daß sich die Frauen in seinen Seminaren relativ selten zu Wort meldeten. Deshalb nahm er sich vor, Diskussionen mit relativ offenen Fragen zu beginnen und die Wortmeldungen inhaltlich nicht in Frage zu stellen. Zu seiner Verwunderung und Befriedigung stellte er fest, daß sich daraufhin viel mehr Frauen am Unterricht beteiligten.

Selbstverständlich können Frauen lernen, in adversativer Weise zu argumentieren. Wer dies bezweifelt, braucht nur einmal an einer wissenschaftlichen Tagung über Themen zur feministischen oder zur Frauenforschung teilzunehmen – oder den Aufsatz der Professorin Jane Tompkins von der Duke University zu lesen, in dem sie nachweist, daß Fachkongresse manchmal Schießereien in einem Western ähneln. Mir geht es hier aber mehr um die Wurzeln dieses traditionellen Diskussionsstils, und darum, daß er in der Kultur des Westens ursprünglich eher bei Männern als bei Frauen Anklang fand. Ong und Noble zeigen, daß die adversative Haltung innerhalb der westlichen Wissenschaft und der Ausschluß der Frauen daraus auf die gleichen geschichtlichen Ursprünge zurückgehen – was nicht bedeutet, daß einzelne Frauen nicht lernen könnten, eine agonistische Debatte zu führen und Freude daran zu finden, oder daß einzelne Männer nicht davor zurückschrecken. Es gibt viele Menschen, Männer wie Frauen, die meinen, daß nur eine kontroverse Diskussion interessant ist. So erinnert sich die Autorin Mary Catherine Bateson, daß es positiv gemeint war, wenn ihre Mutter, die Anthropologin Margaret Mead, sagte: »Ich hatte eine Auseinandersetzung mit jemandem.« »Eine Auseinandersetzung« oder »ein Streit», das war für Margaret Mead ein engagierter, temperamentvoller intellektueller Gedankenaustausch, kein erbitterter Konflikt. Dieselbe Auffassung wurde in einem Nachruf auf Diana Trilling vertreten, in dem sie als »eine der letzten großen New Yorker Intellektuellen der Jahrhundertmitte« bezeichnet wurde. Sie und ihre Freunde hatten versucht, ein Leben zu führen, das sie selbst als »ein Leben bedeutsamer Streitigkeiten« bezeichneten – wobei der Streit diese Bedeutsamkeit offenbar eher verstärkte als verringerte.

Lernen durch Streiten

Es gibt zwar Verhaltens- und Sprechweisen, die in einer gegebenen Kultur in der Regel männer- beziehungsweise frauenspezifisch sind, aber das Spektrum ist noch wesentlich breiter, wenn man Angehörige sehr unterschiedlicher Kulturen betrachtet. So beobachteten viele Studenten nicht nur die adversativen Begegnungen in ihrem gegenwärtigen Unterricht, sondern berichteten auch von den Erfahrungen, die sie während ihrer Zeit auf der High-School als Austauschschüler (mit etwa 16 Jahren) in Deutschland oder Frankreich gesammelt hatten, und erklärten, daß es in amerikanischen Klassenzimmern noch friedlich zuging im Vergleich zu den Verhältnissen, die sie in Europa vorgefunden hatten. Ein Student, Zach Tyler, beschrieb seine Eindrücke so:

Mein drittes Jahr an der High-School, das ich als Austausch-schüler in Deutschland verbrachte, ist mir noch lebhaft in Er-innerung. Der Unterricht war stark debattenorientiert und agonistisch. An einen Vorfall kann ich mich besonders gut er-innern: Im Physikunterricht geriet ein ziemlich streitlustiger Freund in eine hitzige Debatte mit dem Lehrer darüber, wie ein Problem zu lösen sei. Mein Freund ging zur Tafel und schrieb schnell darauf, wie er das Problem gelöst hätte; es war ein völlig anderer Lösungsweg als der, den der Lehrer gewählt hatte, so daß mein Freund nicht nur die richtige Lösung fand, son-dern gleichzeitig dem Lehrer einen Irrtum nachweisen konnte.

SCHÜLER: »Sehen Sie! So kommt man zur Lösung, und Sie haben unrecht!«

LEHRER: »Nein! Nein! Nein! Sie haben in jeder Hinsicht völlig unrecht. Sehen Sie sich doch nur an, was Sie da gemacht haben! (Er geht die Lösung meines Freundes durch und zeigt, daß sie nicht funktioniert.) »Ihre Lösung entbehrt jeder Grundlage, wie ich Ihnen eben gezeigt habe!«

SCHÜLER: »Das können Sie nicht beweisen. Mit meiner Lösung geht es genauso gut!«

LEHRER: »Meine Güte, wenn es in der Welt so viele Fachidioten gäbe, wie Sie es sind! Sehen Sie noch mal her!« (Und dann be-wies er, daß der Ansatz meines Freundes falsch war, worauf dieser den Mund hielt.)

Zachs Ansicht nach hatte der Lehrer den Schüler zu dieser Form des Streits ermuntert. Dieser mußte zwar erkennen, daß er un-recht hatte, aber er bekam Übung darin, seinen Standpunkt ar-gumentativ zu vertreten.

Dieser Vorfall ereignete sich in einem Gymnasium. Doch in europäischen Klassenzimmern geht es manchmal sogar in der Grundschule adversativ zu. Das meinte jedenfalls eine weitere Studentin, Megan Smith, die über eine Videoaufnahme berich-tete, die sie im Französischunterricht sah:

Im Französischkurs haben wir uns heute eine Szene aus dem Unterricht in einer vierten Klasse in Frankreich angesehen.

Die Schüler wurden nacheinander aufgefordert, aufzustehen und ein Gedicht aufzusagen, das sie hatten auswendig lernen müssen. Der Lehrer schrie die Schüler an, wenn sie eine Zeile vergaßen oder nicht mit genug Gefühl und Ausdruckskraft sprachen. Sie wurden getadelt und aufgefordert, das Gedicht so lange wieder aufzusagen, bis sie es einwandfrei beherrschten und diese »mündliche Prüfung« bestanden hatten.

Man kann sich wohl denken, wie Amerikaner diese Form des Unterrichtens beurteilen würden, aber die Studenten faßten ihren Eindruck folgendermaßen in Worte:

Nachdem wir uns diese Unterrichtsszene angesehen hatten, fragte mein Französischlehrer die Klasse nach ihrer Meinung. Zu den verschiedenen Antworten gehörten: In französischen Schulen geht es sehr streng zu, französische Lehrer sind »gemein« und haben keinen Respekt vor den Schülern; außerdem legt man allzu großen Wert auf das Auswendiglernen, was sinnlos ist.

Aber nicht nur die Unterrichtsmethoden in europäischen Grundschulen sind manchmal deutlich adversativer als in amerikanischen Elementary- und High-Schools, auch die Debatten im universitären Bereich sind dort mitunter ruppiger. So beschreibt Alice Kaplan, Französischprofessorin an der Duke University, beispielsweise ein Kolloquium, an dem sie in Paris teilnahm und bei dem über den französischen Schriftsteller Louis-Ferdinand Céline diskutiert wurde:

Nach dem ersten Vortrag fingen die Teilnehmer an, sich anzuschreien: »Wollen Sie etwa behaupten, Céline sei ein Faschist!« – »*Das* bezeichnen sie als Beweis!« – »Ich weigere mich, Unwissenheit anstelle von Argumenten zu akzeptieren!« Mir wurde angst und bange.

Diese Beispiele zeigen ganz deutlich, daß sich viele Menschen in einer Atmosphäre, die von scharfen Kontroversen geprägt ist, durchaus wohl fühlen können. Und wer gelernt hat, sich erfolgreich an irgendwelchen verbalen Spielen zu beteiligen, findet schließlich Freude daran – und sei es nur, weil ihm die Ausübung der erlernten Fähigkeit Spaß macht. Man sollte dieses Beispiel im Gedächtnis behalten, um den Eindruck zu vermeiden, daß adversative Taktiken und Vorgehensweisen stets zerstörerische Wirkungen hätten. Unbestreitbar dienen diese Strategien bisweilen auf bewundernswerte Weise dem Ziel eines vernunftbestimmten Untersuchens und Nachforschens. Die Frage, ob jemand Freude daran findet, daß das Spiel auf diese Weise gespielt wird, hängt neben der individuellen Neigung auch von kulturellen Lernprozessen ab.

Die Universität als eine Art Rekrutenlager

Die Beschimpfungen, die Alice Kaplan auf einem wissenschaftlichen Kongreß in Paris hörte, sind zwar extremer als alles, was man typischerweise auf Tagungen in den Vereinigten Staaten vernimmt, aber die Annahme, wonach Herausforderung und Angriff die besten Formen akademischen Forschens darstellten, findet man auch in amerikanischen Wissenschaftlerkreisen. Die Ausbildung von Akademikern ist ein Exerzierplatz nicht nur für die wissenschaftliche Lehre, sondern auch für die wissenschaftliche Forschung. Viele Studiengänge sind darauf ausgerichtet, den wissenschaftlichen Nachwuchs in strengem, logischem Denken zu schulen, das als die Fähigkeit definiert wird, verbale Attacken zu starten und abzuwehren.

In einer Studie über ein wöchentlich stattfindendes Symposium, an dem Angehörige des Lehrkörpers und Studenten einer bedeutenden Forschungsuniversität teilnahmen, untersuchten die Kommunikationswissenschaftlerinnen Karen Tracy und Sheryl Baratz einige der ethischen Grundsätze, die zu einer solchen Atmosphäre führen. Als die Forscherinnen die Teilnehmer nach dem Zweck des Symposiums befragten, wurde ihnen geantwortet, es diene dem »Gedankenaustausch« und dem »Lernen«. Es waren jedoch nicht allzu viele Diskussionen erforderlich, um das tiefere Anliegen der Teilnehmer aufzudecken: Sie wollten ihre intellektuellen Fähigkeiten demonstrieren. Und wer als kompetent gelten wollte – und dies ist der springende Punkt – mußte »unangenehme und provozierende Fragen stellen«.

So meinte einer der Professoren auf die Frage, wer sich aktiv an einer dieser Diskussionsrunden beteiligt habe:

Was die Studenten betrifft, denke ich da an Leute wie Jess, Tim, hm, mal sehen, Felicia stellt manchmal auch eine Frage, aber es ist meistens eine nette kleine unterstützende Frage.

Die Formulierung »eine nette kleine unterstützende Frage« wertet den Beitrag und die Intelligenz von Felicia ab. Es handelt sich um genau die Art von Beurteilung, die Studierende gern vermeiden möchten. Wie im Fall der Journalisten, die über die Politik im Weißen Haus berichten, wird auch hier großer Wert darauf gelegt, daß man »unangenehme, schwierige Fragen« stellt. Wer seine Kollegen und Vorgesetzten beeindrucken will (so wie es die meisten, wenn nicht alle, wollen), ist dazu motiviert, die Art von Fragen zu stellen, mit denen er Zustimmung erntet.

Angriffe werden als Zeichen der Hochachtung geschätzt und gehören zur Streitkultur der akademischen Welt – zu unserer Vorstellung von einem geistigen Meinungsaustausch als einem metaphorischen Kampf. Ein Kollege formulierte das so: »Wenn du mit den großen Jungs spielen willst, mußt du bereit sein, auf die Matte zu steigen und mit ihnen zu ringen.« Dennoch nehmen viele Studierende (und recht viele etablierte Wissenschaftler) im Hinblick auf diese Ethik eine zwiespältige Haltung ein – vor allem dann, wenn sie in der Rolle des Kritisierten und nicht in der des Kritikers sind. Die Soziolinguistin Winnie Or zeichnete ein Forschungsseminar auf Band auf, bei dem eine Doktorandin ihre Dissertation, an der sie gerade zu schreiben begonnen hatte, anderen Studenten und Angehörigen des Lehrkörpers vorstellte. Später erzählte die Studentin Or, sie habe sich hinterher gefühlt, als wäre sie von einem Lastwagen überrollt worden. Sie sagte zwar nicht, daß sie ihre Teilnahme bereute; ihrer Ansicht nach hatte sie wertvolle Rückmeldungen erhalten. Allerdings erwähnte sie auch, daß sie sich seit der letzten Sitzung des Seminars, die mehrere Wochen zurücklag, kein einziges Mal mit ihrem Forschungsprojekt befaßt hatte. Das ist vielsagend. Sollte die Gelegenheit, die eigenen Forschungen mit Kollegen und Experten zu diskutieren, nicht eigentlich inspirierend und anspornend wirken, so daß man mit frischem Mut in die Einsamkeit der Forschertätigkeit zurückkehrt? Ist nicht etwas schiefgegangen, wenn man sich seinem Forschungsvorhaben danach überhaupt nicht mehr widmen möchte?

Diese junge Wissenschaftlerin hielt durch, andere dagegen brachen ihr Studium ab – in einigen Fällen, weil die Atmosphäre der Kritik sie abstieß. Eine Frau schrieb mir, daß ihre Collegeprofessoren ihr zur Fortsetzung ihres Studiums geraten hatten; sie wollte an einer großen Universität im Mittleren Westen der USA in Kunstgeschichte promovieren, hielt es dort aber nur ein Jahr aus. Und so schildert sie ihre Erfahrungen und ihren Entschluß, nicht weiterzumachen:

> Die Erfahrungen an der Universität waren ein Alptraum, von dem ich nicht einmal wußte, daß er existierte... Ich spazierte in die Wolfsgrube, wie ein Lamm zum Schlachten... Als man mir am Ende des ersten Jahres (ich hatte den Magisterabschluß gemacht) eine Stelle als Kuratorin einer privaten Sammlung anbot, ergriff ich die Gelegenheit beim Schopfe. Ich war für die akademische Welt nicht geschaffen – und wollte es lieber im »wirklichen Leben« versuchen.

Als ich das las, dachte ich: Lag es wirklich daran, daß die junge Wissenschaftlerin für das Leben an der Universität nicht geschaffen war, oder war es vielleicht darauf zurückzuführen, daß das Akademikerleben, wie man es an dieser Universität führte, nicht das Richtige für Menschen wie sie ist? Denn wirklich geeignet ist es nur für diejenigen, die eine streitlustige Umgebung genießen – oder wenigstens ertragen – können.

(Diese Beispiele erinnern uns wieder an die Dynamik im Verhältnis zwischen den Geschlechtern. Es war eine Studentin im höheren Semester, die sich vom universitären Leben abwandte und eine Stelle in einem Museum annahm. Es war eine Studentin, die »eine nette kleine unterstützende« Frage anstatt eine »unangenehme, provozierende Frage« stellte. Mehr als eine Kommentatorin hat sich laut gefragt, ob es nicht auch mit dem Unbehagen an der agonistischen Kultur im westlichen Wissenschaftsbetrieb zusammenhängt, wenn Frauen ihr Studium oder die Arbeit an ihrer Dissertation abbrechen. Und Lani Guinier hat kürzlich nachgewiesen, daß das Unbehagen mit den agonistischen Verfahren im Jurahauptstudium zum Teil für die im Durchschnitt schlechteren Noten der Frauen verantwortlich ist, da die Frauen am Ende des Grundstudiums ebenso gute Noten haben wie die Männer.)

Die Kritikkultur:
Angriffe in der akademischen Welt

Die übliche Methode, einen wissenschaftlichen Aufsatz zu schreiben, besteht darin, im eigenen Werk eine oppositionelle Haltung zu den Arbeiten eines anderen Forschers zu vertreten, dem man einen Fehler nachweist. Dadurch entsteht die Notwendigkeit, anderen das Gegenteil zu beweisen, was etwas ganz anderes ist, als wenn man eine Arbeit offen und unvoreingenommen liest und dann feststellt, daß man anderer Ansicht ist. Studierenden wird beigebracht, daß sie die Argumente anderer widerlegen müssen, wenn sie originell sein, einen Beitrag leisten und ihr intellektuelles Vermögen demonstrieren wollen. Wenn man anderen einen Irrtum nachweisen muß, ist die Versuchung groß, daß man die Positionen anderer bestenfalls grob vereinfacht oder schlimmstenfalls verzerrt oder sogar falsch wiedergibt, um sie besser widerlegen zu können: Man sucht nach der törichtsten Aussage in einer ansonsten vernünftigen Abhandlung, greift die schwächsten Beispiele heraus, läßt alle Fakten außer acht, die die Ansichten des Opponenten stützen, und konzentriert sich ausschließlich auf die Tatsachen, die den eigenen Standpunkt untermauern. So erheben sich dann plötzlich in allen Ecken feindliche Strohpuppen wie Vogelscheuchen aus einem Getreidefeld.

Manchmal sieht es so aus, als werde der wissenschaftliche Diskurs von der Maxime geleitet: »Wenn du nichts Kritisches zu sagen hast, dann halte den Mund.« Infolgedessen wird jeder Forschungsarbeit, die viel Beachtung findet, auf der Stelle widersprochen. Diese Methode hat einen Vorzug: Schwächen werden offengelegt, und das ist sicher gut. Eine andere Folge ist jedoch, daß diejenigen, die sich außerhalb (ja sogar innerhalb) des Forschungsgebietes befinden, kaum erkennen können, was »wahr« ist. Wie im Fall zweier Gutachter, die von gegnerischen Rechtsanwälten hinzugezogen werden, hat es auch hier manchmal den Anschein, als ob sich Akademiker gegenseitig widerlegen wollten. Die Politikwissenschaftler David Greenberg und Philip Robins schreiben hierzu:

> Der Prozeß wissenschaftlichen Forschens stellt beinahe sicher, daß man konkurrierende Ergebnisse erhält ... Kaum sind die ersten Befunde veröffentlicht, müssen andere Forscher, die darauf brennen, sich einen Namen zu machen, mit anderen Forschungsmethoden und Ergebnissen aufwarten, damit ihre Arbeiten veröffentlicht werden.

Wie aber sollen Außenseiter (oder auch »Insider«) herausfinden, welcher »Seite« sie Glauben schenken können? Die Folge ist, daß die wissenschaftliche Forschung kaum Einfluß auf Politik und Öffentlichkeit hat.

Ein führender Wissenschaftler im Fach Psychologie berichtete, er kenne zwei junge Kollegen, die zu einer Professur gekommen waren, weil sie Aufsätze geschrieben hatten, in denen sie ihn angriffen. Vertraulich sagte ihm einer der jungen Kollegen, daß er in Wahrheit mit ihm übereinstimme, aber natürlich keinen Lehrstuhl bekommen könne, wenn er lediglich Aufsätze schrieb, die die Arbeit eines anderen unterstützen; er habe eine konkurrierende Position einnehmen müssen. Einen etablierten Wissenschaftler anzugreifen, ist besonders verlockend, weil man die Originalität und Unabhängigkeit des eigenen Denkens demonstrieren kann, ohne daß von einem wirkliche Neuerungen verlangt werden. Schließlich stehen der Bereich der Untersuchung und die Rahmenbedingungen der Debatte bereits fest. So wie ein Kind, das einen Streit vom Zaun brechen will, muß der Kritiker lediglich ausrufen: »Nein, stimmt nicht!« Wenn jüngere oder weniger prominente Wissenschaftler mit jemandem in den Ring steigen, der bereits im Rampenlicht steht, können sie einen Grad an Aufmerksamkeit erregen, der auf anderem Wege nur schwer oder gar nicht zu erreichen ist.

Der junge Psychologe, der seine Beweggründe gegenüber dem renommierten Professor eingestand, war vermutlich nur insofern eine Ausnahme, weil er über ein ungewöhnliches Maß an Selbsterkenntnis verfügte und bereit war, sie zum Ausdruck zu bringen. Üblicher ist es, daß sich jüngere oder weniger prominente Wissenschaftler einreden, sie würden für die Wahrheit kämpfen und zu den wenigen zählen, die erkennen, daß der Kaiser keine Kleider hat. So beschreibt Jane Tompkins in dem oben erwähnten Aufsatz, wie sich eine junge Wissenschaftlerin und Kritikerin in die leidenschaftliche Überzeugung hineinsteigern kann, daß sie geradezu die moralische Pflicht habe, anzugreifen, weil sie auf der Seite des Guten gegen das Böse kämpfe. Wie der zögernde Held in dem Film *High Noon* meint sie, keine andere Wahl zu haben, als sich den Patronengurt umzuschnallen und zu schießen. Tompkins erinnert sich, daß am Beginn ihrer eigenen beruflichen Laufbahn ein Artikel stand,

> der mit einem Frontalangriff auf eine andere Wissenschaftlerin einsetzte. Beim Schreiben fühlte ich mich wie der Held in einem Western. Nicht nur hatte die Wissenschaftlerin a, b und c behauptet, sondern auch noch x, y und z vertreten! Das war ein klarer Fall von verbrecherischer Provokation!

Da ihr Angriff einer etablierten Wissenschaftlerin galt (»Die andere war berühmt, ich war es nicht. Sie unterrichtete an einer renommierten Universität, ich nicht. Sie hatte ein bedeutendes Buch veröffentlicht, ich nicht.«), war es eine Art »David-und-Goliath-Situation«, die bei Tompkins den Eindruck hervorrief, sie sei »berechtigt, mit allen mir zur Verfügung stehenden Mitteln auf die andere einzuschlagen«. (Das ist vergleichbar mit der Einstellung, die William Safire als seine Philosophie in der Sphäre des politischen Journalismus beschrieb: »Tritt die anderen, wenn sie oben sind.«)

Tompkins' Beschreibung der Geisteshaltung, aus der heraus Angriffe oftmals gestartet werden, zeigt, daß die angeblich angestrebte Objektivität häufig nur ein Vorwand ist. Es gibt zahlreiche andere Motive als die Suche nach der Wahrheit, die einen Kritiker dazu bewegen, mit einem anderen Wissenschaftler in eine Auseinandersetzung einzutreten. Zur Objektivität würde eine unparteiische Bewertung aller Thesen gehören. Doch es hat nichts Unparteiisches, wenn Wissenschaftler zu Felde ziehen, weil sie anderen Gelehrten unbedingt einen Fehler nachweisen wollen und dabei die anderen nicht nur zu Gegnern, sondern zu Schurken stilisieren. Sowohl in der akademischen Welt als auch in anderen Lebensbereichen erzeugt Anonymität Verachtung und Geringschätzung. Eine besonders gehässige Rhetorik findet man zum Beispiel häufig in »blinden« Rezensionen von Aufsätzen oder Manuskripten, die bei Fachzeitschriften und Verlagen eingereicht werden. Daß man die Arbeit von Kollegen rezensiert, ist ein Eckpfeiler akademischen Lebens. Reicht jemand einen Aufsatz bei einer Fachzeitschrift, ein Buch bei einem Verlag oder einen Antrag bei einer Förderinstitution ein, so wird die Arbeit an etablierte Wissenschaftler zur Begutachtung geschickt. Die Rezensenten bleiben anonym, damit sie ehrlich sein können. Aber anonyme Rezensenten nehmen oftmals einen herablassenden Ton an, wie ihn Menschen meist nur dann verwenden, wenn sie über einen Abwesenden sprechen – schließlich wendet sich das Gutachten ja nicht an den Verfasser. Aber im typischen Fall erhalten die Autoren eine Kopie des Gutachtens, und zwar vor allem dann, wenn ihre Arbeit abgelehnt wurde. Dies kann sich insbesondere auf junge Wissenschaftler, die am Beginn ihrer Laufbahn stehen, verheerend auswirken. So schrieb beispielsweise eine Soziolinguistin ihre Dissertation im Rahmen einer fest etablierten Forschungstradition: Sie nahm Gespräche in dem Unternehmen auf, in dem sie eine Teilzeitstelle hatte. Viele Vertreter unseres Forschungsgebiets sind überzeugt, daß man Gespräche am besten untersuchen kann, wenn man nicht »von außen« kommt, sondern den Beteiligten bereits vertraut ist. Wenn ein Fremder auftaucht und fragt, ob er Gespräche aufzeichnen darf, reagieren viele Menschen ängstlich und ändern möglicherweise ihr Kommunikationsverhalten. Der Verlag schickte das Manuskript an eine Rezensentin, die an andere Forschungsmethoden gewöhnt war. In ihrem ablehnenden Gutachten zu der Promotionsschrift schrieb sie über die junge Forscherin, diese habe »den auf Band aufgezeichneten Abfall von einem alten Job« verwendet.« Autsch! Womit läßt sich der herablassende Begriff »Abfall« rechtfertigen? Was bewirkt die Hinzufügung von »alt« zu »Job« – außer, daß man die Autorin kränkt? Wie Heathcliff (der Held in Emily Brontës Roman *Sturmhöhe*) wird auch diese angegriffene Person wohl nur das Negative vernehmen und vielleicht – wie Heathcliff – reagieren und das Feld vollständig räumen.

Die Streitkultur ist auch deshalb so weit verbreitet, weil es ganz leicht ist, sich zu streiten. Lynne Hewitt, Judith Duchan und Erwin Segal kamen in ihren Untersuchungen zu einem faszinierenden Ergebnis: Vortragende mit einer Sprachbehinderung, denen es schwerfiel, sich an anderen Formen der Interaktion zu beteiligen, waren imstande, an Streitereien teilzunehmen. Als sie das Kommunikationsverhalten geistig zurückgebliebener Erwachsener beobachteten, die in einem betreuten Wohnprojekt lebten, stellten die Forscher fest, daß die Bewohner häufig einen Streit anfingen, um das Gespräch zu verlängern. Es war eine Form von Geselligkeit. Am überraschendsten war, daß dies auch auf zwei Bewohner zutraf, die unter schweren Sprach- und Verständnisstörungen litten. Dennoch waren sie in der Lage, sich an verbalen Auseinandersetzungen zu beteiligen, weil Streitereien eine vorhersagbare Struktur haben.

Auch Akademiker wissen, daß man mühelos provozierende Fragen stellen kann, ohne besonders sorgfältig hinzuhören, zu lesen oder zu denken. Sogar ohne belastende Kenntnisse kann man als Kritiker auf alle Fälle über die Forschungsmethoden, den Umfang der angeführten Beispiele oder über all das klagen, was in einer Arbeit ausgelassen wurde. Um etwas untersuchen zu können, muß ein Wissenschaftler einen Teil des Forschungsgegenstandes isolieren und sein Blickfeld verengen: Nur so kann er seinen Gegenstand genau wahrnehmen. Man kann nicht einen ganzen Baum unter ein Mikroskop legen; man muß ein winziges Stück davon abtrennen, das man dann aus der Nähe untersucht. Das liefert Kritikern eine greifbare Waffe, die man jederzeit mit Leichtigkeit abfeuern kann: Man verweist einfach auf all die Teile, die nicht untersucht wurden. So wie die Mitglieder einer Familie oder die Partner in einer engen Beziehung wird jeder, der nach etwas sucht, auf dem er herumhacken kann, mühelos fündig werden.

Das alles heißt nun aber nicht, daß Wissenschaftler einander nicht kritisieren oder verschiedener Meinung sein sollten. Um es mit den Worten des englischen Dichters William Blake zu sagen: »Ohne Gegensätze gibt es keinen Fortschritt.« Entscheidend ist, daß man zwischen konstruktiven und nichtkonstruktiven Formen der Kritik unterscheidet. Einen Kollegen aufgrund empirischer Gründe zu kritisieren, ist der Beginn einer Diskussion. Wenn Forscher zu unterschiedlichen Ergebnissen kommen, können sie einen Dialog darüber führen, welche speziellen Methoden, Daten oder Analyseverfahren zu den unterschiedlichen Ergebnissen geführt haben. In manchen Fällen belegen Wissenschaftler, die eine bestimmte These widerlegen wollten, am Ende deren Richtigkeit – was auf Feldern, in denen es einzig um argumentative Auseinandersetzungen geht, nur in den seltensten Fällen vorkommt.

Ein höchst verblüffendes Beispiel dafür, wie Kontrahenten, die zunächst eine ketzerische These widerlegen wollten, diese am Ende bewiesen, lieferte das Thema »Ursache und Behandlung von Magengeschwüren«. Heute ist weithin bekannt und akzeptiert, daß Magengeschwüre von Bakterien verursacht und durch die hochdosierte Einnahme von Antibiotika geheilt werden können. Doch viele Jahre lang war die Heilung und Behandlung von Magengeschwüren ein ungelöstes Rätsel, weil alle Fachleute der Meinung waren, daß es sich bei einem Magengeschwür um den klassischen Fall einer psychosomatischen, durch Streß ausgelösten Krankheit handle. Der Magen sei, darin stimmten die Experten weiter überein, eine sterile Umgebung, das heißt, dort könnten überhaupt keine Bakterien leben. Deshalb suchten Ärzte und Pathologen im Magen kranker oder verstorbener Patienten auch nicht nach Bakterien, und wer dennoch auf Bakterien stieß, ignorierte sie einfach. Mit anderen Worten, die Mediziner nahmen nicht wahr, was sich ihren Blicken darbot, weil sie nicht glaubten, daß es da sein könnte. Als Dr. Barry Marshall, ein australischer Klinikarzt und Internist, Hinweise vorlegte, nach denen Magengeschwüre von Bakterien verursacht werden, glaubte ihm niemand. Am Ende wurden seine Ergebnisse von Forschern bestätigt, die ausgezogen waren, ihn des Irrtums zu überführen.

Der Fall der Magengeschwüre zeigt, daß es konstruktiv sein kann, sich die Überzeugung eines anderen vom Gegenteil zum Ziel zu setzen – wenn die Kontroverse tatsächlich von echten Meinungsverschiedenheiten angetrieben wird und wenn sie andere motiviert, aufs neue zu forschen. Wird das Bestreben, jemandem das Gegenteil zu beweisen, aber zu einer Gewohnheit, zu einem Selbstzweck, zum alleinigen Grund der Untersuchung, so sind die Ergebnisse unter Umständen weit weniger lohnend.

Glauben als Denken

»Das Zweifel-Spiel« – so bezeichnet der englische Professor Peter Elbow das, worin angehende Lehrer ausgebildet werden. Spielt man das Zweifel-Spiel, so nähert man sich der Arbeit von anderen, indem man nach Fehlern sucht. Das ist so ähnlich wie bei den akkreditierten Journalisten, die dem Präsidenten in der Hoffnung folgen, ihn beim Straucheln zu ertappen, oder wie bei dem Rechtsanwalt, der über die eidesstattliche Aussage eines Zeugen der anderen Prozeßpartei nachgrübelt und nach Widersprüchen sucht, die er ihm im Zeugenstand unter die Nase reiben kann. Es ist die Aufgabe eines Anwalts, die Zeugen der Gegenseite in Mißkredit zu bringen – aber ist es die Aufgabe eines Gelehrten, wie ein gegnerischer Anwalt mit seinen Kollegen umzugehen?

Elbow empfiehlt, an neue Ideen, zumal an solche, die von den eigenen abweichen, mit einer anderen Geisteshaltung heranzugehen: nämlich mit einer Haltung, die er »Glaubens-Spiel« nennt. Das bedeutet nicht, daß man ohne nachzudenken alles hinnimmt, was ein anderer sagt oder schreibt. Das wäre genauso oberflächlich wie ein Verhalten, bei dem man einfach aus Prinzip alles ablehnt, ohne darüber nachzudenken. Das Glaubens-Spiel bleibt ein Spiel. Es fordert nur dazu auf, ein kleines Experiment durchzuführen: Lies so, als ob du glaubtest, und warte ab, wie weit du damit kommst. Dann kannst du zurückgehen und dich fragen, ob du einzelne Elemente in dem Gedankengang, die ganze Argumentation oder die ganze Idee akzeptieren oder zurückweisen willst. Elbow empfiehlt nicht, daß wir überhaupt nicht mehr zweifeln sollten. Er sagt nur, daß wir nicht ausschließlich zweifeln sollten. Wir brauchen eine systematische und anerkannte Methode, mit der wir Stärken aufspüren und offenlegen können, ebenso wie wir über eine systematische und anerkannte Methode verfügen, um Fehler zu entdecken.

Uns Amerikaner muß man kaum dazu ermuntern, das Zweifel-Spiel zu spielen, weil wir es mit dem Streben nach Erkenntnis gleichsetzen und als ein Zeichen von Intelligenz betrachten. Elbow schreibt hierzu: »Wir neigen zu der Annahme, daß die Fähigkeit, eine These zu kritisieren, mit der wir nicht übereinstimmen, ein ernsthafteres geistiges Unterfangen darstellt, als die Fähigkeit, sich auf die These einzulassen und ihr vorübergehend zuzustimmen.« Es ist das Glaubens-Spiel, zu dem man anspornen muß und das man als ebenso ernstzunehmendes intellektuelles Bestreben anerkennen sollte.

Auch wenn Kritik zweifellos ein Teil des wissenschaftlichen Denkens ist, so ist sie doch nicht gleichbedeutend damit. Auch hier gilt: Das sorgfältig prüfende Urteilen auf – ablehnende – Kritik zu beschränken, bedeutet, daß man auf andere Formen sorgfältig prüfenden Urteilens verzichtet, die hilfreich sein könnten – zum Beispiel auf das Streben nach neuen Erkenntnissen, neuen Perspektiven, neuen Denkweisen, neuem Wissen. Wer Kritik übt, befreit sich von der lästigen Pflicht, integrativ zu denken. Sie hat außerdem den »Vorteil«, daß sie dem Kritiker das Gefühl vermittelt, intelligent zu sein, jedenfalls intelligenter als der vom Pech verfolgte Autor, dessen Arbeit wie Aas auseinandergepflückt wird. Doch hat Kritik stets einen Nachteil: Sie verringert die Wahrscheinlichkeit, daß der Kritiker aus dem Werk eines Autors etwas lernt.

Das ist die sokratische Methode – oder auch nicht?

Auch eine andere Gelehrte, die Philosophin Janice Moulton, bezweifelt die Nützlichkeit eines auf Gegensätzen beruhenden Denkens, das den alleinigen Weg zur Wahrheit bieten soll. Die Philosophie setzt, so Moulton, logisches Denken mit dem adversativen Paradigma gleich, bei dem es darum geht, daß man Behauptungen aufstellt und dann versucht, Gegenbeispiele zu diesen Behauptungen zu finden und Einwendungen zu erheben. Das Ergebnis ist eine Debatte zwischen Gegnern, die versuchen, ihre Ideen gegen die Gegenbeispiele zu verteidigen und Gegenbeispiele vorzubringen, welche die Ideen des Opponenten widerlegen. Im Rahmen dieses Paradigmas gilt, daß die beste Methode, das Werk eines anderen zu beurteilen, darin besteht, »es der stärksten oder extremsten Opposition auszusetzen«.

Aber wenn man einzelne Argumente abwehrt – ein negatives und defensives Unterfangen –, dann tritt man nie einen Schritt zurück und stellt sich nie aktiv eine Welt vor, in der ein anderes Ideensystem wahr sein könnte – ein positiver Akt. Und man stellt sich auch nie die Frage, wie größere Gedankensysteme miteinander verbunden sind. Moulton zufolge hat unsere Hinwendung zum adversativen Paradigma dazu geführt, daß wir den von Sokrates bevorzugten Argumentationstypus mißdeuten: Wir stellen uns die sokratische Methode so vor, als ob man mit ihr einen Kontrahenten systematisch dazu brächte, daß er einen Fehler einräumt. Das sei aber in erster Linie ein Weg, um einem Gegner einen Fehler nachzuweisen. Moulton zeigt, daß die ursprüngliche sokratische Methode – der *Elenchus* – dazu diente, andere zu überzeugen, sie aus ihren gewohnheitsmäßigen Denkweisen »herauszureißen« und zu neuen Erkenntnissen zu führen. Es ist wenig wahrscheinlich, daß unsere Version der sokratischen Methode – die adversative öffentliche Debatte – dazu führt, daß die Opponenten ihre Meinung ändern. Wer in einer Debatte unterliegt, schreibt die Niederlage meist der eigenen schwachen Leistung oder den unfairen Taktiken seines Gegners zu.

Sich bekämpfen, um zu wissen

Anne Carolyn Klein, eine Amerikanerin, die sich viele Jahre lang intensiv mit dem tibetischen Buddhismus befaßt hat, schloß sich einem Universitätsprogramm an, das der Untersuchung religiöser Fragen aus Sicht der Frauenforschung gewidmet war. Dabei kam sie mit der heutigen feministischen Theorie in Berührung, die, wie sie sehr schnell erkannte, in zwei sich bekämpfende »Lager« gespalten war. Dem einen Lager gehören jene an, die sich auf die Frage konzentrieren, in welcher Hinsicht sich Frauen von Männern unterscheiden. Von diesen Frauen betonen manche, daß die Verhaltensweisen und Eigenheiten der Frauen denen der Männer gleichwertig seien und in gleichem Maße respektiert werden müßten, während andere die Ansicht vertreten, daß die weiblichen Eigenheiten und Verhaltensweisen denen der Männer überlegen seien und größere Verbreitung finden müßten. Diese beiden Auffassungen, die man unter dem Begriff »Differenz-Feminismus« zusammenfaßt, stehen im Widerspruch zu den Anschauungen der Frauen, die dem anderen Lager angehören. Diese behaupten, Frauen seien von Natur aus nicht anders als Männer, so daß irgendwelche erkennbaren Unterschiede daraus resultieren, wie die Gesellschaft Frauen behandelt. Die Vertreterinnen dieses Lagers sehen also »das Geschlecht als gesellschaftliches Konstrukt«.

Klein erkannte, daß die Aufspaltung der feministischen Theorie in diese beiden Lager die im westlichen Kulturkreis vorherrschende Neigung zu starren Dichotomien widerspiegelt. Sich daran erinnernd, wie die buddhistische Philosophie getrennte Kräfte miteinander zu verbinden sucht, zeigt sie, daß sich aus beiden feministischen Auffassungen große Erkenntnisgewinne ziehen lassen – und daß in der Regel ohnehin beide Perspektiven innerhalb eines Individuums nebeneinander bestehen. Ein Beispiel: Obwohl in der akademischen Theorie die Konstrukt-Auffassung vom sozialen Geschlecht die Vorherrschaft gewonnen hat (deshalb haben wir die Bezeichnung »essentialistisch« für Vertreterinnen der diskreditierten Auffassung, jedoch kein weitverbreitetes Adjektiv, um die Anhängerinnen der Konstrukt-Anschauung herabzusetzen), »kämpfen die Feministinnen immer noch darum, die Gemeinsamkeiten zwischen Frauen zu erkennen und zu benennen, die das Interesse für die Situation von Frauen auf der ganzen Welt rechtfertigen und zu politischen und sozialen Bündnissen führen«. Klein fragt: »Warum gegen die gegenwärtigen Verhältnisse protestieren, wenn der Begriff ›Frau‹ nicht in irgendeiner Hinsicht mit Bedeutung erfüllt ist?« Sie zeigt auch, daß das eigentlich Essentialistische ebendiese Neigung ist, die unterschiedlichen Auffassungen über Frauen und Feminismus in zwei oppositionelle Lager zu spalten, weil dadurch komplexe Perspektiven zu allzu einfachen, monolithischen Vorstellungen reduziert werden. Das macht es auch leicht, die Arbeiten von anderen abzutun – und darüber zu streiten –, anstatt darüber nachzudenken.

Ausgehend von dem Bild der sich bekämpfenden Lager stellte die Journalistin Cynthia Gorney der Feministin Gloria Steinem einmal die Frage: »Welchen Standpunkt vertreten Sie in der gegenwärtigen Debatte über die Spaltung der feministischen Welt in einen ›Gleichheits‹- und einen ›Differenz‹-Feminismus – also in der Frage, ob man Frauen wie Männer oder als verschieden von Männern behandeln sollte?« Diese Frage trägt alle Züge des adversativen Theorierahmens: der Begriff »Debatte« und die Aufspaltung eines komplexen Forschungsbereichs in zwei entgegengesetzte Lager. Steinem antwortete:

[*Seufzt.*] Wie Sie wissen, bin ich schon jedem dieser Lager zugeordnet worden. Um so schwerer fällt es mir deshalb, diese Zweiteilung besonders ernst zu nehmen; denn ich fühle mich keinem der beiden Lager zugehörig – und vernehme diese Unterteilung auch nur von Frauen, die an Universitäten oder in den Medien arbeiten. Die Vorstellung von den zwei »Lagern« entspricht nicht meinen Erfahrungen. Für mich zeichnet sich ein konstruktiver Streit dadurch aus, daß man ein konkretes Problem betrachtet und fragt: »Was wollen wir dagegen unternehmen?« Nicht konstruktiv ist eine Auseinandersetzung dann, wenn man die Teilnehmer abzustempeln versucht: »Differenz«-Feministin, »soziale Geschlechts«-Feministin – das hat in bestimmten Situationen keine Bedeutung.

In dieser kurzen Äußerung weist Gloria Steinem unmißverständlich auf mehrere Aspekte der Streitkultur hin. Zum einen charakterisiert sie Akademiker und Journalisten als zwei Berufsgruppen, die gewohnheitsmäßig – und aus Eigeninteresse – Polarisierungen herbeiführen und Scheinkonflikte produzieren. Zum anderen verweist sie darauf, daß diese Einschätzung der Verhältnisse den Erfahrungen der meisten Menschen zuwiderläuft. Und schließlich zeigt sie, daß die Polarisierung von Problemen in einer »Debatte« oftmals mit einer »Abstempelung« der beiden Seiten einhergeht: Wenn man nämlich andere Personen »in einen Topf wirft« und mit einem Etikett versieht, kann es geschehen, daß man die Nuancen und Feinheiten ihrer Ansichten und Überzeugungen außer acht läßt. Individuen werden auf grob vereinfachte Ideen reduziert, zum Feind erklärt und dämonisiert.

Falsche Dichotomien sind häufig die eigentliche Ursache von Zwistigkeiten und Uneinigkeit.

Zweifel an der Grundannahme

Ich habe nicht vor, dem adversativen Paradigma, dem Zweifel-Spiel oder irgendwelchen Debatten einen Riegel vorzuschieben, sondern möchte sie alle erweitern: So wie ein ausgeglichenes Börsen-Portefeuille brauchen wir mehr als einen Weg zum angestrebten Ziel. Wer in Frage stellt, ob die Debatte wirklich der einzige oder gar der vielversprechendste Lernansatz ist, stößt auch deshalb auf große Schwierigkeiten, weil man es hier mit Prämissen zu tun hat, die wir und alle um uns herum für selbstverständlich halten. Ein prominenter Dekan an einer großen Forschungsuniversität sagte einmal zu mir: »Die Chinesen können keine bedeutenden Wissenschaftler hervorbringen, weil sie nicht öffentlich debattieren.« Diese Äußerung würden viele Menschen vermutlich als beleidigend empfinden. Sie würden ihr nicht nur deswegen widersprechen, weil sich darin eine Verallgemeinerung aller chinesischen Wissenschaftler verbirgt, sondern vor allem auch, weil sie eine abfällige Bewertung vornimmt. Ich würde allerdings auch die Annahme in Frage stellen, die diese Verallgemeinerung zur Kritik macht, nämlich die Überzeugung, daß man Ideen nur auf die Probe stellen und fortentwickeln kann, indem man öffentlich über sie diskutiert. Es mag durchaus zutreffend sein, daß es den meisten chinesischen Wissenschaftlern widerstrebt, an erbitterten öffentlichen Debatten teilzunehmen. Diese Abneigung hat meiner Ansicht nach nichts Ehrenrühriges; sie leitet sich her aus den kulturellen Normen Chinas, die von zahlreichen chinesischen und westlichen Beobachtern dokumentiert wurden. Aber wir wissen auch, daß das chinesische Volk viele große Wissenschaftler hervorgebracht hat. Die unrichtige Aussage des Dekans sollte uns an der Auffassung zweifeln lassen, daß Debatten den alleinigen Weg zur Erkenntnis darstellen.

Konsens erzielen durch Zwistigkeiten?

Die Kritikkultur, die auf dem Gebiet der wissenschaftlichen Forschung unsere Suche nach Wahrheit antreibt, ist mit dem verwandt, was ich in den institutionalisierten Bereichen der Politik, des Journalismus und des Rechts beschrieben habe. In diesen drei »Milieus« hat eine zunehmend kriegsähnliche Atmosphäre dazu geführt, daß viele Menschen, die bereits in diesen Bereichen tätig waren, ihren Beruf an den Nagel gehängt haben, und daß viele, die früher erwogen hätten, auf diesen Gebieten zu arbeiten, es inzwischen vorziehen, andere berufliche Wege zu beschreiten. Die Personen, die geblieben sind, freuen sich immer weniger darauf, morgens aufzustehen und zur Arbeit zu gehen. Außerdem verursachen die schimpfenden, wutschnaubenden Stimmen einen ohrenbetäubenden Lärm, der die vielleicht viel zahlreicheren Stimmen des Dialogs und der Vernunft übertönt. In unserem Rechtssystem erheben Kritiker Einspruch gegen das Prinzip des unbedingten Eintretens für den Mandanten, weil es einen zu hohen menschlichen Preis von jenen verlangt, die innerhalb des Systems tätig sind, und sie dazu zwingt, ihr Gewissen und die natürliche Neigung zum menschlichen Mitgefühl beiseite zu schieben – mit genau der gleichen Begründung lehnen manche Presseleute einen aggressiven Journalismus ab.

Die Kräfte, die auf diese beruflichen Felder einwirken, sind miteinander und mit anderen verwoben, die ich nicht erwähnt habe. So hat die zunehmende Zahl von Kunstfehlerprozessen zwar dazu geführt, daß Ärzte sorgfältiger arbeiten und daß die Opfer berechtigte Entschädigungszahlungen erhalten, aber auch dazu beigetragen, daß sich Arzt und Patient häufig als potentielle Gegner betrachten. Zugleich finden sich Ärzte in zunehmend adversativen Beziehungen mit der Health Medical Organisation (eine Art Krankenkasse) und Versicherungsgesellschaften wieder – ebenso wie die Patienten selbst, die heute die Art von Ratschlägen brauchen, die unter Überschriften angeboten werden wie: »Wenn Ihre Krankenkasse NEIN sagt: Wie Sie um die richtige Behandlung kämpfen – und gewinnen – können.«

Auch aus der Geschäftswelt wird berichtet, daß eine zunehmend feindliche Atmosphäre herrsche. Im Wirtschaftsleben gibt es natürlich die mittlerweile weit verbreiteten »feindlichen Übernahmen«. Hinzu kommen Prozesse zwischen den Unternehmen und ehemaligen Mitarbeitern. Aber auch im Alltag der Unternehmen gibt es mehr Konfrontationen. So erzählte mir ein Mann, der in einer großen Computerfirma im Silicon-Valley arbeitet, daß er solche Dinge täglich erlebe. Unter dem Vorwand, daß man Annahmen in Frage stellen und die Kreativität der Mitarbeiter fördern wolle, ermuntere man die Teilnehmer auf Besprechungen zu kritischen Äußerungen und verbalen Attacken. Tatsächlich aber, so meint der Mann, würden dadurch nur Streit und Hader gefördert. Am Ende sei dann möglicherweise die Geschäftsfähigkeit des Unternehmens gefährdet. So kenne er wenigstens ein Unternehmen, das praktisch handlungsunfähig wurde, weil man einen Konsens herbeizuführen versuchte, nachdem man zuvor eifrig Zwietracht gesät hatte.

Und wer bleibt übrig, um zu führen?

Sollte Ihnen das eben Gesagte wie eine Ausnahmeerscheinung in einer bestimmten Branche erscheinen, dann beachten Sie bitte: Eine vergleichbare Situation besteht auch im politischen Leben.

Die Kritikkultur bedroht unser Regierungssystem. Norman Ornstein, politischer Analyst am American Enterprise Institute, benennt die Gründe hierfür.

Für seine Einschätzung führt er einige erstaunliche Statistiken an. Zwischen 1975 und 1989 nahm bei den Bundesbehörden die Zahl der Angestellten, die wegen Korruption angeklagt wurden, um erschreckende 1211 Prozent zu. Während desselben Zeitraums verdoppelte sich die Zahl der angeklagten Staatsdiener außerhalb der Bundesbehörden. Wie kann man das interpretieren? fragt Ornstein. Bedeutet es, daß die Angestellten des Bundes während dieses Jahrzehnts weitaus bestechlicher waren als vor diesem Zeitraum? Das ist eher unwahrscheinlich. Denn alle systematischen Studien, wie auch anekdotische Hinweise, deuten auf das genaue Gegenteil hin: Die öffentlichen Bediensteten sind heute viel weniger korrumpierbar oder korrupt; die Zahl der Personen, die Bestechungsgelder entgegennehmen, sich im Dienst betrinken, sich auf unmoralische Weise verhalten oder ähnliches, nimmt ab.

Was zunimmt, ist die Kritikkultur. Die Presse steht angriffsbereit da, stürzt sich auf alles, was nach einem Skandal riecht, und räumt den Skandalen Vorrang vor jeder anderen Art von Nachricht ein. Auch die Kriterien, an denen ein Skandal gemessen wird, sind gesunken. Anschuldigungen machen Schlagzeilen, wobei es ganz unerheblich ist, woher sie stammen oder ob Beweise vorliegen, häufig werden sie nicht einmal ansatzweise überprüft. (Man denke nur an die Aufregung, als berichtet wurde, daß mehrere Flugzeuge Warteschleifen fliegen und die Reisenden Verspätungen in Kauf nehmen mußten, weil sich Präsident Clinton in der Air Force One auf dem Flughafen von Los Angeles die Haare schneiden ließ. Oder die Empörung, weil George Bush angeblich nicht wußte, was ein Supermarkt-Scanner ist. Beides stellte sich als falsch heraus.) Die politischen Gegner greifen diese Behauptungen auf, um den Opponenten zu diskreditieren oder zu Fall zu bringen. Die betrübliche Folge ist, daß Gesetze, die das sittliche Empfinden stärken sollten, die Moral in keiner Weise verbessert haben. Statt dessen haben sie das Regieren beinahe unmöglich gemacht. So lösen die unbewiesenen Behauptungen langwierige Untersuchungen aus, die ihrerseits rufschädigend sind und in der Öffentlichkeit den irrigen Eindruck erwecken, daß sich fortwährend fürchterliche Dinge abspielen.

Auch die Staatsanwälte und Sonderermittler sind Teil dieses Netzes, fährt Ornstein fort. Früher setzte sich ein ehrgeiziger Staatsanwalt vielleicht das Ziel, einen Kriminellen zu schnappen, der auf der FBI-Fahndungsliste der zehn meistgesuchten Verbrecher stand. Heute gerät er in Versuchung, sich einem Senator, Kabinettsmitglied – oder einem Vizepräsidenten – an die Fersen zu heften. Das sind die Fälle, die Aufmerksamkeit erregen und die mit Belohnungen winken.

Aber nicht nur die höchsten Regierungsangestellten, sondern auch die öffentlichen Bediensteten auf allen Ebenen sind gefährdet. Einmal sprach ich mit einem prominenten Vertreter der Kunstszene, den man aufgefordert hatte, einer Bundeskommission beizutreten. Als erstes mußte er einen Fragebogen ausfüllen – Seiten um Seiten mit detaillierten Fragen zum persönlichen, beruflichen und finanziellen Werdegang des eventuellen Kandidaten. Besonders interessierte man sich für alles, was peinlich sein könnte, wenn es an die Öffentlichkeit dringen würde. Die betreffende Person lehnte das Angebot einfach ab.

Das Beispiel dieses Künstlers ist typisch für die von Ornstein geschilderte Lage: Es ist beinahe unmöglich geworden, qualifizierte Leute für öffentliche Ämter zu bekommen; das gilt für die Nominierung von Kandidaten für höchste Führungspositionen bis hin zur Ernennung von Teilzeitkräften, ja sogar von ehrenamtlichen Mitarbeitern. Man mußte schon immer persönliche Opfer bringen, wenn man der Öffentlichkeit dienen wollte: Das Familienleben wurde in Mitleidenschaft gezogen, und man mußte Einkommenseinbußen in Kauf nehmen. Aber heute müssen alle, die einen solchen Schritt erwägen, zu einem noch größeren Opfer bereit sein, nämlich ihren Ruf aufs Spiel zu setzen. Wer heute ein öffentliches Amt übernimmt, kann nicht damit rechnen, daß es sein Ansehen fördert. Er muß im Gegenteil damit rechnen, daß seine Reputation darunter leidet, und zwar ganz unabhängig davon, ob er etwas getan hat, dessen er sich schämen muß oder nicht.

Auch das Familienleben wird Ornstein zufolge durch das äußerst langwierige Einstellungsverfahren stärker belastet. Während ein Kandidat auf seine Ernennung wartet, kann er nicht planen: die berufliche Zukunft des Ehepartners hängt in der Luft; die Kinder erwarten einen Schulwechsel; Häuser müssen gefunden oder gemietet, gekauft oder verkauft werden, was jedoch schwierig ist, weil es zu Verzögerungen im Bestätigungsprozeß kommt. Woran liegt es, daß sich die Einstellungsverfahren soviel länger hinziehen als früher? Jeder Schritt bei diesem Vorgang nimmt heute mehr Zeit in Anspruch: Präsidenten (und ihre Mitarbeiter) müssen sehr viel mehr Zeit auf die Auswahl eines potentiellen Kandidaten verwenden, um völlig sicher zu sein, daß es in seinem derzeitigen Leben oder seiner Vergangenheit keine dunklen Punkte gibt, die nicht nur den Kandidaten, sondern auch den Präsidenten in Verlegenheit bringen könnten. Hat man den Betreffenden dann endlich ausgewählt, dauert es Wochen oder Monate länger als früher, bis das FBI den Bewerber überprüft hat, weil auch das FBI später nicht blamiert dastehen will. Schließlich wird die Kandidatur dem Senat vorgelegt, wo die politischen Gegner des Präsidenten oder des Kandidaten nach moralischen Verfehlungen suchen, um die Nominierung abzuschmettern.

All diese Kräfte wirken zusammen und haben schlimme Folgen: Immer weniger qualifizierte Personen sind bereit, in den Staatsdienst einzutreten; wichtige Posten bleiben über lange Zeiträume unbesetzt; es entsteht ein Klima des Mißtrauens, das die Zweifel der Öffentlichkeit an der Moral von Politikern verstärkt; und eine erfolgreiche Führung unseres Landes wird ernsthaft behindert.

Wie Peter Morgan und Glenn Reynolds in ihrem Buch *The Appearance of Impropriety* aufzeigen, sind wir mittlerweile besessen vom geringsten Verdacht, jemand habe sich unziemlich verhalten. Unterdessen bleiben echte Makel oder mangelnde Eignungen unbemerkt. Wir sollten uns fragen, so wie Ornstein es tut, ob der Preis, den wir zahlen, um jedes öffentliche Amt mit moralisch absolut integren Personen zu besetzen, das Ergebnis lohnt. Ornstein bezweifelt (ebenso wie Morgan und Reynolds), daß wir dadurch das ehrenhafte Verhalten stärken und mehr geeignete Kandidaten bekommen.

Der geistige und seelische Preis

Was immer die Ursachen der Streitkultur sein mögen – und die vielen von mir erwähnten Ursachen sind sicherlich nicht die einzigen –, die schlimmste Folge ist der Schaden, den sie unserem Geist und unserer Seele zufügt. Die kontrovers geführten öffentlichen Auseinandersetzungen werden zum Vorbild für unser Verhalten und geben den Rahmen vor, in dem wir unsere Beziehungen zu anderen Menschen und zur Gesellschaft wahrnehmen.

Rufen wir uns in Erinnerung, wie die Jungen auf Tory Island lernten, es den Älteren gleichzutun:

> Überall schwärmten kleine Jungen herum, die die Männer imitierten, fluchten, sich aufplusterten, großspurig auftraten, drohten. Es war besonders faszinierend mitanzusehen, wie die Kinder die gesamte Verhaltenssequenz lernten. Sie ahmten alles nach, was die Männer taten, brüllten dasselbe, stolzierten herum und traten großspurig auf.

Die Verhältnisse auf Tory Island sind vielleicht aufgrund ihrer ritualisierten Form ein besonders krasses, aber durchaus kein abwegiges Beispiel. Wenn junge Männer in Gruppen zusammenkommen, beteiligen sie sich oft an symbolischen, rituellen Darbietungen ihrer Aggressivität, zu denen auch Imponiergehabe und Kämpfe gehören. Ich will den Vergleich nicht zu weit treiben, aber ich mußte unwillkürlich daran denken, daß das Verhalten der Jungen ein wenig dem Verhalten gleicht, das Journalisten und Rechtsanwälte in ihren eigenen »Stämmen« beobachtet haben: Die Zurschaustellung von Aggressionen, um den Kollegen zu imponieren, spielt häufig eine größere Rolle als die konkreten Ergebnisse.

Denken wir noch einmal an die Beobachtung des Juraprofessors Charles Yablon, der die Ansicht vertrat, daß junge Rechtsanwälte eine aggressive Haltung zu schätzen lernen, weil sie den »Kriegsgeschichten« ihrer erfahrenen Kollegen lauschen: Die alten Hasen schwärmen von den »glorreichen Siegen, die sie im Kampf um Urkundenvorlagen im Vorverfahren errungen haben – in Fällen, die letztendlich mit einem Vergleich endeten«. Viele erfahrene Prozeßanwälte, so Yablon,

finden Befriedigung in ihrer Arbeit, indem sie kleinere Streitigkeiten um die Bekanntgabe prozeßwichtiger Urkunden zu titanischen Kämpfen umdichten. Jüngere Anwälte, die überzeugt sind, daß ihre Karriere davon abhängt, wie beinhart sie zu sein scheinen, können durchaus zu dem Schluß kommen, daß es wichtiger ist, sich wild und grimmig zu gebärden als sich kooperativ zu zeigen, selbst wenn all dieses Aufgeblähe ihrer Sache eher schadet als nützt.

Vor diesem Hintergrund sollte man sich die Beobachtung einiger Journalisten ins Gedächtnis rufen, derzufolge sich ihre Kollegen oft dem Druck ausgesetzt fühlen, aggressive Fragen zu stellen, damit sie von den Kollegen anerkannt werden. So äußerte Kenneth Walsh, daß »es Status und Ansehen innerhalb des Journalismus erhöht«, wenn man herausfordernde Fragen stellt, denn damit »zeigt du, daß du abgebrüht und unabhängig bist«. So wie Juristen Kriegsgeschichten darüber austauschen, wie aggressiv sie auftraten (ob dieser Eindruck ihrem Mandanten nun half oder nicht), so erwirbt auch ein Journalist, der den amerikanischen Präsidenten herausfordert, bei den Kollegen die Aura eines Helden, wie Walsh bemerkt. Er erinnert sich an einen besonderen Vorfall, der diesen Punkt veranschaulicht.

Erinnern Sie sich, wie Brit Hume seine Frage… bezüglich des Zickzackkurses bei den Entscheidungsprozessen von Präsident Clinton stellte? Natürlich unterband der Präsident nach dieser einen alle weiteren Fragen, weil sie sich seiner Ansicht nach nicht ziemte. Alles, was von Ruth Bader Ginsburg und ihrer Amtsperiode in Erinnerung blieb, ist diese eine Frage von Brit Hume.

Sehen wir uns einmal das tatsächliche Wortgefecht an, das Brit Hume die Bewunderung seiner Kollegen einbrachte. Präsident

Clinton hatte eine Pressekonferenz anberaumt, um seine Nominierung der Richterin Ruth Bader Ginsburg an den Obersten Gerichtshof bekanntzugeben. Nachdem er sie vorgestellt hatte, sprach sie in bewegenden Worten über ihr Leben und schloß mit Worten des Dankes an ihre Familie: Sie erwähnte ihre Kinder, ihre Enkelin, ihren Ehemann und schließlich ihre Mutter, »den tapfersten und stärksten Menschen, den ich kenne und der mir viel zu früh genommen wurde«. Im Anschluß an diese Worte, die die Zuhörer zu Tränen rührten, wurden die Journalisten aufgefordert, ihre Fragen zu stellen. Die erste (und wie sich herausstellte, letzte) Frage stellte der Korrespondent Hume; sie lautete:

> Die zurückgezogene Nominierung von Guinier, Sir, Ihre offenkundige Konzentration auf Richter Breyer und Ihr, wie es scheint, später Wechsel zu Richterin Ginsburg könnte den – vielleicht unfairen – Eindruck hervorrufen, daß es in Ihrem Entscheidungsprozeß einen gewissen Zickzackkurs gab. Ich frage mich, Sir, ob Sie uns diese verschlungenen Wege irgendwie erklären und uns vielleicht von möglichen Irrtümern in dieser Hinsicht befreien könnten. Vielen Dank!

Diese Frage rief allen Anwesenden ins Gedächtnis – just in dem Augenblick des Triumphes und der Ehre, den Richterin Ginsburg erlebte –, daß sie nicht die erste Wahl des Präsidenten war. Zudem brach die Frage den Bann der bewegenden Ansprache, die die Richterin gehalten hatte, weil Hume die Aufmerksamkeit von dem feierlichen Anlaß auf die politischen Manöver lenkte, die zu Ginsburgs Nominierung geführt hatten; vor allem aber beinhaltete die Frage eine Kritik am Präsidenten – aber nicht aus einem inhaltlichen Grund (ob Judge Ginsburg eine gute Richterin am Obersten Gerichtshof abgeben würde), sondern aus einem strategischen (der Entscheidungsprozeß, durch den sie ausgewählt wurde). Deshalb beendete Präsident Clinton schließlich die Pressekonferenz mit den Worten: »Wie Sie nach dieser Ansprache von Richterin Ginsburg eine solche Frage stellen können, ist mir vollkommen schleierhaft.«

Was Brit Hume dazu veranlaßte, die Frage zu stellen, ergibt

sich aus Walshs Beobachtung, daß Journalisten eine Demonstration von Härte schätzen. Sich wegen der Empfindungen der Richterin Ginsburg – oder denen der Fernsehzuschauer – Sorgen zu machen, wäre nach dieser Auffassung das gleiche, als wenn sich ein Anwalt um das Zartgefühl eines Zeugen kümmerte, den er ins Kreuzverhör nehmen will. Doch öffentliche Feiern spielen im Gefühlsleben nicht nur der Teilnehmer, sondern auch der Zuschauer – einer enorm großen Gruppe im Fernsehzeitalter – eine Rolle. Die Zuschauer, die von Richterin Ginsburgs persönlichen Worten gerührt waren und an der Feier teilnahmen, fühlten sich ihr und damit auch unserem Rechtssystem verbunden. Dieses Gefühl der Verbundenheit mit Personen des öffentlichen Lebens, deren Handeln unser Dasein beeinflußt, spielt für das Gemeinschaftsgefühl des einzelnen und für sein Wohlbefinden eine zentrale Rolle. Daß der Journalist Brit Hume diesen Bann brach, schadete diesem Gefühl, und hat ein wenig zu dem beigetragen, was oft als Zynismus bezeichnet wird, in Wahrheit aber etwas viel Grundlegenderes ist – die Entfremdung von Personen des öffentlichen Lebens, die unser Leben und unsere Gesellschaft tiefgreifend beeinflussen.

Insofern ist die Wertschätzung, die ein angriffslustiges Gebaren genießt, mit einem anderen Thema verbunden, das sich durch alle von mir erörterten Bereiche zieht, nämlich dem Zusammenbruch menschlicher Beziehungen und der wachsenden Anonymität in der Gesellschaft. Oberstleutnant Grossman weist darauf hin, daß dies ein weiterer der vielen Aspekte war, durch den sich die Erfahrungen der amerikanischen Soldaten in Vietnam von den Erfahrungen in früheren Kriegen unterschieden. Erinnern Sie sich an meinen Onkel Norman, der im Alter von 87 Jahren immer noch die alljährlichen Treffen der »Jungs« besuchte, mit denen er im Zweiten Weltkrieg gemeinsam gedient hatte? Solche Treffen gibt es, weil, wie Grossman schreibt, die Soldaten, die an jenem Krieg teilnahmen, erst gemeinsam ausgebildet wurden und dann in den Krieg zogen und gemeinsam dienten. Wer nicht fiel oder verwundet wurde, blieb bei der Truppe, bis alle bei Kriegsende zusammen in die Heimat zurückkehrten. Es ist daher nicht verwunderlich, daß die Freundschaften, die sie geschmiedet hatten, ein ganzes Leben Bestand haben konnten. Vietnam war dagegen ein »einsamer Krieg« einzelner, die jeweils für zwölf Monate ständig wechselnden Einheiten zugeteilt wurden (13 Monate bei den Marines). Die Schilderung, die Grossman gibt, ist eindeutig und traurig:

> Die meisten Soldaten waren allein, ängstlich und ohne Freunde, als sie in Vietnam eintrafen. Der einzelne Soldat kam in eine Kampfeinheit, in der er als FNG galt, (»fucking new guy«), dessen Unerfahrenheit und Inkompetenz das weitere Überleben des Truppenteils gefährdeten. Ein paar Monate lang war er für kurze Zeit ein erfahrener Soldat, der sich mit einigen Freunden zusammenschloß und im Kampf gut »funktionierte«. Bald aber verließen ihn seine Freunde allzuoft durch Tod, Verwundung oder das Ende ihrer Dienstzeit... Abgesehen von den Eliteeinheiten waren die meisten Truppenteile lediglich eine Ansammlung von Männern, die ein ständiges Kommen und Gehen erlebten. So blieb von jenem »heiligen« Bund, der es Männern ermöglicht, das zu tun, was im Kampf erforderlich ist, nur noch ein zerbrochener und zerstörter Rest des stützenden Gebildes übrig, das die amerikanischen Veteranen in den früheren Kriegen kennengelernt hatten.

Dieser Kontext ist vielleicht besonders schmerzlich, aber das Grundmuster ist das gleiche, das man auf allen Gebieten des öffentlichen Dialogs beobachten kann. Erinnern wir uns an die Festtellung der Staatsanwältin Susan Popik: »Man trifft nicht mehr ständig auf dieselben Leute. Früher hat man sich bemüht, gut mit dem Richter auszukommen, weil man wußte, daß man wahrscheinlich spätestens in sechs Monaten wieder mit ihm zu tun haben würde.« Rufen Sie sich die Klagen der Journalisten ins Gedächtnis, daß das Pressecorps des Weißen Hauses eine viel zu große Gruppe sei: Die Reporter sind den Beratern und Politikern häufig unbekannt und werden auf Distanz zu den Führungspersönlichkeiten gehalten, über die sie berichten sollen – eingesperrt in einen kleinen Raum, zusammengepfercht im hinteren Teil des Präsidentenjets, bei öffentlichen Ereignissen hinter Absperrungen verbannt. Im Gegensatz dazu heißt es in den Erinnerungen derjenigen, die alt genug sind, um sich an ein kleines Pressecorps des Weißen Hauses zu erinnern: Die Mitglieder hatten freien Zugang zu den öffentlichen Gebäuden, führten zwanglose, informelle Gespräche mit Staatsbeamten, einschließlich dem Präsidenten und der First Lady, und lernten einander wirklich kennen – als Menschen. Und erinnern wir uns schließlich daran, wie sehr der scheidende Senator Heflin bedauerte, daß die Abgeordneten der Demokraten und Republikaner immer weniger Gelegenheiten hätten, gesellschaftlich miteinander zu verkehren, was in früheren Zeiten zu Freundschaften »jenseits der Partei und ideologischer Zugehörigkeit«, »zu mehr Offenheit« und »zur »Erörterung von Themen in herzlicher Atmosphäre« geführt habe. Zu diesen Entwicklungen zählt auch, daß es früher mehr Ärzte gab, die Hausbesuche machten. Heute sind an ihre Stelle überarbeitete Internisten oder Allgemeinmediziner getreten – wenn nicht gar eine anonyme Notaufnahme im Krankenhaus. Wenn man das Pech hat, sie zu brauchen, aber soviel Glück, sie zu Gesicht zu bekommen, stößt man meist auf ein Kader von Spezialisten, die nicht viel miteinander und mit uns schon gar nicht reden, oder auf Chirurgen, die Stunden darauf verwenden, unser Leben oder unsere Gliedmaßen zu retten, uns danach aber kaum eines Wortes oder Blickes würdigen.

In all diesen Bereichen ging mit großartigen Fortschritten auch ein Mehr an Anonymität und Getrenntheit einher – zwei Entwicklungen, die uns ein Stück Menschlichkeit rauben und einen fruchtbaren Boden für Feindseligkeiten schaffen.

Den Dualismus überwinden

Im Zentrum der Streitkultur steht unsere Gewohnheit, Themen und Ideen als absolute und unvereinbare Prinzipien anzusehen, die sich ständig in Opposition zueinander befinden. Um diese statische und einschränkende Betrachtungsweise zu überwinden, ist es hilfreich, sich die chinesischen Prinzipien von Yin und Yang in Erinnerung zu rufen. Auch das sind zwei Prinzipien, aber man betrachtet sie nicht als polare Gegensätze, sondern als Elemente, die koexistieren und so weit wie möglich in ein Gleichgewicht gebracht werden sollen. Die Soziolinguistin Suzanne Wong Scollon schreibt dazu: »Das Yin ist stets anwesend im Yang und wechselt in das Yang und umgekehrt.« Wie können wir diese abstrakte Vorstellung in unserem Alltag praktisch umsetzen?

Um die Neigung zum dualistischen Denken zu überwinden, können wir uns bemühen, nicht in Zweiergruppen zu denken. Die Autorin und Anthropologin Mary Catherine Bateson, die an der George Mason University lehrt, legt großen Wert darauf, in ihren Kursen drei, statt zwei Kulturen zu vergleichen. Ihrer Ansicht nach neigen die Studierenden beim Vergleich zweier Kulturen dazu, sich diese als Gegensätze vorzustellen. Wenn die Studierenden hingegen drei Kulturen vergleichen, werden sie jede einzelne eher an ihren ganz eigenen Maßstäben und Wertvorstellungen messen.

Wir alle könnten versuchen, mehr darauf zu achten, nicht nur über die »zwei Seiten« eines Themas, sondern über »alle Seiten« zu sprechen. Und Personen in allen Bereichen könnten sich bemühen, der Versuchung zu widerstehen, auf Details herumzuhacken, um einen »Treffer zu landen«. Wenn diese Einzelheit mit dem Hauptthema wirklich nichts zu tun hat, sollte man sich auf die Zunge beißen, einen Schritt zurücktreten und das ganze Bild betrachten. Nachdem man sich die Frage gestellt hat: »Inwiefern ist das falsch?«, könnte man (nicht statt dessen, sondern zusätzlich) fragen: »Was ist richtig daran?«

Was den öffentlichen Bereich betrifft, so könnten Produzenten von Fernsehtalkshows versuchen, wann immer möglich zu vermeiden, öffentliche Diskussionen als Debatten zu inszenieren. Das bedeutet, daß man die Präsentationsform vermeidet, bei der zwei Gäste das Für und Wider eines Themas erörtern. In manchen Fällen kann es erhellender sein, drei Gäste – oder einen Gast – einzuladen.

Ein Beispiel dafür, wie vorteilhaft es ist, noch einen dritten Gast einzuladen, lieferte eine Folge der *Diane Rehm Show* im National Public Radio; Thema der Sendung war, daß Anthony Lake seine Kandidatur als Direktor des CIA zurückgezogen hatte. Die Pressesprecherin des Weißen Hauses, Anne Lewis, behauptete, daß das Bestätigungsverfahren zunehmend von parteipolitischen Erwägungen und persönlichen Angriffen geprägt sei. Tony Blankley, der ehemalige Sprecher von Newt Gingrich, meinte, dieser Prozeß sei schon immer erbittert und mit harten Bandagen geführt worden. Zum Glück für die Zuhörerschaft gab es einen dritten Gast: den Historiker Michael Beschloss. Er betrachtete die Frage unter einem historischen Blickwinkel und erklärte, daß in dem unmittelbar vorausgehenden Zeitraum zwischen 1940 und 1990 die Anhörungen zur Bestätigung eines Kandidaten tatsächlich in einem milderen Klima stattgefunden hätten. In den 20er Jahren sowie in der zweiten Hälfte des 19. Jahrhunderts seien die Anhörungen allerdings ebenfalls ein »ziemliches Gemetzel« gewesen. Auf diese Weise kann ein dritter Gast, vor allem einer, der weder die eine noch die andere Seite vertritt, der Enttäuschung der Zuschauer entgegenwirken, wenn zwei Gäste entgegengesetzte Behauptungen aufstellen.

Auch japanische Talkshows zeigen, welche anderen Möglichkeiten denkbar sind. Die Soziolinguistin Atsuko Honda verglich drei unterschiedliche Talkshows über aktuelle Themen in Japan. Jede unterscheidet sich in auffälligem Maße von dem, was Amerikaner bei diesem Genre für selbstverständlich halten. (Allein die Tatsache, daß Honda drei – nicht zwei – Talkshows miteinander verglich, ist aufschlußreich.) Die japanischen Talkshows waren so gestaltet, daß ein adversativer Verlauf unwahrscheinlich war. Zwar kam es zwischen den Teilnehmern in jeder Talkshow zu heftigen Wortgefechten, was die Ideen des anderen betraf, doch wurden die strittigen Fragen nicht übermäßig polarisiert.

Betrachten wir die Struktur der drei Talkshows: An *Nichiyoo Tooron* (Sonntagsdiskussion) nahmen ein Moderator und vier Gäste teil, die eine Stunde lang über die Rezession in Japan diskutierten. Lediglich der Moderator arbeitete als Nachrichtenkommentator; zwei Gäste gehörten Forschungsinstituten an. In den anderen beiden Shows, die Honda untersuchte, ging es um die Beteiligung Japans an einer Friedensmission in Kambodscha. An der Sendung *Sunday Project* nahmen drei Gäste teil: ein Zeitschriftenredakteur und zwei Politikwissenschaftler. Die dritte Show umfaßte eine dreieinhalbstündige Diskussion mit 14 Experten, die an einem ovalen Tisch saßen. Das Studiopublikum, das aus 50 japanischen und kambodschanischen Studenten bestand, beteiligte sich ebenfalls an dem Gespräch, und auch die Fernsehzuschauer wurden aufgefordert, sich durch Anrufe oder Faxe zu Wort zu melden. Zu den Diskussionsteilnehmern gehörten unter anderem ein Geschichtsprofessor, ein Filmregisseur, ein Wissenschaftler, ein Nachrichtenredakteur und ein Abgeordneter des japanischen Parlaments.

Bei amerikanischen Talkshows ist es die Norm, für Ausgewogenheit zu sorgen, indem man zwei Experten auftreten läßt, die entgegengesetzte politische Richtungen vertreten: zwei Senatoren oder politische Berater (einer Mitglied der Republikaner, einer der Demokraten), zwei Journalisten (einer von der Linken, einer von der Rechten) oder zwei Experten (einer Pro, der andere Kontra). In diesen japanischen Sendungen traten mehr als zwei Gäste auf, und man hatte sie im Hinblick auf ihre Sachkenntnis, statt hinsichtlich ihrer politischen Ausrichtung ausgesucht. Eine weitere beliebte japanische Sendung, die häufig mit *ABC's Nightline* und der *Jim Lehrer News Hour* von PBS verglichen wird, heißt *Close-up Gendai*. Die japanische Sendung liefert jeden Abend eine halbe Stunde lang Analysen von Nachrichten und verwendet dabei eine Präsentationsform, die den amerikanischen Nachrichtensendungen ähnelt. Normalerweise tritt aber nur ein einziger Gast auf. Anders ausgedrückt: Bei den japanischen Shows wird ein breites Spektrum von Präsentationsformen eingesetzt, mit einem Gast oder drei Gästen oder mehr – nur nicht mit zwei Gästen, weil dieses Format am ehesten zur Polarisierung führt.

In den von Honda analysierten politischen Talkshows kam es häufig zu Meinungsverschiedenheiten und Konflikten. Doch während die Moderatoren von amerikanischen und britischen Talkshows häufig Konflikte provozieren und anheizen, um die Sendung interessanter zu machen, bemühten sich die japanischen Moderatoren – wie auch die anderen Gäste –, die Auseinandersetzungen zu schlichten und den Geist der Opposition zu mildern, ohne den Inhalt der Meinungsverschiedenheit aus den Augen zu verlieren. Wie dies funktioniert, soll ein letztes Beispiel illustrieren, das ich Hondas Studie entnommen habe.

Während der langen Diskussion unter den 14 Teilnehmern kam es zu einem Disput zwischen zweien: Shikata, ein früherer hochrangiger Offizier der japanischen Selbstverteidigungsstreitkräfte, unterstützte die Forderung, Truppen nach Kambodscha zu entsenden. Ihm widersprach der Historiker Irokawa, der die Ansicht vertrat, die Beteiligung dieser Streitkräfte verstoße gegen die japanische Verfassung. Dieses Wortgefecht wurde recht erbittert geführt:

SHIKATA: Warum ist es in Ordnung, Truppen zur schützenden Seite zu entsenden, aber nicht in Ordnung, sie zur beschützten Seite zu schicken?

IROKAWA: Weil wir die japanische Verfassung haben.

SHIKATA: Und warum ist das so, wenn wir die Verfassung haben?

IROKAWA: Nun ja, wir müssen uns an die Verfassung halten. Wenn Sie die Verfassung nicht befolgen wollen, sollten Sie Ihre japanische Staatsbürgerschaft aufgeben und woanders hingehen.

Das sind ziemlich starke Worte. Und sie wurden auch von starken Gesten begleitet: Honda zufolge schlug Shikata, als er seine Frage stellte, mit den Handflächen auf den Tisch; und Irokawa stieß bei seinen Erwiderungen mit dem Kugelschreiber in Richtung Shikata.

Dennoch nahm die Auseinandersetzung keinen erbitterten Ton an. Die Fernsehkameras lieferten Nahaufnahmen der Gesichter der beiden Männer – sie lächelten. In der japanischen und in der asiatischen Kultur hat das Lächeln andere Nebenbedeutungen als in der amerikanischen und europäischen: Meist bringt es nicht Belustigung, sondern Beschämung zum Ausdruck. Während Shikata und Irokawa lächelten, meldeten sich andere Diskussionsteilnehmer zu Wort, und alle redeten durcheinander – und brachen in Lachen aus. Das Gelächter diente dazu, die Konfrontation zu entschärfen – wie auch die laute Kakophonie der Stimmen, die losbrach, als mehrere Diskussionsteilnehmer auf einmal zu sprechen versuchten. Als man die einzelnen Stimmen schließlich wieder unterscheiden konnte, ergriffen die Teilnehmer nicht für die eine oder andere Seite Partei, sondern versuchten, in dem Konflikt zu vermitteln, indem sie beide Seiten gleichermaßen unterstützten und kritisierten. So sagte der Filmregisseur Oshima:

OSHIMA: Meiner Ansicht nach über- bzw. unterschätzen beide Seiten die Tatsachen, und zwar weil sie sich mit ihrem Argument durchsetzen wollen.

Nach Atsuko Honda ist dies typisch für die von ihr analysierten Fernsehdiskussionen. Sobald zwischen zwei Parteien ein deutlicher Konflikt entstand, schalteten sich häufig andere Teilnehmer ein und versuchten zu schlichten. Auf diese Weise halfen sie allen Beteiligten, »das Gesicht« zu wahren, und unterstützten das japanische Ideal, das Sieger und Verlierer nach Möglichkeit vermeidet. Diese Vermittlungsbemühungen verhinderten nicht, daß verschiedene Auffassungen geäußert wurden, sondern führten im Gegenteil dazu, daß man besonders vielfältige Ansichten vorbrachte. Wenn zwei Seiten die Bedingungen der Debatte festlegen und die folgenden Kommentare die eine oder andere Seite unterstützen, wird die Bandbreite der angebotenen Erkenntnisse von den ursprünglichen beiden Seiten eingeschränkt. Aber wenn das Ziel darin besteht, zu vermitteln und die Polarisierung zu entschärfen, dann melden sich die anderen Diskussionsteilnehmer eher mit einem breiten Spektrum von Einschätzungen zu Wort, die ein differenziertes Licht auf die ursprünglichen beiden Seiten werfen oder auch völlig neue Problemansätze nahelegen.

Von der Debatte zum Dialog

Viele der hier erörterten Fragen sind auch für Amitai Etzioni und andere Vertreter des Kommunitarismus von Interesse. In seinem Buch *Die Verantwortungsgesellschaft* schlägt Etzioni »Regeln der Beteiligung« für die öffentliche Diskussion vor, damit der

Dialog zwischen Personen mit unterschiedlichen Auffassungen konstruktiver wird. Diese Regeln sollen den Grundsatz widerspiegeln und verstärken, daß Menschen, deren Ideen sich widersprechen, immer noch Mitglieder ein und derselben Gemeinschaft sind. Zu diesen Regeln gehören:

- Dämonisiere nicht diejenigen, die anderer Meinung sind.
- Verletze nicht ihre tiefsten ethischen Prinzipien.
- Sprich weniger von Rechten, die nicht verhandelbar sind, sondern mehr von Bedürfnissen, Wünschen und Interessen.
- Lasse einige Streitpunkte aus.
- Tritt in einen Dialog der Überzeugungen ein: Sei nicht so vernünftig und versöhnlich, daß du die Verbindung mit dem Kern der Überzeugungen verlierst, für die du leidenschaftlich eintrittst.

Wie ich in den vorhergehenden Kapiteln betont habe, sollten die Verantwortlichen aller Medien einmal darüber nachdenken, ob sie nicht – zumindest manchmal – Kommentatoren bevorzugen sollten, die von sich sagen, daß sie weder die eine noch die andere Seite uneingeschränkt unterstützen. Vielleicht wäre es besser, wenn in Informationssendungen nur ein Gast aufträte, dem man die Gelegenheit gibt, eine Idee gründlich zu erkunden, als zwei Gäste, die sich gegenseitig davon abhalten, die eine oder andere Auffassung genauer zu untersuchen. Wenn ein Produzent meint, daß zwei Gäste mit radikal verschiedenen Auffassungen tatsächlich die angemessensten sind, könnte er sich fragen, ob das Thema in der konstruktivsten Weise gerahmt ist. In einem solchen Fall könnte man einen dritten oder vierten Teilnehmer einladen, der die polare Sichtweise abmildern würde.

Vielleicht ist es an der Zeit, die Annahme zu überprüfen, daß Zuschauer am liebsten einen Streit sehen. In ihrer Besprechung eines Buchs über die Geschichte der Zeitschrift *National Geographic* äußert sich Marina Warner abschätzig darüber, daß die Zeitschrift keine kritischen Artikel bringe. Warner zitiert den Herausgeber, der 1915 schrieb: »Wir werden nur Freundliches über Länder oder Menschen drucken, alles Unfreundliche oder unangemessen Kritische wird vermieden.« Warner bezeichnet diesen redaktionellen Ansatz herablassend als »schönrednerische Wohlfühl-Philosophie« und gelangt zu dem Schluß, daß »der tiefsitzende Wunsch, niemanden zu kränken, die Zeitschrift häufig langweilig gemacht hat«. Aber die Fakten strafen die Kritikerin Lügen. Der *National Geographic* gehört zu den erfolgreichsten Zeitschriften überhaupt – die Auflage beträgt »über zehn Millionen, und die Leserschaft ist Umfragen zufolge viermal so groß«, wie es in derselben Rezension heißt.

Vielleicht ist es auch an der Zeit, unsere Verherrlichung der Debatte als dem besten, wenn nicht einzigen Mittel des Untersuchens in Frage zu stellen. Das Debattenformat führt dazu, daß wir jene, die andere Forschungsansätze vertreten, feindlichen Lagern zuordnen. Eine solche Konzeptionalisierung unterschiedlicher Ansätze erscheint uns besonders reizvoll, weil Dichotomien unserer Vorstellung von einer angemessenen Wissensorganisation entsprechen.

Und was ist daran falsch?

Falsch ist daran, daß es unterschiedliche Forschungsbereiche voneinander abtrennt und Aspekte unkenntlich macht, die sich überschneiden und sich gegenseitig erhellen können.

Falsch ist daran, daß es die Komplexität von Forschungen verdunkelt. Um Ideen in ein bestimmtes Lager einzupassen, muß man sie grob vereinfachen. Die Folge sind auch hier Fehleinschätzungen und Verzerrungen. Weniger, nicht mehr Wissen wird gewonnen. Und die Zeit, die man darauf verwendet, Angriffe zu starten oder Angriffe abzuwehren, kann man nicht mit anderen Unternehmungen verbringen – zum Beispiel mit wirklich innovativer Forschung.

Falsch ist daran, daß es die Auffassung impliziert, es gebe nur einen einzigen, richtigen Ansatz, obwohl es in den meisten Fällen viele Zugänge gibt. Ein Kollege formulierte das so: »Die meisten Theorien sind nicht falsch in dem, was sie behaupten, sondern in dem, was sie bestreiten.« Die Verfechter einer Theorie klammern sich an das Bein des Elefanten und behaupten lauthals, daß derjenige, der den Schwanz beschreibt, im Irrtum sei. Das dürfte weder den Forschern noch ihren Lesern helfen, besser zu verstehen, was ein Elefant ist. Auch hier gibt es Parallelen zu zwischenmenschlichen Beziehungen. Mir fällt ein Mann ein, der gerade von einem Wochenendseminar über Persönlichkeitsentfaltung zurückgekehrt war. Enthusiastisch erklärte er mir die wichtigste Lektion: »Ich muß anderen nicht zeigen, daß sie unrecht haben, um zu beweisen, daß ich recht habe.« Er hatte diese Erkenntnis als ungeheure Erleichterung empfunden; sie befreite ihn von der Last, anderen ständig Fehler nachweisen zu müssen.

Beschränkt man die Betrachtung eines Problems darauf, zwischen zwei Seiten zu wählen, dann weist man zwangsläufig viel Wahres zurück. Außerdem verengt sich das Blickfeld auf die Begrenztheit dieser beiden Seiten, so daß es unwahrscheinlich ist, daß man einen Schritt zurücktritt, sein Blickfeld erweitert und den Paradigmenwechsel erkennt, der eine wirklich neue Erkenntnis ermöglicht.

Wenn wir die begrenzte Perspektive der Debatte aufgeben, so heißt das nicht, daß wir Auseinandersetzungen und Kritik völlig aufgeben müßten. Ganz im Gegenteil. Wir könnten differenziertere – und konstruktivere – Formen entwickeln, um Opposition auszudrücken und über abweichende Meinungen zu verhandeln.

Wir müssen unsere Phantasie und unseren Einfallsreichtum spielen lassen, um neue Wege der Wahrheitssuche und des Erkenntnisgewinns zu finden. Wir müssen unser Arsenal – oder vielleicht sollte ich sagen, die Zutaten für unseren Eintopf – erweitern. Es wird viel Kreativität erfordern, den gefährlichsten Klingen der Streitkultur die Spitze zu nehmen. Aber wir müssen diese Herausforderung annehmen, weil unser öffentliches und unser privates Leben auf dem Spiel stehen.

Dank

Über das zentrale Thema dieses Buchs habe ich erstmals im Dezember 1993 anläßlich eines kurzen Vortrages gesprochen, den ich am Renaissance-Wochenende im Hilton Head, North Carolina, vor einem allgemeinen Publikum hielt. Ich hatte zehn Minuten Zeit, um etwas darüber zu erzählen, »Was mich in letzter Zeit geärgert hat«. Ich hatte keine Ahnung, wie man meine Gedanken zu diesem Thema aufnehmen würde. Die begeisterte Reaktion ermutigte mich, die Forschungsarbeiten aufzunehmen, die zu diesem Buch führten, und zu untersuchen, wie das, was ich als »Kritikkultur« der akademischen Welt bezeichnet hatte, für die Gesellschaft als Ganzes zutraf. Deshalb möchte ich zunächst Phil und Linda Lader dafür danken, daß sie mich zu dieser einzigartigen Zusammenkunft eingeladen hatten, ebenso wie all den großzügigen Teilnehmern, die mir zu verstehen gaben, daß ich auf dem richtigen Weg war.

Gestärkt durch ihre Reaktionen schrieb ich einen Essay über dieses Thema und reichte ihn bei der *New York Times* ein. Ich danke den Redakteuren der *New York Times*, die diesen ersten Vorstoß unter dem Titel »The Triumph of the Yell« im Januar 1994 veröffentlichten.

Im Laufe der folgenden Jahre, als ich diese Ideen weiterentwickelte und die Studien betrieb, die zu diesem Buch führten, war es von unschätzbarem Wert für mich, daß ich meine Arbeit auf wissenschaftlichen Tagungen vorstellen und Seminare über das Thema an der Georgetown University abhalten konnte. Kollegen, die meine Vorträge hörten, und Studenten in meinen Seminaren haben mir wichtige Anregungen gegeben, mich auf bedeutsame Forschungsergebnisse aufmerksam gemacht und mein Interesse durch ihr eigenes angespornt. Zu besonderem Dank bin ich einigen Studenten in meinen Seminaren verpflichtet, deren Engagement für das Thema einen wesentlichen Bestandteil meiner Arbeit bildete: Heidi Beall, Jeff Deby, Hiroko Furo, Debra Graham, Sage Graham, Atsuko Honda, Jessica Mackenzie, Keller Magenau, Nancy Marwin, Lee Ann McNerney, Ralitsa Mileva, Sigird Norris, Kanako Ohara, Winnie Wing Fung Or, Eden Springer, Camelia Suleiman, Katharine Thomas Trites, Yuko Takakusaki, Meihui Tsai, Virginia Yelei Wake, Keli Yerian. Keller Magenau spielte eine ganz besondere Rolle als Forschungsassistentin für den Abschnitt über das Justizwesen. Sie war es, die viele der in dem Kapitel genannten Quellen entdeckt hat. Meine Ausführungen zum Sport wurden grundlegend von Jeff Deby beeinflußt, der mich auch zu der im Kapitel genannten Literatur führte. Keli Yerian half mir bei der Erforschung der anthropologischen Frage, wie man in anderen Kulturen mit Konflikten umgeht.

Meine Assistentin Eve Burnett hat mir in der Anfangsphase kompetenten Beistand bei der Suche nach relevanten Materialien geleistet. Ihr Nachfolger David Robinson stand mir mit seinem Talent und Engagement zur Seite, als die heiße Endphase des Aufspürens und Überprüfens von Quellen und Literaturhinweisen ausbrach. Ich danke der Georgetown University, die mir die wertvolle Hilfe dieser Assistenten ermöglichte und die mich nicht nur in den letzten Jahren, sondern seit fast zwei Jahrzehnten auf vielfältige Weise unterstützt. Mein besonderer Dank geht an den Präsidenten Leo O'Donovan, den Dekan Richard Schwartz und den früheren Dekan James E. Alatis. Dank auch an meine Kollegen im Fachbereich Linguistik.

Ich danke Freunden und Kollegen für ihre großzügige Bereitschaft, einen umfangreichen frühen Entwurf dieses Buches zu lesen und zu kommentieren: A.L. Becker, Amitai Etzioni, Harriet Grant, Karl Goldstein, Susan Philips und David Wise. Ich danke auch jenen, die Teile des Manuskripts gelesen und so zu seiner Verbesserung beigetragen haben: Sally Arteseros, Tom Brazaitis, Adrienne Davis, David Luban, Michael Macovski, Judy Mann, Marjorie Margolies-Mezvinsky, Carrie Menkel-Meadow, Patricia O'Brien, Bekah Perks, David Robinson, Richard Starnes, Naomi Tannen und Joan Williams.

Viele Menschen, die mir wertvolle Beispiele lieferten, sind im Buch namentlich erwähnt: Ich danke ihnen und den vielen anderen, die nicht genannt werden, ebenso wie all jenen, deren Unterstützung und Einsichten auf andere Weise in dieses Buch miteingeflossen sind: Thomas C. Albro II, Terri Allen, Susan Baer, Cheryl Chase, Carrie Crockett, Tom Dyja, Paul Ekman, Fred Erickson, Ralph Fasold, Richard Giannone, Karl Goldstein, Jerry Groopman, Rom Harré, Warren Hern, Caleen Sinette Jennings, Carl Jennings, Christina Kakavy, Shari Kendall, David Larson, Lewis Libby, Mary Maggini, Joshua Marx, Nancy Marx, Barbara McGrael, Sarah Diane McShea, Yoshiko Nakano, Susie Napper, Joseph P. Newhouse, Renee O'Brien, Patricia O'Connor, Peter Patrick, June Phillips, Livia Polanyi, Dorothy Ross, Karin Ryding, Ron Scollon, Suzanne Wong Scollon, Miriam Tannen, Merrilyn Astin Tarlton, Lenore Weitzman, Etsuko Yamada, Haru Yamada.

Die Zusammenarbeit mit meiner Lektorin, Deb Futter, war eine Freude, eine wertvolle Quelle der Anleitung und Ermutigung. Ihre ansteckende Begeisterung für das Buch war ein Geschenk für mich. Ich danke meiner Agentin Suzanne Gluck für das unermüdliche Engagement, mit dem sie dieses Projekt und alle anderen Projekte begleitet hat, seitdem sie mir den Vorschlag machte, daß ich *Du kannst mich einfach nicht verstehen* schreiben sollte.

Schließlich danke ich auch meinen Freunden und Kollegen für ihre Geduld und für ihr Verständnis, als ich mich von den normalen Interaktionen und Verpflichtungen des Lebens zurückzog, um mich ganz in die Arbeit an diesem Buch zu vergraben. Sie alle haben mir auf ihre ganz spezielle Weise ungeheuer geholfen. Und ich danke auch diesmal wieder meiner Familie, ohne die ich mir nicht vorstellen könnte, irgend etwas zu tun oder tun zu wollen: meinen Eltern, Dorothy und Eli Tannen, die in ihrer unerschütterlichen Liebe immer für mich da waren; meinen Schwestern Miriam und Naomi, denen dieses Buch gewidmet ist (ebenso wie mein erstes Buch, das ich vor mehr als zwei Jahrzehnten schrieb); meinen angeheirateten Verwandten, Addie und Al Macovski und Nancy Marx und meinem Ehemann Michael Macovski – Lebenspartner, Liebespartner und intellektueller und spiritueller Freund.

Anmerkungen

Hinweis: Die in Kurzform zitierten Quellen finden sich in voller Länge im Literaturverzeichnis.

1. Das Leben ist Kampf

15. »*Kritikkultur*«: Ich habe diesen Begriff erstmals in einem Op-ed-Essay verwendet: »The Triumph of the Yell«, *The New York Times*, 14. Jan. 1994, S. A29.

15. »*Es gibt Momente im Leben*«: Charles Simic, »In Praise of Invective«, *Harper's*, Aug. 1997, S. 24, 26–27; das Zitat stammt von S. 26. Bei dem Absatz handelt es sich um einen Auszug aus *Orphan Factory* (Ann Arbor: University of Michigan Press, 1997). Ich danke Amitai Etzioni für den Hinweis auf diesen Beitrag.

16. Sowohl der Begriff »Agonismus« als auch der Ausdruck »programmierte Streitsucht« stammen von Walter Ong, *Fighting for Life*.

19. *Kreatianismus*: Siehe u.a. Jessica Mathews, »Creationism Makes a Comeback«, *The Washington Post*, 8. April 1996, S. A21.

20. »*Es gibt Leute, die das anzweifeln.*« Lipstadt, *Leugnen des Holocaust*, S. 53. Lipstadt zitiert *Esquire*, Feb. 1983, für das Interview mit Mitchum.

21. *das unerträgliche, das unverantwortliche Ergebnis*: siehe Nicholas Wade, »Method and Madness: The Vindication of Robert Gallo«, *The New York Times Magazine*, 26. Dez. 1993, S. 12, und Elaine Richman, »The Once and Future King«, *The Sciences*, Nov.-Dez. 1996, S. 12–15. Die Ermittlungen im Fall Gallo gehörten zu einer ganzen Serie von übereifrigen Untersuchungen gegen das angebliche Fehlverhalten von Wissenschaftlern – alle endeten mit einer Entlastung der Beschuldigten, aber nicht ohne zuvor immenses persönliches Leid und berufliche Nachteile für die Betroffenen verursacht zu haben. Zu den Kollegen von Gallo, die ähnlich schika-

niert wurden, zählten zum Beispiel Mika Popovic, die Immunologin Thereza Imanishi-Kari und ihr Koautor, der Nobelpreisträger David Baltimore (der selbst nicht beschuldigt wurde, aber berufliche Nachteile erlitt, weil er Imanishi-Kari verteidigte). Zu Popovic siehe Malcolm Gladwell, »Science Fiction«, *Washington Post Magazine*, 6. Dez. 1992, S. 18–21, 49–51. Zu Imanishi-Kari und Baltimore siehe *The New Yorker*, 27. Mai 1996, S. 94–98 ff.

23. *potentiell unendlichen Liste*: Randy Allen Harris, *The Linguistics Wars* (New York: Oxford University Press, 1993); »The Science Wars«, *Newsweek*, 21. April 1997, S. 54, »The Mammogram War«, *Newsweek*, 24. Feb. 1997, S. 54; »Party Wars«, *New York*, 2. Juni 1997, Titel. Der Untertitel des letzten Artikels lautete: »In der Schlacht um den Appetit der New Yorker Elite ziehen die Top-Caterer ihre weißen Handschuhe aus und wetzen die Messer.«

23. »Die Demokraten schicken Clinton«*: The New York Times*, 29. Aug. 1996, S. A1.

25. »*Wir laufen Gefahr…*«*:* Keller, *Liebe, Macht und Erkenntnis*, S. 167. Einen weiteren derartigen Fall schildert der Paläontologe Stephen Jay Gould in seinem Buch *Zufall Mensch* am Beispiel des Burgess-Schiefers – einer spektakulären Ablagerung von 530 Millionen Jahre alten Fossilien. Der erste Wissenschaftler, der diese Fossilien 1909 untersuchte, übersah die Bedeutung des Fundes: »Kurz gesagt, er ordnete noch das letzte Burgess-Tier einer neuzeitlichen Gruppe zu, denn er sah in der Fauna insgesamt eine Ansammlung von primitiven oder frühen Versionen späterer, verbesserter Formen« (S. 22). Als die Fossilien Jahre später von anderen Wissenschaftlern betrachtet wurden, ergab sich ein ganz anderes Bild: Eine Fülle von Lebensformen, die weit vielfältiger und zahlreicher waren als das, was heute existiert. Die frühen Wissenschaftler erkannten nicht, was direkt vor ihrer Nase lag, weil sie, wie Gould aufzeigt, ein bestimmtes Bild von der Evolution hatten: Sie sahen sie als linearen Marsch des Fortschritts, der vom Alten und Primitiven zum Neuen und Komplexen voranschreitet, und unweigerlich zum Menschen als dem Glanzpunkt hochentwickelter Komplexität führt. Die als selbstverständlich geltende Metapher von »dieser Pyramide zunehmender Komplexität« verhinderte, daß die Wissenschaftler sahen, was tatsächlich da war.

27. »*Showdown im Lincoln Center*«: Peter Watrous, »The Year in the Arts: Pop & Jazz 1994«, *The New York Times*, 25. Dez. 1994, Sec. 2, S. 26.

28. »*die Kraftprobe zwischen*«: Jack Kroll, »Und in dieser Ecke...«, *Newsweek*, 10. Feb. 1997, S. 65.

29. *Zwist zwischen zwei Sportlerinnen*: Harding wurde zwar etwas stärker dämonisiert und als grobschlächtige, unweibliche »Böse Hexe aus dem Westen« dargestellt (George Vecsey, »Let's Begin the Legal Olympics«, *The New York Times*, 13. Feb. 1994, Sec. 8, S. 1), aber auch Kerrigan wurde als kalt und überheblich, als »Eisprinzessin« verunglimpft.

29. »*lang erwartetes Duell*«: Jere Longman, »Kerrigan Glides Through Compulsory Interview«, *The New York Times*, 13. Feb. 1994, Sec. 8, S. 9.

29. *die* » *Rivalität zwischen ...*«: Paul Farhi, »For NBC, Games Not Just for Guys; Network Tailors First Coverage to Entice Women to Watch«, *Washington Post*, 26. Juli, 1996, S. A1.

31. »*Meine Zeit ist zu kostbar*«: *Washington Post Book World*, 16. Juni 1996, S. 14.

34. *sogar Richter*: Die Zeitschrift *Washingtonian*, Juni 1996, veröffentlichte eine Rangliste von Richtern.

34. *Die Ohio State University protestierte*: Brief an den Herausgeber von Malcolm S. Baroway, Executive Director, University Communications, *Time*, 3. Okt. 1994, S. 14.

35. Die Geschlechterfrage überlagert das Talkshow-Beispiel: Die Anruferin wünschte, sie hätte den Mut, sich einem Mann entgegenzustellen, und hielt ihre übliche Sprechweise für einen Beweis ihrer Unsicherheit. Die Interpretation wird von unseren Annahmen über Männer und Frauen gefördert. Viele Menschen, einschließlich Wissenschaftler, unterstellen, daß Frauen unsicher seien, deshalb sucht man in ihren Sprechweisen nach Anzeichen von Unsicherheit. Das führt häufig dazu, daß der Kommunikationsstil von Frauen nicht an seinen ganz eigenen Kriterien, sondern am männlichen Kommunikationsstil gemessen wird, so daß Frauen letztlich als Mängelwesen bzw. als »mangelhafte Männer« bewertet werden.

37. »*Immer provozierend, manchmal zur Weißglut reizend*«: Jill Nelson, »Fighting Words«, Rezension zu Ishmael Reed, *Airing Dirty Laundry*, *The New York Times Book Review*, 13. Feb. 1994, S. 28.

37. *Der renommierte Journalist*: John Krich, »To Teach is Glorious: A Conversation with the New Dean of Cal's Journalism School«, Orville Schell, *Express*, 23. Aug. 1996, S. 1, 14–16, 18, 20–22. Die Äußerung stammt von S. 15.

37. *Viele Kulturen haben Rituale entwickelt*: Siehe Schlegel und Barry, *Adolescence*.

38. *»Demokratie beginnt im Gespräch«*: *Dialogue on John Dewey*, hrsg. von Corliss Lamont (New York: Horizon Press, 1959), S. 88. Ich danke Pete Becker für diesen Hinweis.

40. *Auch im Dialog gibt es:* Diese Einsicht stammt von Walter Ong, der feststellt: »Es gibt dabei durchaus Opposition, aber keine Frontalzusammenstöße, die den Dialog beenden.« (Natürlich muß der Dialog mitunter beendet werden, aber das ist eine andere Geschichte.) (*Fighting for Life*, S. 32).

2. Beide Seiten kommen im Kampf groß raus: Die Streitkultur und die Presse

41. Die »ERGREIFEN SIE PARTEI!«-Anzeige erschien in *The Washington Post*, 24. Febr. 1997; die Anzeige für *Crossfire* in *Newsweek*, 6. Mai 1996.

42. *»Wenn man an ›Guggenheim‹ denkt«*: *Newsweek*, 13. Jan. 1997, S. 68–70; das Zitat stammt von S. 69.

43. »EIN KLASSISCHES MATCH«: *Newsweek*, 10. Feb. 1997, S. 47, 49.

43. *In einer einzigen Ausgabe*: *Newsweek*, 10. März 1997; die Zitate stammen von S. 39, 48 u. 45.

44. Lingua Franca *Debatten*: Janny Scott, »At Home With: Jeffrey Kittay: Whipsawing the Groves of Academe«, *The New York Times*, 12. Dez. 1996, S. F7.

44. *»Der mittlere Standpunkt«*: Howard Kurtz, *Hot Air*, S. 4.

45. *»Aber die Debatte erwies sich«*: Edward Wyatt, »Mutual Funds: Why Fidelity Doesn't Want You to Shop at Schwab«, *The New York Times*, 14. Juli 1996, S. F7.

45. *Der Library of Congress:* Privates Gespräch mit James Billington. Für einen Zeitungsbericht siehe Marc Fisher, »Under Attack, Library Shelves Freud Exhibit«, *Washington Post*, 5. Dez. 1995, S. A1.

47. Zu Berichten über meinen Auftritt mit Robert Bly siehe: Esther B. Fein, »Book Notes«, *The New York Times*, 30. Okt. 1991, S. C20; Esther B. Fein, »Battle of the Sexes Gets Fuzzy as Authors Meet«, *The New York Times*, 3. Nov. 1991, S. L44; »Speaking Softly, Carrying No Stick«, *Newsweek*, 11. Nov. 1991, S. 66; »Great Debates: Bill and Coo«, *Economist*, 9.–15. Nov. 1991, S. 107, 108.

48. »*Das Verhältnis zwischen ihm*«: Carroll Bogert, »Richardson for the U.N.: Slicker Than He Looks«, *Newsweek*, 10. Feb. 1997, S. 29.

49. *James Fallows berichtet*: *Breaking the News*, S. 164–165.

50. *Jamieson und Cappella*, S. 3.

51. Die Zitate von Johnson und Broder, *The System*, sind von den Seiten 634, 633 u. 231.

54. Zu Randall Kennedy siehe Ellis Cose, »No Labels Need Apply«, *Newsweek*, 2. Juni 1997, S. 71.

56. Der Chefredakteur der Studentenzeitung wird von Lipstadt zitiert, siehe »The Fragility of Memory«, S. 26. Die Montel Williams Show wird ebenfalls von Lipstadt beschrieben, *Leugnen des Holocaust*, S. 34.

57. »*spezifische radioaktive Macht*«: *Newsweek*, 6. Sept. 1996, S. 31.

57. »*einseitige jüdische Propaganda*«: Philip Gourevitch, »What They Saw at the Holocaust Museum«, *The New York Times Magazine*, 12. Feb. 1995, S. 44–45; das Zitat stammt von S. 45.

57. *Georgetown Record*: Der Chefredakteur wird von Lipstadt zitiert; »The Fragility of Memory«, S. 26.

58. *Die Herausgeber der Zeitschrift*: T.R. Reid, »Tokyo Magazine Shut For Denying Holocaust«, *Washington Post*, 31. Jan. 1995, S. A20. Die Zeitschrift wurde eingestellt, was dafür zu sprechen scheint, daß in Japan ein ausgeprägteres Scham- und Verantwortungsgefühl besteht. Die Mitarbeiter erhielten andere Arbeitsplätze innerhalb desselben Unternehmens.

59. Das Gelbspan-Zitat stammt aus *Der Klima-GAU*, S. 16.

60. *Die anschließende* »*Debatte*«: Meine Ausführungen stützen sich auf Alan Ehrenhalts Rezension des Buches von David Gelernter, *Drawing a Life, The New York Times Book Review*, 21. Sept. 1997, S. 8.

61. Abtreibungsfrage: Condit, S. 329.

62. »*unzuverlässige Heuchler*«: Ich würde hinzufügen, daß der Strategiefokus der Berichterstattung mit der Polarisierungstendenz zusammenspielt. Eine Frage wie: »Warum vertritt der Kandidat oder Anführer diese Überzeugung?« würde eher zu einer Bewertung der Überzeugung führen, während eine Frage wie: »Was will der Amtsinhaber politisch erreichen, indem er diese Haltung vertritt?« eher suggeriert, daß der Betreffende nur schwafeln und die Wähler täuschen will, wenn er eine nach beiden Seiten offene Position einnimmt.

65. »*intelligenteren Verbots*«: Christopher S. Wren, »New Voice in

Drug Debate Seeks to Lower the Volume«, *The New York Times*, 1. Sept. 1997, S. A10.

66. Mein Artikel über Entschuldigungen erschien im *The New York Times Magazine*, 21. Juli 1996, S. 34–35.

69. »*Politik ist Theater*«: Kelsey Menehan, »›D.C. Politics & Government Hour‹, starring Derek McGinty, Mark Plotkin, and a Cast of Thousands«, *WAMU Newsletter*, April/Mai 1995, S. 2–3; Zitate von S. 2.

70. Kurtz, *Hot Air*, S. 21, 22, 23. Das Zitat von Eleanor Clift habe ich aufgrund eines mit ihr geführten Gesprächs leicht abgewandelt.

71. *Sportreporter im Fernsehen*: Siehe Goldstein und Bredemeier, »Socialization«.

71. »*Sport und Gewalt*«: Die Zitate von Bryant, »Viewers Enjoyment of Televised Sports Violence«, stammen von S. 270, 271 und 272. Bryant verweist für das Dave-Brown-Zitat auf E.M. Swift, »Hokkey? Call it Sockey«, *Sports Illustrated*, 17. Feb. 1986, S. 12–17; das Zitat stammt von S. 15.

75. Die Radiotalkshow, in der Rosenthal auftrat, war die *Diane Rehm Show* vom 25. März 1997.

76. »*komplementäre Schismogenese*«: siehe Gregory Bateson, *Ökologie des Geistes*. Ich habe in mehreren Büchern ausgeführt, wie dieser Mechanismus in persönlichen Beziehungen wirkt; siehe *Das hab' ich nicht gesagt!*, S. 153–156, und *Du kannst mich einfach nicht verstehen*, S. 313.

3. Vom Schoßhund zum Kampfhund: Die Aggressionskultur und die Presse

78. »*in die Waden beißt*«: Larry Sabato zog diesen Vergleich auf einem Symposium des American Forum, »President Clinton and the Press: Is It Better the Second Term Around?« American University, Washington, D.C., 14. April 1997.

78. *Der frühere republikanische Senator*: Alan Simpson, *Right in the Old Gazoo: A Lifetime of Scrapping with the Press* (New York: William Morrow, 1997), S. 6.

79. Brit Hume wird von Kenneth Walsh zitiert, *Feeding the Beast*, S. 12.

80. Jill Abramson äußerte diese Ansichten in *All Things Considered*, National Public Radio, 18. Juni 1997.

80. David Remnick über Katherine Graham: »Citizen Kay«, *New Yorker*, 20. Jan. 1997, S. 60–71; das Graham-Zitat steht auf S. 12.

81. *Als eine Grand Jury*: Der Justizminister und sein Stellvertreter, Alexander Ruckleshaus, traten lieber zurück als der Forderung nachzukommen, deshalb fiel die Aufgabe, Cox zu entlassen, dem leitenden Justizbeamten Robert Bork zu. Er beließ allerdings die übrigen Mitarbeiter des Sonderermittlungsausschusses im Amt, und der Präsident übergab schließlich die Tonbänder, die seine Mittäterschaft in der Vertuschung enthüllten und sein Schicksal besiegelten. Meine Quelle für diese Einzelheiten ist eine Serie im National Public Radio, die 25 Jahre nach Watergate vom 16.–20. Juni 1997 von National Public Radio gesendet wurde. Daniel Schorr äußerte seine Ansichten in *Talk of the Nation*, 17. Juni 1997.

81. *Eine im Juni 1997 durchgeführte Meinungsumfrage:* Die CNN/USA Today/Gallup-Umfrage, die am 30. Mai und 1. Juni 1997 durchgeführt wurde, findet sich auf der CNN/*Time All Politics*-Web-Seite.

82. Paul Begala machte diese Bemerkungen als Teilnehmer des durch American Forum veranstalteten Symposiums, »President Clinton and the Press: Is It Better the Second Term Around?« American University, Washington, D.C., 14. April 1997.

82. Bay Buchanans Äußerungen stammen ebenfalls aus diesem Symposion vom 14. April 1997.

83. »*eine merkwürdige*«: Gopnik, »Read All About It«, S. 99.

83. »*mehr Profil oder ›Schärfe*‹«: Walsh, *Feeding the Beast*, S. 7.

83. »*Knurren*«: Fallows, *Breaking the News*, S. 178.

83. »*Scharfe, bissige*«: Fallows, *Breaking the News*, S.179.

84. »*Der Kick von gestern*«: Gopnik, »Read All About It«, S. 90.

84. »*Reporter fühlen sich*«: Walsh, *Feeding the Beast*, S. 286.

84. Der ABC-Reporter Charles Peters wird bei Fallows zitiert, *Breaking the News*, S. 180.

84. »*gleiche Verachtung*«: Overholser, »Tell the Story«, *Washington Post,* 13. April 1997, S. C6.

85. *diese Überzeugung*: Howell Raines, *The New York Times*, 25. Feb. 1996, S. E14.

85. »*Journalisten lernen*«: Richard Folkers, »When Our Worlds Collide«, *U.S. News & World Report*, 15. Sept. 1997, S. 40.

87. Kathryn Ruud zitiert den deutschen Linguisten Siegfried Bork als Quelle für Hitlers Gebrauch des Verbs »jammern«. Sie verweist auf dieselbe Manipulation in rechtslastigen Talkshows, in denen von »jammernden Liberalen« gesprochen wird.

87. *Diana »scheute sich aber nicht«*: Matthew Cooper, »Was the Press to Blame?«, *Newsweek*, 8. Sept. 1997, S. 36–38; das Zitat ist von S. 37.

87. *»eine Art glorifiziertes«*: *The Diane Rehm Show*, 28. Mai 1996. Auf diesen Punkt haben auch Kenneth Walsh in *Feeding the Beast,* Fallows in *Breaking the News* und die Teilnehmer des American University Symposiums verwiesen.

89. Gergens Bemerkungen stammen aus der *Diane Rehm Show* vom 28. Mai 1996. Dort äußerte auch Kenneth Walsh die folgenden Kommentare.

89. Das American University Symposium trug den Titel: »An American Forum: President Clinton and the Press: Is It Better the Second Term Around?« Washington, D.C., 14. April 1997.

90. *»Viele von uns wußten«*: Patricia O'Brien äußerte diese Ansichten in einem Gespräch mit mir.

92. Interview mit Elizabeth Dole: Richard Stengel, »Liddy Makes Perfect«, *Time*, 1. Juli 1996, S. 32.

93. *Kritik aus zweiter Hand*: Ein Kapitel in meinem Buch *Das hab'ich nicht gesagt!* mit dem Titel »Der intime Kritiker« befaßt sich mit dem Thema Kritik im Alltag.

95. *Alles was übrigblieb*: Ich stütze mich bei meinen Ausführungen über den Kontext, in dem die beiden Äußerungen von Hillary Clinton fielen, auf Jamieson, *Beyond the Double Bind*, S. 24–25. Jamieson zeigt anhand dieser Beispiele, daß der Umgang der Presse mit Hillary Clinton ein Rorschach-Test für die Double Bind-Situation von Frauen ist.

95. *von der* New York Times *und CBS*: siehe zum Beispiel Alessandra Stanley, »Democrats in New York: A Softer Image for Hillary Clinton«, *The New York Times*, 13. Juli 1992, S. B1, B4; die Umfrage wird auf S. B1 erwähnt.

96. *Was bringt es*: Jamieson, *Dirty Politics*.

98. *»Redgrave gilt zwar«*: Frank Bruni, »Under a Bare Bulb«, *The New York Times Magazine*, 16. Feb. 1997, S. 22–25; das Zitat stammt von S. 22.

100. *und preisgab, daß er sehr wohl*: Gitta Sereny, *Das Ringen mit der Wahrheit: Albert Speer und das deutsche Trauma* (München: Kindler, 1995). Ich stütze mich bei meinen Ausführungen auf die Rezension von Claudia Koonz in *The New York Times Book Review*, 8. Okt. 1995, S. 11–12.

101. Der detaillierte Bericht von Kotz, »Breaking Point«, über den

Selbstmord von Admiral Boorda erschien im Dez. 1996 im *Washingtonian*.

105. Die Auszeichnungen, die Oberst Hackworth entfernte, waren ein Stoffstreifen, das sogenannte Ranger-Abzeichen, und eines von zwei Fliegerkreuzen. (*The New York Times*, 16. Mai 1977, S. 22). *Newsweek* (26. Mai 1997, S. 34) beschrieb sie als »ein Eichenlaubmuster am Fliegerkreuz und ein Ranger-Abzeichen der Army«.

105. *»Es lag nie in meiner Absicht«*: zitiert in Kotz, »Breaking Point«, S. 102.

106. *»Möglicherweise hätte«*: Jonathan Alter, »Beneath the Waves«, *Newsweek*, 27. Mai 1996, S. 30–31. Das Zitat stammt von S. 31.

106. Die Zitate von Hackworth und Thomas stammen aus Kotz, »Breaking Point«, S. 113. Das Turner-Zitat ist aus »Liar's Poker«, *New York*, 29. Juli 1996, S. 12–13, S. 13. Interessant ist auch, daß Thomas hier das Wort »Opposition« an einer Stelle verwendet, wo wohl die meisten von uns »Konkurrenz« sagen würden.

108. *»Wenn Sie nicht gerade eine Persönlichkeit des öffentlichen Lebens sind«*: Gerike, *Old Is Not a Four-Letter-Word*, S. 103.

109. *»alle amerikanischen Institutionen«*: Cokie Roberts machte diese Bemerkungen auf dem American Forum Symposium, 14. April 1997.

109. *»Kompromißbereite, gemäßigte Politiker«:* Gopnik, »Read All About It«, S. 94.

110. *genausogut zu Zynikern werden:* Diesen Punkt macht Fallows in *Breaking the News*.

111. *Die Resultate einer Studie*: Arthur Miller, Edie Goldenberg und Lutz Erbring, »Typeset Politics: Impact of Newspapers on Public Confidence, S. 80, zitiert in Michael J. Robinson und Margaret A. Sheehan, *Over the Wire and on TV: CBS and UPI in Campaign '80* (New York: Russell Sage Foundation, 1983), S. 264.

111. Die Rezension von Cappella und Jamieson, *Spiral of Cynicism: The Press and the Public Good*, stammt von Douglas A. Sylva, *The New York Times Book Review*, 18. Mai 1997, S. 20.

112. *»Das war ein Mann«*: »Inman Quits, Leveling Charges«, Ann Devroy, *Washington Post*, 19. Jan. 1994, S. A1, A8; das Zitat ist von S. A8.

113. *Inman verwies auch*: Inman ging in seiner Begründung ausführlich auf den Kolumnisten William Safire ein und erklärte, daß die Berichterstattung alles in allem fair gewesen sei, mit Ausnahme der Kolumnen in der *New York Times* und im *Boston Globe*.

Washington Post erwähnte auch die Kolumnisten Anthony Lewis und Ellen Goodman (19. Jan. 1994, S. A1, A8).

112. Inmans Erklärung wurde in voller Länge in *The New York Times* abgedruckt, 19. Jan. 1994, S. A14.

113. *Berichte über Inmans Rücktritt*: »Rätselhaft« stammt von R.W. Apple, Jr., »Inman Withdraws as Clinton Choice for Defense Chief«, *The New York Times*, 19. Jan. 1994, S. A1, A13. »Verblüfft«, »Erstaunen« und »Verwirrung« stammen von Eric Schmitt, »In Inman's Wake, Astonishment, and a Scramble«, *The New York Times*, 19. Jan. 1994, S. A15. »Außergewöhnlich« stammt von Linda Greenhouse, »Inman Says ›New McCarthyism‹ in the Nation's Press Led to His Withdrawal«, *The New York Times*, 19. Jan. 1994, S. A13.

113. »*Ich weiß, er mag es nicht*«: Schmitt, »In Inman's Wake«, *The New York Times*, S. A15.

114. »*Nach Watergate*«: Overholser wird von Maxwell McCombs zitiert, »Explorers and Surveyors: Expanding Strategies for Agenda-setting Research«, *Journalism Quarterly*, 69 (4) (1992); S. 813–824; die Zitate sind von S. 819.

114. *Die* New York Times *faßte zusammen*: »Abgesehen …«: Apple, »Inman Withdraws«, *New York Times*, S. A13.

115. *In einer Titelgeschichte*: Barton Gellman, »Critical Spotlight Stings Behind-the-Scenes Man«, *The Washington Post*, 19. Jan. 1994, S. A1, A8.

115. »*Sie haben gar keine*«: Geneva Overholser machte mich auf dieses Zitat von Edward R. Murrow aufmerksam. Zahlreiche Pressevertreter haben auf die Glashaus-Sensibilität von Journalisten gegenüber Kritik hingewiesen; siehe u.a. »An Author's Ethics« von Iver Peterson, der Suzanne Braun Levine zitiert; den Briefwechsel zu »Fools for Scandal« (*The New York Times Book Review*, 25. Aug. 1996, Sec. F, S. 4); und einen Artikel im *New Yorker* über Pressereaktionen auf das Buch von James Fallows (David Remnick, »Scoop«, 29. Jan. 1996, S. 38–42).

116. »*Menschen zu vernichten*«: zitiert in Dan Balz, *The Washington Post*, »Inman's Accusations Echo Foster's Attacks on Washington Process«, 19. Jan. 1997, S. A6.

116. »*Ich habe den Eindruck*«: zitiert in Ann Devroy, »Inman Quits, Leveling Charges«, *The Washington Post*, 19. Jan 1994, S. A1.

117. Guinier wird in Balz zitiert, »Inman's Accusations …«, *The Washington Post*, 19. Jan. 1997, S. A6. Siehe auch Laurel Leff, »From Legal Scholar to Quota Queen«, *The Columbia Journalism Review*, 32 (Sept.–Okt. 1993), S. 36–41.

118. *Sie zitiert aus einem Buch*: Das Buch ist *Lingua Tertii Imperii: Sprache des Dritten Reiches*. Ruuds Artikel, der sich zum Zeitpunkt, wo ich dies schreibe, noch in Vorbereitung befindet, trägt den Titel »Liberal Chiggers and Other Creepers«.

119. *»allgemein als liebenswürdiger«*: Jonathan Alter und Michael Isikoff, »The Beltway Populist«, *Newsweek*, 4. März 1996, S. 24–27; das Zitat stammt von Seite 25.

120. *Joseph Turow*: »Hidden Conflicts and Journalistic Norms«, S. 29.

121. Die Zitate von Fallows sind aus *Breaking the News*, S. 203.

122. *»Die Zuschauer tragen«*: Die Äußerung wird Marlene Sanders zugeschrieben, in Max Frankel, »To Pry or Not to Pry«, *The New York Times Magazine*, 3. Nov. 1996, S. 34, 36; das Zitat stammt von S. 36.

122. *»Ein wirklich ehrliches Buch«:* Michael Lewis, *The New York Times Book Review*, 28. Juli 1996, S. 10.

124. *»Eine ganze Generation«:* Kenneth Walsh auf dem American Forum Symposium, 14. April 1997.

124. Jill Abramson sprach in der Radiosendung *All Things Considered*, 18. Juni 1997.

125. *»Als ich vor zehn Jahren«: Diane Rehm Show*, 28. Mai 1996.

126. Maxwell McCombs äußerte diese Ansichten in einem persönlichen Gespräch, ebenso wie in seinem Aufsatz »Explorers and Surveyors: Expanding Strategies for Agenda-setting Research«.

126. Sabato machte diesen Kommentar auf dem American Forum Symposium, 14. April 1997.

126. Einzelheiten des Prozesses gegen das *Wall Street Journal* schildert Larry Reibstein, »One Heck of a Whipping«, *Newsweek*, 31. März 1997, S. 54.

127. *»Die Presse ist grausam«:* Matthew Cooper, »Was the Press to Blame?« *Newsweek*, 8. Sept. 1997, S. 37. Nur zwei Wochen vor ihrem Tod schrieb ein Kommentator in der *New York Times*, man habe Diana »kürzlich als rücksichtslose ›Irre‹ bezeichnet, die sich nichts dabei denkt, 160 Meilen mit dem Hubschrauber zu fliegen, um ihren Psychiater zu treffen« (Youssef M. Ibrahim, »Outside the Faith, Big Time, and Highly Entertaining«, 17. Aug. 1997, S. E5).

127. Der Text von Earl Spencers Äußerungen wurde in der *New York Times* abgedruckt, 7. Sept. 1997, Sec. 1, S. 11.

127. Zu den Ausführungen von Orville Schell siehe John Krich, »To Teach is Glorious: A Conversation with the New Dean of Cal's Journalism School, Orville Schell«, *Express*, 23. Aug. 1996, S. 1, S. 14–16, 18, 20–27; die Zitate sind von S. 15 u. 18.

129. Ronald Ostrow äußerte sich in *Talk of the Nation*, 17. Juni 1997.

130. Studs Terkel äußerte sich in *Talk of the Nation*, 17. Juni 1997.

130. *Overholser ist überzeugt*: »Tell the Story«, *The Washington Post*, 3. April 1997, S. C6. Ich habe Overholser interviewt, aber sie äußert diese Ansichten zur Anonymität auch in den *Washington Post*-Kolumnen vom 3. Dez. 1995, 18. Feb. 1996 u. 10. März 1996.

131. Siehe den Artikel von Jonathan Alter, »Beneath the Waves«, *Newsweek*, 27. Mai 1996, S. 31.

132. Zu Auletta siehe *At Random*, No. 17 (Frühjahr–Sommer 1997), S. 43.

132. Die Initiative der American Society of Newspaper Editors wird auf ihrer Home Page beschrieben.

132. *mehrere prominente Journalisten*: Howard Kurtz, »An ›Eye‹ Toward the Bottom Line«, *The Washington Post*, 1. Sept. 1997, S. D3. Zu den Unterzeichnern gehören David Halberstam, Carl Bernstein, Robert MacNeil, Geneva Overholser und Bob Herbert. »Die Speerspitzen der Bewegung« sind Tom Rosenstiel und Bill Kovach.

4. »Hol die Pest Eurer Häuser beide!« Opposition im politischen Leben

133. *Die durchschnittliche Rücktrittsquote:* Ornstein, *Lessons and Legacies*, S. ix. Die Zitate von Senator Exon finden sich auf S. 57; von Senator Simon auf S. 172; und von Senator Heflin auf den S. 76, 79 u. 81–82.

133. Zu den freiwillig zurückgetretenen Mitgliedern gehörten vier der 47 weiblichen Kongreßmitglieder (von insgesamt 435 Abgeordneten): Pat Schroeder (Dem., Col.), Jan Meyers (Rep., Kans.), Cardiss Collins (Dem., Ill.) und Barbara Vucanovich (Rep., Nev.).

136. Die Zitate von Senator Rudman finden sich in *Combat*, S. 250, 243 u. 245.

137. *»Mr. Clinton fürchtet auch«*: Adam Clymer, »No Deal: Politics and the Dead Art of Compromise«, *The New York Times*, 22. Okt. 1995, S. 1, 3. Das Zitat stammt von S. 3.

137. *»Die extremen Elemente«:* Heflin, zitiert nach Ornstein, *Lessons and Legacies*, S. 82.

138. Zu den Äußerungen von Dr. Elder siehe Claudia Dreifus, »Jocelyn Elders«, *The New York Times Magazine*, 30. Jan. 1994, S. 16–19; das Zitat stammt von S. 18.

139. »*Wir stellen heute*«: Zu diesem Urteil kam Beschloss in der *Diane Rehm Show*, 31. März 1997.

139. Die Kommentare von Leahy und McCain finden sich beide in Helen Dewar, »Nominees Now Face ›Trial by Fire‹: Denate Confirmation Process Has Evolved into Political Warfare«, *The Washington Post*, 23. März 1997, S. A10.

140. »*Es ist eine Politik*«: Gunderson und Morris, *House and Home*, S. 221.

140. *Tatsächlich hatte*: Kathleen Hall Jamieson, *Dirty Politics*: Jamieson gibt eine ausführliche Beschreibung der falschen Darstellungen und Ränkespiele bei dieser und anderen antagonistischen Werbekampagnen.

142. »*Wir haben einen Homo*«: Gunderson und Morris, *House and Home*, S. 11.

144. »*weil es grundsätzlich feindselige*«: Krauss, »Conflict in the Diet«, S. 246. Das spätere Zitat stammt von S. 255.

145. »*In den Senat zogen immer mehr*«: Rudman, *Combat*, S. 243.

145. »*Sie sind Freunde geworden*«: Kraus, »Conflict in the Diet«, S. 255.

145. »*Gelegenheiten zu informellen Zusammenkünften*«: Sen. Heflin, zitiert nach Ornstein, *Lessons and Legacies*, S. 86.

145. »*Einst waren sie Freunde*«: Matthew Cooper, »The Trouble with Newt«, *Newsweek*, 20. Januar 1997, S. 34.

146. Sen. Kassebaum machte diese Äußerung in der *Diane Rehm Show*, 14. Dez. 1995.

147. »*Ich fürchtete*«: Gunderson und Morris, *House and Home*, S. 321–322. Die folgenden Zitate stammen von S. 188, 189 u. 166.

149. »*Wenn ich groß bin*«: Der Cartoon erschien im *New Yorker*, 19. Aug. 1996, S. 25. Der Cartoonist ist Lee Lorenz.

150. *Sie wußten nicht*: Johnson und Broder, *The System*, S. 632.

153. *Der Horton-Fall*: Sabato und Simpson, *Dirty Little Secrets*, S. 161.

154. *Radosh zeigt auf*: Radosh, *Divided They Fell*. Diese Zusammenfassung ist einer Rezension der *Washington Post* vom 8. Sept. 1996, S. 4, entnommen.

154. *die »ultrarechten Verfechter*«: Gunderson und Morris, *House and Home*, S. 188.

157. *Wenige große Zeitungen*: Howard Kurtz, »Times for a Change«, *The Washington Post*, 14. Feb. 1997, S. B2. Diejenigen, die eine Veröffentlichung von Mrs. Clintons Kolumne nicht mit dem Argument ablehnen, daß die Beiträge »zu politisch« seien, geben ironischerweise als Grund an, daß sie *nicht politisch genug* – »zu

weich« – seien. In diesem Artikel wird berichtet, daß die ultrakonservative *Washington Times* anfing, die Kolumne zu veröffentlichen; das Blatt ist allerdings, was die Auflagenhöhe betrifft, ein Winzling im Vergleich mit der *Washington Post*.

158. Die Podiumsdiskussion fand in der *Diane Rehm Show* statt, 5. Feb. 1997. Die Anruferin wurde als Imogene aus Kensington vorgestellt.

159. »*Die Oppositionspartei*«: Bei diesem und anderen Kommentaren aus der Talkshow habe ich gelegentliche Wiederholungen und falsche Sprechansätze gestrichen, die typisch für ein spontanes Gespräch sind, aber in gedruckter Form den irreführenden Eindruck von Zögerlichkeit oder Verwirrung wecken.

162. »*Die Konzentration auf*«: Senator Heflin, in Ornstein, *Lessons and Legacies*, S. 79. Der Eifer, mit dem Journalisten nach großen kontroversen Themen verlangen, folgt im Grunde demselben Prinzip wie der Rat von Wahlkampfberatern, daß man nach »Reizthemen« suchen sollte, die starke Emotionen wecken.

167. *solche unechten* »*Meinungsforscher*«: Laut Sabato und Simpson wurde die Entscheidung zur Durchführung dieser »Umfrage« (Push poll) nicht von Bennetts Opponenten, dem Demokraten John Baldacci, getroffen, sondern von der Demokratischen Partei in Maine, die Balduccis Ablehnung solcher Taktiken für naiv hielt (Sabato und Simpson, *Dirty Little Secrets*, S. 263). Die anderen Beispiele für diese Methode stammen von S. 264–265.

169. Gaylord wird in Dionne, Hess und Mann zitiert, »Curing the Mischief of Disengagement«, S. 7.

170. »*Im Rückblick erscheint*«: Sabato und Simpson, *Dirty Little Secrets*, S. 159.

171. Zu Paula Jones siehe zum Beispiel Jeffrey Toobin, »Casting Stones«, *The New Yorker*, 3. Nov. 1997, S. 52–61.

171. Zu Whitewater siehe Lyons, *Fools for Scandal*. Der Untertitel des Buches spiegelt die Hauptthese des Autors wider: *How the Media Invented Whitewater*. Eine Rezension dieses Buches erschien im *New York Times Book Review*, 4. Aug. 1996, S. 15. Der Rezensent Phil Gailey war Reporter bei der *New York Times* von 1981 bis 1987. In der Besprechung putzte er *Fools for Scandal* herunter und bezeichnete es als »ein häßliches Buch … weil es die Integrität der Journalisten, die über den Fall berichteten, in Frage stellt. Es ist ein schmutziges, rufschädigendes Machwerk, das jedem gerecht denkenden Kritiker der Presse unwürdig ist. Die Zeitung hat ohne Zweifel *irgend etwas* richtig gemacht.« Ein Brief an den Redakteur,

der am 25. Aug. 1996 veröffentlicht wurde, war unterzeichnet mit
»Roy Reed« und lautete:

Phil Gailey und ich haben vor einigen Jahren beide für die *Times*
gearbeitet; und ich habe großen Respekt vor ihm. Dennoch muß
ich seiner Rezension von Gene Lyons' *Fools for Scandal* widersprechen. Gailey glaubt offenbar, daß die Kritik, die Mr. Lyons an
der Berichterstattung der *Times* übt, fehlerhaft sei, weil eine Institution wie die *Times* einfach zu gut ist, um derartige Fehler zu
machen. Ich stamme aus Arkansas und berichte seit 40 Jahren in regelmäßigen Abständen über diesen Teil des Landes. Ich habe eine
recht gute Vorstellung davon, was in Arkansas abgeht und wer die
Schurken sind. Es tut mir leid, das sagen zu müssen, Phil, aber
unsere gute alte *Times* hat die Sache falsch dargestellt. ... Das Buch
von Mr. Lyons ist das Beste, was ich zu diesem Thema gelesen habe.
Ich hätte vielleicht einen etwas weniger polemischen Ton gewählt,
aber an den Fakten gibt es nichts zu rütteln.

172. »*Sein Chef, Floyd Brown*«: Lieberman, »Churning Whitewater«,
S. 27.

173. (*Im Gegensatz dazu*: Toni Locy, »Ex-Agriculture Secretary Indic-
ted«, *The Washington Post*, 28. Aug. 1997, S. A1.)

173. *kaum noch jemand erinnerte:* Kim Isaac Eisler, »And Then There
was Janet«, *Washingtonian*, April 1997, S. 43–46.

173. *zur Rechenschaft ziehen*: Jeffrey Rosen, »Kenneth Starr Trapped«,
The New York Times Magazine, 1. Juni 1997, S. 42–47; das Zitat
stammt von S. 47.

174. »*Fahrstuhlmusik*«: Sabato wird von John Harwood zitiert, »Mis-
souri Town's Election Scandal Shows System's Ills«, *The Wall Street
Journal*, 5. Aug. 1997, S. A20.

174. *1994 doppelt so viele Berichte:* Fallows, *Breaking the News*, S. 132.

175. *Meinungsumfragen bescheinigen ihm*: So berichtete zum Beispiel
die *Washington Post*, 29. Aug. 1997, S. A1, A28, daß die Zustimmung für Clinton von 64 auf 58 Prozent gefallen war, dennoch zum
zwanzigstenmal in Folge mehr als 50 Prozent betrug, womit Clinton »ungefähr genauso populär ist wie Ronald Reagan in den besten Zeiten seiner Präsidentschaft«.

175. »*dank einer Ära*«: Greenfield, »When the Cops Come«, *Newsweek*, 10. Feb. 1997, S. 74.

176. »*bösartige, geistlose*«: Howard Kurtz, »Newsweek Regrets Role in
Keeping ›Anonymous‹ Secret«, *The Washington Post*, 19. Juli 1997,
S. B1, B2; »*fanatische, blutrünstige*«: Howard Kurtz, »True Colors:

The Man Behind Anonymous«, *The Washington Post*, 8. Aug. 1996, S. C1, C6; das Zitat ist von S. C6; *»rüde und häßlich«*: Richard Turner, »Liar's Poker«, *New York*, 29. Juli 1997, S. 12–13; das Zitat ist von S. 12.

176. *»Der einsetzende Wirbel«: Joe Klein, »A Brush with Anonymity«, Newsweek, 29.* Juli 1996, S. 76; *»Inquisition«* stammt ebenfalls aus dieser Quelle.

178. *»Zynismus«:* Senator Simpson in Ornstein, *Lessons and Legacies,* S. 186.

178. *Die Attacke bestand:* Imran Ghori, »Alioto, Riggs Come Out Slugging«, *The Napa Valley Register,* 6. Sept. 1997, S. 1A, 8A.

5. *»Ein Prozeß ist wie Krieg«*

181. *Jeder habe ein Anrecht*: Sie sprach für ihren ganzen Berufsstand. David Luban, Rechtsethiker an der Georgetown University, zitiert eine 1854 erschienene Publikation von George Sharswood: »Der Anwalt, der seine berufliche Unterstützung versagt, weil seinem Urteil nach der Fall ungerecht und unentschuldbar ist, maßt sich die Rolle von Richter und Geschworenen gleichermaßen an.« Luban vermerkt, daß diese Ansicht heute von den meisten Anwälten geteilt wird (Luban, »The Adversary System Excuse«, S. 84).

182. *In der deutschen und der französischen Rechtsordnung*: siehe John Langbein, »The German Advantage in Civil Procedure«.

183. *eine der führenden Kritikerinnen*: Das Material für die beiden folgenden Absätze stammt aus Carrie Menkel-Meadows Aufsatz: »The Trouble with the Adversary System in a Postmodern, Multicultural World« sowie aus einem Interview mit ihr.

184. *»Ich weiß noch«*: *U.S. Business Litigation* 2 (6), Januar 1997, S. 24.

184. *Laut David Luban*: Dieser Absatz basiert auf einem Interview mit David Luban. Siehe auch seine Essays, insbesondere »The Adversary System Excuse.«

187. *Selbst Befürworter*: Stephan Landsman, *The Adversary System.*

187. *weniger als ein Prozent*: Diese statistische Angabe stammt aus Marc Galanters Aufsatz: »The Regulatory Function of the Civil Jury«, S. 63.

188. *Anwälte müssen keine*: Einer der unverblümtesten Befürworter der Verhandlungsmaxime und ihrer ethischen Implikationen ist Monroe Freedman, Juraprofessor an der Hofstra University, der be-

hauptet, die Rechtsordnung »verlange oft eine bejahende Antwort«, auf die Frage: »Soll ich einen Belastungszeugen ins Kreuzverhör nehmen, wenn ich weiß, daß er korrekt und wahrheitsgemäß aussagt, um den Eindruck zu erwecken, er irre sich oder lüge?« (*Lawyer's Ethics in an Adversary System*, S. VIII).

188. *der Verteidiger beim Kreuzverhör*: Gregory Matosian zeigt in seinem Buch *Reproducing Rape*, daß es eine Standardstrategie von Verteidigern ist, die Vergewaltigung als einvernehmlichen Verkehr hinzustellen.

188. *Eine junge Frau*: Obwohl Sitzungsprotokolle von Gerichtsverfahren öffentlich sind, habe ich zum Schutz der Privatsphäre des Opfers das Aktenzeichen nicht angegeben. Aus offensichtlichen Gründen ist meine Zusammenfassung des Falls stark gekürzt. Ich habe viele der Einzelheiten ausgelassen, die Magenau erwähnt.

190. *Wenn du dich wehrst*: Dieser Ratschlag ist in Frage gestellt worden. Gary Kleck und Susan Sayles haben festgestellt, daß in vielen Fällen durch Gegenwehr eine Vergewaltigung verhindert werden konnte. Ebenso wichtig ist, daß es für die Frauen leichter zu sein scheint, ihr Leben nach der Vergewaltigung wieder in den Griff zu bekommen, wenn sie sich zur Wehr gesetzt haben.

195. *Aber das Ergebnis*: Nach Ansicht von David Luban sollten Anwälte nicht versuchen, Vergewaltigungsopfer zu diskreditieren, wenn sie glauben, daß das Opfer die Wahrheit sagt, aber seiner Aussage nach wird diese Ansicht, wenn überhaupt, nur von wenigen Anwälten geteilt.

196. *Der Prozentsatz der*: Gregory Matosian zitiert Studien über die Verurteilungsraten bei Vergewaltigungsprozessen (*Reproducing Rape*, S. 14–15). Die Beschuldigten im oben geschilderten Prozeß hatten gerade Berufung eingelegt, als ich dieses Kapitel schrieb.

196. *In Kanada*: Luban, »Twenty Theses on Adversarial Ethics«. Stephen Landsman teilte mir mit, bei dem betreffenden Prozeß handele es sich um den Fall *Ihre Majestät, die Königin* v. Ernst Zundel.

197. *»glanzloser Auftritt«*: Peter Annin, »Defending McVeigh«, *Newsweek*, 26. Mai 1997, S. 36–37.

198. *Monroe Freedman, früher*: Freedman, »Kinder, Gentler, But Not So Zealous«, S. 8–9. In einem ähnlichen Geist erhob Scheidungsanwalt Raoul Lionel Felder Einwände, als Richterin Judith Kaye vom New Yorker Berufungsgericht die Aufnahme von Höflichkeitsregeln in die Prozeßordnung vorschlug. »Anwälte werden engagiert, um Gegner zu sein, und Streit ist das, worum es beim An-

waltsberuf geht. Der Vorschlag beweist eine völlig falsche Auffassung vom Anwaltsberuf.« (Felder, »I'm Paid to Be Rude«, *The New York Times*, 17. Juli 1997, S. A29.)

200. *der moralischen Nichtverantwortlichkeit*: Der Ausdruck wurde von Murray Schwartz geprägt. Siehe seine Artikel »The Professionalism und Accountability of Lawyers« und »The Zeal of the Civil Advocate«.

200. *»Ein Anwalt«:* Luban, »The Adversary System Excuse«, S. 86. Das Zitat stammt aus J. Nightingale, Hrsg., *Trial of Queen Caroline*, 3 Bände (London: J. Robins & Co, Albion Press, 1820–1821, Band 2, S. 8).

201. *»jede Hypothese«*: Luban, »Twenty Theses on Adversarial Ethics«.

201. *Fast alle Beschuldigten*: Dershowitz, *The Best Defense*, S. XVI.

202. *»Bevor wir dem Staat«*: Freedman, »Lawyer's Ethics in an Adversary System«, S. 3.

203. *Ich habe schon*: Siehe »I'm Sorry, I Won't Apologize«, *The New York Times Magazine*, 21. Juli 1996, S. 34–35.

203. *»Sie will, daß die«*: Ronald Bacigal, *The Limits of Litigation*, S. 125.

203. *»Bei diesen Fällen«*: Philips, »Dominant und Subordinate Gender Ideologies in Tongan Courtroom Discourse«, S. 595.

204. *Spiro Agnew bekannte sich*: »Vice President Agnew Resigns, Fined for Income Tax Evasion«, von Laurence Stern, *The Washington Post*, 11. Okt. 1973, S. A1.

204. *in einem 1984*: Tom Alibrandi und Frank H. Armani, *Privileged Information*.

205. *»Die beiden Anwälte haben«*: Freedman, *Lawyer's Ethics in an Adversary System*, S. 1–2.

207. *»Anwälte ... pflegen«*: Richter Peter Fay vom Elften Gerichtshof, zitiert von Bartlett H. McGuire: »Rambo Litigation: A Losing Proposition«, S. 39.

207. Die Beschreibung des Rechtsstreits zwischen Philip Morris und ABC ist Benjamin Whites Artikel »Quite a Discovery: Philip Morris Papers in ABC Libel Case Leave Foes Fuming«, *Legal Times*, 1. Mai 1995, S. I–X, entnommen.

208. *stellte eine gerichtliche Entscheidung*: Richter Markow, Bezirksgericht von Richmond, Virginia, 5. Mai 1995.

208. *»unvermeidliches Resultat«*: Charles Yablon, »Stupid Lawyer Tricks«, S. 1619.

209. *Andere Taktiken*: Zu den Quellen, die die schmutzigen Tricks benennen, gehören u.a. die Diskussionsrunde der *U.S. Business Liti-*

gation, Yablon: »Stupid Lawyer Tricks«, Jim Ritter: »ABA to Lawyers: Mind Your Manners«, *Chicago Sun-Times,* 7. August 1995, S. 7, und James Barron: »Thou Shalt Not Yell at the Judge«, *The New York Times,* 13. Juli 1997, S. 19.

209. *Die Anwältin:* Susan Popik, Diskussionsrunde der *U.S. Business Litigation.*

211. *Die Dalkon Shield-Gruppenklage:* Bacigal, *The Limits of Litigation,* S. 19–20. Ich danke David Luban, der mich auf dieses Beispiel aufmerksam machte.

213. »*Im neunten Gerichtsbezirk*«: Arthur Gilbert. »Civility: It's Worth the Effort«, S. 108.

214. »*der Mangel an Höflichkeit*«: Roger Abrams, »Law Schools Must Teach Professionalism – Now«, S. 27.

214. Die Zitate von Cooper sind seinem Aufsatz: »President's Message: Courtesy Call«, S. 8, entnommen. Coopers Beispiel wird auch in seinem Aufsatz: »Beyond the Rules: Lawyer Image and the Scope of Professionalism« erörtert.

215. »*Man trifft nicht mehr*«: Susan Popik war Teilnehmerin der Diskussionsrunde der *U.S. Business Litigation.*

215. »*In kleinen Städten*«: Arthur Gawin wird von Jim Ritter in seinem Artikel »ABA to Lawyers: Mind Your Manners« in der *Chicago Sun-Times* vom 7. August 1995 zitiert.

216. Cotchett machte diesen Kommentar in der *U.S. Business Litigation*-Diskussionsrunde.

217. *Zustand körperlicher Erschöpfung:* Joan Williams, persönliche Mitteilung.

218. *Im Mai 1997:* Jeffrey Toobin, »Spinning Timothy McVeigh«, *The New Yorker,* 19. Mai 1997, S. 42–48; siehe S. 44.

218. »*Berufe im juristischen Bereich*«: Abrams, »Law Schools Must Teach Professionalism – Now«, *New Jersey Law Journal,* 4. Dez. 1995, S. 28.

218. »*Es ist nicht leicht*«: Cornelia Honchar, zitiert in Jim Ritters Artikel »ABA to Lawyers: Mind Your Manners«, a.a.O.

218. *Marcia Clark:* Clark und Theresa Carpenter, *Without a Doubt* (New York, 1997), S. 5.

219. »*aus allen Berufsbereichen*«: Glendon, *A Nation Under Lawyers,* S. 15. Zum selben Schluß kamen die Teilnehmer einer von der amerikanischen Bundesanwaltskammer gesponserten Tagung, die in einem Bericht mit dem ominösen Titel *At the Breaking Point* veröffentlicht wurde (American Bar Association, 1991).

219. »*Höflichkeit und Anstand*«: McGuire, zitiert nach Martha Middleton, »7th Circuit Court OK's Rules on Civility«, *National Law Journal*, 11. Januar 1993, S. 18.

219. *Sie hat Anwältinnen*: Harrington, *Women Lawyers*.

219. »*Ein rüdes, lärmendes*«: Falk machte diesen Kommentar in der *U.S. Business Litigation*-Diskussionsrunde.

220. »*finden Befriedigung in ihrer Arbeit*«: Yablon, »Stupid Lawyer Tricks«, S. 1639.

221. »*Heutzutage*«: Yablon, »Stupid Lawyer Tricks«, S. 1641.

222. *um 60 Prozent zurück*: Diese statistische Angabe ist dem *U.S. News & World Report* entnommen. Der Autor des Artikels stellt auch fest: »Seit 1993 ist die Kriminalitätsrate in New York City auf den tiefsten Stand seit drei Jahrzehnten gesunken.« (John Marks, »New York, New York«, 29. Sept. 1997, S. 44–49; das Zitat steht auf S. 47–48.)

222. *Nach der Festnahme*: Tony Mauro und Haya El Nasser, »Legal System in France Differs Widely from USA's«, *USA Today*, 4. September 1997, S. A1–2.

223. »*ethisch und emotional*«: Paul J. Spiegelman, »Integrating Doctrine, Theory and Practice in the Law School Curriculum: The Logic of Jake's Ladder in the Context of Amy's Web«.

223. »*ich sage voraus*«: Derek Bok, »Law and Its Discontents«, *Bar Leader*, März–April 1983, S. 21 u. 28, zitiert in Leonard L. Riskin. »Mediation in the Law Schools«.

223. »*Raten Sie von einem*«: Carrie Menkel-Meadow stellt dieses Lincoln-Zitat an den Anfang ihres Essays »The Silences of the Restatement of the Law Governing Lawyers: Lawyering as Only Adversary Practice«. Das Zitat findet sich auch in Glendon, *A Nation Under Lawyers* (S. 55).

224. »*alternative dispute resolution*«: Wie bei jedem System kann es auch bei ADR zu Mißbräuchen kommen. Michael Gottesman beispielsweise ist ein Fall bekannt, bei dem eine Klage wegen sexueller Belästigung einem Ausschuß aus drei männlichen Kollegen des Beschuldigten vorgelegt wurde. Andere sehen in ADR ein Rechtssystem zweiter Klasse für wirtschaftlich schwache Bevölkerungsgruppen. Zudem kann das weniger klar strukturierte Umfeld der Mediation die stärkere Partei in die Lage versetzen, die schwächere zu überwältigen. Tina Grillo beispielsweise hat aufgezeigt, daß Frauen oft schlechter fahren, wenn ihre Scheidungssache durch Mediation verhandelt wird (»Mediation – Process Dangers for

Women«). Siehe auch Carrie Menkel-Meadow, »What Trina Taught Me – Reflections on Mediation, Inequality, Teaching and Life«.

224. *unsere größte Hoffnung*: Die folgenden Absätze basieren auf Gesprächen mit Professor Menkel-Meadow sowie auf ihrem Artikel: »Toward Another View of Legal Negotiation: The Structure of Problem-Solving«.

226. Das Bild der zwei Menschen in einem Segelboot stammt aus dem Buch von Paul Watzlawick, John Weakland und Richard Fisch, *Zur Theorie und Praxis menschlichen Wandels* (Bern: Huber, 1992).

6. Jungs sind nun mal so: Geschlecht und Opposition

229. *Der Einfluß des sozialen Geschlechts*: Neben Schwulen und Lesben gibt es auch Transsexuelle und Transvestiten, Männer und Frauen, die entweder Hormone nehmen und sich einer Operation unterziehen oder sich einfach in ihrer äußeren Erscheinung der Welt so zeigen, wie es ihrer inneren Geschlechtserfahrung entspricht. Zudem gibt es Intersexuelle, Menschen, deren Geschlechtszugehörigkeit bei der Geburt nicht eindeutig bestimmt werden kann.

235. *»hockt sich hin«*: Sheldon, »Preschool girl's discourse competence«, S. 531. Das vollständige Transkript des von Sheldon analysierten Streits der Mädchen ist länger als die hier von mir wiedergegebenen Auszüge.

238. *»zweistimmiger Diskurs« (Double-voice discourse):* In einem anderen, ebenfalls Sheldons Studie entnommenen Beispiel – einem Streit über eine Plastikgurke, den ich in meinem Buch *Du kannst mich einfach nicht verstehen* erörterte – verhandelten die beteiligten Mädchen ähnlich wie in diesem Beispiel. Aber beim Streit der Jungen um die Plastikgurke drohte ein Junge, sie einem zweiten Jungen wegzunehmen, um sie einem dritten zu geben. Mit anderen Worten, er kämpfte nicht für sich, sondern für andere.

244. *Vor einigen Jahren*: Das Experiment ist einem von Bruce Dorval entwickelten Forschungsprojekt nachgebildet, an dessen Auswertung ich beteiligt war. Meine Analyse der von ihm aufgezeichneten Gespräche zwischen befreundeten Jungen und Mädchen findet sich in dem Abschnitt »Geschlechtsspezifische Unterschiede im Gesprächszusammenhang: Körperhaltung und Themenzusammenhalt« in dem Buch *Andere Worte, andere Welten;* siehe auch *Du*

kannst mich einfach nicht verstehen, Kapitel IX, »Sieh mich an, wenn ich mit dir spreche!«. Die von mir beschriebenen Muster treffen auch auf Dorvals Videobänder zu. Patricia O'Connor assistierte mir bei der Durchführung des Experiments.

251. Petronio wird von Mary Garaghty in ihrem Aufsatz »Strategic Embarrassment: The Art and Science of Public Humiliation«, *The Chronicle of Higher Education*, 4. April 1997, S. A8, zitiert. Siehe auch Bradford und Petronio, »Strategic Embarrassment«.

252. *Eine Griechin*: Die Anthropologin Ernestine Friedl beobachtete, daß griechische Eltern ihre Kinder von frühester Kindheit an gewohnheitsmäßig necken und aufziehen.

255. *In Filmen*: Dies sollte nicht mit einer anderen Standardszene verwechselt werden, in der ein Mann eine Frau zu umarmen versucht, die sich anfangs heftig gegen ihn wehrt. Er packt sie trotz ihrer Proteste, und sie trommelt auf seinen Rücken ein (ohne irgendwelchen Schaden anzurichten), bis ihre schwachen Schläge allmählich zu Liebkosungen werden. Es ist ganz richtig beobachtet worden, daß durch solche Szenen die gefährliche Annahme verstärkt wird, daß eine Frau in Wirklichkeit »ja« meint, wenn sie »nein« sagt, und nur gezwungen werden will.

257. *»im Entengang über den Campus«*: Anne Matthews, »Hazing Days«, *The New York Times Magazine*, 3. November 1996, S. 50.

258. *beschreibt in seinen Memoiren*: Die Memoiren mit dem Titel *In Contempt* stammen von Darden, einem der Staatsanwälte im O.-J.-Simpson-Prozeß. Koautor ist Jess Walter. Siehe S. 72–75.

259. *»Der Anführer einer«*: Susan Faludi, »The Naked Citadel«, S. 67.

260. *einen neuen Höhepunkt erreicht*: Die Anthropologin Peggy Reeves Sanday beschreibt Zusammenhänge zwischen den Schikanen der studentischen Aufnahmeritale, mit denen die Neulinge erniedrigt werden, als wären sie Frauen, und der buchstäblichen Erniedrigung von Frauen bei Gruppenvergewaltigungen.

260. *»Soldaten im Krieg«*: Darden, a.a.O., S. 92.

261. *Ein kürzlich veröffentlichter*: In dem *Newsweek*-Artikel »Hazing in the Ranks« vom 10. Feb. 1997 wird kurz über diese Praxis berichtet (S. 36).

264. *»wenn man Tag für Tag«*: David Margolis, »The Reunion«, aus *The Time of Wandering*, Jerusalem 1996, S. 43–67; das Zitat findet sich auf S. 54.

264. *»ein warmes Gefühl«*: William H. McNeill, *Keeping Together in Time*, S. 2.

265. *nur einige der Kulturen*: siehe Dunes, Leach und Özkök, »The Strategy of Turkish Boys' Verbal Dueling Rhymes«; Abrahams, »Playing the Dozens«; Doukanari, »The Presentation of Gendered Self in Cyprus Rhyming Improvisations«; Ayoub und Barnett, »Ritualized Verbal Insult in White High School Culture« sowie McDowell, »Verbal Dueling«.

265. *wie rituelle Klagelieder*: siehe Sherzer, »A Diversity of Voices«.

266. *Eine Studie*: Kluwer, Heesink und van de Vliert, »Marital Conflict About the Division of Household Labour and Paid Work«.

267. *die Frauen häufig Rätsel aufgeben*: Umgekehrt gibt es Männern häufig Rätsel auf, wieso Frauen so viel Aufhebens davon machen, wenn sie sich ausgeschlossen fühlen. Ein Mann, der mir geschrieben hatte, kommentierte, Frauen seien kleinlich. Er untermauerte diese Ansicht mit folgendem Beispiel: In dem Büro, in dem er arbeitete, ging eine Gruppe von Frauen häufig zusammen zum Mittagessen. Als eine Frau entdeckte, daß man sie nicht aufgefordert hatte mitzukommen, redete sie noch Tage später darüber. Der Mann konnte es nicht fassen, daß jemand sich über eine solche Kleinigkeit derartig aufzuregen vermochte; es habe sich wahrscheinlich lediglich um ein Versehen gehandelt, meinte er. Aber bei Mädchen kann es ein sehr ernsthaftes Anzeichen für eine Ächtung sein, wenn sie aus einer Zusammenkunft ausgeschlossen werden – genauso schwerwiegend wie die Geburtstagsfeier, zu der man nicht eingeladen wird. Der Ausschluß aus einer Gruppenzusammenkunft ist bei Frauen also seltener ein Versehen als vielmehr ein Warnsignal für eine schwerwiegende Neuausrichtung der sozialen Beziehungen innerhalb einer Gruppe.

270. *Einer pries die*: Unterzeichner des Leserbriefs war ein Richard F. Riley Jr. Die Leserbriefe erschienen im *New York Times Book Review* vom 12. Februar 1995.

271. *Computerspiele für Kinder*: Cassell zitiert Robert William Kubey und Reed Larson, »The Use and Experience of New Video Media Among Children and Young Adolescents«; diese Studie kommt zu dem Ergebnis, daß bei den Neun- bis 15jährigen 80 Prozent der Computerspielnutzer Jungen sind. Die übrigen Beobachtungen von Cassell basieren auf Artikeln, die in dem Buch *From Barbie to Mortal Combat: Gender and Computer Games* gesammelt sind.

272. *daß Frauen sich eher als Männer*: Viele Zeitungs- und Zeitschriftenartikel brachten dieses Argument vor, u.a. Gail Collins, »Those Gender-Gap Blues«, *The New York Times*, 10. November 1996, S. 12.

273. *Studie über das Kinderfernsehen*: »The State of Children's Television: An Example of Quantity, Quality, and Industry Beliefs«, durchgeführt von Amy B. Jordan unter der Leitung von Kathleen Hall Jamieson, The Annenberg Public Policy Center, University of Pennsylvania, 17. Juni 1996.

274. *»Den Aristokraten«*: Noble, *A World Without Women*, S. 193.

274. *»Die der Frau angemessenen«*: Campbell und Jerry, »Woman and Speaker«, S. 193.

275. *»Die angsteinflößende Vorstellung«*: Die Zitate von Madeleine Kunin stammen aus ihrem Buch *Living a Political Life*, S. 63.

277. *Gouverneurin Kunins Erfahrungen*: Die Frauenbewegung ist sich des Ausschlusses von Frauen aus dem öffentlichen Leben seit langem bewußt gewesen, und zu ihren größten Leistungen zählt, daß viele dieser Barrieren eingerissen wurden, wie die steigende Anzahl von Frauen in Justiz und Politik beweist. Aber in diesem Zusammenhang wurde den sehr realen äußeren Hindernissen, die der Beteiligung von Frauen am öffentlichen Leben im Weg standen, meines Erachtens mehr Aufmerksamkeit geschenkt als dem Einfluß der hier erörterten geschlechtsspezifischen Unterschiede im Hinblick auf den Agonismus.

278. *auf einer Straße außerhalb Washingtons*: Über den Zusammenstoß, der am 17. April 1996 um 6.15 Uhr auf dem George Washington Memorial Parkway in Virginia stattfand, berichten Steve Vogel und John W. Fountain in ihrem Artikel »Drivers' Duel Blamed After 3 Die in GW Parkway Crash«, *The Washington Post*, 18. April 1996, S. A1 u. A14. Dr. Martinez äußerte sich am 7. Jan. 1997 in der NBC-Nachrichtensendung *Dateline*.

279. Das Interview mit Kareem Abdul-Jabbar wurde von Claudia Dreyfus geführt. »Making History Off the Court«, *The New York Times Magazine*, 13. Okt. 1996, S. 50.

279. *Viele Kulturen*: In seinem Buch *Die kindliche Gesellschaft* stellt Bly auch den Aufstieg eines Ethos fest, das ein typisches Verhalten von unbeaufsichtigten Jugendlichen, nämlich die Opposition gegenüber Autoritäten, als dauerhaften Wert bewahrt. Bei der Diskussion im Open Center in New York, bei der Bly und ich gemeinsam auftraten, drückte er das äußerst prägnant aus. Wenn eine Gesellschaft keinen Weg findet, um die aggressiven Impulse junger Männer zu kanalisieren, sagte er, »werden sie unsere Städte in Schutt und Asche legen«.

280. *Kinder beim Spielen*: Whiting und Whiting, *Children of Six Cultu-*

res. Durchgeführt wurden die Studien auf Okinawa, auf den Philippinen, in Indien, Kenia, Mexiko und in den Vereinigten Staaten. Die Untersuchung wurde in jeder der Kulturen von zwei anderen Feldforschern geleitet. Die Whitings zitieren eine Studie von Carol Ember, in der über die kenianischen Jungen berichtet wird (S. 150).

281. *chinesische Eltern*: Wolf, zitiert in Bond und Sung-Hsing, »China« (S.60). Auf Seite 62 zitieren die Autoren auch Ryback, Sanders, Lorentz und Koestenblatt, »Childrearing Practices Reported by Students in Six Cultures« sowie (S. 62–63) Niem und Collard, »Parental Discipline of Aggressive Behaviors in Four-year-old Chinese and American Children«.

7. Was sind die Alternativen? Auf andere Kulturen hören

284. *die jüdische Tradition verlangt*: Sam Lehman-Wilzig beschäftigt sich in seinem Aufsatz »Am K'shei Oref« mit dieser allgemeinen Tradition, Gabriella Modan beschreibt deren Auswirkungen auf eine Gruppe jüdischer Frauen (»Pulling Apart is Coming Together«), und Deborah Schiffrin befaßt sich mit dem Thema »Jewish Argument as Sociability«.

284. *ein Linguist*: Der Linguist ist A.L. Becker.

286. *wieso Amerikaner und Deutsche*: Byrnes, »Interactional Style in German and American Conversations«. Siehe auch Carolyn Straehle, »German and American Conversational Styles«.

288. *Hier, erklärt Jones*: Kimberley Ann Jones, »Conflict in Japanese Conversation«.

289. *»als großer politischer Führer«*: Yamado, *Different Games, Different Rules*, S. 110.

291. *Nicholas Kristof*: Kristof, »Too Polite for Words«, *The New York Times Magazine*, 24. September 1995, S. 22, 24.

292. *»Sobald ein Streit«*: Smith, *Chinese Characteristics*, S. 219–221. Zitiert in Bonds und Sung-Hsings Aufsatz »China«, S. 67.

295. *ein Gast*: Carbaugh, *Talking American*, S. 87.

296. *»Wenn es beispielsweise«*: Henry Home, Lord Kames, *Essays on the Principles of Morality and Natural Religion* (Edinburgh: R. Fleming für A. Kincaid und A. Donaldson, 1751), S. 77–78.

297. *»sich ergänzende Partner«*: Bodde, *Harmony and Conflict in Chinese Philosophy*, S. 69.

297. »*in stetem Wandel begriffen*«: Young, *Crosstalk and Culture in Sino-American Communication*, S. 121.

298. »*intersexuellen*« *Babys*: Die Biologin Anne Fausto-Sterling weist in *The Sciences* (März–April 1993) darauf hin, daß über die Häufigkeit intersexueller Geburten keine genauen Zahlen vorliegen. Sie zitiert einen Experten, der die Ansicht vertritt, daß der Prozentsatz bei immerhin vier Prozent aller Geburten liegt. Dr. George Szasz, ein auf solche Fälle spezialisierter Arzt, erklärt: »In einem großen Krankenhaus wie dem Kinderkrankenhaus von Vancouver wird pro Monat ungefähr ein solcher Fall eingeliefert« (Ian Mulgrew, »Controversy Over Intersex Treatment«, *Vancouver Sun*, 7. April 1997, S. A1). Cheryl Chase, Gründerin der Intersex Society of North America, zitiert Experten, die zu dem Schluß kommen: »Bei ungefähr einem von 100 Neugeborenen lassen sich Anomalien bei den Geschlechtsmerkmalen feststellen«, während »ungefähr eins von 2000 Neugeborenen sich so von der Norm unterscheidet, daß die Beantwortung der Frage ›Ist es ein Junge oder ein Mädchen?‹ schwierig wird.« (»Hermaphrodites with Attitude«, S. 1)

298. »*Man kann ein Loch graben:*« Melissa Hendricks. »Is It a Boy or a Girl?«, *John Hopkins Magazine*, November 1993, S. 10–16. Ich habe das Zitat aus Chase, »Hermaphrodites with Attitude«, S. 2, entnommen.

298. *Die Weisheit dieser*: Gegenwärtig wird dem Thema Intersexualität sehr viel Aufmerksamkeit entgegengebracht, und es bildet sich ein neues Problembewußtsein heraus, dank des Einsatzes von Betroffenen, die als Kind selbst operiert wurden. Die Intersex Society of North America, deren Hauptstelle in San Francisco ist, hat eine sehr informative Webseite (http://www.isna.org). Siehe auch die Sonderausgabe von *Chrysalis* 2(4) von 1997, die Arbeit von Anne Fausto-Sterling (ihr Artikel »The Five Sexes: Why Male and Female Are Not Enough« und ihr demnächst herauskommendes Buch *Building Bodies*) sowie Natalie Angier, »New Debate Over Surgery on Genitals«, *The New York Times*, 13. Mai 1997, S. B7.

299. *bei den Zuni*: Roscoe, *The Zuni Man-Woman*, S. 4.

299. »*Sie sind Führer*«: Clifford Geertz, *Dichte Beschreibung*, S. 273. Geertz (der sich auf einen Artikel von Robert Edgerton im *American Anthropologist* bezieht) zeigt anhand des Phänomens der Intersexualität auf, daß das, was als »gesunder Menschenverstand« gilt, von Kultur zu Kultur stark variiert. Um nicht den Eindruck zu erwecken, daß in allen Kulturen alles besser sei als bei uns, sollte

ich noch erwähnen, daß Geertz auch den ostafrikanischen Stamm der Pokot beschreibt, über den es heißt: »Genauso leichthin, wie man einen fehlerhaften Tontopf wegwirft, werden Zwitter oft schon als Kinder getötet ...; oft läßt man sie aber auch, genauso leichthin, einfach weiterleben.« (*Dichte Beschreibung*, S. 274)

300. *»vermieden, abgeschwächt«*: Ashkenazi, »Religious Conflict in an Japanese Town«, S. 193.

301. *und diese Einmischung*: Lebra, »Nonconfrontational Strategies for Management of Interpersonal Conflicts«, S. 56. Ihr Zitat von Ronald Dore ist seinem Buch *Land Reform in Japan* entnommen (S. 343).

304. *viele pazifische Kulturen*: siehe Watson-Gegeo und White (Hrsg.), *Disentangling*.

306. *nemawashi*: Ich habe dies in meinem Buch *Job Talk. Wie Frauen und Männer am Arbeitsplatz miteinander reden* ausführlicher erörtert und mich dabei auf Yamadas Beschreibung in *Different Games, Different Rules* gestützt.

307. *die Elite*: Clifford Geertz drückt das so aus: »Die Elite, die selber nicht so besonders puritanisch ist, macht sich Sorgen um den armen, unwissenden Bauern, der all sein Geld verspielt, um das, was wohl die Ausländer denken könnten, und über die Vergeudung von Zeit, die besser zum Aufbau des Landes eingesetzt wäre. Sie betrachtet die Hahnenkämpfe als ›primitiv‹, ›rückständig‹, ›nicht fortschrittlich‹, überhaupt als unpassend für eine aufstrebende Nation.« (*Dichte Beschreibung*, S. 204)

312. *»Echt guter Kampf, was?«*: Fox, »The Inherent Rules of Violence«, S. 142. Die folgenden Zitate finden sich auf S. 141 bzw. 139.

314. *»militante Posen«*: Ben-Ari, »Ritual Strikes, Ceremonial Slowdowns«, S. 105.

315. *»vorgesehener Streik«*: Hanami, *Labor Relations in Japan Today*, S. 106.

315. *»Die Gesamtversammlungen«*: Rohlen, *For Harmony and Strength*, S. 186. Zitiert in Ben-Ari, »Ritual Strikes, Ceremonial Slowdowns«, S. 106.

317. *»gewöhnliche Krieger«*: Norbeck, *African Rituals of Conflict*, S. 1262. Die Beschreibung der Yao findet sich auf der gleichen Seite.

8. Alles geht schnell:
Technologische Entwicklung und gesteigerte Aggressivität

325. *ein Vietnam-Veteran*: Patrick Rogers und Michael Haderle, »Men at Peace«, *People*, 16. Dez. 1996, S. 47–51.

331. *daß sie auf ... Ereignisse sofort reagieren*: Dieses Argument vertritt auch Fallows in *Breaking the News*; ich habe gehört, daß es Kommentatoren in anderen Diskussionen über das Verhältnis zwischen Politikern und Journalisten vorgebracht haben.

332. *Dank des Computers*: Yablon, »Stupid Lawyer Tricks«, S. 1621.

334. *»Alexis Henderson«*: Ann O'Hanlon und Mike Mills, »Now, Anyone's Got Your Number«, *The Washington Post*, 5. Juli 1996, S. D1.

335. *eine umfangreiche Erhebung unter Soldaten*: Die Zitate stammen aus Grossman, *On Killing*, S. 4, 302 und 310.

336. *Filme ... »die speziell dazu dienten«*: Grossman, S. 306f, zitiert Peter Watson, *War on Mind*.

340. *Personen, die an chronischer*: Linton Weeks, »Hysteria Book Hits a Raw Nerve: Sufferers Attack Author Who Says It's All in Their Heads«, *The Washington Post*, 12. April 1997, S. D1.

340. *kommunizieren größtenteils übers Internet*: James Brooke, »Anti-Fur Groups Wage War on Mink Farms«, *The New York Times*, 30. Nov. 1996, S. 9.

341. *»Der Absender distanzierte sich«*: Susan Herring, »Bringing Familiar Baggage to the New Frontier«, *MS.*, S. 145.

341. *»stellten sich häufig auf die Seite«*: Herring, »Two Variants of an Electronic Message Schema«, S. 103.

341. *»Mich verwundert ein wenig«*: Auf dieses Beispiel wies mich Herring hin.

343. *»die weiblichen Benutzer mehr«*: Herring, »Two Variants of an Electronic Message Schema«, S. 103.

343. *»Das ist genau«*: Herring, »Bringing Familiar Baggage to the New Frontier«, *MS.*, S. 145.

344. *Haltung gegenüber agonistischen Debatten*: Herring verwendet dieses Beispiel in zwei Aufsätzen: in »Bringing Familiar Baggage to the New Frontier«, S. 148 und in »Posting in a Different Voice«, S. 121.

346. *Nach einem tragischen Vorfall*: Robert Hanley, »15-Year Old Held in Young Fund-Raiser's Slaying«, *The New York Times*, 2. Okt. 1997, S. A1, B2; Steven Levy, »Did the Net Kill Eddie?«, *Newsweek*, 13. Okt. 1997, S. 63.

9. Die Ursprünge der Debatte in Erziehung und Bildung und die Hoffnung auf den Dialog

349. *und gehen zurück auf die griechische Antike*: Das bedeutet nicht, daß sich die Ursprünge in einer ununterbrochenen Kette zurückverfolgen lassen. So behauptet David Noble in *A World Without Women*, daß Aristoteles während des frühen Christentums im Westen fast völlig in Vergessenheit geriet und erst im Mittelalter wiederentdeckt wurde, als man die ersten Universitäten gründete. Das ist für seine Beobachtung bedeutsam, daß viele frühchristlichen Klöster sowohl Männer als auch Frauen willkommen hießen, die beide ein androgynes Ideal anstreben konnten, im Gegensatz zum Mittelalter, als man Frauen stigmatisierte, unverheiratete Frauen in Klöster verbannte, Priester im Zölibat leben mußten und Frauen aus dem Bereich der geistlichen Obrigkeit ausgeschlossen wurden.

349. *Ong zufolge waren die alten Griechen*: Es gibt eine faszinierende Parallele in der Entwicklung des frühen Christentums und der »Southern Baptist Church«: Noble zeigt, daß im frühen Christentum Frauen als ebenso geliebt von Jesus betrachtet wurden und als ebenso fähig, ihr Leben dem religiösen Studium zu widmen, so daß sie eine Mehrheit der frühen Bekehrten zum Christentum stellten, wobei einige Frauen ihre Ehemänner verließen – oder sie mitbrachten – und in klösterliche Gemeinschaften eintraten. Erst später, vor Beginn des Mittelalters, erlangte die Klerikerbewegung die Vorherrschaft, teilweise durch die systematische Absonderung der Frauen und deren Beschränkung auf die Ehe oder ein Leben im Kloster, aber auch durch Stigmatisierung und das Fernhalten von Machtpositionen innerhalb der Kirche. Christine Leigh Heyrman zeigt in ihrem Buch *Southern Cross: The Beginnings of the Bible Belt*, daß für die Baptistenbewegung in den Südstaaten der USA eine ähnliche Entwicklung kennzeichnend ist. Zunächst predigten junge Baptisten und methodistische Prediger (zwischen den 1740er und den 1830er Jahren), daß sowohl Frauen als auch Schwarze gleichermaßen Gottes Kinder seien und geistliche Autorität verdienten – mit dem Ergebnis, daß die Mehrzahl der Bekehrten Frauen und Sklaven waren. Um diesem bedrohlichen demographischen Sachverhalt entgegenzuwirken, änderte man die Botschaft: Die gegen die Sklaverei gerichtete Rhetorik trat in den Hintergrund, und die Rolle der Frau wurde eingeschränkt – wichtig waren nun Häus-

lichkeit und Untertänigkeit. Als diese Verschiebungen vollzogen waren, breitete sich die evangelistische Bewegung rasch in die Südstaaten aus. Wie Heyrman zeigt, trat eine militärisch geprägte Bildersprache in den Vordergrund. Der ideale Mann Gottes verwandelte sich von einem »bereitwilligen Märtyrer« in einen »furchterregenden Kämpfer« unter der Führung von »Krieger-Predigern«.

350. als *»unvereinbar mit dem Anstand«*: Ong, *Fighting for Life*, S. 122. Ongs Quelle, auf die auch ich mich beziehe, ist das Buch von Oliver, *Communication and Culture in Ancient India and China*. Die von mir verwendeten Zitate aus dem Buch von Ong finden sich auf S. 259.

351. *viele frühe Mönche*. Pachomius zum Beispiel, »der Vater des kommunitären Mönchtums ... und Organisator der ersten Gemeinschaft von Mönchen, der unter Konstantin als Soldat gedient hatte«, richtete seine Gemeinde nach militärischem Vorbild aus und legte großen Wert auf Ordnung, Effizienz und militärischen Gehorsam. Cassian, ein Proselyt aus dem vierten Jahrhundert, »›verglich die Disziplin des Mönches mit der des Soldaten‹, und Chrysostomus, ein anderer bedeutender Gefolgsmann dieser Bewegung, ›erinnerte die Mönche mit unerbittlicher Strenge daran, daß Jesus Christus sie bewaffnet habe, um Soldaten in einem edlen Kampf zu sein‹«. (Noble, *A World Without Women*, S. 54).

352. *»daß derjenige, der urteilt«*: Aristoteles, zitiert in Oliver, *Communication and Culture in Ancient India and China*, S. 259.

352. *Erst sehr viel später*: Welche andere Bedeutung der »Dichter« im Griechenland der Klassik hatte, wurde mir deutlich, als ich das Buch von Ong und auch das Buch *Preface to Plato* von Eric Havelock las. Auf den Einsichten dieser Autoren beruhen viele Aufsätze, die ich über die mündliche und schriftliche Tradition in der Kultur des Westens geschrieben habe. Siehe u.a. »Oral and Literate Strategies in Spoken and Written Narratives« und »The Oral/Literate Continuum in Discourse«.

353. *Suche nach Wahrheit als schrittweisen*: Moulton, »A Paradigm of Philosophy«; Ong, *Fighting for Life*.

353. Zu diesem Beispiel mit Danny und dem Lavastein siehe Wertsch, *Voices of the Mind*, S. 113f.

355. *Mädchen ... weniger Aufmerksamkeit bekommen*: siehe David und Myra Sadker, *Failing at Fairness*.

355. *»In dem Seminar wurden«*: Meine Kolleginnen und Kollegen und

ich bemühen uns zwar, von den Studierenden – alle über 18 Jahre alt – als »Frauen« und »Männer« zu sprechen und einige Studenten meiner Seminare tun das auch, aber die meisten bezeichnen andere und sich selbst als »Mädchen« und »Jungen« oder »Mädels« und »Jungs«.

359. *»eine der letzten«*: Jonathan Alter, »The End of the Journey«, *Newsweek*, 4. Nov. 1996, S. 61. Diana Trilling starb im Alter von 91 Jahren.

361. *»Nach dem ersten Vortrag«*: Kaplan, *French Lessons*, S. 119.

363. *»Was die Studenten betrifft«*: Tracy und Baratz, »Intellectual Discussion in the Academy as Situated Discourse«, S. 309.

366. *»Der Prozeß wissenschaftlichen«*: Greenberg und Robins, »The Changing Role of Social Experiments in Policy Analysis«, S. 350.

367. *»mit einem Frontalangriff«*: Dieses und andere Zitate finden sich in ihrem Aufsatz »Fighting Words«, S. 588f.

367. *»Tritt die anderen, wenn sie oben sind«*: Safire wird in Howard Kurtz, »Safire Made No Secret of Dislike for Inman«, *The Washington Post*, 19. Jan. 1994, S. A6, zitiert.

370. *»Ohne Gegensätze gibt es keinen Fortschritt«*: Dieses Blake-Zitat habe ich aus Peter Elbow übernommen, der damit sein Buch *Embracing Contraries* einleitet.

371. *Am Ende wurden seine Ergebnisse*: Terence Monmaney, »Marshall's Hunch«, *The New Yorker*, 20. Sept. 1993, S. 64–72.

372. *»Wir neigen zu der Annahme«*: Elbow, *Embracing Contraries*, S. 258.

373. *»extremsten Opposition auszusetzen«*: Moulton, »A Paradigm of Philosophy«, S. 153.

374. *»das Geschlecht als gesellschaftliches Konstrukt«*: Die Vertreterinnen der Konstrukt-Theorie verhöhnen oft die Ideen derjenigen, die sich auf Unterschiede zwischen den Geschlechtern konzentrieren, als »essentialistisch«; das Wort wird nur verwendet, um zu kritisieren: »Smiths Thesen stoßen mich ab, weil sie essentialistisch sind.« Noch nie habe ich jemanden behaupten hören: »Ich bin Essentialistin«. Allerdings habe ich schon oft ausgiebige Selbstrechtfertigungen gehört, die besagten: »Ich bin keine Essentialistin!« Die Fachzeitschrift *Lingua Franca* verzeichnet die Neigung, diesen Begriff als Epitheton zu verwenden, und definiert »essentialistisch« als »das *J'accuse!* der allgemeinen Geschlechterforschung«. Siehe Emily Nussbaum, »Inside Publishing«, *Lingua Franca*, Dez.–Jan. 1997, S. 22–24; das Zitat stammt von S. 24.

374. »*Warum gegen die gegenwärtigen Verhältnisse*«: Klein, *Meeting the Great Bliss Queen*, S. 8f.

375. »*Wie Sie wissen*«: Cynthia Gorney, »Gloria«, *Mother Jones*, Nov.–Dez. 1995, S. 22ff.; das Zitat steht auf S. 22.

377. *Aber wir wissen auch*: siehe beispielsweise Needham, *Science and Civilisation in China*.

378. »*Wenn Ihre Krankenkasse nein sagt*«: Ellyn E. Spragins, *Newsweek*, 28. Juli 1997, S. 73.

379. *Norman Ornstein, politischer Analyst*: Dieser Abschnitt basiert auf einem Interview mit Ornstein. Siehe auch Ornsteins Artikel, »Less Seems More«.

379. Vom Hintergrund der Geschichte mit dem Haarschnitt berichtet Gina Lubrano, »Now for the Real Haircut Story ...«, *The San Diego Union-Tribune*, 12. Juli 1993, S. B7. Daß die Geschichte mit dem Supermarkt-Scanner nicht stimmte, erwähnt George Stephanopoulos während einer Konferenz an der Brown University, wie Elliot Krieger berichtet, »Providence Journal/Brown University Public Affairs Conference,« *The Providence Journal-Bulletin*, 5. März 1995, S. 12A.

382. »*Überall schwärmten kleine Jungen*:« Fox, »The Inherent Rules of Violence«, S. 141.

383. »*finden Befriedigung in ihrer Arbeit*«: Yablon, »Stupid Lawyer Tricks«, S. 1639.

383. »*Erinnern Sie sich, wie Brit Hume*«: Kenneth Walsh bemerkte dies in der *Diane Rehm Show*, 28 Mai 1996.

386. »*Die meisten Soldaten waren allein*«: Grossman, *On Killing*, S. 270.

386. Susan Popik äußerte dies in der Diskussion der *U.S. Business Litigation*.

388. Suzanne Wong Scollon: persönliche Mitteilung.

388. Mary Catherine Bateson: persönliche Mitteilung.

389. *Die Pressesprecherin des Weißen Hauses*: Zur Zeit dieser Sendung war Ms. Lewis stellvertretende Leiterin des Pressebüros.

390. *Eine weitere beliebte japanische Sendung*: Yoshiko Nakano half mir durch seine Beobachtungen bezüglich der Sendung *Close-Up Gendai*.

393. *Diese Regeln sollen den Grundsatz*: Etzioni, *Die Verantwortungsgesellschaft.*, S. 150ff. Etzioni führt die Regel »Sprich weniger von Rechten ... und mehr von Bedürfnissen, Wünschen und Interessen« auf Mary Ann Glendon zurück.

393. *In ihrer Besprechung eines Buchs*: Marina Warner, »High-Minded

Pursuit of the Exotic«, Rezension von *Reading National Geographic* von Catherine A. Lutz u. Jane L. Collins in *The New York Times Book Review*, 19. Sept. 1993, S. 13.

394. »*Die meisten Theorien sind nicht falsch*«: Das erzählte mir A. L. Becker, der es von Kenneth Pike gehört hatte, der es von … hatte.

Literaturverzeichnis

Abrahams, Roger D. »Playing the Dozens.« *Journal of American Folklore* 75 (1962), S. 209–220.

Abrams, Roger. »Law Schools Must Teach Professionalism – Now.« *New Jersey Law Journal* (4. Dez. 1995), S. 27, 36.

Alibrandi, Tom, mit Frank H. Armani. *Privileged Information.* New York: Dodd, Mead, 1984.

Ashkenazi, M. »Religious Conflict in a Japanese Town: Or Is It?« In: S.N. Eisenstadt u. Eyal Ben-Ari (Hrsg.), *Japanese Models of Conflict Resolution.* New York: Kegan Paul International, 1990, S. 192–209.

Atkinson, Rob. »How the Butler Was Made to Do It: The Perverted Professionalism of the Remains of the Day.« *Journal of American Folklore* 78 (1965), S. 337–244.

Bacigal, Ronald. *The Limits of Litigation: The Dalkon Shield Controversy.* Durham, N.C.: Carolina Academic Press, 1990.

Bateson, Gregory. *Ökologie des Geistes.* Frankfurt: Suhrkamp, 1990. (Orig.: *Steps to an Ecology of Mind.* New York: Ballantine, 1972.)

Bateson, Mary Catherine. *Mit den Augen einer Tochter: Meine Erinnerung an Margaret Mead und Gregory Bateson.* Reinbek b. Hamburg: Rowohlt, 1986. (Orig.: *With a Daughter's Eye: A Memoir of Margaret Mead and Gregory Bateson.* New York: William Morrow, 1984.)

Ben-Ari, Eyal. »Ritual Strikes, Ceremonial Slowdowns: Some Thoughts on the Management of Conflict in Large Japanese Enterprises.« In: S.N. Eisenstadt u. Eyal Ben-Ari (Hrsg.), *Japanese Models of Conflict Resolution.* New York: Kegan Paul International, 1990, S. 94–126.

Bly, Robert. *The Sibling Society.* Reading, Mass.: Addison-Wesley, 1996.

Bodde, Derek. »Harmony and Conflict in Chinese Philosophy.« In: Arthur F. Wright (Hrsg.), *Studies in Chinese Thought.* Chicago, University of Chicago Press, 1953.

Boggs, Stephen T. u. Malcolm Nea Chun. »*Ho'oponopono*: A Hawaiian Method of Solving Interpersonal Problems.« In: Karen Ann Watson-

Gegeo u. Geoffrey M. White (Hrsg.), *Disentangling Conflict Discourse in Pacific Societies*. Stanford: Stanford University Press, 1990, S. 122–160.

Bolinger, Dwight. *Language – the Loaded Weapon: The Use and Abuse of Language Today*. London u. New York: Longman, 1980.

Bond, Michael H. u. Wang, Sung-Hsing. »China: Aggressive Behavior and the Problem of Maintaining Order and Harmony.« In: Arnold P. Goldstein u. Marshall H. Segall (Hrsg.), *Aggression in Global Perspective*. New York: Pergamon Press, 1983, S. 58–74.

Bradford, Lisa u. Sandra Petronio. »Strategic Embarrassment: A Culprit of Emotions.« In: Peter A. Andersen u. Laura K. Guerrero (Hrsg.), *Handbook of Communication and Emotion Research, Theory, Applications, and Contexts*. San Diego: Academic Press, 1998, S. 99–121.

Brenneis, Coland. »Dramatic Gestures: The Fiji Indian *Pancayat* as Therapeutic Discourse.« In: Karen Ann Watson-Gegeo u. Geoffrey M. White (Hrsg.), *Disentangling Conflict Discourse in Pacific Societies*. Stanford: Stanford University Press, 1990, S. 214–238.

Bryant, Jennings. »Viewers Enjoyment of Televised Sports Violence.« In: Lawrence A. Wenner (Hrsg.), *Media, Sports, and Society*. Newbury Park: Sage, 1989, S. 270–289.

Bryant, Jennings u. Dolf Zillman. »Sports Violence and the Media.« In: Jeffrey H. Goldstein (Hrsg.), *Sports Violence*. New York: Springer, 1983, S. 195–211.

Byrnes, Heidi. »Interactional Style in German and American Conversations.« *Test* 6 (2) (1986), S. 189–206.

Campbell, Karlyn Kohrs u. E. Claire Jerry. »Woman and Speaker: A Conflict in Roles.« In: Sharon S. Brehm (Hrsg.), *Seeing Females: Social Roles and Personal Lives*. New York: Greenwod Press, 1988, S. 123–133.

Cappella, Joseph N. u. Kathleen Hall Jamieson. *Spiral of Cynicism: The Press and the Public Good*. New York: Oxford University Press, 1997.

Carbaugh, Donald. *Talking American: Cultural Discourses on Donahue*. Norwood: Ablex, 1988.

Cassell, Justine u. Henry Jenkins (Hrsg.). *From Barbie to Mortal Combat: Gender and Computer Games*. Cambridge: MIT Press, in Vorbereitung.

Chase, Cheryl. »Hermaphrodites With Attitude: Mapping the Emergence of Intersex Political Activism.« *GLQ* 4 (2) (1988).

Clift, Eleanor u. Tom Brazaitis. *War Without Bloodshed: The Art of Politics*. New York: Scribner's, 1996.

Condit, Celeste Michelle. »Two Sides to Every Question: The Impact of New Formulas on Abortion Policy Options.« *Argumentation* 8 (4) (1994), S. 237–336.

Cooper, N. Lee. »President's Message: Courtesy Call: It Is Time to Reverse the Decline of Civility in Our Justice System.« *ABA Journal* 83 (März 1997), S. 8.

–. »Beyond the Rules: Lawyer Image and the Scope of Professionalism.« *Cumberland Law Review* 26 (1995), S. 923–40.

Darden, Christopher A., mit Jess Walter. *In Contempt* (New York: ReganBooks, 1996).

Deby, Jeff. »Language as Agonistic Resource in Televised Ice-Hockey Commentary.« Paper presented at the 96th Annual Meeting of the American Anthropological Association, 19.–23. Nov. 1997, Washington, D.C.

Dershowitz, Alan. *The Best Defense*. New York: Vintage, 1983.

Dionne, E.J., Jr., Stephen Hess u. Thomas E. Mann. »Curing the Mischief of Disengagement: Politics and Communications in America.« »Future Strategies of Political Communication«, German-American Workshop of the Bertelsmann Foundation, Berlin, 5. Feb. 1997.

Dore, Ronald Phillip. *Land Reform in Japan*. London: Oxford University Press, 1959.

Doukanari, Elli. »The Presentation of Gendered Self in Cyprus Rhyming Improvisations: A Sociolinguistic Investigation of Kipiraka Chattista in Performance.« Ph.D. Dissertation, Georgetown University, Washington, D.C. 1997.

Dower, John W. *War Without Mercy: Race and Power in the Pacific War*. New York: Pantheon, 1986.

Dundes, Alan, Jerry W. Leach u. Bora Özkök. »The Strategy of Turkish Boys' Verbal Dueling Rhymes.« In: John J. Gumperz u. Dell Hymes (Hrsg.), *Directions in Sociolinguistics: The Ethnography of Communication*. New York: Holt, Rinehart & Winston, 1972, S. 130–160.

Eder, Donna. »Serious and Playful Disputes: Variation in Conflict Talk Among Females Adolescents.« In: Allen Grimshaw (Hrsg.), *Conflict Talk*. Cambridge, England: Cambridge University Press, 1990, S. 67–84.

Ekman, Paul. *Weshalb Lügen kurze Beine haben*. de Gruyter, 1989. (Orig.: *Telling Lies*. New York: Norton, 1992.)

Elbow, Peter. *Embracing Contraries: Explorations in Learning and Teaching*. New York u. Oxford: Oxford University Press, 1986.

Etzioni, Amitai. *Die Verantwortungsgesellschaft. Individualismus und Moral in der heutigen Demokratie*. Frankfurt: Campus, 1997. (Orig.: *The New Golden Rule: Community and Morality in a Democratic Society*. New York: Basic, 1996.)

Faludi, Susan. »The Naked Citadel.« *The New Yorker*, 5. Sept. 1994, S. 62–81.

Fausto-Sterling, Anne. »The Five Sexes: Why Male and Female Are Not Enough.« *Sciences*, März/April 1993, S. 20–25.

Fox, Robin. »The Inherent Rule of Violence.« In: Peter Collett (Hrsg.), *Social Rules and Social Behaviour*. Totowa: Rowman & Littlefield, 1976, S. 132–149.

Freedman, Monroe H. *Lawyers' Ethics in an Adversary System*. Indianapolis: Bobbs-Merrill, 1975.

–. »Kindler, Gentler, But Not So Zealous.« *The Recorder*, 23. Aug. 1995.

Friedl, Ernestine. *Vasilika: A Village in Modern Greece*. New York: Holt, Rinehart & Winston, 1962.

Funderburg, Lise. *Biracial Black, White, Other Americans Talk About Race and Identity*. New York: William Morrow, 1994.

Galanter, Marc. »The Regulatory Function of the Civil Jury.« In: Robert E. Litan (Hrsg.), *Verdict: Assessing the Civil Jury System*. Washington: Brookings, 1993, S. 61–102.

Geertz, Clifford. »Deep Play: Notes on the Balinese Cockfight.« In: *The Interpretation of Cultures*. New York: Basic, 1973, S. 412–453.

–. *Local Knowledge: Further Essays in Interpretive Anthropology*. New York: Basic, 1983.

Gelbspan, Ross. *Der Klima-GAU. Erdöl, Macht und Politik*. München: Gerling, 1997. (Orig.: *The Heat Is On: The High Stakes Battle over Earth's Threatened Climate*. Reading: Addison-Wesley, 1997.)

Gelernter, David. *Drawing Life: Surviving the Unabomber*. New York: Free Press, 1997.

Gerike, Ann E.; Illustrationen von Peter Kohlsaat. *Old Is Not a Four-Letter Word: A Midlife Guide*. Watsonville: Papier-Mache Press, 1997.

Gilbert, Arthur. »Civility: It's Worth the Effort.« *Trial* (Apr. 1991), S. 106–110.

Glendon, Mary Ann. *A Nation Under Lawyers: How the Crisis in the Legal Profession Is Transforming American Society*. New York: Farrar, Straus u. Giroux, 1994.

Goldstein, Jeffrey H. u. Brenda J. Bredemeier. »Socialization: Some Basic Issues.« *Journal of Communication* 27 (3) (1977), S. 154–159.

Goodwin, Marjorie Harness. *He-Said-She-Said: Talk as Social Organization Among Black Children*. Bloomington: Indiana University Press, 1990.

–. »Ay Chillona!: Stance-Taking in Girls' Hop Scotch.« In: Mary Bucholtz, A.C. Liang, Laurel A. Sutton u. Caitlin Hines (Hrsg.), *Cultural Performances: Proceedings of the Third Berkeley Women and Language Conference*. Department of Linguistics, University of California, Berkeley: Berkeley Women and Language Group, 1994, S. 232–241.

Gopnik, Adam. »Read All About It.« *The New Yorker*, 12. Dez. 1994, S. 84–102.

Gould, Stephen Jay. *Zufall Mensch. Das Wunder des Lebens als Spiel der Natur*. München: Hanser, 1991. (Orig.: *Wonderful Life: The Burgess Shale and the Nature of History*. New York: W.W. Norton, 1989.)

Greenberg, David H. u. Philip K. Robins. »The Changing Role of Social Experiments in Policy Analysis.« *Journal of Policy Analysis and Management* 5:2 (1986), S. 340–362.

Grillo, Trina. »Mediation – Process Dangers for Women.« *100 Yale Law Journal* (1991), S. 1544–1610.

Grossman, Dave. *On Killing: The Psychological Cost of Learning to Kill in War and Society*. Boston: Little, Brown, 1995.

Guinier, Lani, Michelle Fine u. Jane Balin, mit Ann Bartow u. Deborah Lee Stachel. »Becoming Gentlemen: Women's Experiences at One Ivy League Law School.« *143 University of Pennsylvania Law Review* (Nov. 1994), S. 1–110.

Gunderson, Steve u. Rob Morris mit Bruce Bawer. *House and Home*. New York: Dutton, 1996.

Hacker, Andrew. *Money: Who Has How Much and Why*. New York: Scribner's , 1997.

Hanami, T. *Labor Relations in Japan Today*. Tokio: Kodansha, 1979.

Harr, Jonathan. Unbeugsam. München: Goldmann, 1997. (Orig.: *A Civil Action*. New York: Vintage, 1995.)

Harrington, Mona. *Women Lawyers: Rewriting the Rules*. New York: Knopf, 1994.

Hasund, Kristine. »Colt Conflicts: Reflections of Gender and Class in the Oppositional Turn Sequences of London Teenage Girls.« Bergen: University of Bergen, Hovedfag thesis.

Havelock, Eric A. *Preface to Plato*. Cambridge, Mass.: Belknap Press, Harvard University Press, 1963.

Herdt, Gilbert. »Introduction: Third Sexes and Third Genders.« In: Gilbert Herdt (Hrsg.), *Third Sex, Third Gender: Beyond Sexual Dimorphism in Culture and History*. New York: Hone, 1994, S. 21–81.

Herring, Susan. »Bringing Familiar Baggage to the New Frontier: Gender Differences in Computermediated Communication.« In: Victor Vitanza (Hrsg.), *Cyber-Reader*. Boston: Allyn & Bacon, 1996, S. 144–154.

–. »Posting in a Different Voice: Gender and Ethics in Computer-mediated Communication.« In: Charles Ess (Hrsg.), *Philosophical Approaches to Computer-mediated Communication*. Albany: SUNY Press, 1996, S. 115–145.

–. »Two Variants of an Electronic Message Schema.« In: Susan Herring (Hrsg.), *Computer-mediated Communication: Linguistic, Social and Cross-Cultural Perspectives*. Philadelphia: Benjamins, 1996, S. 81–106.

Herzfeld, Michael. *The Poetics of Manhood: Contest and Identity in a Cretan Mountain Village*. Austin: University of Texas Press, 1985.

–. *Portrait of a Greek Imagination: An Ethnographic Biography*. Chicago: University of Chicago Press, 1997.

Hewitt, Lynne E., Judith F. Duchan u. Erwin M. Segal. »Structure and Function of Verbal Conflicts Among Adults with Mental Retardation.« *Discourse Processes* 16 (4) (1993), S. 525–543.

Heyrman, Christine Leigh. *Southern Cross: The Beginnings of the Bible Belt*. New York: Knopf, 1997.

Honda, Atsuko. »Conflict Management in Japanese Public Affairs Talk Shows.« Dissertation, in Vorbereitung, Georgetown University.

Jamieson, Kathleen Hall. *Dirty Politics: Deception, Distraction, and Democracy*. New York: Oxford University Press, 1992.

–. *Beyond the Double Bind: Women and Leadership*. New York: Oxford University Press, 1995.

Jamison, Kay Redfield. *Touched with Fire: Manic-Depressive Illness and the Artistic Temperament*. New York: Free Press, 1993.

Johnson, Haynes u. David S. Broder. *The System: The American Way of Politics at the Breaking Point*. Boston: Little, Brown, 1996.

Jones, Kimberly Ann. »Conflict in Japanese Conversation.« Ph.d. Dissertation, University of Michigan, Ann Arbor, 1990.

Jordan, Amy B., unter Leitung von Kathleen Hall Jamieson. »The State of Children's Television: An Examination of Quantity, Quality, and

Industry Beliefs.« The Annenberg Public Policy Center, University of Pennsylvania, 17. Juni 1996.

Kaplan, Alice. *French Lessons: A Memoir*. Chicago: Chicago University Press, 1993.

Keller, Evelyn Fox. *Liebe, Macht und Erkenntnis. Männliche oder weibliche Wissenschaft*. Hanser, 1986. (Orig.: *Reflections on Gender and Science*. New Haven: Yale University Press, 1985.)

Kleck, Gary, u. Susan Sayles. »Rape and Resistance.« *Social Problems* 37 (1990), S. 149–162.

Klein, Anne Carolyn. *Meeting the Great Bliss Queen: Buddhists, Feminists, and the Art of the Self*. Boston: Beacon Press, 1995.

Kluwer, Esther S., Jose A.M. Heesink u. Evert van de Vliert. »Marital Conflict About the Division of Household Labor and Paid Work.« *Journal of Marriage and the Family* 58 (1996), S. 958–969.

Kolb, Deborah M. »Women's Work: Peacemaking in Organizations.« In: Deborah Kolb u. Jean Bartunek (Hrsg.), *Hidden Conflict in Organizations: Uncovering Behind-the-Scenes Disputes*. Newbury Park: Sage, 1992, S. 63–91.

Konner, Melvin. »The Aggressors.« *The New York Times Magazine*, 14. Aug. 1988, S. 33–34.

Krauss, Ellis S. »Conflict in the Diet: Toward Conflict Management in Parliamentary Politics.« In: Ellis S. Krauss, Thomas P. Rohlen u. Patricia G. Steinhoff (Hrsg.), *Conflict in Japan*. Honolulu: University of Hawaii Press, 1984, S. 244–293.

Krich, John. »To Teach Is Glorious: A Conversation with the New Dean of Cal's Journalism School, Orville Schell.« *Express*, 23. Aug. 1996, S. 1, 14–16, 18, 20–22.

Kubey, Robert William u. Reed Larson. »The Use and Experience of the New Video Media Among Children and Young Adolescents.« *Communication Research* 17 (1990), S. 105–130.

Kulick, Don. »Speaking as a Woman: Structure and Gender in Domestic Arguments in a New Guinea Village.« *Cultural Anthropology* 8:4 (1993), S. 510–541.

Kunin, Madeleine. *Living a Political Life*. New York: Knopf, 1994.

Kurtz, Howard. *Hot Air: All Talk, All the Time*. New York: Times Books, 1996.

Landsman, Stephan. *The Adversary System: A Description and Defense*. Washington, D.C.: American Enterprise Institute for Public Policy Research, 1984.

Langbein, John H. »The German Advantage in Civil Procedure.« *University of Chicago Law Review* 52 (1995), S. 823–828.

Lebra, Takie Sugiyama. »Nonconfrontational Strategies for Management of Interpersonal Conflicts.« In: Ellis S. Krauss, Thomas P. Rohlen u. Patricia G. Steinhoff (Hrsg.), *Conflict in Japan*. Honolulu: University of Honolulu Press, 1984, S. 41–60.

Lehman-Wilzig, Sam. »›Am K'shei Oref‹: Oppositionism in the Jewish Heritage.« *Judaism* 40 (1) (1991), S. 16–38.

Lieberman, Trudy. »Churning Whitewater.« *Columbia Journalism Review* 33:1 (Mai–Juni 1994), S. 26–30.

Lindstrom, Lamont. »Straight Talk on Tanna.« In: Karen Ann Watson-Gegeo u. Geoffrey M. White (Hrsg.), *Disentangling Conflict Discourse in Pacific Societies*. Stanford: Stanford University Press, 1990. S. 373–411.

Lipstadt, Deborah. *Leugnen des Holocaust. Rechtsextremismus mit Methode*. Reinbek: Rowohlt, 1996. (Orig.: *Denying the Holocaust: The Growing Assault on Truth and Memory*. New York: Free Press, 1993.)

–. »The Fragility of Memory: Reflections on the Holocaust.« Address and Response at the Inauguration of the Dorot Chair of Modern Jewish and Holocaust Studies, Department of Religion, Emory University, Atlanta, 1994.

Loftus, Elizabeth F. u. John C. Palmer. »Reconstruction of Automobile Destruction: An Example of the Interaction Between Language and Memory.« *Journal of Verbal Learning and Verbal Behavior* 13 (1974), S. 585–589.

Luban, David (Hrsg.). *The Good Lawyer: Lawyers' Roles and Lawyers' Ethics*. Totowa: Rowman & Allanheld, 1983.

–. »The Adversary System Excuse.« In: David Luban (Hrsg.), *The Good Lawyer: Lawyers' Roles and Lawyers' Ethics*. Totowa: Rowman & Allanheld, 1983, S. 83–122. Nachdruck in: David Luban (Hrsg.), *The Ethics of Lawyers*. Aldershot, England: Dartmouth Publishing, 1994, S. 139–178.

–. »Twenty Theses on Adversarial Ethics.« In: H. Stacy u. M. Lavarch (Hrsg.), *Beyond the Adversarial System*. Sydney: Federation Press, in Vorbereitung.

Lyons, Gene u. die Redaktion von *Harper's* Magazine. *Fools for Scandal: How the Media Invented Whitewater*. New York: Franklin Square Press, 1996.

Magenau, Keller S. »Framing, Contest, and Consent: Questioning in the Cross-Examination of a Rape Victim.« Paper presented at the 96th

Annual Meeting of the American Anthropological Association, 19.–23. Nov. 1997, Washington, D.C.

Matoesian, Gregory M. *Reproducing Rape: Domination Through Talk in the Courtroom*. Chicago: University of Chicago Press, 1993.

McCombs, Maxwell. »Explorers and Surveyors: Expanding Strategies for Agenda-Setting Research.« *Journalism Quarterly* 69:4 (1992), S. 813–824.

McDowell, John H. »Verbal Dueling.« In: Teun A. van Dijk (Hrsg.), *Handbook of Discourse Analysis*. Bd. 3. London: Academic Press, 1985, S. 203–211.

McGuire, Bartlett H. »Rambo Litigation: A Losing Proposition.« *The American Lawyer* (Mai 1996).

McNeill, William H. *Keeping Together in Time: Dance and Drill in Human History*. Cambridge, Mass.: Harvard University Press, 1995.

Menkel-Meadow, Carrie. »Toward Another View of Legal Negotiation: The Structure of Problem Solving.« *UCLA Law Review* 31 (1984), S. 754–842.

–. »The Trouble with the Adversary System in a Postmodern, Multicultural World«, *William and Mary Law Review* 38 (Okt. 1996), S. 5–44.

–. »What Trina Taught Me: Reflections on Mediation, Inequality, Teaching and Life.« *Minnesota Law Review* 81 (Juni 1997), S. 1413–28.

–. »The Silences of the Restatement of the Law Governing Lawyers: Lawyering as Only Adversary Practice.« *Georgetown Journal of Legal Ethics* 10 (1997).

Michaels, Sarah. »›Sharing time‹: Children's Narrative Styles and Differential Access to Literacy.« *Language in Society* 10:3 (1981), S. 423–442.

Millar, Frank E., Edna L. Rogers u. Janet Beavin Bavelas. »Identifying Patterns of Verbal Conflict in Interpersonal Dynamics.« *Western Journal of Speech Communication* 48 (3) (1984), S. 231–246.

Miller, Arthur H., Edie N. Goldenberg u. Lutz Erbring. »Type-Set Politics: Impact of Newspapers on Public Confidence.« *American Political Science Review* 73 (1973), S. 67–84.

Modan, Gabriella. »Pulling Apart Is Coming Together: The Use and Meaning of Opposition in the Discourse of Jewish-American Women.« In: Mary Bucholtz, A.C. Liang, Laurel A. Sutton u. Daitlin Hines (Hrsg.), *Cultural Performances: Proceedings of the Third Berkeley Women and Language Conference*. Department of Linguistics, University of California, Berkeley, 1994, S. 501–508.

Morgan, Peter W. u. Glenn H. Reynolds. *The Appearance of Impropriety: How Ethics Wars Have Undermined American Government, Business, and Society*. New York: Free Press, 1997.

Moulton, Janice. »A Paradigm of Philosophy: The Adversary Method.« In: Sandra Harding u. Merrill B. Hintikka (Hrsg.), *Discovering Reality*. Dordrecht, Holland: Reidel, 1983, S. 149–164.

Nakano, Yoshiko. »Frame-Analysis of A Japanese-American Contract Negotiation.« Ph.D. Dissertation, Georgetown University, 1995.

Needham, Joseph. *Wissenschaft und Zivilisation in China*. Frankfurt: Suhrkamp, 1997. (Orig.: *Science and Civilization in China*. Cambridge, England: Cambridge University Press, 1956.)

Niem, Tien-Ing Chyou u. Roberta R. Collard. »Parental Discipline of Aggressive Behaviors in Four-Year-Old Chinese and American Children.« In: *Proceedings of the Annual Convention of the American Psychological Association* 7 (1972), S. 95–96.

Niyekawa, Agnes M. »Analysis of Conflict in a Television Home Drama.« In: Ellis S. Krauss, Thomas P. Rohlen u. Patricia G. Steinhoff (Hrsg.), *Conflict in Japan*. Honolulu: University of Hawaii Press, 1984, S. 61–84.

Noble, David. *A World Without Women: The Christian Clerical Culture of Western Science*. New York u. Oxford: Oxford University Press, 1992.

Norbeck, Edward. »African Rituals of Conflict.« *American Anthropologist* 65 (6) (1963), S. 1254–1279.

Oliver, Robert T. *Communication and Culture in Ancient India and China*. Syracuse, N.Y.: Syracuse University Press, 1971.

Omoniyi, Tope. »Song-lashing as a Communicative Strategy in Yoruba Interpersonal Conflicts.« *Text* 15:2 (1995), S. 299–315.

Ong, Walter J. *Fighting for Life: Contest, Sexuality, and Consciousness*. Ithaka, N.Y.: Cornell University Press, 1981.

Or, Winnie Wing Fung. »Agonism in Academic Discussion.« Paper presented at the 96th Annual Meeting of the American Anthropological Association, 19.–23. Nov. 1997, Washington, D.C.

Ornstein, Norman J. »Less Seems More: What to Do About Contemporary Political Corruption.« *The Responsive Community* 4:1 (Winter 1993–94), S. 7–22.

–. *Lessons and Legacies: Farewell Addresses from the Senate*. Reading, Mass.: Addison-Wesley, 1997.

Patterson, Thomas E. *Out of Order*. New York: Knopf, 1993.

Philips, Susan U. »Dominant and Subordinate Gender Ideologies in Tongan Courtroom Discourse.« In: Mary Bucholtz, A.C. Liang, Laurel A. Sutton u. Caitlin Hines (Hrsg.), *Cultural Performances: Proceedings of the Third Berkeley Women and Language Conferences.* Berkeley: Linguistics Department, University of California, Berkeley Press, 1994, S. 593–604.

Radosh, Ronald. *Divided They Fell: The Demise of the Democratic Party, 1964–1996.* New York: Free Press, 1996.

Riskin, Leonard L. »Mediation in the Law Schools.« *Journal of Legal Education* 34 (1984), S. 259–97.

Rohlen, Thomas P. *For Harmony and Strength: Japanese White-Collar Organization in Anthropological Perspective.* Berkeley: University of California Press, 1974.

Roscoe, Will. *The Zuni Man-Woman.* Albuquerque: University of New Mexico Press, 1991.

Rose, Jonathan. »The Legal Profession in Medieval England: A History of Regulation.« *Syracuse Law Review* 48 (1997).

Rosof, Patricia J. F. »Beyond Rhetoric.« *The History Teacher* 26 (4) (1993), S. 493–497.

Rudman, Warren B. *Combat: Twelve Years in the U.S. Senate.* New York: Random House, 1996.

Ruud, Kathryn. »Liberal Chiggers and Other Creepers.« Unveröffentlichtes Manuskript.

Ryback, David, Arthur L. Sanders, Jeffrey Lorentz u. Marlene Koestenblatt. »Child-Rearing Practices Reported by Students in Six Cultures.« *Journal of Social Psychology* 110 (1980), S. 153–162.

Sabato, Larry J. u. Glenn R. Simpson. *Dirty Little Secrets: The Persistence of Corruption in American Politics.* New York: Times, 1996.

Sadker, Myra u. David Sadker. *Failing at Fairness: How America's Schools Cheat Girls.* New York: Scribner's, 1994.

Sanday, Peggy Reeves. *Fraternity Gang Rape: Sex, Brotherhood, and Privilege on Campus.* New York: New York University Press, 1990.

Schiffrin, Deborah. »Jewish Argument as Sociability.« *Language in Society* 13 (3) (1984), S. 311–335.

Schlegel, Alice u. Herbert Barry III. *Adolescence: An Anthropological Inquiry.* New York: Free Press, 1991.

Schwartz, Murray. »The Professionalism and Accountability of Lawyers.« *California Law Review* 66 (1978), S. 669–697.

–. »The Zeal of the Civil Advocate.« In: David Luban (Hrsg.), *The Good Lawyer.* Totowa, N.J.: Rowman & Allanheld, 1983, S. 150–171.

Sheldon, Amy. »Preschool Girls' Discourse Competence: Managing Conflict.« In: Kira Hall, Mary Bucholtz u. Birch Moonwoman (Hrsg.), *Locating Power: Proceedings of the Second Berkeley Women and Language Conference*. Bd. 2. Berkeley: Berkeley Women and Language Group, Linguistics Department, University of California, Berkeley, 1992, S. 528–539.

Sherry, Michael S. *In the Shadow of War: The United States Since the 1930's*. New Haven: Yale University Press, 1995.

Sherzer, Joel. »A Diversity of Voices: Men's and Women's Speech in Ethnographic Perspective.« In: Susan U. Philips, Susan Steele u. Christine Tanz (Hrsg.), *Language, Gender and Sex in Comparative Perspective*. Cambridge, England: Cambridge University Press, 1987, S. 95–120.

Shillony, Ben-Ami. *Politics and Culture in Wartime Japan*. New York: Oxford University Press, 1981.

Showalter, Elaine. *Hystorien. Hystorische Epidemien im Zeitalter der Medien*. Berlin: Berlin-Verlag, 1997. (Orig.: *Hystories: Hysterical Epidemics and Modern Culture*. New York: Columbia University Press, 1997.)

Smith, Arthur Henderson. *Chinese Characteristics*. New York: Barnes & Noble, 1972 [1900].

Spiegelman, Paul J. »Integrating Doctrine, Theory and Practice in the Law School Curriculum: The Logic of Jake's Ladder in the Context of Amy's Web.« *Journal of Legal Education* 38 (1988), S. 243–270.

Straehle, Carolyn A. »German and American Conversational Styles: A Focus on Narrative and Agonistic Discussion as Sources of Stereotypes.« Ph.d. Dissertation, Georgetown University, Washington, D.C., 1997.

Tannen, Deborah. »Oral and Literate Strategies in Spoken and Written Narratives.« *Language* 58 (1) (1982), S. 1–21.

–. »The Oral/Literate Continuum in Discourse.« In: Deborah Tannen (Hrsg.), *Spoken and Written Language: Exploring Orality and Literacy*. Norwood, N.J.: Ablex, 1982, S. 1–16.

–. *Conversational Style: Analyzing Talk Among Friends*. Norwood, N.J.: Ablex, 1984.

–. *Das hab' ich nicht gesagt! Kommunikationsprobleme im Alltag*. München: Goldmann, 1994. (Orig.: *That's Not What I Meant!: How Conversational Style Makes or Breaks Relationships*. New York: William Morrow, 1986.)

–. *Du kannst mich einfach nicht verstehen. Warum Männer und Frauen aneinander vorbeireden.* München: Goldmann, 1993. (Orig.: *You Just Don't Understand: Women and Men in Conversation.* New York: William Morrow, 1990.)

–. *Andere Worte, andere Welten.* Frankfurt: Campus, 1997. (Orig.: *Gender and Discourse.* New York: Oxford University Press, 1994.)

Tenner, Edward. *Why Things Bite Back: Technology and the Revenge of Unintended Consequences.* New York: Knopf, 1996.

Thornburg, Elizabeth. »Metaphors Matter: How Images of Battle, Sports, and Sex Shape the Adversary System.« *Wisconsin Women's Law Journal* 10 (1995), S. 225–281.

Tompkins, Jane. »Fighting Words: Unlearning to Write the Critical Essay.« *Georgia Review* 42 (1988), S. 585–590.

Toobin, Jeffrey. *The Run of His Life: The People v. O.J. Simpson.* New York: Random House, 1996.

Tracy, Karen u. Sheryl Baratz. »Intellectual Discussion in the Academy as Situated Discourse.« *Communication Monographs* 60 (1993), S. 300–320.

Turow, Joseph. »Hidden Conflicts and Journalistic Norms: The Case of Self-Coverage.« *Journal of Communication* 44:2 (Frühjahr 1994), S. 29–46.

Walsh, Kenneth T. *Feeding the Beast: The White House Versus the Press.* New York: Random House, 1996.

Watson, Peter. *Psycho-Krieg: Möglichkeiten, Macht und Mißbrauch der Militärpsychologie.* Düsseldorf: Econ, 1982. (Orig.: *War on the Mind: The Military Uses and Abuses of Psychology.* New York: Basic, 1978.)

Watson-Gegeo, Karen Ann u. David W. Gegeo. »Shaping the Mind and Straightening Coming Out Conflicts: The Discourse of Kwara'ae Family Counseling.« In: Karen Ann Watson-Gegeo und Geoffrey M. White (Hrsg.), *Disentangling Conflict Discourse in Pacific Societies.* Stanford, Calif.: Stanford University Press, 1990. S. 161–213.

Watson-Gegeo, Karen Ann u. Geoffrey M. White (Hrsg.). *Disentangling Conflict Discourse in Pacific Societies.* Stanford, Calif.: Stanford University Press, 1990.

Watzlawick, Paul, John Weakland u. Richard Fisch. *Zur Theorie und Praxis menschlichen Wandels.* Bern: Huber, 1992. (Orig.: *Change: Principles of Problem Formation and Problem Resolution.* New York: W.W. Norton, 1974.)

Wertsch, James V. *Voices of the Mind: A Sociocultural Approach to Mediated Action.* Cambridge, Mass.: Harvard University Press, 1991.

Whiting, Beatrice B. u. John W.M. Whiting, in Zusammenarbeit mit Richard Longabaugh; gestützt auf Daten von John u. Ann Fischer u.a. *Children of Six Cultures: A Psychocultural Analysis*. Cambridge, Mass.: Harvard University Press, 1975.

Wolf, Margery. »Child Training and the Chinese Family.« In: Maurice Freeman (Hrsg.), *Family and Kinship in Chinese Society*. Stanford, Calif.: Stanford University Press, 1970, S. 37–62.

Wright, Robert. »Hyperdemocracy: Washington Isn't Dangerously Disconnected from the People; The Trouble May Be It's Too Plugged In.« *Time*, 23. Jan. 1995, S. 14–21.

Yablon, Charles. »Stupid Lawyer Tricks: An Essay on Discovery Abuse.« *Columbia Law Review* 96 (1996), S. 1618–1644.

Yamada, Haru. *Different Games, Different Rules: Why Americans and Japanese Misunderstand Each Other*. New York: Oxford University Press, 1997.

Young, Linda W.L. *Crosstalk and Culture in Sino-American Communication*. Cambridge, England: Cambridge University Press, 1994.

Besondere Genehmigungen

Ich danke den im folgenden aufgeführten Personen und Institutionen für die Erlaubnis, Auszüge aus ihren Publikationen nachdrucken zu dürfen.

Columbia Law Review und Charles Yablon: Auszüge aus »Stupid Lawyer Tricks: An Essay on Discovery Abuse« von Charles Yablon. Dieser Aufsatz erschien ursprünglich in *Columbia Law Review* 96 (1996), S. 1618. Nachdruck mit freundlicher Genehmigung von *Columbia Law Review* und Charles Yablon.

Stephen D. Corrsin: Auszüge aus einem Brief von Stephen D. Corrsin aus der Ausgabe des *New York Times Book Review* vom 12. Febr. 1995.

Cumberland Law Review: Auszüge aus »Beyond the Rules« von N. Lee Cooper, *Cumberland Law Review* 26. Nachdruck mit freundlicher Genehmigung.

Sandra Dijkstra Literary Agency: Auszug aus »The Naked Citadel« von Susan Faludi. Copyright © 1993, Susan Faludi. Erstveröffentlichung im *New Yorker*. Nachdruck mit freundlicher Genehmigung der Autorin und der Sandra Dijkstra Literary Agency.

East Bay Express: Auszüge aus »To Teach Is Glorious« von John Krich, *Express* 18, 23. Aug. 1996, S. 15. Copyright © 1996, Express Publishing Co. Nachdruck mit freundlicher Genehmigung.

Loren D. Estleman: Auszug aus einem Brief von Loren Estleman aus der *Washington Post Book World* vom 16. Juni 1996. Nachdruck mit freundlicher Genehmigung von Loren Estleman.

Los Angeles Daily Journal: Auszüge aus »Civility: It's Worth the Effort« von Arthur Gilbert. Copyright © 1991, Daily Journal Corp. Nachdruck mit freundlicher Genehmigung.

Mother Jones: Auszug aus »Gloria« von Cynthia Gorney, Nov./Dez. 1995, S. 22. Copyright © 1995, Foundation for National Progress. Nachdruck mit freundlicher Genehmigung von *Mother Jones*.

National Public Radio: Auszug aus *Talk of the Nation*. Dieser Bericht von Ray Suarez wurde ursprünglich am 4. März 1997 in *Talk of the Nation* gesendet. Nachdruck mit freundlicher Genehmigung von National Public Radio, Inc., Copyright © 1997, National Public Radio, Inc. Jeder unautorisierte Nachdruck ist strengstens verboten.

The New York Times: Auszug aus einem Artikel im *New York Times Magazine* vom 30. Jan. 1994; Auszug aus »The Year in the Arts« von Peter Watrous, 25. Dez. 1994; Auszug aus »Under a Bare Bulb« von Frank Bruni, 16. Febr. 1997. Copyright © 1994, 1997, The New York Times Company. Nachdruck mit freundlicher Genehmigung.

Newsweek: Auszug aus »A Brush with Anonymity« von Joe Klein, *Newsweek*, 29. Juli 1996. Copyright © 1996, Newsweek, Inc. Auszug aus dem Beitrag »Richardson for the U.N.« von Carroll Bogert, *Newsweek*, 10. Febr. 1997. Copyright © 1997 Newsweek, Inc. Auszug aus dem Artikel »And in This Corner ...« von Jack Koll, *Newsweek*, 10. Febr. 1997. Copyright © 1997, Newsweek, Inc. All Rights Reserved. Nachdruck mit freundlicher Genehmigung.

Roy Reed: Auszug aus einem Brief von Roy Reed in der Ausgabe des *New York Times Book Review* vom 25. Aug. 1996. Nachdruck mit freundlicher Genehmigung von Roy Reed.

Richard F. Riley, Jr.: Auszug aus einem Brief von Richard F. Riley, Jr., aus der Ausgabe des *New York Times Book Review* vom 12. Febr. 1996. Nachdruck mit freundlicher Genehmigung von Richard F. Riley, Jr.

Judy Siegel: Auszug aus einem Brief von Judy Siegel aus der Ausgabe des *New York Times Book Review* vom 12. Febr. 1996. Nachdruck mit freundlicher Genehmigung von Judy Siegel.

Time: Auszug aus »Liddy Makes Perfect«, Time, 1. Juli 1996. Copyright © 1996, Time, Inc. Nachdruck mit freundlicher Genehmigung.

U.S. Business Litigation: Auszüge aus »Separating the Just from the Jerks« aus der Ausgabe von *U.S. Business Litigation* vom Januar 1997. Nachdruck mit freundlicher Genehmigung.

The Washington Post: Auszug aus »Now, Anyone's Got Your Number« von Ann O'Hanlon u. Mike Mills, 5. Juli 1996, S. D1. Copyright © 1996, The Washington Post. Nachdruck mit freundlicher Genehmigung.

Washingtonian: Kurze Auszüge und leichte Paraphrasierung von »Breaking Point« von Nick Kotz, Dez. 1996, S. 95–121. Nachdruck mit freundlicher Genehmigung des *Washingtonian*.

GOLDMANN

*Das Gesamtverzeichnis aller lieferbaren Titel erhalten Sie
im Buchhandel oder direkt beim Verlag.
Nähere Informationen über unser Programm erhalten Sie auch im Internet unter:*
www.goldmann-verlag.de

★

Taschenbuch-Bestseller zu Taschenbuchpreisen
– Monat für Monat interessante und fesselnde Titel –

★

Literatur deutschsprachiger und internationaler Autoren

★

Unterhaltung, Kriminalromane, Thriller
und Historische Romane

★

Aktuelle Sachbücher, Ratgeber, Handbücher und
Nachschlagewerke

★

Bücher zu Politik, Gesellschaft, Naturwissenschaft und Umwelt

★

Das Neueste aus den Bereichen
Esoterik, Persönliches Wachstum und Ganzheitliches Heilen

★

Klassiker mit Anmerkungen, Anthologien und Lesebücher

★

Kalender und Popbiographien

★

Die ganze Welt des Taschenbuchs

★

Goldmann Verlag • Neumarkter Str. 18 • 81673 München

Bitte senden Sie mir das neue kostenlose Gesamtverzeichnis

Name: _____

Straße: _____

PLZ / Ort: _____